全国高校思政课名师工作室（北京科技大学）

高校思想政治工作队伍培训研修中心（北京科技大学）

习近平新时代中国特色社会主义思想"三进"方法路径研究

思想政治教育研究文库

———

高校思想政治理论课
改革创新的理论与实践

主　编　权良柱
副主编　段晓芳　刘明言

光明日报出版社

图书在版编目（CIP）数据

高校思想政治理论课改革创新的理论与实践 / 权良
柱主编；段晓芳，刘明言副主编 . -- 北京：光明日报
出版社，2025.1. -- ISBN 978 - 7 - 5194 - 8421 - 7

Ⅰ. G641

中国国家版本馆 CIP 数据核字第 202559QH30 号

高校思想政治理论课改革创新的理论与实践

GAOXIAO SIXIANG ZHENGZHI LILUNKE GAIGE CHUANGXIN DE LILUN YU SHIJIAN

主　　编：权良柱	副 主 编：段晓芳　刘明言
责任编辑：史　宁	责任校对：许　怡　李学敏
封面设计：中联华文	责任印制：曹　净

出版发行：光明日报出版社

地　　址：北京市西城区永安路 106 号，100050

电　　话：010-63169890（咨询），010-63131930（邮购）

传　　真：010-63131930

网　　址：http://book.gmw.cn

E - mail：gmrbcbs@gmw.cn

法律顾问：北京市兰台律师事务所龚柳方律师

印　　刷：三河市华东印刷有限公司

装　　订：三河市华东印刷有限公司

本书如有破损、缺页、装订错误，请与本社联系调换，电话：010-63131930

开　　本：170mm×240mm		
字　　数：361 千字	印　　张：21	
版　　次：2025 年 1 月第 1 版	印　　次：2025 年 1 月第 1 次印刷	
书　　号：ISBN 978 - 7 - 5194 - 8421 - 7		

定　　价：99.00 元

序　言

在学校思想政治理论课教师座谈会上，习近平总书记从党和国家事业发展的全局出发，深刻阐述了办好思政课的重大意义，深入分析了教师的关键作用，明确提出了推动思政课改革创新的重大要求，为我们推进思政课建设指明了前进方向、提供了重要遵循。

习近平指出，办好思想政治理论课，最根本的是要全面贯彻党的教育方针，解决好培养什么人、怎样培养人、为谁培养人的这些根本问题。为高校坚持社会主义方向、扎根中国大地提供了明确方向。"思想政治理论课是落实立德树人根本任务的关键课程。"立足新时代，高校要理直气壮地办好思想政治理论课，把立德树人的根本任务真正落实到位。在新时代，办好思政课，就要用习近平新时代中国特色社会主义思想铸魂育人，引导学生坚定"四个自信"，厚植爱国主义情怀，把爱国情、强国志、报国行自觉融入坚持和发展中国特色社会主义事业、建设社会主义现代化强国、实现中华民族伟大复兴的奋斗之中。

推动思政课改革创新，既要遵循思想政治工作规律、教书育人规律和学生成长规律，又要掌握学校思政课教育教学的自身规律。习近平总书记指出，要不断增强思政课的思想性、理论性和亲和力、针对性，并提出了"八个相统一"的明确要求，即必须坚持政治性和学理性相统一、价值性和知识性相统一、建设性和批判性相统一、理论性和实践性相统一、统一性和多样性相统一、主导性和主体性相统一、灌输性和启发性相统一、显性教育和隐性教育相统一。习近平总书记强调："思想政治理论课能否在立德树人中发挥应有作用，关键看重视不重视、适应不适应、做得好不好。思政课的本质是讲道理，要注重方式方法，把道理讲深、讲透、讲活，老师要用心教，学生要用心悟，达到沟通心灵、启智润心、激扬斗志。青少年思想政治教育是一个接续的过程，要针对青少年成长的不同阶段，有针对性地开展思想政治教育。"

党的二十大报告指出，教育是国之大计、党之大计。要把思政课办得越来越好，就必须加强党对思政课建设的领导。党的十八大以来，以习近平同志为核心的党中央高度重视教育工作和思想政治工作，全面加强党对教育工作的领导，要求各级党委、各级教育主管部门、学校党组织把思想政治工作紧紧抓在手中，教育工作和思政课建设取得显著成就。

为更好贯彻落实习近平总书记关于思政课建设的一系列重要指示和讲话精神，深刻理解和把握新时代高校思想政治理论课改革创新的方法论、着力点、路线图，我们从近十年的思政课教学研究论文中，遴选了一批具有代表性的文章，按照思想政治理论课教学改革创新总论、高校思想政治理论课教学方法改革创新、高校思想政治理论课内容改革创新三个专题进行了分类编排，创作了这本书。这既是思政课教师们不断锐意进取，改革创新的实践结晶和理论升华，也是《思想教育研究》数十年如一日对思政课教学改革创新的执着与坚守。

本书难免存在缺漏和不足，欢迎广大读者提出宝贵意见和建议。

编者

2023 年 7 月

目 录
CONTENTS

第三篇　高校思想政治理论课教学内容改革创新

第一篇 01

高校思想政治理论课
教学改革创新总论

全面把握思想政治理论课建设的基本规律

刘建军

摘　要：高校思想政治理论课有其自身的客观规律，只有掌握和遵循这些规律，才能搞好课程建设，不断提高教育教学的实效性。可以从三个方面把握思想政治理论课的规律性：它具有政治属性，遵循政治运作规律；它具有科学属性，遵循学术研究规律；它具有教育属性，遵循教育教学规律。这三个规律集中于思想政治理论课本身，存在于它的运行过程中，体现在它的效能作用中，表现在它的建设要求中。思想政治理论课建设必须辩证把握和妥善处理这三个基本规律的关系，形成综合的思维方法和工作体系。

习近平总书记在全国高校思想政治工作会议上，突出强调了遵循规律的重要性，明确提出：要遵循思想政治工作规律，遵循教书育人规律，遵循学生成长规律，不断提高工作能力和水平。① 思想政治理论课（以下简称"思政课"）作为高校思想政治工作的主渠道，它的建设和实施，特别是教育教学的过程，也必须遵循规律，并以此作为不断提升实效性的根本依据。为此，我们需要认真研究思政课自身的规律，特别是其基本规律。

一、思政课具有自身的客观规律

当前，进一步搞好思政课建设是高校思想政治工作的重大任务，作为思政课教师，我们正在全力以赴地努力完成这项任务。那么，我们能否顺利地完成这项任务呢？在这个问题上，既有我们的主观愿望，又有课程自身的客观本性。从前者来说，思政课是我们有意识地设立和实施的课程，体现了我们的意愿和要求，特别是在思政课教育教学过程中，广大思政课教师都是带

---

① 习近平. 在全国高校思想政治工作会议上的讲话［N］. 人民日报，2016-12-09（1）.

着强烈的意愿并发挥自己的主观能动性来开展各种教学活动的，他们期望学生们从中受益；从后者来说，思政课本身有其自身特点，它的运行过程有自发性，而其实际效果也往往不以我们的意愿为转移。于是我们发现，有时课堂气氛很热烈，学生学习效果也很好，我们的意愿便得到了实现，并感到内心的欣慰，但有时我们会面对着冷漠的学生，没有好的教学效果，我们的意愿便得不到实现，内心感到疑惑和郁闷。不论是否达到了我们预期的效果，我们都需要冷静下来想一想这究竟是为什么。

其实很简单，就是我们的主观意愿撞上了思政课的客观规律。当我们的意愿和做法符合客观规律时，我们的努力就会得到好的教学效果，而当我们的意愿和做法并不符合课程的客观规律时，我们的意愿就没有也不可能得到良好的实现。也就是说，思政课有其自身的规律性，它的课程设置、教育理念、教材建设、教学实施以及实际效果等都受其固有规律的支配。尽管思政课的规律在其表现形态上与自然界的规律有很大的不同，而且也与社会领域中其他方面的规律（如经济建设的规律等）有所不同，但它本身也像其他领域的规律一样，都是客观存在的，是不以人的主观意愿为转移的。

思政课体现了党和国家的意志，体现了社会的需要，也是广大思政课教师的事业，因此，我们必须满腔热忱地去做这项工作，不能抱有淡漠的应付态度，努力发挥自己在教育教学上的主观能动性。同时，我们也必须充分意识到思政课自身有其客观规律性。我们要想建设好思政课，提高思政课的实效性，就必须遵循思政课本身的规律。从这个意义上讲，思政课本身的规律就是我们进行思政课建设的规律。

遵循规律的前提是探索和揭示规律，认识和掌握规律。那么，思政课具有什么样的规律呢？这正是我们要研究的，而且是一个相当艰难的研究任务。因为思政课是一种特殊的宣传教育现象，它有其自身的特殊复杂性。我们并不能简单地把它归结为教育现象用教育规律来穷尽它，也不能简单地把它纳入政治宣传，用政治意识形态运作的规律来穷尽它。它是一种复合的现象，它的规律也不是单一的，而是一个规律群。研究和揭示这个规律群，当然是一项长期的工作。目前，我们可以大体上从政治、学术、教育三个方面来认识和把握思政课的规律性。

二、思政课建设必须遵循三个基本规律

思政课具有多重属性，从大的方面讲主要有三重属性，即政治属性、科学属性、教育属性，相应地它的规律也表现为政治运作规律、学术研究规律、

教育教学规律。

（一）思政课具有政治属性，思政课建设必须遵循政治运作的规律

思政课具有鲜明的政治属性。它虽然是高校里的一门课程，并与其他课程一样，呈现为相应的知识体系和教学过程，但是它与其他专业课程和人文素质课程的不同是，它具有鲜明的政治属性。这一点从"思政课"这个称呼上就可以直观地体现出来。而且，从这一课程的设立来说，它一开始就具有政治意识形态的属性。我国是社会主义国家，我们的大学教育也是社会主义的高等教育事业，大学的办学事务和人才培养具有政治方向上的基本要求，这就是在培养中国特色社会主义事业的建设者和接班人。高校设立思政课，是党中央的决定，是国家的意志，它集中体现了我国大学的社会主义政治属性。

思政课的政治属性在其课程设置和教学内容等方面中得到进一步体现。课程体系的设置，从根本上说是党中央从政治和战略高度作出的决定。就四门本身必修课程来说，由于马克思主义是我们党和国家的指导思想，是我们认识和改造世界的科学世界观和方法论，社会主义国家的大学生应该掌握马克思主义的立场、观点和方法，于是设立了"马克思主义的基本原理概论"课程。由于毛泽东思想和中国特色社会主义理论体系是马克思主义与中国实际相结合的两大理论成果，是我们党在马克思主义中国化进程中的创新理论，是我们革命、建设和改革事业的指导思想，所以设立了"毛泽东思想和中国特色社会主义理论体系概论"课程。由于中国近现代历史是中华民族救亡图存和为实现中华民族伟大复兴中国梦而奋斗的历史，是历史和人民选择马克思主义、选择中国共产党和选择中国社会主义道路的历史，是对青少年进行爱国主义教育的历史基础，于是设立了"中国近现代史纲要"课程。由于需要结合大学生的人生实际来促进大学生的思想道德修养，需要结合当代大学生法律素质的提高来落实和实现依法治国，因而设立了"思想道德修养与法律基础"课程。其他的本科选修课程，专科课程以及研究生层次的课程设置都是如此，由此决定了思政课教材的编写，特别是教材内容的确定和审核，不只是专家个人的事情，而是党和国家的事情。

思政课内在地具有突出的政治属性，因此，它本身也必然遵循和体现政治运作的规律。政治运作规律，体现的是思政课作为社会政治生活和主流意识形态一部分的运动特点。思政课既然是政治生活的一部分且具有鲜明的政治属性，它就必然在一定程度上或范围内遵循政治运行的规律。政治运作规律与学术研究规律和教育教学规律不同的地方在于它不是站在学者或教师的

角度来看问题，而是从国家的战略上，从社会的根本利害上考虑问题。只有从这样的高度，才能真正把握社会主义国家在高校开设思政课的意义，才能理解思政课的性质和功能。这就要求思政课教师具有政治眼光和政治敏锐度，具有把握政治事物及其运动规律的思维方式即政治思维。他们应该向政治家学习，特别是向马克思主义政治家学习，并从社会政治运行和发展中总结经验，克服自身具有的某种书生气和学校知识分子在政治上的幼稚性。特别重要的是，要站在国家民族的高度，放眼世界形势的变化，从战略上思考问题，把握社会问题实质。

（二）思政课具有科学属性，思政课建设必须遵循学术研究的规律

思政课也具有科学属性和学术内涵，并需要学术研究的支撑。它虽然具有鲜明的政治属性，但其讲授的不是政治口号和政策解读，而是科学理论，它有自己特有的学术内涵。马克思主义不只是一种价值学说和政党意识形态，而是科学性与价值性相统一的学说，它的价值性集中体现在它的政治属性和意识形态属性上，而它的科学属性则集中体现在它的学理性和学术性上。党的理论创新成果无疑也具有突出的政治属性，是党治国理政的经验总结、理论概括和行动指南，但是这些理论也不是凭空产生的，不是个别领袖人物主观愿望和看法的产物，它是集体智慧的结晶，是中国历史发展和现实事业进展的理论概括，它反映了革命、建设和改革的规律，反映了党治国理政的规律，而且经过学者们的加工阐发，形成了比较严整的理论体系，具有了比较严格的科学性。其他课程的内容也无不如此。

思政课既然具有科学性和学术性，也就必须遵循学术研究的规律。我们说马克思主义是一门科学，我们说思政课向学生传授的是科学的真理，这就意味着这门课要遵循科学研究和科学发展的规律。学术研究的规律着眼于学理层面，着力于揭示思政课内容的学理内涵。这也就要求思政课教师，在自己的学科范围内，从事相应的科学研究工作，以自己科学研究的成果为上好思政课提供学术支撑。

思政课教师要具有学术研究的思维。在高校，特别是研究性大学里，教学与科研紧密相连。没有坚实的学术研究做基础，教学工作很难达到较高水平。不仅各门专业课如此，思政课也是如此。这里所说的学术研究的思维，主要不是指教育或教学方面的研究，因为这方面的研究属于教育教学规律的范围。它是指比较正规的具有专业性的学术思维。思政课从整体上讲与专业课有区别，但它本身在一定层面上也具有专业性，也需要专业知识，需要专业化的学术研究。从现实中看，许多思政课教师往往只进行一定教育教学方

面的研究，而缺乏专业学者那样的学术思维，这也是他们的一种不足。

（三）思政课具有教育属性，思政课建设必须遵循教育教学的规律

思政课还具有教育属性，以立德树人作为自身的目标追求和存在依据。思政课是我国高等教育事业的一部分，是每个普通高校都必须开设的、面向所有大学生的公共课程，在高校思想政治工作育人总格局中具有十分重要的地位和作用。它的教育属性是它更为直接、更为根本的属性，是其政治属性和学术属性的载体和落脚点。思政课的价值和效果如何，主要和直接体现在它的教育教学效果上。既然其具有教育属性，当然必须遵循教育教学的规律。这一规律产生于教育者与受教育者的相互关系和相互作用中，存在于教育教学的各个阶段和环节中，左右着教育教学过程的进行并决定着教育教学的最终效果。这个规律在思政课建设中具有更为内在和直接的意义。因为思政课效果好坏，很大程度上直接取决于教师讲授是否得法，是否符合教育教学的规律。

具体来说，教育教学的规律又由两个方面的具体规律构成：一是教书育人的规律，二是学生成长的规律。它们分别从教师和学生的角度来体现规律性。习近平总书记提出高校思想政治工作必须遵循三个规律，即思想政治工作规律、教书育人规律、学生成长规律，其中，第一个规律是从总体上讲的，后两个规律分别是从教师和学生角度来讲的，两者合起来就是教育教学的规律。在教育教学规律中，大学生成长规律是基础。它揭示了大学生身心发展和成长成才的规律性，是我们开展教育教学活动的基础。教育教学的规律是建立在遵循学生成长规律基础上的，不能脱离这个基础而独立运行。在此基础上，思政课教师要努力探索和掌握教书育人的规律，特别是课堂教学的规律，不断提高自己的教学水平。思政课教师要形成符合规律的教育教学思维。对于马克思主义理论，对于现实中的理论和实践问题，教师要善于从教育的角度，从讲授的角度去思考和把握。教师要研究学生的接受特点，研究教学过程的规律，按教学规律办事，把科学的理论变成学生们易于接受的道理，帮助他们树立正确的世界观、人生观和价值观。掌握和运用思政课教育教学的规律，是需要一定的能力。有些政治水平很高的领导干部和学术研究很强的教师，不懂得教育教学的规律，因此，他们教不好思政课程。

三、必须辩证把握和妥善处理三大规律的关系

都说思政课"难"，究竟难在什么地方？我认为，从根本上讲，难就难在同一个事情上有三个不同的规律同时在起作用。同时遵循这三个规律是思政

课的特殊性所在。三个规律中如果缺少一个，就不是思政课。正是由于三个不同的规律同时起作用，也正是由于需要同时处理三个规律的关系，因而思政课具有复杂性。就专业课来说，它是两个规律起作用，一是学术研究规律，二是教育教学规律。教师当然也要处理好教学与科研的关系，这二者之间的关系虽然也不是那么简单，但毕竟是二项式，其复杂度是有限的。但三项式就不一样了。老子讲，道生一，一生二，二生三，三生万物。换句话说，到了"三"，就该"生万物"了，标志着进入复杂性阶段。三角关系之所以复杂，《三国演义》之所以智谋迭出，《三体》小说之所以扣人心弦，就是因为其是三项式，是三个不同主体之间的几乎是无解的纠结和博弈关系。复杂就意味着困难。

　　思政课的三个规律之间，由于各自的领域、作用以及起作用的方式不同，就有一个相互配合、相互协调的问题。如果协调得好，三个规律合在一起就是一个极为强大的合力，但如果对此缺乏应有的认识，不能很好地协调三个规律及其作用，就很可能造成不同规律起作用时相互冲突，从而削弱思政课的整体效果。当然，把握规律，把握规律之间的关系，特别是协调不同规律作用的关系，是一个长期的过程，需要高校思政课教师、教育主管部门以及党的有关领导部门相互配合。

　　从思政课新方案的制定和实施过程来看，存在着不同规律之间自发冲撞的情况，特别是政治运作规律和教育教学规律之间处于一种互动和磨合之中，迫切需要清醒认识和正确处理它们的关系。政治动作规律是最先起作用的规律，它在课程的设立、主教材的编写以及教育教学工作总体布局方面起主导作用。在新方案的设立、教材的编写过程中，首先要考虑的就是政治上和战略上的要求。教育教学上的要求暂时不考虑。在课程改革的大调研过程中，很多老师都提出，对于思政课培养目标的要求和规格要适当降低，定得太高做不到，而且也不是只靠上政治课就能解决的。提出这样的问题，当然是有一定道理的，但这只是教育教学方面的道理。它在政治的根本利害面前就是小道理。大道理管着小道理。所以，尽管有很多人提出这一意见，但在中央关于大学生思想政治教育的 16 号文件和中宣部、教育部关于思政课程设置的 5 号文件中，都没有采纳这样的建议。这不是对调研结果不重视，而是两个规律发生冲突时的必然结果。

　　总之，在思政课方面，中央的直接介入显示了强大的政治力量。那么，这好不好呢？我想，从战略上说，是无与伦比的好事，但从战术上讲，从某些环节和细节上说，有一些问题还需要逐步解决。从积极的方面说，中央的直接介入为思政课建设与发展解决了大问题。一是大幅度调整课程设置，形成一个门数较少，时数较少，比较合理，便于以后稳定的方案。二是设立马克思主义理论一级学科，批准一大批博士点。三是以中央工程的形式支持教材建设。四是以中央文件的形式推动改善思政课教师的工作和生活条件。这些大问题，如果没有中央的强力介入，没有政治威力的作用，单靠学术研究规律，单靠教育教学规律，都很难得到解决。可以说，政治运作规律的强大作用，为学术研究规律和教育教学规律发挥作用提供了一个更大的平台。从此，我们就可以在学科建设和课程建设方面，更多地发挥学术研究和教育教学规律的作用。

但从战术的角度讲，由于中央是从政治战略上考虑问题，所以在直接介入课程设置和课程建设时，在某些环节或细节方面，会存在一些不周到的地方，这是不可避免的。因此我们在这个问题上要辩证地看，不能对领导部门求全责备。

当然，这并不是说对于在新方案实施过程中由于政治运作规律与教育教学规律不协调带来的问题闭眼不看，不去解决，而是要多做细致的工作，使某些环节和细节方面的不足得到弥补。如果说，在前一个阶段，即在课程设置和主教材编写阶段中，主要是政治运作规律起作用，是领导部门和主管部门起作用，是马克思主义工程专家起作用的话，那么在以后的阶段上，即在具体落实和实施思政课教育教学改革的过程中，学术研究规律和教育教学规律的作用就会日益突显起来，教师的作用也必然会更加突显出来。思政课教师在前一阶段也可能感到有些被动，但在下一阶段中就应该能够发挥更多的作用。我们不能做旁观者，而应以真正的责任感，积极地投身到落实新方案的实践中去，着力把课程体系和教材体系创造性地转化为教学体系，逐步取得新方案的成效。

协调遵循学术研究规律与教育教学规律的关系，也是当前重要的问题。现在高校普遍重视科学研究，特别是重点高校和综合性高校都把科研放在非常高的地位上。不仅专业院系是这样，马克思主义学院也有这样的倾向。辩证地看待这个问题就会发现，在思政课建设中高度重视科研的支撑作用，这是题中应有之义。既然思政课具有科学属性且课程建设要遵循学术研究规律，就要允许并提倡教师开展学术研究活动，鼓励他们在学术研究中取得成果。如果思政课缺少学术含量和学术支撑，就不会真正有好的效果。但在这个过程中，如果处理不当，比如，把搞科研置于首位，就可能影响思政课的教育教学。因此，科研要为思政课服务，要为教育教学提供有利学术支撑。

另外，还要正确协调政治运作规律与学术研究规律两种遵循的关系问题。在正确处理政治性和学术性的关系问题上，真正把两者有机统一起来。一方面，坚持学术研究的正确方向，另一方面，能够通过学术水平来体现政治属性。

总之，思政课的三个规律各有其不同的作用和要求，广大思政课教师要努力形成将政治思维、学术思维和教学思维融为一体的综合思维方式，形成同时把握三个规律并在实践中妥善处理三种遵循的关系的能力。

（本文原载于《思想教育研究》2017 年第 4 期）

打造深化高校思想政治理论课改革创新"升级版"

刘贵芹

摘　要：进入新发展阶段，打造深化高校思想政治理论课改革创新"升级版"意义重大。要创造性抓好打造深化高校思想政治理论课改革创新"升级版"的重点工作，紧紧围绕解决好培养什么人、怎样培养人、为谁培养人这些根本问题，把全面提高教学质量和水平作为最核心最紧迫的任务，以推动高质量发展为主题，抓深首要、搞活教法、建强队伍。要有效完善深化高校思想政治理论课改革创新"升级版"的"大机制"，更好地发挥立德树人关键课程作用。

深化高校思想政治理论课（以下简称"思政课"）改革创新，是党中央作出的重大战略部署。党的十八大以来，在以习近平同志为核心的党中央坚强领导下，各地区各部门各高校坚持以习近平新时代中国特色社会主义思想为指导，深入学习贯彻习近平总书记关于教育的重要论述，特别是在学校思想政治理论课教师座谈会上的重要讲话精神，认真贯彻落实中共中央办公厅、国务院办公厅印发的《关于深化新时代学校思想政治理论课改革创新的若干意见》，坚持思路、师资、教材、教法、机制、环境创优，深化高校思政课改革创新取得了历史性成就、发生了格局性变化，"高校思想政治理论课建设大大加强，教学质量和水平大幅提高，思想性、理论性和亲和力、针对性不断增强"[1]。

进入新发展阶段，高校要进一步提高政治站位，立足"两个大局"、心怀"国之大者"，全面贯彻党的教育方针，贯彻新发展理念，紧紧围绕解决好培养什么人、怎样培养人、为谁培养人这些根本问题，把全面提高教学质量和

---

[1] 本书编写组. 社会主义发展简史 [M]. 北京：人民出版社学习出版社，2021：268.

水平作为最核心最紧迫的任务，以"推动高质量发展"为主题，坚持系统观念、稳中求进，坚持"执行为要"、持续用力，探索遵循马克思主义理论教育教学规律，努力打造深化高校思政课改革创新"升级版"，把高校思政课办得越来越好，为坚持马克思主义在意识形态领域指导地位的根本制度、擦亮中国特色社会主义大学的鲜亮底色，为构建高质量高等教育体系，特别是高校思想政治工作体系、加快推进教育现代化、建设高等教育强国，为坚守为党育人、为国育才、培养堪当民族复兴重任的时代新人做出不可替代的新的更大贡献。

一、深刻认识打造深化高校思政课改革创新"升级版"的重大意义

（一）打造深化高校思政课改革创新"升级版"，是自觉践行"两个维护"的必然要求

习近平总书记对高校思政课建设高度重视，始终将其摆在治国理政的重要位置，强调办好思政课要放在世界百年未有之大变局、党和国家事业发展全局中来看待，要从坚持和发展中国特色社会主义、建设社会主义现代化强国、实现中华民族伟大复兴的高度来对待。习近平总书记深刻指出："办好思政课，是我非常关心的一件事。党的十八大以来，党中央先后召开全国高校思想政治工作会议、全国教育大会，我就思政课建设多次讲过意见。我对教育工作在这方面强调得最多，教育工作别的方面我也强调，但思政课建设我必须更多强调。"①

继亲自提议、亲自主持召开学校思想政治理论课教师座谈会并发表重要讲话以来，习近平总书记在开局"十四五"、启航新征程、向着第二个百年奋斗目标再出发之际，在许多重要会议、重要场合对进一步加强高校思政课建设作出一系列重要指示批示。在教育、文化、卫生、体育领域专家代表座谈会上，习近平总书记强调要"深化学校思想政治理论课改革创新，加强和改进学校体育美育，广泛开展劳动教育，发展素质教育，推进教育公平，促进学生德智体美劳全面发展，培养学生爱国情怀、社会责任感、创新精神、实践能力"②。在此这次会议上习近平总书记还强调"要深化党的创新理论学习

---

① 习近平. 思政课是落实立德树人根本任务的关键课程［M］. 北京：人民出版社，2020：3-4.
② 习近平. 在教育文化卫生体育领域专家代表座谈会上的讲话［N］. 人民日报，2020-09-23（2）.

教育，推动理想信念教育常态化制度化，加强党史、新中国史、改革开放史、社会主义发展史教育，加强爱国主义、集体主义、社会主义教育，引导人们坚定道路自信、理论自信、制度自信、文化自信，促进全体人民在思想上精神上紧紧团结在一起"①。在看望参加全国政协会议的医药卫生界教育界委员时，习近平总书记强调"'大思政课'我们要善用之，一定要跟现实结合起来。""思政课不仅应该在课堂上讲，也应该在社会生活中来讲。"② 在清华大学考察时，习近平总书记强调当代中国青年学生要立大志、明大德、成大才、担大任，爱国爱民、锤炼品德、勇于创新、实学实干，努力成为堪当民族复兴重任的时代新人。③ 在庆祝中国共产党成立 100 周年大会上的重要讲话中，习近平总书记强调"新时代的中国青年要以实现中华民族伟大复兴为己任，增强做中国人的志气、骨气、底气，不负时代，不负韶华，不负党和人民的殷切期望!"④ 习近平总书记这些最新重要指示批示，为推进新发展阶段高校思政课建设高质量发展指明了前进方向、提供了根本遵循，我们必须增强"四个意识"、坚定"四个自信"、做到"两个维护"，不断提高政治判断力、政治领悟力、政治执行力，全面贯穿到打造深化高校思政课改革创新"升级版"全过程各方面，不折不扣落实见效。

（二）打造深化高校思政课改革创新"升级版"，是培养堪当民族复兴重任时代新人的迫切需要

培养什么人是教育的首要问题，为党育人、为国育才是中国特色社会主义大学的庄严使命。中国是中国共产党领导的社会主义国家，中国共产党立足于中华民族千秋伟业，我们的高等教育是为人民服务、为中国共产党治国理政服务、为巩固和发展中国特色社会主义制度服务、为改革开放和社会主义现代化建设服务，这就决定了我国高校必须把培养德智体美劳全面发展的社会主义建设者和接班人作为根本任务，把立德树人的成效作为检验高校一切工作的根本标准。社会主义建设者和接班人，本质规定是"社会主义"，本质要求是培养的人必须树立对马克思主义的信仰、树立对共产主义远大理想

---

① 习近平. 在教育文化卫生体育领域专家代表座谈会上的讲话［N］. 人民日报，2020-09-23（2）.

② "'大思政课'我们要善用之"（微镜头·习近平总书记两会"下团组"·两会现场观察）［N］. 人民日报，2021-03-07（1）.

③ 习近平在清华大学考察时强调 坚持中国特色世界一流大学建设目标方向 为服务国家富强民族复兴人民幸福贡献力量［N］. 人民日报，2021-04-20（001）.

④ 习近平. 在庆祝中国共产党成立 100 周年大会上的讲话［N］. 人民日报，2021-07-02（2）.

和中国特色社会主义共同理想的信念、树立对实现中华民族伟大复兴中国梦的信心，而高校思政课就是对大学生进行系统的马克思主义理论教育的主渠道，是落实立德树人根本任务的关键课程，是培养一代又一代社会主义建设者和接班人的重要保障，办好思政课，最根本的是要全面贯彻党的教育方针，解决好培养什么人、怎样培养人、为谁培养人这些根本问题。

当今世界的竞争说到底是人才竞争、教育竞争。当今世界百年变局与世纪疫情交织叠加，世界正处于动荡变革时期，实现中华民族伟大复兴进入了不可逆转的历史进程，但随着我国面临的风险挑战增多，意识形态领域面临的形势和斗争也更加复杂，各种敌对势力从来没有停止对我国实施西化、分化战略，加紧争夺我们的青年学生。习近平总书记指出："国内外各种敌对势力，总是企图让我们党改旗易帜、改名换姓，其要害就是企图让我们丢掉对马克思主义的信仰，丢掉对社会主义、共产主义的信念。"① 在中华民族伟大复兴关键时期，如何更好教育引导青年学生正确认识世界和中国发展大势，正确认识中国特色和国际比较，正确认识时代责任和历史使命，正确认识远大抱负和脚踏实地，把当今世界的风云变幻看准、看清、看透，树立正确的世界观、人生观、价值观，增强中国特色社会主义道路自信、理论自信、制度自信、文化自信，坚定不移听党话跟党走，成为堪当民族复兴重任的时代新人，是摆在高校思政课面前重大而紧迫的政治任务。进入新发展阶段，培养一代又一代拥护中国共产党领导和我国社会主义制度、立志为中国特色社会主义事业奋斗终身的有用人才，迫切需要打造深化高校思政课改革创新"升级版"，更好发挥思政课在青年学生"拔节孕穗期"健康成长成才中的关键课程作用。

（三）打造深化高校思政课改革创新"升级版"，是构建高质量高等教育体系，特别是完善高校思想政治工作体系的重要举措

《中华人民共和国国民经济和社会发展第十四个五年规划和2035年远景目标纲要》强调，"十四五"时期要以推动高质量发展为主题，必须立足新发展阶段、贯彻新发展理念、构建新发展格局，并作出了"建设高质量教育体系"，特别是提高高等教育质量的决策部署。② 中共中央印发修订后的《中国共产党普通高等学校基层组织工作条例》强调，"高校党组织应当把立德树人

---

① 习近平. 论党的宣传思想工作［M］. 北京：中央文献出版社，2020：149.
② 中华人民共和国国民经济和社会发展第十四个五年规划和2035年远景目标纲要［EB/OL］. 中国政府网，2021-03-13.

作为根本任务，构建思想政治工作体系"，特别提出了"办好思想政治理论课"的明确要求。① 中共中央、国务院印发的《关于新时代加强和改进思想政治工作的意见》强调，要深入开展思想政治教育，特别是健全用党的创新理论武装全党、教育人民工作体系；强调要加快构建学校思想政治工作体系、实施时代新人培育工程，特别是推动思想政治理论课改革创新、完善青少年理想信念教育齐抓共管机制，等等。②

高等教育在整个教育体系中具有特殊且重要的位置，构建高质量教育体系必须构建高质量高等教育体系。高等教育体系涉及学科专业体系、课程教学体系、教材建用体系、区域布局体系、大学创新体系、大学文化体系、开放合作体系、教师队伍体系、分类管理体系、评估督导体系、党的领导体系等，而贯通其中的是全员、全过程、全方位育人的高校思想政治工作体系。思想政治工作是中国特色社会主义大学的鲜明特色和突出政治优势，是一切工作的生命线，而高校思政课是高校思想政治工作体系的主干、主渠道，是高质量高等教育体系的重要内容，其作用不可替代，只能加强，不能削弱。进入新发展阶段，建设高质量高等教育体系，特别是推进高等教育分类管理、分类建设一流大学和一流学科、建设高质量本科教育、推进中西部地区高等教育振兴等，都离不开答好如何进一步办好思政课这个必答题，因此，打造深化高校思政课改革创新"升级版"，是推动高等教育高质量发展、建设高等教育强国的重要举措。

二、创造性抓好打造深化高校思政课改革创新"升级版"的重点工作

（一）抓深首要：深化习近平新时代中国特色社会主义思想铸魂育人

习近平总书记深刻指出："办好思政课，就是要开展马克思主义理论教育，用新时代中国特色社会主义思想铸魂育人，引导学生增强中国特色社会主义道路自信、理论自信、制度自信、文化自信，厚植爱国主义情怀，把爱国情、强国志、报国行自觉融入坚持和发展中国特色社会主义、建设社会主义现代化强国、实现中华民族伟大复兴的奋斗之中。"③。习近平新时代中国特色社会主义思想，是当代中国马克思主义、21世纪马克思主义、中华文化

---

① 中国共产党普通高等学校基层组织工作条例［N］．人民日报，2021-04-23（3）．
② 使新时代思想政治工作始终保持生机活力——中央宣传部负责人就《关于新时代加强和改进思想政治工作的意见》答记者问［N］．人民日报，2021-07-27（4）．
③ 习近平．思政课是落实立德树人根本任务的关键课程［M］．北京：人民出版社，2020：6-7．

和中国精神的时代精华，实现了马克思主义中国化新的飞跃。打造深化高校思政课改革创新"升级版"，首要任务就是深化习近平新时代中国特色社会主义思想铸魂育人，持续深入推动党的创新理论"三进"，坚定青年学生对党的创新理论的政治认同、思想认同、情感认同，打牢成长成才的科学思想基础，切实增强贯彻落实政治自觉、思想自觉和行动自觉。

第一，要完善贯穿融入。把习近平新时代中国特色社会主义思想更好贯穿和有机融入到高校思政课教学，同深入学习马克思主义基本原理贯通起来，同深入学习"四史"结合起来，同深刻体悟中国特色社会主义在新时代迈向新辉煌，特别是取得的历史性成就、发生的历史性变革联系起来，在增强学理深度、学术厚度上下功夫，在体现实践伟力上下功夫，防止"表面化融入"。第二，要聚力全面、系统、整体的学习教学。加强以党的创新理论为核心内容的高校思政课课程群建设，借鉴全国重点马克思主义学院率先全面开设和有关省市试点开设经验，建好"习近平新时代中国特色社会主义思想概论"必修课，做优相关选修课，教育引导青年学生学深悟透这一重要思想的核心要义、精神实质、丰富内涵、实践要求和历史地位，深刻把握实现全面建成社会主义现代化强国、实现中华民族伟大复兴中国梦的战略部署。第三，要强化根本要求的学习教学。习近平总书记指出："学习和掌握马克思主义立场观点方法，是深入学习中国特色社会主义理论体系、提高思想理论水平的根本要求。"① 学到方法才算学到真章，要着力教育引导青年学生把习近平新时代中国特色社会主义思想蕴含和贯穿的马克思主义立场观点方法掌握准、掌握精，切实提高以正确认识问题、科学分析问题、有效解决实际问题的能力。第四，要加强及时跟进学。使习近平总书记领导全党全国各族人民向第二个百年奋斗目标进军伟大实践中提出的新思想、新观点、新论断、最新重要讲话和在《求是》杂志发表重要文章精神及时进入高校思政课堂。当前要着力推动习近平总书记在党的十九届六中全会上的重要讲话、"七一"重要讲话精神和关于党史的重要论述进高校思政课堂。第五，要加强青年学生理论社团的建设和指导。注重遴选高水平思政课教师担任指导教师，履行指导、引导、服务、联系职责，支持青年学生用丰富多彩的自我学习、自我教育方式，拓展思政课第一课堂教学效果，深化对党的创新理论的学习领悟，坚定理想信念。

---

① 习近平. 深入学习中国特色社会主义理论体系努力掌握马克思主义立场观点方法 [N]. 学习时报，2010-03-08. （1）

（二）搞活教法：全面提高高校思政课教学质量和水平

高校思政课能否有效教育引导青年学生对马克思主义真学、真懂、真信、真用，是否能实现学、思、用贯通，知、信、行统一，有满满的获得感，很大程度上取决于是否有科学适用的教学方法。进入新发展阶段，要把全面强化教学方法改革作为重中之重，坚持政治性和学理性相统一、价值性和知识性相统一、建设性和批判性相统一、理论性和实践性相统一、统一性和多样性相统一、主导性和主体性相统一、灌输性和启发性相统一、显性教育和隐性教育相统一，进一步增强思政课的思想性、理论性和亲和力、针对性，全面提高教学质量和水平，努力把高校思政课建成青年学生真心喜爱、终身受益的优秀课程。

第一，要健全集体备课常态化机制。习近平总书记指出："国内外形势、党和国家工作任务发展变化较快，思政课教学内容要跟上时代，只有不断备课、常讲常新才能取得较好教学效果。"① 高校思政课教材是纳入中央马克思主义理论研究和建设工程建设的重点教材，统一编写、统一使用，自 2012 年以来，经过了 4 次修订，政治性、科学性、时代性、权威性很强。但要将教材体系转化为教学体系，并能及时反映理论创新的重大思想观点、实践创新的鲜活丰富经验，适宜于面向不同类型高校、不同层次学生、不同学科专业的课堂教学，必须健全集体备课常态化机制，紧紧围绕教学目的、教学要求、教案编写、课件制作、重点难点问题讲解，以及教学组织等开展高质量的制度化备课，确保融会贯通、精辟讲解，避免照本宣科、脱纲教学、偏纲教学。同时要完善新教师试讲、教学观摩等制度。第二，要强化"贯通""联系""比较"式深度教学。思政课要解决好教学对象信仰信念信心、"总开关"的问题，必须讲清楚讲透彻青年学生关心的深层次理论和实践问题，用真理的强大力量引导青年学生。看历史就会看到前途，实践是检验真理的唯一标准，有比较才有鉴别。要放在"两个大局"背景下，结合"Z 世代"青年学生的思想特点和认知规律，将历史与现实贯通起来讲，将理论与实践联系起来讲，将国际与国内比较起来讲，充分挖掘和运用国内外的历史、现实、案例、素材等，尤其是挖掘和运用好新时代坚持和发展中国特色社会主义鲜活实践的"富矿"，有机运用"互联网+"思政课教学，着力讲好中华民族从站起来、富起来到强起来的历史逻辑、理论逻辑、实践逻辑，深刻揭示 100 年来党领

---

① 习近平. 思政课是落实立德树人根本任务的关键课程［M］. 北京：人民出版社，2020：11.

导人民创造以少胜多、以弱胜强战争奇迹以及经济快速发展奇迹和社会长期稳定奇迹背后的道理、学理、哲理，讲清楚、讲透彻中国共产党为什么能、中国特色社会主义为什么好，归根结底是因为马克思主义行！引导青年学生深化对共产党执政规律、社会主义建设规律、人类社会发展规律的认识和把握，坚定"四个自信"，厚植爱党、爱国、爱人民、爱社会主义、爱集体的情感，成为德智体美劳全面发展的社会主义建设者和接班人。第三，要着力强化与中小学思政课教学的有机衔接。围绕整体推进大中小学思政课一体化高质量发展，遵循教育规律和人才成长规律，循序渐进、螺旋上升地完善设置各学段思政课课程目标、课程内容等，统筹编审课程教材，并有针对性地加强跨学段协同备课研讨，避免简单重复教学、脱节教学，防止衔接断档、错位。

（三）建强关键：建强高校思政课教师队伍

教师队伍的质量决定着思政课的教学质量和水平，打造深化高校思政课改革创新"升级版"，教师是关键。"十三五"时期，高校思政课教师队伍建设取得显著成效，"截至2020年11月，登记在库的全国高校思政课专兼职教师总数为106411人，首次突破10万人大关，比2015年增加44290人。'十三五'时期高校思政课教师年均增长率达14.4%，其中专职教师由2015年的43353人增加到71749人，五年共增长65.5%"[①]。同时教师队伍素质也有较大提高。但高校思政课教师队伍数量不足和质量不够的问题并存。进入新发展阶段，要进一步按照政治强、情怀深、思维新、视野广、自律严、人格正的"六个要"要求不减工作力度，着力配齐建强一支高素质专业化的高校思政课教师队伍。

第一，要专兼结构优起来。高校思政课教师队伍要专职为主、专兼结合，现在不少地方和高校按专兼职配备思政课教师已基本到位，但有的兼职比例较大，要严格按照专职教师1：350的师生比配足优化这支队伍，以专职替换不适当的兼职。第二，要常态化自我提高练"内功"。高校思政课教师的第一工作是教书、第一职责是上课，要紧紧围绕讲好课、建金课、打造精品课堂的目标，把教书育人这个看家本领提上来，不负重托、不辱使命，履行好传播知识、传播思想、传播真理、塑造灵魂、塑造生命、塑造新人的岗位职责。为此，要把自学作为一种工作责任、生活方式，自觉学习、善于学习、刻苦

---

① 教育部：全国高校思政课专兼职教师首次突破10万人大关 ［EB/OL］. 新华网，2020-12-03.

学习，钻研理论、钻研历史、钻研时事、钻研教学，向书本学、向经典学、向实践学、向别人学，把"内功"提上来。第三，要全战线多层次全覆盖培训轮训。大规模培训轮训是高质量实施高校思政课课程设置"05方案"的宝贵经验，要复制推广开来、坚持下去。着力完善国家、地方、高校三级思政课教师深入学习贯彻习近平新时代中国特色社会主义思想研修培训体系和思政课骨干教师理论研修、教学研修、实践研修培训体系，着力健全国家、地方、高校三级思政课教学展示、优秀课程观摩或"大练兵"体系，着力推动"周末理论大讲堂"和思政课骨干教师到国外调研制度化，着力建立思政课教师实践锻炼制度，着力健全高校思政课教师"手拉手"备课机制和东部高校定点帮扶西部高校、民族地区高校马克思主义学院机制等，全面推动高校思政课教师夯实理论功底、砥砺政治品格、完善知识体系、挖掘教育资源、增强育人本领。第四，要培养造就名师大家。要以马克思主义理论学科带头人为主体，以培养优秀马克思主义理论教育家为目标，着力培养造就一大批立场坚定、功底扎实、心无旁骛、甘守三尺讲台的中青年高校思政课教学名师，一批在本学科乃至全国哲学社会科学领域有较大影响的知名专家，一批学养深厚、学贯中西、有广泛影响的马克思主义理论大家。

三、有效完善深化高校思政课改革创新"升级版"的"大机制"

打造深化高校思政课改革创新"升级版"，培养堪当民族复兴重任的时代新人，是一项复杂的系统工程，必须加强党对高校思政课建设的领导，进一步营造好、拓展好全党全社会努力办好高校思政课、教师认真讲好思政课、学生积极学好思政课的良好氛围，特别是要完善"执行为要"的党中央决策部署有效落地的"大机制"。

一分部署，九分落实。作出好的决策部署，关键还在于落实执行。习近平总书记指出，"党中央作出的决策部署，党的组织、宣传、统战、政法等部门要贯彻落实，人大、政府、政协、法院、检察院的党组织要贯彻落实，事业单位、人民团体等的党组织也要贯彻落实，党组织要发挥作用。"① 从十九届中央第七轮巡视反馈情况来看，目前贯彻落实党中央关于高校思政课建设的决策部署还不够到位，仍存在差距。打造深化高校思政课改革创新"升级版"，现在的关键是各地区各部门各高校要进一步提高政治站位，同习近平总书记关于高校思政课建设的重要指示批示，特别是"3·18"重要讲话精神全

---

① 习近平. 毫不动摇坚持和加强党的全面领导 [J]. 求是，2021（18）.

面对标对表，同党中央决策部署，特别是《关于深化新时代学校思想政治理论课改革创新的若干意见》等全面对标对表，不断提高政治判断力、政治领悟力、政治执行力，坚持"执行为要"，以踏石留印、抓铁有痕的精神，坚决地而不是敷衍地落实，不折不扣地而不是搞变通地、有选择地落实，具体地、实实在在地而不是抽象地、空洞地落实，持续地而不是一阵风地落实。特别是在核定核清专职思政课教师岗位、全面提高教学质量和水平、多层次开展教师研修培训、开发配置"大思政课"资源、健全与思政课教师教学科研相匹配的考核评价体系、建强马克思主义理论学科、补齐民办高校和中外合作办学院校思政课建设短板、设置专项科研项目、推进思政课教师岗位津贴制度化、强化马克思主义学院院长选拔培养、支持举办相关国际性全国性学术会议或理论宣讲、完善马克思主义理论学科本硕博一体化人才培养体系、表彰宣传优秀思政课教师、把思政课教师作为高校干部队伍重要来源，以及实现课程思政与思政课程同向同行、日常思政与思政课程同频共振等方面，紧密结合实际，严格落实好已有的政策和措施，确保落地见效、开花结果，并不断完善政策组合拳，备足"工具包"，全面推动高校思政课高质量发展。

完善"执行为要"的党中央决策部署有效落地的"大机制"，必须层层压紧责任链条、上下联动、协同纵深推进。第一，要强化牵头部门作用。教育是国之大计、党之大计，思想政治工作是新时代治国理政的重要方式，教育部、中宣部等部门应继续把高校思政课建设摆在教育工作和思想政治工作的突出位置，跑好贯彻落实的"最先一公里"，牵头抓好高校思政课建设，特别是要推动部际层面协调联动，增强工作合力。第二，要突出推动地方党委扛实扛好高校思政课建设主体责任。"地方各级党委要把思政课建设作为党的建设和意识形态工作的标志性工程摆上重要议程，党委常委会每年至少召开1次专题会议研究思政课建设，抓住制约思政课建设的突出问题，在工作格局、队伍建设、支持保障等方面采取有效措施。"①，是党中央提出的明确要求。办好中国的事情关键在党，把党的建设作为一项伟大工程来推进是我们党的一大创举，抓好党建是最大的政绩。意识形态关乎旗帜、关乎道路、关乎国家政治安全。把思政课建设确定为其中的标志性工程，足见党中央的要求之高。因此，地方各级党委要在建好"标志性工程"上持续聚神用力。第三，高校党委书记、校长要扛实扛好思政课建设第一责任人职责。完善党委书记、

---

① 关于深化新时代学校思想政治理论课改革创新的若干意见［M］. 北京：人民出版社，2019：16.

校长带头抓思政课机制，带头推动思政课建设，进一步把思政课作为重点课程、把马克思主义理论学科作为重点学科、把马克思主义学院作为重点学院，纳入学校"十四五"发展规划以及新一轮"双一流"建设方案进行重点建设，加强必要保障。第四，要加强马克思主义学院建设。高校马克思主义学院是贯彻落实党中央决策部署的"最后一公里"，要贯彻落实好中共中央办公厅印发的《关于加强新时代马克思主义学院建设的意见》，强化"马院姓马、在马言马"鲜明导向，在打造深化高校思政课改革创新"升级版"上走在前、做表率。第五，要推动高校思政课考核评估"长牙齿"。推动高校思政课建设情况纳入各级党委领导班子考核和政治巡视巡察制度化，完善思政课建设情况纳入高校党的建设工作考核、"双一流"建设评估、学科评估、本科教学评价指标体系，并建立健全考核评估结果的激励表彰、提醒约谈、追责整改等制度。

（本文原载于《思想教育研究》2021年第11期）

《思政课是落实立德树人根本任务的关键课程》导读

艾四林

清华大学马克思主义学院

摘　要：2020 年 9 月 1 日，《求是》2020 年第 17 期刊发了习近平总书记的重要文章《思政课是落实立德树人根本任务的关键课程》。这是习近平总书记 2019 年 3 月 18 日在学校思想政治理论课教师座谈会上讲话的主要部分。我有幸参加了这次座谈会，聆听了习近平总书记的重要讲话。今天，很高兴和大家一起来重温这篇重要讲话。

党的十八大以来，习近平总书记高度重视思想政治理论课（以下简称"思政课"）建设。2013 年 11 月，在对高校思政课的重要批示中，习近平总书记强调，思政课必须办好。2016 年 12 月，在全国高校思想政治工作会议上的重要讲话中，他提出，思政课要在改进中加强，在创新中提高。在全国教育大会上的重要讲话中以及在多次对各级学校考察中，习近平总书记都强调了思政课建设。2019 年 3 月 18 日的这篇讲话立意高远，具有很强的战略性、针对性、指导性，为新时代思政课建设提供了根本遵循。

一、办好思政课的重大意义

我国的学校为什么要开设思政课？有人讲，西方国家的学校没有思政课，其实不然。每个国家都是按照自己的政治要求来培养人的。在西方国家，一方面，宗教发挥着很重要的价值观教育功能，另一方面，在学生思想教育方面，也很有一套。在西方，学校教育表面上是"价值中立化"，实际上非常注重利用课堂进行意识形态教育，大量的人文核心课程成为传播西方价值观的重要渠道。所以，在社会主义国家，必须坚定不移地开设思政课。

有人提出把思政课变成隐性课程，完全融入其他人文素质课程中，这也是不对的。其实，这种看法的背后隐含着对思政课教学效果的质疑。对此，习近平总书记以自己的亲身经历说明，思政课对一个人成长成才成人的重要影响。他说，"我上中学时，学的政治课本叫《做革命的接班人》，书上讲的'热爱生产劳动，艰苦奋斗，用自己的双手建设富强的社会主义祖国'，'立雄心壮志，做革命的接班人'等，影响了我们这一代人的理想信念和人生选择。"① 因此，思政课对学生成长成才成人具有不可替代的作用。

新时代办好思政课，更要放在世界百年未有之大变局、党和国家事业发展全局中来看待，要从坚持和发展中国特色社会主义、建设社会主义现代化强国、实现中华民族伟大复兴的高度来对待。青年一代有理想、有本领、有担当，国家就有前途，民族就有希望。现在的青少年是新时代的同行者、建设者、开创者。这就要求我们把下一代教育好、培养好，从学校抓起、从娃娃抓起。因此，习近平总书记指出："在大中小学循序渐进、螺旋上升地开设思政课非常必要，是培养一代又一代社会主义建设者和接班人的重要保障。"②

党的十八大以来，习近平总书记多次强调，学校的根本任务是立德树人，立德树人关系到党的事业后继有人，关系到国家的前途命运。因此，要"把立德树人的成效作为检验学校一切工作的根本标准"。

立德树人，办好思政课，就是要全面贯彻党的教育方针，解决好培养什么人、怎样培养人、为谁培养人这些根本问题。立什么德、树什么人，从来都不是抽象的。办好思政课，就是要坚守为党育人、为国育才的立场，培养担当民族复兴大任的时代新人，培养德智体美劳全面发展的社会主义建设者和接班人。

立德树人，办好思政课，就是要满足学生成长发展的需要和期待，为学生一生成长奠定科学思想基础。当前，我国各级各类学历教育在校生达到2.82亿。青少年阶段，正如习近平总书记指出的，是人生的"拔节孕穗期"，最需要精心引导和栽培。思政课要聚焦学生这个中心，围绕学生、关照学生、服务学生，帮助学生"扣好人生第一粒扣子"。

立德树人，办好思政课，就要把思政课作为落实立德树人根本任务的关键课程。在讲话中，习近平总书记进一步强调："思想政治理论课是落实立德树人根本任务的关键课程，思政课作用不可替代，思政课教师队伍责任重大。"这就明确回答了思政课在学校课程体系中的地位问题。

---

① 习近平. 思政课是落实立德树人根本任务的关键课程 [J]. 求是，2020（17）：4-16.
② 习近平. 思政课是落实立德树人根本任务的关键课程 [J]. 求是，2020（17）：4-16.

习近平总书记讲，办好思政课，有不少问题需要解决，但最重要的是解决好信心问题。我们应该有信心办好思政课。信心来自哪里？一是党中央对教育工作高度重视，对思想政治工作、意识形态工作高度重视，始终坚持马克思主义指导地位，大力推进中国特色社会主义学科体系建设，为思政课建设提供了根本保证。二是我们对共产党执政规律、社会主义建设规律、人类社会发展规律的认识和把握不断深入，开辟了中国特色社会主义理论和实践发展新境界，中国特色社会主义取得举世瞩目的成就，为思政课建设提供了有力支撑。这次抗击疫情的斗争，凸显了中国特色社会主义的优势，增强了中国制度自信、为我们讲好思政课提供了生动的案例。三是中华民族几千年来形成了博大精深的优秀传统文化，我们党带领人民在革命、建设、改革过程中锻造的革命文化和社会主义先进文化，为思政课建设提供了深厚力量。四是思政课建设长期以来形成的一系列规律性认识和成功经验，为思政课建设守正创新提供了重要基础。五是我们这支可信、可敬、可靠，乐为、敢为、有为的思政课教师队伍，为思政课建设提供了基本保障。

近些年，思政课教师队伍建设成效显著，思政课教师队伍数量得到快速增长，整体素质进一步提升。这支队伍政治素质、业务能力等方面怎么样？社会上有些议论，有些不正确的看法，甚至个别思政课教师自我认识也很模糊。习近平总书记明确指出，思政课教师队伍是"可信、可敬、可靠，乐为、敢为、有为"的。这样的评价，体现了党中央和习近平总书记对广大思政课教师的充分信任、高度认可和殷切期待。

二、办好思政课关键在教师

在这次讲话中，习近平总书记强调，办好思政课，思政课教师队伍责任重大。

当一名好老师不易，当一名好的思政课老师更难。习近平总书记以自己在福建、浙江工作时亲自讲思政课的经历强调，"讲好思政课不容易，因为这个课要求高"。思政课教学涉及内容广泛、领域众多。思政课教学内容要跟上时代，需要不断备课。思政课上学生提出的一些尖锐敏感的问题，要讲清楚讲透彻并不容易。习近平总书记讲，思政课教学的学术深度广度和学术含量不亚于任何一门哲学社会科学。这样的特殊性，对思政课教师的综合素质要求很高。

什么是好老师？习近平总书记从不同角度提出了要求。2014 年教师节前夕，习近平总书记提出教师要做"四有好老师"，即有"理想信念、道德情操、扎实学识、仁爱之心"。在 2016 年 12 月全国高校思想政治工作会议上，习近平总书记提出，教师要做到教书和育人相统一、言传和身教相统一、潜心问道和关注社会相统一、学术自由和学术规范相统一的"四个相统一"。2016 年 9 月 9 日，习近平在北京市八一学校考察时强调，教师要当好"四个引路人"，即"要做学生锤炼品格的引路人，做学生学习知识的引路人，做学生创新思维的引路人，做学生奉献祖国的引路人"。

什么是好的思政课老师？在 2016 年 12 月全国高校思想政治工作会议上，习近平总书记强调，"讲思想政治理论课，要让信仰坚定、学识渊博、理论功底深厚的教师来讲，让学生真心喜爱、终身受益。"① "信仰坚定、学识渊博、理论功底深厚"② 就是对思政课教师素质的要求。习近平总书记在 2019 年 3 月 18 日这篇讲话中对广大思政课教师，提出了"政治要强""情怀要深""思维要新""视野要广""自律要严""人格要正"的新的要求。这"六个要"构成了新时代思政课好老师的基本标准，是"四有好老师""四个相统一""四个引路人"标准在思政课教师这个特殊群体的具体化。

在这篇讲话中，习近平总书记强调"办好思想政治理论课关键在教师，关键在发挥教师的积极性、主动性、创造性"。要使思政课教师的积极性、主动性、创造性充分迸发出来，就要努力提高思政课教师的政治地位、社会地位、职业地位，让广大教师安心从教、热心从教、舒心从教、精心从教，让广大教师在岗位上有幸福感、事业上有成就感、社会上有荣誉感，要切实提高思政课教师的待遇，增强思政课教师职业的吸引力和竞争力。要健全评价奖励体系，激发思政课教师的积极性，关键是激发"教"的积极性。合理增加教学成果的权重，克服"五唯"弊端，使评价真正向教学倾斜，引导思政课教师热爱教学、研究教学、创新教学，解放和发展思政课教师"教"的能力，提升思政课教师教学的获得感。加大激励力度，在重大项目立项、重大奖项评价、重大人才评选、重大荣誉称号表彰中向思政课教师倾斜。近一年来，国家社科基金、教育部人文社科研究项目分别设立思政课研究专项。在 2019 年度全国教育系统先进集体和先进个人评选表彰工作中，有 8 所高校马克思主义学院、128 名大中小学思政课教师获得荣誉称号。

---

① 习近平. 思政课是落实立德树人根本任务的关键课程［J］. 求是，2020（17）.
② 习近平. 思政课是落实立德树人根本任务的关键课程［J］. 求是，2020（17）.

三、推动思政课教学改革创新

一部思政课改革和建设的历史，就是不断守正创新的历史。守正，就不会偏离，就不会失去初心；创新，就不会僵化，就不会过时。自"05方案"实施以来，思政课教育教学状况得到明显改善。在这篇讲话中，习近平总书记给予了高度肯定，"这些年来，思政课建设成效是显著的，教学方法不断创新，教师乐教善教，潜心育人，教师队伍规模和素质稳步提升，大中小学思政课一体化建设初显成效。"面对新形势、新问题、新挑战，办好思政课，就要在守正的基础上，不断推动改革创新。因此，习近平总书记强调，思政课要在改革创新中增强活力。

如何推动思政课教学改革创新呢？办好思政课，就要切实解决科学育人的问题。2016年12月，在全国高校思想政治工作会议上的重要讲话中，习近平总书记指出，做好高校思想政治工作，要"遵循思想政治工作规律、教书育人规律、学生成长规律"①，并强调，做好高校思想政治工作，要因事而化、因时而进、因势而新。在这方面，思政课教育教学，既要遵循思想政治工作规律，遵循教书育人规律，遵循学生成长规律，又要遵循高校思政课教育教学自身规律，从而不断提升思政课教育教学的科学化水平。在这次学校思想政治理论课教师座谈会上，习近平总书记提出，推动思政课改革创新，要坚持"八个相统一"，即政治性和学理性相统一、价值性和知识性相统一、建设性和批判性相统一、理论性和实践性相统一、统一性和多样性相统一、主导性和主体性相统一、灌输性和启发性相统一。

四、显性教育和隐性教育相统一。

如何理解这"八个相统一"？一是它深刻总结了思政课建设长期以来形成的规律性认识和成功经验，深化了对一系列教育教学规律的认识。二是它构成一个紧密联系、有机统一的整体，是一套组合拳。三是要在"统一"上下功夫。

当前，推动思政课改革创新，就要落到增强思政课的思想性、理论性和亲和力、针对性上，使思政课成为有意义的课、讲理的课、有温度的课，成为问题导向的课，成为学生真心喜爱的课。

---

① 习近平在全国高校思想政治工作会议上强调 把思想政治工作贯穿教育教学全过程 开创我国高等教育事业发展新局面［N］. 人民日报, 2016-12-09 (001).

五、加强党对思政课建设的领导

办好思政课，关键在党。一所学校思政课办得好，关键是学校党组织充分发挥了对思政课的全面领导。我们党历来高度重视学校思政课建设，在革命、建设、改革各个时期，我们党对思政课建设都作出过重要部署。新时代，以习近平同志为核心的党中央对思政课建设提出明确要求。

各级党委要把思政课建设摆在重要议程，解决制约思政课建设的突出问题，着力在工作格局、队伍建设、支持保障上下功夫。

习近平总书记强调，要统筹推进大中小学思政课一体化建设。为此，教育部成立了大中小学思政课一体化建设指导委员会，统筹推进大中小学思政课一体化建设。要解决好各类课程和思政课相互配合的问题，解决好推动其他教职员工和思政课教师相辅相成的问题，充分发挥各方面与思政课同向同行的协同效应，推动思政工作贯通人才培养体系，实现全员全过程全方位育人。

（本文原载于《思想教育研究》2020 年第 9 期）

新时代高校思想政治理论课的守正与创新

肖贵清

摘　要： 高校思想政治理论课改革，在取得突出成绩的同时，也暴露了一些泛娱乐化、形式化，甚至庸俗化的问题。高校思想政治理论课改革势在必行，但不能背离"立德树人"的根本目标。守正是新时代高校思想政治理论课创新的前提和基础，创新是思想政治理论课的活力之源，守正与创新相辅相成，统一于培育时代新人的教学实践过程。

新时代高校思想政治理论课是对学生进行思想政治教育的主渠道。提高思想政治理论课的教学效果，需要不断进行改革创新。但是，改革不能忘却根本，需要在守正的基础上进行创新。唯有如此，才能培养中国特色社会主义事业的建设者和接班人。

一、守正是新时代高校思想政治理论课创新的基础

党的十八大以来，随着对"高校培养什么样的人、如何培养人以及为谁培养人"[①] 这一根本问题的回应，"立德树人"成为高校育人工作的中心环节。思想政治理论课作为学生思想政治教育的主渠道备受关注。为了提升思想政治教育的亲和力和针对性，满足学生成长发展的需求和期待，切实提高教学效果，高校积极推进教学改革，探索多种课堂教学形式，取得了丰富的教学改革成果。然而，在各种创新形式之中出现的问题也不容忽视。必须指出，守正是高校思想政治理论课创新的前提和基础。

---

① 习近平. 习近平谈治国理政：第 2 卷 ［M］. 北京：外文出版社，2017：376.

（一）守正就要坚持思想政治理论课的理论属性、价值属性和政治属性，完善思想政治理论课的课程体系和教学体系

思想政治理论课的理论属性是解决"教什么"的问题。马克思主义基本原理是对学生进行思想政治教育的理论基础，各种形式的教学方法改革不能替代读经典、悟原理的理论学习，马克思主义理论的科学性和彻底性本身就对充满好奇的大学生具有吸引力。一个坚持守正的思想政治理论课教师不仅要吃透教材，更要悟透马克思主义基本理论，讲得出科学理论的魅力。习近平新时代中国特色社会主义思想是当代中国的马克思主义，是全面深化改革实践的生动理论发展，坚持守正的思想政治理论课教师要有能力充分把握这一思想的精髓，运用生动教学语言加以阐释。

思想政治理论课的政治属性是指思想政治理论课具有明确的意识形态属性，思想政治理论课是一门政治课，必须把维护中国共产党的领导，坚守社会主义方向，坚持将中国特色社会主义四个自信作为基本原则。要全面贯彻党的教育方针，坚持社会主义的政治方向，培育中国特色社会主义事业的建设者和接班人，实现学生对中国特色社会主义的政治认同，增强学生的社会责任感和历史使命感。坚持守正就是旗帜鲜明地落实思想政治理论课的意识形态功能。

价值属性体现在使学生形成正确的世界观、人生观和价值观，正确认识社会、认识世界，处理好个人、集体和国家的关系。马克思主义不仅是一个科学的理论体系，而且是一个完整的价值体系。高校思想政治理论课要培育和践行社会主义核心价值观，体现社会主义的价值取向和实践要求。要大力弘扬中华优秀传统文化，使之与社会主义核心价值观相结合，培养既具有时代精神又具有传统文化底蕴的时代新人。守正的思想政治理论课，就是要用真理的力量和逻辑的力量吸引学生，通过教学引导学生，帮助学生树立正确的世界观、人生观和价值观，要向学生传播正能量，引导学生明辨善恶是非，形成高尚的道德情操和理想人格。

（二）守正要遵循思想政治理论课的教学规律，坚持因材施教

教学手段、方法和形式的创新要有对象感，要充分考虑到学生的学习能力，不能一哄而上，千篇一律。在一个学校一个课堂有效的方法，在另一个课堂可能会打折扣。教育教学之所以是一门艺术，就在于教师能够针对每个学生的个性差别进行有效的引导教化。教学改革无论怎样创新，都要遵从这一规律，守正就是遵循教学规律。

从教师的角度看，要真正讲好思想政治理论课，教师必须加强自身理论

修养，还要有能力区分专业、区分学生，灵活开展教学形式创新。一方面，教师要通晓马克思主义基本原理，熟悉中国近现代史，掌握中国特色社会主义理论体系。教师要带领学生深入学习马克思主义经典著作，讲清讲透马克思主义的立场、观点和方法，深化学生的理论认知，使学生感受到马克思主义的理论魅力。另一方面，要强化问题意识，运用马克思主义的立场、观点和方法深入剖析现实热点问题，有针对性地回应不同专业、不同层次学生的关切，从学生的视角寻找问题的答案，使学生在现实中体会到马克思主义的真理性和科学性。要坚持马克思主义与时俱进的理论品质，不断完善教学内容，使马克思主义中国化的最新理论成果"进教材、进课堂、进头脑"。

思想政治理论课要遵循教学规律。思想政治理论课是高校课程体系中的一门特殊的课程，既有自身的教学规律，也遵循了一般课程的教学规律。要研究和探索思想政治理论课教学的内在规律，建立科学的评价体系，提高思想政治理论课的教学质量，提升思想政治理论课的针对性和亲和力，把高校思想政治理论课打造成既严肃认真，又生动活泼的精品课程。

（三）强化思想政治理论课的守正意识

强化思想政治理论课的守正意识，就必须把"立德树人"作为思想政治理论课的根本教育目标，明确思想政治理论课的学科属性，从学生的主体价值和内在需要出发，提高思想政治理论课的教育教学效果。"习近平指出，思想政治工作从根本上说是做人的工作，必须围绕学生、关照学生、服务学生，不断提高学生思想水平、政治觉悟、道德品质和文化素养，让学生成为德才兼备、全面发展的人才。"①

强调守正，就要正本清源，从思想政治理论课的基本内容入手，以教材为基础，讲清讲透思想政治理论课的基本原理和基本观点。习近平新时代中国特色社会主义思想是新时代建设现代化强国的根本指南，思想政治理论课必须全面透彻地阐述其内涵、核心要义、基本内容，实现入脑入心。要使学生真正理解思想政治理论课所讲授的内容，必须建立在对教学内容的基本观点和理论体系充分阐释的基础上。马克思主义基本原理是学生分析问题、解决问题的出发点，讲清楚这些问题，才能提高学生的马克思主义理论水平，掌握科学方法。

强调守正，就要强化思想政治理论课的政治导向功能，发挥思想政治理

---

① 习近平在全国高校思想政治工作会议上强调 把思想政治工作贯穿教育教学全过程开创我国高等教育事业发展新局面［N］. 人民日报，2016-12-09（1）.

论课主流意识形态传播主阵地的作用。加强理想信念教育，提高学生的思想政治素质，坚定学生的政治信仰，使学生真正成为中国特色社会主义事业的建设者和接班人。使学生明白中国特色社会主义的科学性和必然性，增强学生的道路自信、理论自信、制度自信和文化自信。思想政治理论课教师要坚持正确的政治方向，敢于在大是大非问题面前发声，对错误思想言论要敢于批驳、敢于亮剑。"管好自己的责任田，守好自己的一段渠"。

强调守正，就要把思想政治理论课的价值内化功能落到实处。思想政治理论课的一个重要功能是在学生掌握相关理论知识的基础上，把基本理论知识所传递的价值观内化为学生的价值认知，实现对马克思主义的价值认同。在学生掌握较为全面系统的思想政治理论体系的基础上，对课程所蕴含的价值取向、价值目标进行阐释，使思想政治理论课的基本知识转化为大学生的内在价值理念。使学生掌握人类社会发展规律和中国特色社会主义发展规律，认同社会主义核心价值体系和社会主义核心价值观。

二、创新是新时代高校思想政治理论课保持活力的源泉

思想政治理论课是高校的核心课程和灵魂课程，具有很强的政治性、科学性和现实性，"思想政治理论课要坚持在改进中加强"，积极回应时代的变迁、积极呼应21世纪马克思主义的发展、积极面对和解决社会问题，是思想政治理论课立德树人的根本使命。新时代中国特色社会主义的发展，要求高校思想政治理论课也必然紧随时代步伐创新发展，做到"因事而化、因时而进、因势而新"，遵循教书育人规律，不断提高教学水平。

（一）新时代高校思想政治理论课创新，要在内容上积极探索将马克思主义中国化最新成果融入教学各环节，在理论上跟上时代

引领学生深入学习习近平新时代中国特色社会主义思想，"全面推动习近平新时代中国特色社会主义思想进教材进课堂进学生头脑，打牢大学生成长成才的科学思想基础，引导大学生树立正确的世界观、人生观、价值观，不断提高大学生对思想政治理论课的获得感"。新时代高校思想政治理论课应深研习近平新时代中国特色社会主义思想，及时跟踪学科进展和理论研究前沿，运用思辨和逻辑的思维以及富有亲和力的语言：讲清楚其时代背景、丰富内涵、科学体系、理论创新、理论品格、实践要求以及科学思想方法和工作方法等；讲清楚与马克思列宁主义、毛泽东思想和中国特色社会主义理论体系既一脉相承，又与时俱进的关系；讲清楚社会主义初级阶段的"变"与"不

变"，社会主义初级阶段社会主要矛盾的"变"与"不变"，中国和世界关系的"变"与"不变"；等等。新时代高校思想政治理论课应具有宏大视野，从中国共产党发展进程、中国近代以来社会发展历程、世界社会主义发展进程乃至人类文明发展进程中来准确把握习近平新时代中国特色社会主义思想的重大意义。新时代高校思想政治理论课应直面社会问题，善于运用马克思主义的立场、观点和方法及时回应各种社会思潮，在思想交锋和事实雄辩中彰显马克思主义理论的科学性和生命力，增强学生对马克思主义的真理认同和价值认同，真正帮助学生牢固树立起道路自信、理论自信、制度自信和文化自信。思想政治理论课有理论前沿，有宏大视野，有思想交锋，有现实回应，方能"坚持增强获得感，促进思想政治理论课教学有虚有实、有棱有角、有情有义、有滋有味"①，增强学生获得感。

（二）新时代高校思想政治理论课创新，需要在形式上进行有益探索，在形式上跟上时代

高校思想政治理论课不同于其他专业学科和专业知识传授，无法借助定理和公式进行逻辑推演，也不宜采取"1+1＝2"式的直线思维来与学生对话，更不能生硬宣讲、敷衍了事，搞成政策的简单传达或者理论的空洞说教。高校思想政治理论课有着自身独特的规律，它是一种复杂的、多维的思想和情感的交流。因此，要在形式上进行有益探索，需要借用更多有效手段和形式来提升思想政治教育教学的吸引力、感染力和说服力。当今世界，信息技术迅猛发展、信息产品广泛普及、信息传播发生变革，改变了人们的生活习惯、思维习惯和学习方式。新时代的大学生也凸显出许多新的特点，譬如，"手机控"多、追逐潮流、崇拜技术、崇尚个性、自我意识较强、价值多元、思想活跃、乐于接受新鲜事物等。面对如此变化，新时代高校思想政治理论课也应该不断探索教学形式的改革与创新。一方面，在继承传统课堂讲授的基础上，深入拓展思想政治理论课堂的内涵与外延，打造智慧课堂、共享课堂、互动课堂、线上课堂、实践课堂、校外课堂等，使学生学习和生活无处不课堂、无时不课堂。另一方面，在坚持正确导向和强化内容建设的前提下，科学运用慕课、微电影、微视频、微信公众号和手机客户端等新媒体新技术手段，创新教学形式和方法，努力调动学生学习主体性、积极性，提升学生参与度和增强师生互动性，使思想政治理论课更加鲜活起来，"要运用新媒体新技术使工作活起来，推动思想政治工作传统优势同信息技术高度融合，增强

---

① 教育部关于印发《新时代高校思想政治理论课教学工作基本要求》的通知

时代感和吸引力"①。教学形式和手段创新始终为教学内容和目标服务，使学生多维度、全方位受到思想浸润、人生启迪、价值引导和道德涵育，以期达到情感共鸣、价值认同、思想认同。

（三）新时代高校思想政治理论课创新，需尊崇学科规律，端正目标导向，避免误入歧途

新时代高校思想政治理论课在内容和形式上亟须创新，不断提升思想政治理论课的亲和力、针对性和实效性。同时，高校思想政治理论课又具有很强的政治性和思想性。高校思想政治理论课在创新过程中，要妥善处理好内容与形式的关系。任何事物都既有其内容，也有其形式。内容需要适合的形式来表达，形式需要丰富的内容来依托。形式永远是服从服务于内容的，如果内容空泛，再好的形式也不会引人入胜。因此，高校思想政治理论课创新，如果在内容和形式的关系上本末倒置或者喧宾夺主，必然会走向歧途。"思政网红"现象表现出的娱乐化趋势引起了人们的普遍关注，在充分尊重其实践探索和创新精神的基础上，对"思政网红"也给予了客观中肯的批评和建议。"一些'思想政治网红'的授课内容随意性过大，且取材需要提炼和提升，需要从学科角度加以科学把握""趣味有余而思想性、政治性和导向性不足""思想政治理论课可以没有'网红'，但不能没有学科意识和目标导向。"② 立德树人既是新时代高校的根本任务，又是高校思想政治理论课的首要目标，"思政网红"不能成为高校思想政治理论课教师追求的目标。

三、新时代高校思想政治理论课要正确处理好守正与创新的关系

习近平在全国宣传思想工作会议上强调，宣传思想工作要"坚持正确政治方向，在基础性、战略性工作上下功夫，在关键处、要害处下功夫，在工作质量和水平上下功夫，推动宣传思想工作不断强起来"③。新时代高校思想政治理论课属于这种基础性、战略性的工作，也是高校宣传思想工作的关键，因为"办好思想政治理论课，事关意识形态工作大局，事关中国特色社会主义事业后继有人，事关实现中华民族伟大复兴的中国梦，必须始终摆在突出

---

① 让高校思想政治工作活起来［EB/OL］. 中国共产党新闻网，2017-02-13.

② 陈志强.“思政网红”不能只追求“红”［N］. 解放日报，2017-01-17.

③ 习近平在全国宣传思想工作会议上强调 举旗帜聚民心育新人兴文化展形象 更好完成新形势下宣传思想工作使命任务［N］. 人民日报，2018-08-23（1）.

位置，持之以恒、常抓不懈"。① 新时代高校思想政治理论课必须正确处理好守正与创新的关系。

（一）守正是根基，守正是创新的基础和前提

所谓守正，就是要坚守正道，坚守初衷，把握事物本质、遵循客观规律。不忘初心，方得始终。高校思想政治理论课设立的初衷，就是全面贯彻党的教育方针，对学生进行系统的马克思主义理论教育，巩固马克思主义在高校意识形态领域指导地位，落实高校立德树人根本任务，为坚持和发展中国特色社会主义、实现中华民族伟大复兴培育勇担重任、德才兼备的时代新人，这既是思想政治理论课的初衷，又是其重要使命。只有始终坚守初衷和使命，高校思想政治理论课才能体现其价值，才能有灵魂。任何形式的创新，都必须反映思想政治理论课的价值与灵魂。因此，在各类纷繁复杂的技术面前，在浮躁的社会面前，思想政治理论课教师不应该迷失方向，不能成为思想政治理论课堂上的"段子手"，成为"脱口秀"的网红，要将主要精力放在教育教学上。根基不牢，地动山摇。如果"守正"的根基不牢，那么我们的创新就极有可能走向歧途。只有守住根本，守正基础上的创新才能有意义，才能赢得学生的支持和喝彩。

（二）创新是源泉，创新是在守正基础上的创新

思想政治理论课有没有吸引力，能不能说服人，关键看它以一种什么样的形式来表达和呈现，有没有亲和力和针对性。新时代高校思想政治理论课充满生机活力的源泉在于创新，创新是其发展的需要，也是前行的动力。但是，新时代高校思想政治理论课创新，应该是在守正基础上的创新。一方面，高校思想政治理论课的创新应该是在继承优良传统基础上的创新，应该有所遵循、有所坚守。遵循的是思想政治理论课的思想性、政治性、导向性的特点，坚守的是价值引领和政治立场的阵地。采取多种集知识性和趣味性于一体的教学辅助手段和创新形式十分必要，但行之有效的理论分析和讲解、辩证逻辑推理还必须坚守。高校思想政治理论课的创新需要有底线思维，绝不可以为了创新而去哗众取宠、趋利媚俗，甚至偏离导向、放弃立场。这个底线思维，就是一定要"守正"。新时代高校思想政治理论课，必须不折不扣地推进习近平新时代中国特色社会主义思想进教材、进课堂、进学生头脑，突出理想信念教育和中华优秀传统文化教育，不断加深学生对伟大祖国、中华

---

① 中央宣传部教育部关于印发《普通高校思想政治理论课建设体系创新计划》的通知 [EB/OL]. 中华人民共和国教育部，2015-07-30.

文化、中华民族、中国共产党和中国特色社会主义的认同，牢固树立"四个自信"，为中华民族伟大复兴培养时代新人。

（三）坚持守正与创新的辩证统一

新时代高校思想政治理论课不能因为强调守正，就排斥和否定创新。思想政治理论课是一种复杂的、多维的思想和情感的交流，如果仅仅立场正确、内容无误，还不足以吸引人和说服人，那么课程就会因为缺少亲和力而失去其听众。因此，它还需要根据课程内容和受众实际，或借助必要的技术手段，或采取必要的形式方法，对教学形式进行创新，以此来提升高校思想政治理论课教学的有效性和针对性。新时代高校思想政治理论课也不能因为追求创新，而忽视守正。不以守正为目的的创新只能是猎奇媚俗，偏离思想政治理论课思想性、政治性和导向性，简单求新求奇、热衷于新鲜热闹表象的创新，都是伪创新。守正，守的是思想政治理论课的价值和灵魂，守的是"立德树人"的重要使命。创新，创的是思想政治理论课价值和灵魂的外在表现形式，创的是落实"立德树人"根本任务的具体手段和途径。守正是创新的基础和前提，坚持守正，创新才能有明确的立场和价值指向。创新是为了更好地守正，不断创新，守正才能获得活力源泉和动力基础。二者并非相互否定，而是相辅相成、辩证统一于思想政治理论课的教学实践中。

守正不渝，创新不止。新时代高校思想政治理论课只有努力在守正的基础上创新，在创新的过程中守正，才能真正跟上新时代，更好发挥其"重要阵地"和"主干渠道"、"核心课程"和"灵魂课程"的作用。

（本文原载于《思想教育研究》2019年第3期）

高校落实立德树人根本任务关键课程若干论域

黄蓉生　　胡红梅

西南大学马克思主义理论研究中心

摘　要： 思想政治理论课是落实立德树人根本任务的关键课程，处于确保社会主义办学方向、健全大学生人格素质、塑造大学生灵魂的至关重要地位。从时代之需、地位之基、蕴含之要、办好之策等论域，探讨关键课程若干论题，对于在新时代条件下进一步办好思想政治理论课具有十分重要的理论和现实价值。

党的十八大以来，习近平明确指出"高校立身之本在于立德树人"①"坚持把立德树人作为教育的根本任务"②。思想政治理论课（以下简称"思政课"）是落实立德树人根本任务的关键课程。"思政课作用不可替代"③。立足高校课程育人体系维度，思政课处于确保社会主义办学方向、健全大学生人格素质、塑造大学生灵魂的重要位置，是高校落实立德树人根本任务的至关紧要所在。立足高校思政课课程体系维度，思政课具有加强大学生理论武装、强化大学生价值引领、规约大学生遵纪守法的重要功效，对于培养担当民族复兴大任的时代新人价值显著。事实有力说明，必须正确认识办好思政课的战略性、重要性、必要性，充分发挥思政课教师的积极性、主动性、创造性，切实增强思政课的思想性、理论性、针对性以及强化党对思政课建设领导的政治性、坚定性、保障性，方能进一步办好思政课这一高校落实立德树人根本任务的关键课程。

---

① 习近平. 习近平谈治国理政：第2卷 ［M］. 北京：外文出版社，2017：377.
② 中共中央文献研究室. 十八大以来重要文献选编：上 ［M］. 北京：中央文献出版社，2014：27.
③ 习近平. 思政课是落实立德树人根本任务的关键课程 ［M］. 北京：人民出版社，2020：2.

一、关键课程的时代之需：落实立德树人根本任务的本质要义与时代要求

"高校立身之本在于立德树人。只有培养出一流人才的高校，才能够成为世界一流大学。办好我国高校，办出世界一流大学，必须牢牢抓住全面提高人才培养能力这个核心点，并以此来带动高校其他工作。"① 立德树人、人才培养是高校的安身立命之本。党的十八大以来，习近平围绕立德树人发表了一系列创新性论述，揭示了立德树人的本质要义，提出了将立德树人真正落到实处的时代要求。

（一）立德树人的本质要义

中国传统文化中的"德"通常是指人的"德性""品行"。"立德"一词要追溯到《左传·襄公二十四年》中的"三不朽"，即"立德""立功""立言"，突出德性的重要性。《管子·权修》有言："一年之计，莫如树谷；十年之计，莫如树木；终身之计，莫如树人"②。"树人"，强调培养人的长期性、艰巨性。习近平在多个场合强调了"把立德树人作为教育的根本任务"③，"坚持把立德树人作为中心环节"④，指出："人才培养一定是育人和育才相统一的过程，而育人是本。人无德不立，育人的根本在于立德"，"要把立德树人的成效作为检验学校一切工作的根本标准""要把立德树人内化到大学建设和管理各领域、各方面、各环节，做到以树人为核心，以立德为根本。"⑤ 习近平的重要论述为高校落实立德树人根本任务提供了根本遵循。一是要把握"立德"与"树人"的辩证关系。"立德"于"树人"而言具有决定性、统摄性。大学就是要培养社会发展所需要的人，大学生就是要立社会主义之"大德""公德""私德"，从而真正成为教育所树之人。"树人"于"立德"而言具有目标性、归宿性。"树人"是在"立德"的引导下，把大学生培养成德智体美劳全面发展的人。总之，"树人"是核心，"立德"为根本，这是高校人才培养的基本理念和要求。二是要把握"育才"与"育人"的辩证要求。"育才"与"育人"分别侧重于"立德"与"树人"，二者统一于人才培养同一实践过程。高校要将立德树人落实到"育才""育人"各项

---

① 习近平. 习近平谈治国理政：第2卷 [M]. 北京：外文出版社，2017：377.

② 黎凤翔. 管子校注 [M]. 北京：中华书局，2004：55.

③ 中共中央文献研究室. 十八大以来重要文献选编：上 [M]. 北京：中央文献出版社，2014：27.

④ 习近平. 习近平谈治国理政：第2卷 [M]. 北京：外文出版社，2017：376.

⑤ 习近平. 在北京大学师生座谈会上的讲话 [M]. 北京：人民出版社，2018：7.

具体工作中，这是对教育规律、人才成长规律深入把握的具体体现。

（二）立德树人的时代要求

落实立德树人的根本任务，就是要解决不同时期"立何种德、树何种人"的问题。社会主义革命和建设时期，毛泽东曾指出，使受教育者成为"有社会主义觉悟的有文化的劳动者"①，继而又提出"又红又专"②。"红"就是要求"有社会主义的觉悟"、立社会主义的德。改革开放和社会主义现代化建设新时期，邓小平提出"四有"③，其中，"有道德"，就是要求"爱祖国、爱人民、爱劳动、爱科学、爱社会主义"④。江泽民强调培养德智体美全面发展的社会主义建设者和接班人，这里的"德"集中指向"以为人民服务为核心，以集体主义为原则，以爱祖国、爱人民、爱劳动、爱科学、爱社会主义为基本要求"⑤。胡锦涛指出，"学校教育、育人为本，德智体美、德育为先"⑥，"要使大学生成长为中国特色社会主义事业的合格建设者和可靠接班人"⑦。进入新时代，习近平多次指出："要全面贯彻党的教育方针，落实立德树人根本任务，发展素质教育，推进教育公平，培养德智体美全面发展的社会主义建设者和接班人"⑧。并强调，社会主义核心价值观"既是个人的德，也是一种大德，就是国家的德、社会的德"⑨。由此可见，高校立德树人随着时代前进的步伐而有不同的要求。当下，培养担当民族复兴大任的时代新人就是高校落实立德树人根本任务的鲜明时代表达。

（三）立德树人的课程规定

习近平指出，"要把立德树人融入思想道德教育、文化知识教育、社会实

① 中共中央文献研究室. 毛泽东文集：第7卷［M］. 北京：人民出版社，1999：226.
② 中共中央文献研究室. 毛泽东文集：第7卷［M］. 北京：人民出版社，1999：309.
③ 邓小平. 邓小平文选：第3卷［M］. 北京：人民出版社，1993：190.
④ 江泽民. 江泽民文选：第3卷［M］. 北京：人民出版社，2006：92.
⑤ 江泽民. 江泽民文选：第3卷［M］. 北京：人民出版社，2006：92.
⑥ 中共中央文献研究室. 十六大以来重要文献选编：中［M］. 北京：中央文献出版社，2006：640.
⑦ 中共中央文献研究室. 十六大以来重要文献选编：中［M］. 北京：中央文献出版社，2006：633.
⑧ 习近平. 决胜全面建成小康社会夺取新时代中国特色社会主义伟大胜利——在中国共产党第十九次全国代表大会上的报告［M］. 北京：人民出版社，2017：45.
⑨ 习近平. 青年要自觉践行社会主义核心价值观——在北京大学师生座谈会上的讲话［M］. 北京：人民出版社，2014：4.

践教育各环节"①。《高等学校课程思政建设指导纲要》也明确指出，落实立德树人根本任务，要将教师队伍、课程建设、课堂教学作为"主力军""主战场""主渠道"，实现各类课程与思政课同向同行。课程承载着一定的教育思想、教育目标和教育内容，立德树人对课程有专门的规定。一是树立课程理念。高校落实立德树人根本任务，要求各门课程在进行知识传递的同时注重思想价值引领。要建设"大思政"课程体系，所有课程的设计实施、评价考核都要凸显"立德为根本、树人为核心"的本质意蕴。二是优化课程结构。高校的课程一般分为两类，即专业课程与公共课程或者通识教育课程，各类课程按照一定的比例关系组成课程结构。落实立德树人根本任务，要通过优化课程结构，将立德课程置于课程体系的重要位置和关键部分，形成思政课程引领课程思政的协同育人格局。三是发挥课程功能。高校要按照人才培养规格设置课程，旨在发挥各类课程的整体功能，促进大学生全面发展。落实立德树人根本任务，就是要在发挥课程整体效用上做足文章，使之更好地服务于时代新人的培养。

二、关键课程的地位之基：落实立德树人根本任务的至关紧要所在

所谓地位，通常是指事物在一定关系中所处的位置、所占的地方及由此显示出事物的重要程度。具体而言，思政课在落实立德树人根本任务中的重要位置就是确保高校办学方向、健全大学生素质、塑造大学生灵魂，集中反映了思政课在落实立德树人根本任务中所处的位置、所占的地方和所显示的重要程度。

（一）确保高校办学方向

我国高校是社会主义的高校，扎根中国大地办大学，必须坚持社会主义办学方向，保证培养的人是中国特色社会主义事业的建设者和接班人，不是"旁观者""反对派"或"掘墓人"。思政课对此责无旁贷，这是思政课在落实立德树人根本任务中的首要位置。在长期的发展历程中，思政课始终以其意识形态属性服务于高校办学方向。1949 年 9 月召开的中国人民政治协商会议第一届全体会议通过的《中国人民政治协商会议共同纲领》明确规定，新

① 习近平在全国教育大会上强调坚持中国特色社会主义教育发展道路培养德智体美劳全面发展的社会主义建设者和接班人 [N]. 人民日报，2018-09-11（1）.

民主主义的文化教育要以"发展为人民服务的思想为主要任务"①。高校通过建设马克思列宁主义课程，突出新民主主义社会"为人民服务"的意识形态性质，以区别于资本主义的教育。新中国成立以来，思政课始终以中国化马克思主义"进教材、进课堂、进学生头脑"为主线，系统呈现马克思主义中国化理论、社会主义道德、法律、政策等意识形态本质内容，以此武装大学生头脑，引导大学生的成长方向。与此同时，思政课作为面向全体大学生的公共必修课，其课程设置、教学安排、教材使用等均遵循国家统一标准，直接体现国家意志，反映党和国家对人才培养规格的具体要求，为其他课程提供同向同行的根本依据。

（二）健全大学生素质

"素质"是指完成一定的活动所需的基本条件和应具备的能力。健全大学生素质，就是要让大学生的思想政治、科学文化和身心健康素质等得到全面提升。在此过程中，思政课不可或缺，这是思政课在落实立德树人根本任务中所处的位置。一是提升大学生思想政治素质。思想政治素质在大学生综合素质中处于第一位，包括思想、政治、道德素质等。思政课通过马克思主义理论教育，塑造大学生科学的世界观、人生观、价值观，培养他们实事求是的科学态度和思想方法。思政课通过政治教育，使得大学生坚定中国特色社会主义道路自信、理论自信、制度自信、文化自信。思政课通过道德教育，将社会主义道德理想、要求、规范转化为个人的道德素养，最终提升大学生整体的思想政治素质。二是提升大学生科学文化素质。这主要依靠各类知识的传授和涵育。思政课以马克思主义理论为载体，而马克思主义理论本身就包含着丰富的政治、经济、文化等科学知识，因此，思政课必然有助于大学生科学文化素质的提升。三是提升大学生身心健康素质。思政课帮助大学生树立正确的人生信念、价值观念，从而在大学生成长中发挥着持久的精神动力作用，使其始终以饱满的热情和进取的心态对待人生发展。概言之，思政课引导"学生把坚定正确的政治方向放在第一位，这不仅不排斥学习科学文化，相反，政治觉悟越是高，为革命学习科学文化就应该越加自觉，越加刻苦。"② 就越能够全面提升大学生综合素质。

---

① 教育部社会科学司组编. 普通高校思想政治理论课文献选编（1949—2006）［M］. 北京：中国人民大学出版社，2007：1.

② 邓小平. 邓小平文选：第2卷［M］. 北京：人民出版社，1994：104.

（三）塑造大学生灵魂

毛泽东曾多次强调："思想和政治又是统帅，是灵魂"①。塑造大学生的灵魂，主要是指帮助大学生坚定理想信念，回答价值取向、精神追求等根本问题，熔铸大学生的理想、价值、精神之魂。思政课在此过程中不可替代，这也是思政课在落实立德树人根本任务中的主要体现。一是帮助大学生坚定理想信念。思政课运用辩证唯物主义和历史唯物主义的基本观点，深刻剖析大学生面临的实际问题，在历史与现实观照、中国与世界比较中，引导大学生把握人类社会发展的必然趋势和中国特色社会主义发展的历史必然性，筑牢理想信念之魂。二是帮助大学生熔铸精神价值之魂。思政课用习近平新时代中国特色社会主义思想铸魂育人，增强大学生对中国特色社会主义的认知认同，激励大学生将"小我"融入中国梦的"大我"之中。用社会主义核心价值观引领大学生确立个人、社会、国家的价值观念，用民族精神和时代精神滋养精神世界，让大学生明白人生应该"在哪用力、对谁用情、如何用心、做什么样的人"，回答大学生深层次的思想追问。尤其需要强调的是，思政课是以实现大学生精神价值的塑造为目的的课程，落实到教学上，就是要实现教学体系向学生价值体系和信仰体系的转化，这是思政课在塑造大学生灵魂方面所具有的独特地位。

三、关键课程的蕴含之要：落实立德树人根本任务的本真作用

"青少年阶段是人生的'拔节孕穗期'，这一时期心智逐渐健全，思维进入最活跃的状态，最需要精心引导和栽培。"② 对青年大学生最精心的引导和栽培就是教育他们树立正确的思想、走正确的道路。作为高校关键课程的思政课，通过加强大学生理论武装、强化大学生价值引领和规约大学生遵纪守法，在落实立德树人根本任务中发挥着必不可少的作用。

（一）加强大学生理论武装

恩格斯曾说："没有理论思维，就会连两件自然的事实也联系不起来，或者连两者之间所存在的联系都无法理解。"③ 思政课在用马克思主义理论武装

---

① 中共中央文献研究室. 毛泽东文集：第 7 卷［M］. 北京：人民出版社，1999：351.

② 习近平. 思政课是落实立德树人根本任务的关键课程［M］. 北京：人民出版社，2020：2.

③ 中共中央马克思恩格斯列宁斯大林著作编译局. 马克思恩格斯全集：第 20 卷［M］. 北京：人民出版社，1971：399.

大学生方面发挥着独特的作用。一是用系统的马克思主义理论奠定大学生科学思想基础。思政课通过系统、整体的讲授马克思主义理论，帮助大学生奠定科学思想基础。例如，"85方案"规定，大学思政课要"使学生了解马克思主义哲学、历史学、经济学、政治学和科学社会主义等基本理论观点"①。"98方案"要求，"比较系统地进行马克思主义基本原理和爱国主义、集体主义、社会主义的教育"②。"05方案"明确，帮助大学生"从整体上把握马克思主义，正确认识人类社会发展的基本规律"③。中宣部、教育部印发的《新时代学校思想政治理论课改革创新实施方案》强调，帮助学生把握马克思主义的根本性质和整体特征，学习掌握贯穿其中的马克思主义立场观点方法。④可见，思政课通过全面、深刻地讲授马克思主义理论，帮助大学生构建系统的知识体系，形成科学思想基础。二是用马克思主义立场观点方法引导大学生掌握理论武器。思政课帮助大学生提高运用马克思主义的立场观点方法分析解决问题的能力，掌握理论武器。以本科思政课为例，"马克思主义基本原理概论"重在引导大学生理解掌握马克思主义的内容，"毛泽东思想和中国特色社会主义理论体系概论"和"中国近现代史纲要"重在引导大学生体悟马克思主义在中国的实践发展，"思想道德修养与法律基础"着力帮助大学生运用马克思主义认识客观世界和主观世界，提高大学生运用马克思主义立场观点方法分析和解决问题的能力。三是用先进的教学手段服务大学生学深悟透马克思主义中国化最新成果。思政课要运用现代信息技术手段，实现"实体课堂"与"虚拟课堂"相结合，"社会大课堂"与"思政小课堂"相结合，善用"大思政课"，用中国特色社会主义的生动实践讲活讲透习近平新时代中国特色社会主义思想的深刻道理，使之成为大学生能懂会用的理论武器。

（二）强化大学生价值引领

"青年的价值取向决定了未来整个社会的价值取向，而青年又处在价值观形成和确立的时期，抓好这一时期的价值观养成十分重要。这就像穿衣服扣

---

① 教育部社会科学司组编．普通高校思想政治理论课文献选编（1949—2006）［M］．北京：中国人民大学出版社，2007：107．

② 教育部社会科学司组编．普通高校思想政治理论课文献选编（1949—2006）［M］．北京：中国人民大学出版社，2007：184．

③ 教育部社会科学司组编．普通高校思想政治理论课文献选编（1949—2006）［M］．北京：中国人民大学出版社，2007：219．

④ 引自中共中央宣传部教育部关于印发《新时代学校思想政治理论课改革创新实施方案》的通知（教材〔2020〕6号）．

扣子一样，如果第一粒扣子扣错了，剩余的扣子都会扣错。"① 思政课的又一重要作用，就是强化价值引领，帮助大学生扣好人生的第一粒扣子。一是用共产主义远大理想引领大学生价值追求。例如，博士研究生阶段开设的"中国马克思主义与当代"课，就是向大学生讲明白：当代中国马克思主义是马克思主义顺应时代要求、展现世界意义的必然结论，马克思主义对世界发展潮流的预测和判断至今仍然具有鲜明的时代意义，引导大学生确立为实现共产主义远大理想而奋斗的价值追求。二是用"四个自信"凝聚大学生价值共识。例如，硕士研究生阶段开设的"中国特色社会主义理论与实践"课，就是使大学生懂得：坚持中国特色社会主义才是真正坚持社会主义、坚持马克思主义，改革开放以来的成就源于中国特色社会主义的道路实践、理论指导和制度优势，从而更加坚定"四个自信"。三是用社会主义核心价值观形塑大学生价值判断。例如，本科生开设的"思想道德修养与法律基础"课，就是以对大学生进行社会主义核心价值观教育为主线，帮助大学生掌握评判社会各类现象是非曲直的基本价值标准，科学分析社会现象、正确看待人生价值。

（三）规约大学生遵纪守法

"培养社会发展所需要的人，说具体了，就是培养社会发展、知识积累、文化传承、国家存续、制度运行所要求的人。"② 思政课以道德、法律、制度教育的独特优势，发挥规约大学生遵纪守法，培养适应社会发展要求的人才作用。一是思政课使大学生"明大德、守公德、严私德"。思政课通过对中国特色社会主义理论与实践、历史与现实的分析，使大学生明确选择马克思主义、中国共产党、中国特色社会主义的必然性，明了政治信仰之"大德"。思政课通过引导"青年学生将个人的道德素养提升与整个社会的道德文明建设结合起来，学会感恩、学会助人、学会谦让、学会宽容，正确处理好人与人、人与社会、人与自然之间的关系，为不断提高整个社会的文明程度，推进和谐社会建设作出努力"③，学会守公德、严私德。二是思政课使大学生懂法知法守法。思政课要讲明社会主义法律体系和运行机制，培养大学生法治思维，引导他们依法行使权利和履行义务，努力做知法懂法守法的践行者。需要说明的是，除了道德法律对大学生具有明显的约束性之外，作为思政课重要内

---

① 习近平. 青年要自觉践行社会主义核心价值观——在北京大学师生座谈会上的讲话［M］. 北京：人民出版社，2014：9.

② 习近平. 在北京大学师生座谈会上的讲话［M］. 北京：人民出版社，2018：5.

③ 黄蓉生，崔健. 高校思想政治工作坚持立德树人的使命担当［J］. 中国高等教育，2019（22）.

容的党和国家的制度、路线、方针、政策对大学生同样具有约束性，这可以有效帮助大学生认同和践行制度，努力为社会发展做出贡献。

四、关键课程的办好之策：落实立德树人根本任务的建设路径

办好思政课是落实立德树人根本任务的重要路径。唯有选择正确看待办好思政课的战略性、重要性、必要性，充分发挥思政课教师的积极性、主动性、创造性，切实增强思政课的思想性、理论性、针对性，强化党对思政课建设领导的政治性、坚定性、保障性等路径，才能把思政课办得越来越好，进而助推高校立德树人根本任务的全面落地落实。

（一）正确看待办好思政课的战略性、重要性、必要性

如何办好思政课？目前仍存在一些不正确的看法，例如，有人认为西方国家未开设思政课，我国越来越走向国际社会的中心，教育就应当培养世界公民，不需要开设思政课。又如，一些高校对思想政治工作重视不够，重智育轻德育，思政课被边缘化的现象依然存在。种种情况表明，思政课只能加强，不能削弱，必须充分认识办好思政课的战略性、重要性和必要性。一是从"为党育人、为国育才"的战略高度来看。当前世界正经历着百年未有之大变局和中华民族伟大复兴的战略全局的新形势，任何国家都无一例外地需要培养为自身发展服务的人才。高校要从事关中国特色社会主义后继有人、长治久安的战略全局认识和办好思政课。二是从"拔节孕穗期"的重要阶段来看。大学阶段是青年成长的重要时期，需要阳光水分、精心呵护。对青年大学生最精心的呵护就是引导他们走正道，给予他们成长中所需要的充足的阳光水分。思政课就是针对这一需要，为大学生筑牢理想信念，帮助他们找准人生方位、奋斗目标。三是从新时代思政课改革创新的必要性来看。新中国成立70多年以来，思政课以国家课程形式在全国高校统一开设，规范性、科学性、权威性得到高度认可，但"轰轰烈烈走过场"的现象仍时有发生。进入新时代，思政课改革形式化、表面化问题仍时有出现。因此，迫切要求推进思政课守正创新、与时俱进，强化内涵式发展，实现"提质增效"。

（二）充分发挥思政课教师的积极性、主动性、创造性

"办好思想政治理论课的关键在教师，关键在发挥教师的积极性、主动性、创造性"①。然而，目前在思政课教师队伍里：有的缺乏积极性，不主动

---

① 习近平. 思政课是落实立德树人根本任务的关键课程 [M]. 北京：人民出版社，2020：10.

研究教材，无学术、非学术；有的"照本宣科""绕着矛盾"讲、"避开问题"说；有的缺乏学科自信，教学模式创新性不足；等等。这些都严重影响了思政课教师关键作用的发挥。一是以职业认同感、荣誉感调动教师的积极性。要提升思政课教师的地位、待遇，营造尊重思政课教师的良好氛围，增强职业的认同感、荣誉感；引导思政课教师静心教书、潜心育人，聚精会神搞好教学科研，勇于担当、积极作为。二是以立德树人责任感、使命感激发教师主动性。思政课教师只有具备了立德树人责任与使命的高度自觉，才会主动提升自身素养，自觉走近学生、培育学生，将培养时代新人作为自己的毕生追求。要在源头上把好思政课教师的入口关，把好政治关、师德关和业务关，真正让具有马克思主义理论学科背景和信仰的人加入思政课教师队伍。三是以思政课教学高标准、严要求激活教师创造性。思政课是用学术讲政治，用知识传递价值，要求教师要有扎实的理论功底，学懂弄通马克思主义理论；有广阔视野，涉猎多门学科、比较古今中外；有懂得"盐溶于水"的技巧，在润物细无声中传情达意。开展教师培训、备课"手拉手"、推广优秀教学成果等助力教师创造性，有效提升教学质量。

（三）切实增强思政课的思想性、理论性、针对性

办好思政课就是要使之真正成为学生真心喜爱、终身受益的课程。一段时间，有的思政课教师为提高课堂"到课率""抬头率"，采用各种"哗众取宠""心灵鸡汤"的方式迎合学生需求，看似"精彩纷呈"，实则淡化了思想政治教育的效果。办好思政课，要把握思想灵魂、政治主旨和理论基础，真正满足大学生的期待。一是增强思政课的思想性。思想性是思政课的灵魂，思政课教学要供给的是思想，交流的是思想，最终形成的也是思想。这就要求思政课教师要在学习马克思列宁主义经典著作上下苦功，形成可教授的思想，在教学过程中以思想赢得对象，帮助大学生打牢马克思主义科学思想基础。二是增强思政课的理论性。思政课要通过透彻的讲解阐明理论、传递价值。要加强马克思主义理论学科建设，开展思政课教研活动，为讲准、讲透真理道理做足准备。要以党史学习教育为契机，增加党的百年奋斗的理论资源，实现以彻底的理论说服人，以真理的力量打动人。三是增强思政课的针对性。思政课是一个释疑解惑的过程，要回应大学生的现实关注点、理论困惑点、思想渴求点，必须提升思政课的针对性。这就需要思政课将"漫灌"与"滴灌"相结合，实现统一教材体系向多样教学体系转化，将学生的关注点、困惑点、渴求点当作教学重点、热点和难点，真正解学生思想之疑惑。

（四）强化党对思政课建设领导的政治性、坚定性、保障性

事实一再证明，只有坚持党的领导，思政课才会不断得到加强和改进。然而，目前有的高校仍然不同程度地存在思政课"说起来重要，做起来次要，忙起来不要"的情况。有的高校将思政课作为课程育人的"唯一渠道"，思政课教师"单打独斗"的现象仍然存在。办好思政课要切实强化党对思政课建设领导的政治性、坚定性和保障性，解决制约思政课建设的突出问题。一是强化党对思政课建设领导的政治性，解决站位、方向问题。高校党委要把思政课建设作为意识形态工作的标志性工程提上重要议程，纳入学校党的建设、办学质量和学科建设的各项工作。高校党委还要把抓好思政课建设作为坚持党对教育事业领导的重要阵地，把牢办学方向和育人导向。二是强化党对思政课建设领导的坚定性，增强信心、解决问题。要坚持党委统一领导，提高认识，解决"其他人文社会科学课能将其取代""思政课是承担高校课程育人的唯一渠道"等错误认识，做好顶层设计、协调各方力量，形成在高质量思政课引领下思政课程与课程思政协同育人局面。三是强化党对思政课建设领导的保障性，解决制度、队伍问题。高校党委要健全各项制度，在财力投入、政策制定、资源供给上为思政课建设提供强有力的保障。配齐建强、精心打造一支数量充足、素质优良的教师队伍。有了这支队伍，完全有条件、有能力将思政课越办越好，落实好立德树人根本任务。

（本文原载于《思想教育研究》2021 年第 8 期）

马克思主义理论学科与思想政治理论课的支撑互动分析

王军　朱喆

武汉理工大学马克思主义学院

摘　要：马克思主义理论学科建设与思想政治理论课（以下简称"思政课"）建设在支撑互动中存在的问题主要有：大量高校因无马克思主义理论学科点而难以有效支撑思政课教学，马克思主义理论学科建设和思政课建设的不均衡现象比较突出，科研对教学的支撑辅助作用还不明显，学科研究方向和人才培养不能很好地支撑思政课教学。解决这些问题可以从以下几个方面着手：打通圈子壁垒，为不同梯队的高校搭建学科建设和课程建设交流的平台；在学科点建设评估、职称评聘中，适当增加思政课建设（教学）效果的权重；用好权威教学资源，增强科研对教学的支撑辅助作用；完善马克思主义理论学科的研究方向和人才培养方案。

自思政课"05方案"实施以及马克思主义理论一级学科设立以来，如何看待二者的关系，成为马克思主义理论学科建设和思政课建设的重点、难点和热点问题，对这个问题的认识和把握，会对学科建设和课程建设的方向产生重要影响。基于此，本文在对有关研究成果进行梳理和总结的基础上，对当前马克思主义理论学科与思政课在支撑互动中存在的问题做简要分析。

一、有关研究述评

自2006年以来，关于马克思主义理论学科与思政课的关系问题得到学界持续关注和研究。从内容来看，主要集中在马克思主义理论一级学科设立的主要动因、马克思主义理论学科建设与思政课建设的关系、马克思主义理论二级学科与思政课的对应关系、学科建设和课程建设在互动中存在的问题与对策等几个方面。

第一，关于马克思主义理论一级学科设立的主要动因。有学者认为，设立马克思主义理论一级学科是多种因素作用的结果，① 特别是"马克思主义理论和思想政治教育"学科的建设为新设立马克思主义理论学科积累了丰富的经验。②《中共中央宣传部、教育部关于进一步加强和改进高等学校思想政治理论课的意见》曾明确指出："学科建设是加强和改进思想政治理论课的基础……设立马克思主义一级学科……为加强高校思想政治理论课建设，培养思想政治教育工作队伍提供有力的学科支撑。"③ 这一点在 2015 年中宣部、教育部联合印发的《普通高校思想政治理论课建设体系创新计划》中再次得到重申和说明："设立马克思主义理论一级学科，为思想政治理论课建设提供坚实的学科支撑。"④ 由此可见，设立马克思主义理论一级学科的最主要目的和直接动因之一就是为思政课教育教学提供学科支撑。

第二，关于马克思主义理论学科建设与思政课建设的关系。有学者认为，就一般意义上的关系而言，学科建设为课程建设提供学科支撑和学理基础，而课程建设是学科建设的教学实践基础。⑤ 有学者强调，思政课教学不应把学科依托仅限于马克思主义理论学科。⑥ 有学者指出，不能将马克思主义理论学科建设与思政课建设完全等同或者相互取代。⑦ 还有学者认为，学科建设不能停留在思政课建设的层面，而思政课建设必须提到学科建设的高度。⑧

第三，关于马克思主义理论二级学科与思政课的对应关系。有学者指出，

---

① 张雷声. 试论思想政治理论课与马克思主义理论学科的关系——兼析认识与实践中的几种偏误［J］. 教学与研究，2006（10）.

② 秦宣. 马克思主义理论学科与思想政治理论课的关系［J］. 思想理论教育导刊，2007（3）.

③ 中共中央宣传部教育部关于进一步加强和改进高等学校思想政治理论课的意见［EB/OL］. 教育部网站，2008-04-25.

④ 中央宣传部教育部关于印发《普通高校思想政治理论课建设体系创新计划》的通知［EB/OL］. 教育部网站，2015-08-17.

⑤ 张澍军，齐晓安. 马克思主义理论学科建设与思想政治理论课建设的关系［J］. 高校理论战线，2008（6）.

⑥ 张雷声. 试论思想政治理论课与马克思主义理论学科的关系——兼析认识与实践中的几种偏误［J］. 教学与研究，2006（10）.

⑦ 秦宣. 马克思主义理论学科与思想政治理论课的关系［J］. 思想理论教育导刊，2007（3）.

⑧ 张雷声. 关于马克思主义理论各二级学科与思想政治理论课关系的几点看法［J］. 思想理论教育导刊，2007（9）.

思政课设置与马克思主义理论学科设置之间存在着基本的对应关系。① 有的学者认为，一一对应的观点不科学，因为对应关系存在层次、程度上的差别。② 还有的学者认为，二者是整体性的对应，过分追求一一对应毫无必要。③ 还有的学者强调，一一对应不是要把某个二级学科等同于某一门思政课，而是从二级学科建设任务提出问题。④

　　第四，关于学科建设和课程建设在互动中存在的问题与对策。有的学者认为，马克思主义理论学科建设与思政课建设在互动中存在忽视相对独立性而把二者等同，忽视交互性而把思政课仅看成是二级学科"思想政治教育"的任务，忽视学科队伍建设与课程队伍建设一致性等问题。⑤ 还有学者认为，马克思主义理论学科建设和思政课建设存在"两张皮"的问题。⑥ 对于推动马克思主义理论学科建设和思政课建设的协同共进，发挥马克思主义理论学科对思政课的支撑作用，有的学者认为要加强学科支撑的服务意识，把教学与科研紧密结合起来，充分利用学科建设平台为高校思政课培养人才。⑦ 还有学者提议，设立马克思主义理论学科建设与思政课研究交流平台，⑧ 加大学科建设中思政课的权重。⑨

　　学界对于马克思主义理论学科和思政课二者关系的探讨，为二者深层次地融合互动奠定了坚实的理论基础。从有关讨论来看，我们可以在一些基础性、前提性问题上达成共识：一是马克思主义理论学科的设立有自身的历史

---

① 杨瑞森. 关于高校思想政治理论教育与马克思主义理论学科建设关系的再思考 [J]. 思想理论教育导刊, 2009 (9).

② 罗建平, 尚文天. 马克思主义理论学科建设与思想政治理论课程建设支撑关系研讨中的机械论评析 [J]. 前沿, 2014 (Z6).

③ 张雷声. 试论思想政治理论课与马克思主义理论学科的关系——兼析认识与实践中的几种偏误 [J]. 教学与研究, 2006 (10).

④ 梅荣政. 为思想政治理论课提供学科支撑是马克思主义理论学科建设的重要任务 [J]. 思想理论教育导刊, 2007 (9).

⑤ 谢晓娟. 论马克思主义理论学科与思想政治理论课的互动关系 [J]. 学校党建与思想教育, 2010 (2).

⑥ 胡树祥. 对马克思主义理论学科与思想政治理论课建设相结合问题的思考 [J]. 学校党建与思想教育, 2010 (8).

⑦ 杨瑞森. 关于高校思想政治理论教育与马克思主义理论学科建设关系的再思考 [J]. 思想理论教育导刊, 2009 (9).

⑧ 杨建国, 卫灵. 马克思主义理论学科建设与思想政治理论课支撑关系研究 [J]. 北京教育 (德育), 2011 (5).

⑨ 谢晓娟. 论马克思主义理论学科与思想政治理论课的互动关系 [J]. 学校党建与思想教育, 2010 (2).

逻辑、发展规律以及多方面的现实考虑，但是"首要任务是为思想政治理论课教育教学服务"①。二是马克思主义理论学科和思政课具有内在的一致性，应该相互促进、协调发展，但是二者的构成要素不完全相同，有各自的建设规律，因此不能互相替代。三是马克思主义理论学科与思政课既是一种整体的对应、支撑关系，也存在具体的一一对应、支撑关系，但是这种一一对应、支撑关系不应被狭隘、机械地理解。思政课的主要支撑学科是马克思主义理论，同时也应将其他有关学科纳入自己的依托视野。四是发挥马克思主义理论学科对思政课的支撑、服务作用，应在结合上狠下功夫，克服"两张皮"现象。

二、学科建设与课程建设在支撑互动中存在的主要问题

发挥马克思主义理论学科对思政课的支撑、服务作用，或者说让思政课建设更好地融入马克思主义理论学科建设中，还有许多问题需要克服、研究。前文所述的有些问题随着时间的推移以及人们对学科建设和课程建设认识的逐步深化已经得到解决或部分解决，但有些问题还依然存在。在新形势下推动马克思主义理论学科和思政课建设的支撑互动，还有以下几个问题值得关注和研究。

第一，没有马克思主义理论学科点的高校该如何支撑思政课教学。目前全国有普通高校 2500 多所，而具有马克思主义理论学科点（含硕士点、博士点）的高校仅有 300 多所，② 这意味着还有 2000 多所高校的思政课教学缺少学科点依托。那么是不是马克思主义理论学科建设就只是这 300 多所高校的任务，其余高校就只需搞好思政课教学就够了？对此有学者指出，"把马克思主义理论学科建设只局限在少数名校名师范围内进行，对高校思想政治理论课改革和建设的全局来说并不有利"③。并且从党和国家设立马克思主义理论学科的初衷来看，并不只是要服务于少数高校，而是要支撑和服务于所有高校的思政课教学，加强马克思主义在高校的意识形态指导地位。如何发挥马克思主义理论学科对大多数没有学科点高校的思政课教学的支撑、服务作用，

---

① 教育部关于印发《高等学校思想政治理论课建设标准》的通知 [EB/OL]. 教育部网站，2015-09-16.

② 教育部社科司关于在全国高校开展马克思主义理论学科 2014 年度发展状况调研的通知 [EB/OL]. 教育部网站，2015-05-11.

③ 杨瑞森. 关于高校思想政治理论教育与马克思主义理论学科建设关系的再思考 [J]. 思想理论教育导刊，2009（9）.

如何让大多数普通本专科高校的思政课教师找到学科的归属感，目前还没有引起足够的重视。

第二，马克思主义理论学科建设和思政课建设的不均衡现象比较突出。学科建设和课程建设不能互相替代，这在理论认识层面没有问题，但是在实际操作中往往失之偏颇。学科建设通常用论文数量、科研立项、获奖成果、高端人才等指标来衡量，并且容易立竿见影，因此很多高校对马克思主义理论学科建设投入了巨大的热情。而与此同时，由于加强和改进思政课教学的效果不容易凸显出来且不易量化，加之对很多思政课教师而言，评聘职称最关键的指标还是论文和科研立项，所以部分拥有马克思主义理论学科点的高校对思政课建设不是那么热心，部分思政课教师在教学中动力不足，往往停留在"不出教学事故"即可的层面。还有一些高校由于马克思主义理论学科或思政课教学部门不受重视，师资力量不强，思政课教师往往忙于教学，学科建设投入不足。

第三，科研对教学的支撑辅助作用还不明显。无论是学科建设，还是教师个人的职称评聘，都对科研有较高的要求，在实际工作中也投入了大量的人力物力和时间精力，也产出了一批高质量的研究成果，但是很多研究成果对思政课教学的支撑辅助作用不明显，很大程度上是因为研究选题大多从个人的研究兴趣以及学术研究的增长点出发，而与教学内容的结合相对较少。另外一个重要方面就是，很多教师不能很好地处理"学术研究无禁区，课堂讲授有纪律"之间的关系。很多高校都会强调思政课的教学纪律、教学要求，即要保证教学内容的正确性、严肃性，不能在课堂上宣扬个人观点、传播不成熟的学术观点，不能违背课本上的教学内容。上述要求本身没有什么大问题，但是由于学术研究成果不可避免地会带有一些争议性，甚至是一家之言，同时教师个人的学术素养和学术判断力也参差不齐，因而将这些研究成果引入课堂教学就存在风险。为了避免风险和"自找麻烦"，最"正确""经济"的选择自然就是"照本宣科"，因而很多最新的研究成果不能及时、准确地融入到教学之中，导致科研支撑教学乏力。

第四，学科研究方向和人才培养不能很好地支撑思政课教学。马克思主义理论学科要充分支撑和服务思政课教学，就必须在学术研究、人才培养等方面与思政课进行对接。在研究方向设置上，目前各马克思主义理论学科点多是从学术本位或是导师的兴趣、特长出发，而较少地考虑到思政课教学的需求。以思想政治教育学科为例，据有关统计，① 在 62 所具有博士点的高校中，能够看出明显与"思想道德修养与法律基础"课程相对应的研究方向仅有"思想政治教育与法制教育研究"，而且仅有 4 所高校设置了这一方向。由此来看，大部分具有思想政治教育学科博士点的高校在设置研究方向时都没有考虑如何对接"思想道德修养与法律基础"课教学。另外需要指出的是，由于学术研究领域不断地拓展、深化，马克思主义理论学科培养的博士、硕士研究生在专业课程，乃至论文选题上大多与思政课没有直接关联，在一定程度上可以说，马克思主义理论学科培养的是纯学术人才，而不是为思政课培养师资队伍。尽管学术人才可以逐步完成向师资人才的角色转变、能力迁移，但还是反映出马克思主义理论学科主动为思政课培养教师队伍的意识不强。

三、加强学科建设与课程建设支撑互动的几点建议

针对马克思主义理论学科建设和思政课建设在支撑互动中存在的问题，我们认为可以采取以下几个方面的措施。

第一，打通圈子壁垒，为不同梯队的高校搭建学科建设和课程建设的交流平台。当前在马克思主义理论学科建设中，大致可分为三个梯队，其中拥有博士点的高校是第一梯队，拥有硕士点的高校是第二梯队，其他没有学科点的高校是第三梯队。就目前来看，马克思主义理论学科建设主要是第一、第二梯队高校的任务，而有关学科建设的一些"高端"交流讨论，基本上是在第一梯队的高校中进行，第二梯队的高校偶尔能够参与，第三梯队的高校基本无法参与到学科建设中。有关思政课建设的一些交流讨论，也根据学校的特色、属性划分为不同的、较为封闭的圈子，如高职院校、农林院校、艺术院校、省属院校、985（211）院校，不同圈子的高校很少有机会能够就思政课建设进行切磋交流。如此壁垒分明、条块分割，不利于形成学科建设和课程建设的合力，严重影响了学科建设和课程建设的效果。为了让广大第三梯队高校的思政课教师能够参与到学科建设中，有必要搭建交流平台。首先，一些重要的学科（课程）建设会议、学术交流活动，主办方应主动邀请第三梯队高校的思政课教师或部门主管领导参加，不应人为限制或歧视。其次，拥有博士点的高校也应增强服务意识，对口支援第三梯队高校的思政课建设

---

① 《中国大学生思想政治教育发展报告》课题组. 思想政治教育学科博士点发展调查分析（下）[J]. 思想理论教育，2013（11）.

和学术科研活动，学科建设评比中应将此作为重要考核指标。再次，教育主管部门也可以制定措施，为第三梯队高校中科研能力较强、教学效果突出的思政课教师评聘研究生导师创造条件，鼓励拥有博士、硕士学科点的高校吸纳普通本专科高校的教师作为兼职研究生导师。如果能够打破普通本专科高校教师在评聘研究生导师中的天花板，那么对于激发他们的学科建设意识必能起到极大的促进作用，学科建设对课程建设的支撑作用也会显著增强。最后，拥有马克思主义理论学科点，特别是博士点的高校要为第三梯队高校的思政课教师投身学科建设提供平台和条件。拥有马克思主义理论一级学科博士点的高校要担负起更大的责任，不仅要支撑服务本校的思政课教学，而且要对本地区高校的思政课建设发挥支撑服务作用。

第二，在学科点建设评估、职称评聘中，适当增加思政课建设（教学）效果的权重。要将课程建设提高到学科建设的高度，就必须将课程建设的效果作为学科建设评估的重要指标，改变学科建设中重科研、轻教学的倾向。《普通高校思想政治理论课建设体系创新计划》明确指出，要"健全马克思主义理论学科学位授权点建设评估制度，建立动态建设机制"，对"达不到建设要求的限期整改或撤销学位授权点"①。这里的"建设要求"就应该包含思政课的建设效果。对此《高等学校思想政治理论课建设标准》在"学科点建设"的三级指标中就明确规定："马克思主义理论学科的学术骨干必须是思想政治理论课的教学骨干。每一位导师至少承担思想政治理论课一门课的教学任务。"② 这些规定要求对于扭转课程建设和学科建设"两张皮"的现象，起到了方向性的引导作用，但是要体现出实效还需要在今后的学科点评估评比中落细、落小、落实。

此外，思政课教师在职称评聘中也必须增加教学效果的权重。《普通高校思想政治理论课建设体系创新计划》指出，要"改革教学和科研评价方式，将课堂教学质量等作为重要评价标准，鼓励教师把主要精力放在研究教学内容、创新教学方法、提高教学实效上。要探索建立符合思想政治理论课教师职业特点的职务职称评聘标准，提高教学和教学研究占比，引导和鼓励思想

---

① 中央宣传部教育部关于印发《普通高校思想政治理论课建设体系创新计划》的通知 [EB/OL]. 教育部网站，2015-08-17.
② 教育部关于印发《高等学校思想政治理论课建设标准》的通知 [EB/OL]. 教育部网站，2015-09-16.

政治理论课教师将更多时间和精力投入到教学中"①。现在很多省市、高校对教师职称评聘实行了分类，分为教学为主型、教学科研并重型、科研为主型。这种分类对于部分擅长、乐于教学的教师安心教学起到了鼓励作用，但是对于很多思政课教师而言，走"教学为主型"的职称评聘途径的难度要高于"教学科研并重型"，甚至不亚于"科研为主型"。究其原因，主要是因为"教学为主型"的职称评聘对科研成果的要求并不低，或者说是没有明显区别于"教学科研并重型"。在对科研成果的要求相差不多的情况下，发表论文、提升科研成果的代价成本要低于对教学的付出，大多数"理性"的教师在此情况下一般都会选择"教学科研并重型"。笔者认为，鼓励教师认真教学的一个重要方法就是完善教学效果评估体系，可以将教学评估排名在职称评聘中折合为相应等级的科研论文，并对累计数量给予一定的上限规定。此外，还可以在年终绩效分配或者奖励分配中，对教学效果突出的教师给予适当倾斜。总而言之，只有让教师的教学付出得到足够的回报和奖励，才能让更多的教师安心教学、乐于教学，改变"重科研、轻教学"的局面。

第三，用好权威教学资源，增强科研对教学的支撑辅助作用。扭转科研对思政课教学支持不力的局面，需要将科研和教学结合起来。要鼓励思政课教师将教学中的疑难点问题以及学生关注的现实问题作为科研方向，教育主管部门要加大对这类课题的立项资助。教育部社科司于2013年开始向各地各高校征集思政课教学中的重点难点问题，并对征集到的问题进行了梳理和筛选，形成了30个重点难点问题，随后又面向全国高校征集答案，最后对入选的答案以教育部人文社会科学研究专项任务项目（高校思想政治理论课）的形式予以资助。② 应该说，这种形式将教学和科研有效地结合起来，提升了科研对教学的支撑辅助作用。教育部社科司应将这项措施长期坚持下去（地方教育主管部门也可以采取同样的措施，以激发思政课教师参与的积极性），并将征集到的重难点问题和相关问题答案及时出版，作为思政课教师的教学参考用书。另外，教育部社科司还指导高校思政课程研究中心根据形势发展和思政课教育教学需要，从2014年11月起编发《高校思想政治理论课教学活页》，为广大思政课教师提供了科研成果支撑教学的平台。一方面，相关部门

① 中央宣传部教育部关于印发《普通高校思想政治理论课建设体系创新计划》的通知 [EB/OL]．教育部网站，2015-08-17.
② 张威．高校思政理论课教学重点难点问题入选答案评出 [N]．光明日报，2014-12-22（11）；教育部高校思想政治理论课教学指导委员会关于征集高校思想政治理论课重点难点问题解答的通知 [EB/OL]．中国高校人文社会科学信息网，2014-04-01.

要编辑、管理好《高校思想政治理论课教学活页》，及时更新补充与教学相关的重要参考信息和最新科研成果；另一方面，广大思政课教师要认真学习研读《高校思想政治理论课教学活页》，及时把《高校思想政治理论课教学活页》的信息资源、科研成果运用到课堂教学中，增强思政课教学的吸引力和感染力。

第四，完善马克思主义理论学科的研究方向和人才培养方案。马克思主义理论学科的首要任务是服务思政课教学，因此马克思主义理论学科点，尤其是与思政课有明显对应关系的二级学科博士点，在设置研究领域、研究方向时应考虑与思政课进行对接。导师在指导研究生进行论文选题时，也应尽可能地与思政课的教学内容相关。另外，在研究生培养方案，尤其是博士生培养方案中，应根据思政课的教学内容，开设相对应的课程。比如，思想政治教育学科在培养博士生时，应考虑开设一些法律基础类的课程。目前思想政治教育专业培养的博士生，通常在法律基础知识方面比较薄弱，这对他们以后讲好"思想道德修养与法律基础"课造成了不小的障碍。马克思主义理论学科在培养博士生时，还可以要求博士生至少做一个学期的助教工作（目前很多高校博士点没有这方面的规定要求），以帮助他们熟悉思政课教学，为毕业求职和走向工作岗位打好基础。

（本文原载于《思想教育研究》2016 年第 7 期）

强化新时代站位，搞好思想政治理论课教学与研究

杨凤城

中国人民大学马克思主义学院

摘　要： 思想政治理论课的本质是讲道理，要把道理讲深、讲透、讲活，需要思想政治理论课教学与研究强化新时代站位，做好三个方面的工作：第一，增强历史思维，善用大历史观，建构民族复兴新叙事；第二，增强国际视野，讲清党的百年奋斗深刻影响了世界历史进程，为人类做出了重大贡献；第三，贯通历史与现实、理论与实践，讲好马克思主义中国化理论成果的创新性贡献。

2022 年 4 月 25 日，习近平总书记到中国人民大学调研并走进思想政治理论课（以下简称"思政课"）智慧教室观摩现场教学，与师生一同交流并发表重要讲话，表达了对思政课和哲学社会科学的高度重视与殷切希望。习近平总书记强调，思政课在"落实立德树人根本任务，传承红色基因"，"彰显中国之路、中国之治、中国之理"方面具有特殊作用；"思政课的本质是讲道理"，要"把道理讲深、讲透、讲活"①。因此，围绕增强新时代站位，建强建好思政课，具有重要的理论价值与实践意义。具体来说，需要从三个方面展开工作。

一、强化历史思维，善用大历史观，建构民族复兴新叙事

习近平总书记系列讲话展现出了深邃的历史思维，即在纵横古今、放眼

---

① 习近平在中国人民大学考察时强调坚持党的领导传承红色基因扎根中国大地走出一条建设中国特色世界一流大学新路 [N]. 人民日报，2022-04-26（1）.

中外的历史进程中看问题，尤其是善用大历史观分析问题。2021 年 2 月 20 日，在党史学习教育动员大会上的讲话中，习近平总书记就明确提出："要教育引导全党胸怀中华民族伟大复兴战略全局和世界百年未有之大变局，树立大历史观，从历史长河、时代大潮、全球风云中分析演变机理、探究历史规律，提出因应的战略策略，增强工作的系统性、预见性、创造性。"① 在其他一些场合，他也多次提及从大历史观看问题。事实上，2021 年，习近平总书记在庆祝中国共产党成立 100 周年大会上的讲话和党的十九届六中全会通过的《中共中央关于党的百年奋斗重大成就和历史经验的决议》，就是运用大历史观的典范。

何谓大历史观？从习近平总书记的系列讲话看，大历史观就是强调从长时段看问题，从经济、政治、文化、社会的广覆盖看问题，从人类文明进步与制度竞争的历史长河看问题，重在认识历史发展规律，汲取历史经验和智慧。

从大历史观看中国共产党的百年奋斗，我们需要将之置于近代 180 年的历史进程中，充分认识其对中华民族命运与中国历史发展带来的转折和改变。同时，我们也要将之置于中华民族 5000 多年文明史的历史长时段，充分认识其与中国历史的接续、延续和继承。在这一历史进程中，中国共产党在与时俱进的同时，不断发扬光大中华文明，就是对历史的"接着走"，而非断裂和告别。

具体而言，习近平总书记经常讲中国特色社会主义植根于中华 5000 多年文明沃土，这就给我们提供了用大历史观看问题的广阔空间。实际上，他在这方面也给我们做出了榜样、提供了指导。例如，在庆祝改革开放 40 周年大会上的讲话中，他就指出："中华民族充满变革和开放精神。几千年前，中华民族的先民们就秉持'周虽旧邦，其命维新'的精神，开启了缔造中华文明的伟大实践。自古以来，中国大地上发生了无数变法变革图强运动，留下了'治世不一道，便国不法古'等豪迈宣言。自古以来，中华民族就以'天下大同'、'协和万邦'的宽广胸怀，自信而又大度地开展同域外民族交往和文化交流，曾经谱写了万里驼铃万里波的浩浩丝路长歌，也曾经创造了万国衣冠会长安的盛唐气象……以数千年大历史观之，变革和开放总体上是中国的历史常态。中华民族以改革开放的姿态继续走向未来，有着深远的历史渊源、

① 习近平. 在党史学习教育动员大会上的讲话 [J]. 求是，2021 (7).

深厚的文化根基。"①

毋庸讳言，学界过去回顾中国历史时，往往突出其中的保守、惰性因素，强调向后看、"法先王"，讲究"祖宗成法"的传统，提到中国文化的象征——孔子时，讲得最多的便是"祖述尧舜，宪章文武"。也有学者曾提出中国封建社会的"超稳定结构"② 并指出，虽然王朝不断更迭，但是深层社会结构一直没有变化。而在新时代，习近平总书记从大历史观出发，告诉人们，中华民族的历史传统是立体的、多维的，我们还有改革开放的传统。人言历史常说常新，因为时代不同、站位不同、回顾历史时言说者的生存状况不同，因而言说者关注的重点不同、角度不同、评价也就不同。以毛泽东为代表的中国共产党人在半殖民地半封建的中国掀起了致力推翻帝国主义、封建主义和官僚资本主义统治的民主革命，他们对中国历史与传统的认识与我们今天不一样。中华人民共和国成立后，中国共产党要尽快带领人民摆脱落后的农业国现状，学习苏联，走社会主义道路，实现工业化现代化，彼时看待中国历史传统的观点也和我们今天不一样。改革开放初期，当放眼世界、痛感中国落后于发达国家二三十年，因而打开国门对外开放，强调吸收一切人类先进文明成果的时候，中国共产党人对中国历史和传统的评价当然也有其时代特色。而到今天，中国共产党经历了百年奋斗，中国特色社会主义进入了新时代，中国稳居世界第二大经济体，综合国力进入世界前列，正在稳步迈向高收入国家行列、创新型国家前列，已经开启全面建成社会主义现代化强国的新征程，比历史上任何时期都更接近也更有能力和信心实现中华民族伟大复兴的目标，正是在这样的新时代，习近平总书记提出了"历史自信"的重大命题，也只有在新时代，我们才更富有历史自豪感，更加珍惜悠久的历史传统，更加自觉地传承中华文明。从这个意义讲，历史自信源自中国特色社会主义巨大成功的现实自信，因而，我们也就需要把历史自信转化为建成中国特色社会主义的强大精神动力。这就是大历史观和增强新时代站位的意义所在。

从大历史观出发，习近平总书记在庆祝中国共产党成立 100 周年大会上的讲话中指出："中国共产党一经诞生，就把为中国人民谋幸福、为中华民族谋复兴确立为自己的初心使命。一百年来，中国共产党团结带领中国人民进

---

① 习近平. 论中国共产党历史 [M]. 北京：人民出版社，2021：235-236.
② 金观涛，刘青峰. 兴盛与危机：论中国社会超稳定结构 [M]. 北京：法律出版社，2011：14.

行的一切奋斗、一切牺牲、一切创造，归结起来就是一个主题：实现中华民族伟大复兴。"① 从民族复兴的主题出发，更能够将中共党史与近代以来中国人民的探索奋斗，尤其是孙中山先生领导的革命有机衔接起来。早在 1991 年纪念辛亥革命 80 周年大会上，中央领导人便提出："从某种意义上说，包括辛亥革命在内的整个中国革命，都是一场民族复兴运动。"② 当然，民族复兴伟业是在中国共产党领导下才取得实质性进展的。习近平总书记在庆祝中国共产党成立 100 周年大会上的讲话和党的十九届六中全会通过的历史决议，对党不同历史时期的奋斗为实现民族复兴做出的特定贡献进行了阐述。总而言之，中国共产党率领人民创造了新民主主义革命的伟大成就，为实现中华民族伟大复兴创造了根本社会条件；中国共产党团结带领人民创造了社会主义革命和建设的伟大成就，为实现中华民族伟大复兴奠定了根本政治前提和制度基础；中国共产党团结带领人民创造了改革开放和社会主义现代化建设的伟大成就，为实现中华民族伟大复兴提供了充满新的活力的体制保证和快速发展的物质条件；中国共产党团结带领人民创造了新时代中国特色社会主义的伟大成就，为实现中华民族伟大复兴提供了更为完善的制度保证、更为坚实的物质基础、更为主动的精神力量。习近平总书记还经常用"站起来、富起来、强起来"概括党带领人民在民族复兴之路上取得的递进式成就，等等。

基于以上分析，民族复兴叙事的总体框架已经树立，思政课教学与研究需要紧跟党中央的新认识新结论，需要在充分吸收学界已有研究成果的基础上进行创新，既高屋建瓴又深入浅出地说明民族复兴"根本社会条件"的内在构成及其形成过程，需要从时代和中国实际出发论证民族复兴"根本政治前提和制度基础"的内涵及其重要性，需要对民族复兴"充满新的活力的体制机制"的探索、结构及其与改革开放的关系做出深度解析，对"快速发展的物质条件"做出实证说明，需要对民族复兴"更为完善的制度保证、更为坚实的物质基础、更为主动的精神力量"做出历史的和国际的纵横比较，等等。总之，建构民族复兴的新叙事，提炼民族复兴叙事的标识性概念，划分民族复兴的历史阶段演进，并进行方法论创新，成为摆在思政课教师面前的时代任务，这一任务不仅仅是"中国近现代史纲要"课程的教学重点，而且

---

① 习近平. 在庆祝中国共产党成立 100 周年大会上的讲话［N］. 人民日报，2021-07-02（2）.

② 中共中央文献研究室. 十三大以来重要文献选编：下［M］. 北京：人民出版社，1993：1715.

是其他思政课的重要教学内容，其区别仅在于内容涉及程度，或是主要内容，或是重要立足点，或是重要背景和底色，这些探索会给思政课教学与研究带来新内容、新面貌。

二、强化国际视野，讲清党的百年奋斗深刻影响了世界历史进程

在中国综合国力进入世界前列、中国日益走向世界舞台中央的新时代，思政课教学与研究一定要增强国际视野。立足中国，放眼世界，在为民族谋复兴的同时，为人类谋大同，本是中国共产党人的特质和鲜明追求。中国共产党的百年奋斗，不但彻底改变了中国的前途和命运，而且深刻影响了世界历史进程。

中国共产党诞生于十月革命后东方殖民地半殖民地国家争取民族独立、人民解放的时代浪潮中。中国共产党的创建者们，不仅有着民族复兴的强烈愿望，而且都是放眼全球、胸怀世界且对时代潮流极为敏感之人，他们从来都是把中国的前途命运与世界发展大势、时代潮流联系在一起思考的人。十月革命让他们看到了人类新曙光，看到了中国新希望，他们相信"将来的环球，必是赤旗的世界"①，决心"并入全世界被压迫民族的革命潮流中，再与世界无产阶级革命运动联合起来"②，彻底改造中国和世界。在科学研判世界潮流和中华民族主要期盼的基础上，中国共产党在成立后不久就高举反帝反封建的大旗，率领中国人民为实现民族独立、人民解放而不懈奋斗。中国共产党及其领导的革命力量的发展壮大有力地打击了帝国主义势力，支援了苏联社会主义革命和建设，鼓舞了殖民地半殖民地人民的革命斗争。

中华人民共和国成立后，中国共产党冷静研判第二次世界大战后社会主义与资本主义两大阵营对立的世界格局，敏锐洞察殖民地半殖民地风起云涌的民族解放运动，深刻认识两次世界大战充分暴露的资本主义制度弊病，清醒地认识到中国人民应尽快摆脱一穷二白的农业国，实现工业化的强烈愿望，率领人民大踏步走上社会主义道路，不仅奠定了当代中国一切发展的根本制度基础，而且极大地增强了社会主义阵营的力量。之后进行的抗美援朝战争，不仅拼来了山河无恙、家国安宁，而且震动了全世界，奠定了新中国在亚洲

①　中国李大钊研究会编注. 李大钊全集：第3卷［M］. 石家庄：河北教育出版社，1999：110.
②　中共中央文献研究室，中央档案馆. 建党以来重要文献选编：第1册［M］. 北京：中央文献出版社，2011：127-128.

和国际事务中的重要地位。"经此一战，第二次世界大战结束后亚洲乃至世界的战略格局得到深刻塑造。"① 之后，新中国提出并践行和平共处五项原则，始终高举反对帝国主义、殖民主义、霸权主义的旗帜，并尽己所能地给予"第三世界"国家实际援助，赢得普遍尊重。

20世纪70年代以后，科技革命日新月异，经济全球化势如破竹，和平与发展成为世界主题，同时摆脱贫困、走向富强、实现民族复兴成为中国人民的强烈渴望，党再次清醒地研判时代特征和人民期盼，作出了改革开放的重大决策。改革开放是决定当代中国命运的关键选择，因为改革开放，中国成功开辟了中国特色社会主义道路。伴随中国特色社会主义的成功，中国道路、中国经验日益引起世人关注。2004年5月，英国著名思想库伦敦外交政策研究中心发表了《北京共识》的研究报告，认为中国通过努力、主动创新和大胆实践，摸索出一个适合中国国情的发展模式。这种发展模式不仅适合中国，也是一些发展中国家效仿的榜样。② 曾经在苏联东欧剧变后提出"历史终结论"的美国学者福山也修正了自己的观点，认为中国模式的有效性证明，西方自由民主并非人类历史进化的终点，人类思想宝库要为中国传统留有一席之地。③ 在中国共产党的领导下，中国创造了经济快速发展和社会长期稳定的两大奇迹，用几十年时间走完发达国家几百年走过的工业化历程，向世界郑重宣示"通向现代化的道路不止一条，只要找准正确方向、驰而不息，条条大路通罗马"④。中国式现代化道路，创造了人类文明新形态，"拓展了发展中国家走向现代化的途径，给世界上那些既希望加快发展又希望保持自身独立性的国家和民族提供了全新选择"⑤。

中国特色社会主义的高歌猛进不仅使中华民族焕发蓬勃生机，而且使科学社会主义在21世纪焕发蓬勃生机，"世界范围内社会主义和资本主义两种意识形态、两种社会制度的历史演进及其较量发生了有利于社会主义的重大

---

① 习近平. 论中国共产党历史［M］. 北京：人民出版社，2021：296.
② 杨凤城，肖政军. 多维度认识中国特色社会主义新时代的伟大成就［J］. 马克思主义理论学科研究，2022（2）.
③ 成龙. 国外中国模式研究评析［M］. 北京：人民出版社，2018：104.
④ 中共中央宣传部. 习近平新时代中国特色社会主义思想学习纲要［M］. 北京：人民出版社，学习出版社，2019：59.
⑤ 中共中央关于党的百年奋斗重大成就和历史经验的决议［M］. 北京：人民出版社，2021：73.

转变"①。"中国案例""中国经验"成为中华民族对人类文明进步做出的重大贡献。不仅如此，改革开放后中国坚定不移地奉行独立自主和平外交政策，特别是在新时代提出构建人类命运共同体，倡导并走深走实"一带一路"倡议，等等，为解决人类重大问题贡献了中国智慧、中国方案、中国力量。历史表明，"一百年来，党既为中国人民谋幸福、为中华民族谋复兴，也为人类谋进步、为世界谋大同，以自强不息的奋斗深刻改变了世界发展的趋势和格局"②。

与中国共产党的世界影响力、与中国的国际地位相匹配，思想政治理论研究要有为建构中国特色哲学社会科学学科体系、学术体系、话语体系做贡献的自觉，有为讲好中国故事、中国共产党的故事、增强国际话语权贡献力量的抱负，有立足中国、观照时代，回答世界怎么了、人类向何处去的学识。综观资本主义社会产生以来的历史，综合国力始终是国际话语权的最重要支撑，是民族国家文化成果、学术研究国际影响力的实力基础。基于有目共睹的经济成就和综合实力处于世界前列的国际地位，源自发达国家的思想认识、文化成果、结论命题往往会引人瞩目，往往容易自认为同时也容易被他人认为是反映着人类社会发展的共同规律、具有所谓"普世价值"，这无疑是西方话语霸权、西方学界总被认为引领学术思潮、立于学术前沿、执学术思想之牛耳的重要原因。当然，必须承认，不同时代，走在世界前列的国家，其发展经验确实在很大程度上反映着特定时期的潮流和发展趋势，但不能绝对化，不能成为唯一，必须看到这些经验或模式的有效性边界，而西方中心论者恰恰在这个问题上犯了绝对主义错误。就中国而言，自鸦片战争以来，西学东渐、崇西贬中，甚至时而有全盘西化之主张出现的原因也在此。然而，时代不同了，"一百年前，中华民族呈现在世界面前的是一派衰败凋零的景象。今天，中华民族向世界展现的是一派欣欣向荣的气象，正以不可阻挡的步伐迈向伟大复兴"③。中国成就、中国道路引起全球瞩目，中国的国际影响力、感召力、塑造力与日俱增。正因如此，中国哲学社会科学迎来了前所未有地走向世界、增强国际话语权、讲好中国故事的机遇。有机遇也要有本事，那就

---

① 中共中央关于党的百年奋斗重大成就和历史经验的决议 [M]. 北京：人民出版社，2021：63-64.

② 习近平. 在庆祝中国共产党成立 100 周年大会上的讲话 [N]. 人民日报，2021-07-02（2）

③ 习近平. 在庆祝中国共产党成立 100 周年大会上的讲话 [N]. 人民日报，2021-07-02（2）.

是打造出既立足于中国又能走向世界的学科体系、学术体系、话语体系、知识体系。撇开综合国力和意识形态因素不论，西方学界在知识体系、学术话语体系建构及国际化方面，自有其系统性和独到之处。中国必须承认与之尚有差距，但与此同时要有自信和使命感。思想政治理论研究的中国本土性特征很强，在国际化方面当然有特定局限，但也要看到其在彰显中国特色方面的特殊优势。关键在于中国共产党是解码中国的核心，中国特色社会主义是讲好中国故事的实质所在，只要抓住这一点，思想政治理论研究和思政课教学就能在构建立足中国、走向世界的中国哲学社会科学知识体系、话语体系等方面发挥作用、做出贡献。

三、贯通历史与现实、理论与实践，讲好马克思主义中国化理论成果的创新性贡献

讲好马克思主义中国化理论是思政课的核心任务之一。党的十九届六中全会通过的历史决议，对马克思主义中国化的三次历史性飞跃做出了新概括，为思政课教学与研究提供了新的遵循，也引发了新任务。马克思主义中国化的理论成果是特定历史条件下的产物，是特定实践的结晶。讲好马克思主义，除了研究每个具体成果外，一定要有宏观视野、整体性眼光，在历史与现实、理论与实践的融会贯通中厘清理论演进的主脉络并予人以启发。

举例而言，"什么是马克思主义、怎样对待马克思主义"是马克思主义中国化的核心问题。回顾历史，揆诸实践，就会发现中国共产党在这一问题上的清晰认识轨迹。首先，是如饥似渴地学习马克思主义基本理论并努力于全方位应用。其次，重点转向反对教条主义、科学对待马克思列宁主义。再次，维护马克思主义纯洁性、阐释什么是马克思主义逐渐成为主导。然后，反教条主义、科学对待马克思主义再次成为重心。最后，将马克思主义基本原理与中国实际相结合，推进马克思主义中国化。

进一步而言，在前延安时期，包括毛泽东在内的中国共产党人更多的是学习、领会进而努力于全面应用马克思主义，尤其是列宁主义，还谈不上"怎样对待马克思主义"的问题意识。虽然，李大钊、陈独秀、恽代英、瞿秋白等人均表达过要把马克思主义应用于中国具体环境的认识，尤其是毛泽东的《反对本本主义》以朴素的语言表达了理论与实际相结合的道理，但是，这些认识提出之际还没有经历革命的惨重失败，还没有成为全党共识。1935年以后就不一样了，对待马克思主义的教条主义给中国革命带来的沉重损失，促使中国共产党人在马克思主义与中国实际关系上有了强烈的问题意识，"怎

样对待马克思主义"成为亟待解决的问题。正是在上述自觉意识下，毛泽东在延安时期带领全党确立了把马克思主义同中国实际结合起来、马克思主义中国化的原则立场，成功解决了"怎样对待马克思主义"的问题。这一立场在后延安时期一直延续下来，且不断被重申。但是，问题不可能被一劳永逸地解决。随着党执政全国后面临的新问题新考验的接续出现，一方面，毛泽东不时提醒人们警惕和反对教条主义、照抄照搬别国经验；另一方面，鉴于20世纪50至70年代的国际国内背景，毛泽东又非常警惕所谓"修正主义"对马克思主义的歪曲和背离。实际上，从中苏论战开始一直到"文化大革命"时期，毛泽东更关心的是对马克思主义，尤其是列宁主义从基本原理到具体结论的坚守，"什么是马克思主义""什么是修正主义"，成为理论关注的重心。

改革开放初期，邓小平鉴于"文化大革命"刚刚结束，长期形成的对待马克思主义，尤其是毛泽东思想的极端教条主义态度还严重地束缚着人们的头脑，加上传统社会主义模式的长期影响，理论上的拨乱反正、正本清源工作亟待进行，思想僵化亟待打破。于是，我们看到，邓小平着力端正对待马克思主义的态度，高扬解放思想、发展马克思主义的旗帜。他指出："绝不能要求马克思为解决他去世之后上百年、几百年所产生的问题提供现成答案。列宁同样也不能承担为他去世以后五十年、一百年所产生的问题提供现成答案的任务。真正的马克思列宁主义者必须根据现在的情况，认识、继承和发展马克思列宁主义。"①

伴随改革开放和社会主义现代化事业的成功推进，伴随正反两方面历史经验的积累，在马克思主义基本原理与中国实际相结合的问题上，中国共产党再也没有发生重大曲折，一方面，坚定不移地坚持以马克思主义为指导，"老祖宗不能丢"；另一方面，与时俱进发展创新马克思主义，不断推进马克思主义中国化、时代化。可以说，这一立场和态度从世纪之交到今天一以贯之，充分表明党在理论上日益成熟与稳定。

再举一例，马克思主义中国化有三次历史性飞跃，其理论成果均对马克思主义做出了创新性贡献。事实上，如果没有对马克思主义的创新发展，尤其是原创性贡献就谈不上历史性飞跃，而要讲清创新性贡献，就需要在衡量标准上有一番思考和讨论。只有有了衡量标准才能够阐释好毛泽东思想是马克思主义中国化的第一次历史性飞跃；阐释好社会主义革命与建设时期理论

---

① 邓小平文选：第3卷［M］. 北京：人民出版社，1993.：291

发展与实践探索的关系，特别是评价好这一时期的理论误区问题；阐释好习近平新时代中国特色社会主义思想作为马克思主义中国化新的飞跃与中国特色社会主义理论体系的关系问题；等等。

胡锦涛曾经归纳过自然科学领域的创新类型，分为三种：继承性创新、引进吸收消化基础上的集成性创新、原始性创新。习近平总书记也讲到理论创新创造等。这些结论和命题为我们思考理论创新性问题提供了启发，他们讲的原始性创新、理论创造可以理解为原创性贡献。本文认为，考察理论创新性，特别是原创性贡献，首要的是看该理论成果对时代之问、实践之问的回答，也就说要注重理论成果的时代背景，不能机械地仅从具体结论、命题出发，寻章摘句式地寻找创新。从时代之问及其答案出发更有助于我们从整个理论体系的角度，理解马克思主义中国化的创新性贡献。其次，重大的理论创新是我们研究和阐释的重点。凡属重大理论创新应该具有战略意义、具有历史长时段的普遍性贯通性意义，具有理论母体作用。最后，考察原创性贡献除了上述原则外，当然要特别关注首次提出，或者过去虽有类似的表达但是指向与内涵已经大不相同。此外，原创性贡献既要意义重大，又要有理论厚度，即有自身的逻辑和层次结构。

从上述标准出发，我们就能清楚地说明马克思主义中国化理论成果的创新性贡献。例如，毛泽东思想是在十月革命后，在战争与革命成为时代主题、在殖民地半殖民地民族革命运动风起云涌的背景下，寻求民族独立、人民解放和国家富强、人民幸福之路的理论，围绕这一时代之问、中国之问，毛泽东阐释了中国新民主主义革命、社会主义革命和建设的理论，其中关于中国革命主力军、农村包围城市革命道路、革命军队建设与军事战略、党的建设、两类社会矛盾，尤其是人民内部矛盾理论等原创性最强。中国特色社会主义理论体系，需要放到和平与发展成为时代主题，发展中国家要实现赶超型现代化的时代要求中来衡量，需要从经济全球化席卷全球、科技革命日新月异、世界多极化在曲折中发展和"西强我弱"的时代特征来看。中国特色社会主义理论体系中的社会主义初级阶段论，改革开放论，社会主义市场经济论，法治国家建设论，"一国两制"论等均属对于马克思主义的原创性贡献。习近平新时代中国特色社会主义思想，需要从世界百年未有之大变局和中华民族伟大复兴战略全局来认识和评价，从社会主义与资本主义两种现代制度长期并存和竞争制度优越性的时代背景来衡量。习近平总书记关于党的领导和以自我革命精神全面从严治党，关于中国经济发展进入新阶段、贯彻新发展理念、构建新发展格局，关于生态文明，关于构建人类命运共同体等思想都是原创性理论成果。

总而言之，只有在历史和现实、理论和实践、宏观和具体的结合中，在多维度的立体呈现中，才能讲好马克思主义中国化理论。思政课教师任重而道远，只有与时俱进，方向明、学问高，踔厉笃行，才能不负时代、不负党和人民。

（本文原载于《思想教育研究》2022 年第 6 期 ）

以学理性增强高校思想政治理论课的实效性

孙代尧

北京大学马克思主义学院

摘　要：习近平在学校思想政治理论课教师座谈会上的讲话中强调，要不断增强思想政治理论课的思想性、理论性和亲和力、针对性。这四个增强都离不开学理性。高校思想政治理论课要坚持政治性和学理性的统一，以学理讲政治；针对性指教学中要坚持问题导向，教师要有问题意识并敢于和善于直面学生提出的问题，释疑解惑；亲和力指要用贴近学生的话语讲政治理论，和学生形成情感交流和互动，增强思想政治理论课的实效性。

习近平在学校思想政治理论课教师座谈会上，从世界处于百年未有之大变局和中国处于实现"两个一百年"奋斗目标关键时期的宏大历史视野，深刻指出了办好思想政治理论课的重大意义，提出了新时代思想政治理论课教师需要具备的"六个素质"和推动思想政治理论课改革创新的"八个统一"。"要不断增强思想政治理论课的思想性、理论性和亲和力、针对性"的重要论断，抓住了当前高校思想政治理论课教育教学中存在的主要问题，而思想政治理论课，特别是高校思想政治理论课的思想性、理论性和亲和力、针对性，都离不开学理性。以学理性为抓手增强思想政治理论课的实效性，是加强高校思想政治理论课建设，提升思想政治理论课水平的方向。

一、以学理讲政治

习近平强调的新时代思想政治理论课改革创新的"八个统一"，第一个就是"政治性和学理性相统一"。讲好高校思想政治理论课，政治性是前提，学理性是关键。

首先需要明确的是，政治性是思想政治理论课首要的根本属性。中国特色社会主义教育的目标，是培养社会主义建设者和接班人。这里需要澄清社会上的两种模糊认识。一种是，有人说"培养社会主义建设者和接班人"的教育目标，是在 20 世纪特定时期形成的，新时期教育目标亟需"转型"或"升级换代"，调整为培养"合格公民"。这是一种似是而非的说法。且不说培养合格公民在任何国家都是最基本的要求，合格公民并不是抽象的和"去意识形态化"的，合格的现代公民最重要的素质是思想政治素质。中国特色社会主义教育，必须培养一代又一代拥护中国共产党领导和我国社会主义制度、立志为中国特色社会主义事业奋斗终身的有用人才，培养能够担当民族复兴大任的时代新人。这个定位必须明确和坚定，不能模糊。另一种是，有些人说西方国家的教育是"价值中立"的，中国教育应该与"国际接轨"，似乎我们开设思想政治理论课，理不直气不壮。这也是一种误解。事实上，西方国家非常注重利用课堂这个主渠道宣扬他们的价值，如美英学校开设的通识课程，讲授公民教育、西方文明史、西方宗教史等，都是典型的西式思想政治理论课。习近平指出："我们办中国特色社会主义教育，就是要理直气壮开好思想政治理论课"①。青年学生正处在价值观塑造期，作为铸魂育人的关键课程，高校思想政治理论课要引导学生坚定理想信念，坚定"四个自信"，厚植爱国情怀，其教学内容必然带有鲜明的政治性和价值导向性，这是高校思想政治理论课的性质决定的，并非中国学校教育独有的。

在我国，高校思想政治理论课作为马克思主义理论课，要向学生传授马克思主义和中国化马克思主义，用习近平新时代中国特色社会主义思想武装学生头脑，为学生一生的成长奠定科学的思想基础。经典马克思主义和中国马克思主义都是具有很强的学理性和系统性的科学思想体系，要讲好马克思主义理论课，讲出马克思主义的思想魅力，既要求教师"政治要强"，又要求教师"本领要硬"，兼具政治素质和理论素养。可以说，高校思想政治理论课的术、学、道，不亚于任何一门哲学社会科学课程，对教师的要求非常高。高校思想政治理论课教师既要"真信"马克思主义，又要"真懂"马克思主义，即具备扎实的马克思主义理论功底，还要在课堂上"真讲"马克思主义，才能讲得有底气，做到用真理的力量感召学生，以深厚的理论功底赢得学生，才能让学生真懂真信。

---

① 习近平主持召开学校思想政治理论课教师座谈会强调用新时代中国特色社会主义思想铸魂育人贯彻党的教育方针落实立德树人根本任务 [N]. 人民日报，2019-03-19 (1).

教育和课程有其发展规律，思想政治理论课的教学内容也应是循序渐进、螺旋上升的。对高校学生来说，经过基础教育阶段的思想政治课（小学的"思想品德课"、中学的"思想政治课"）的学习和大学阶段其他渠道的接触，学生们已经具备了一定相关知识的储备。与基础教育阶段的几门课程相比，大学本科阶段的思想政治理论课有一个很大的不同，就在于它更强调"理论"；到了研究生阶段，则更注重"研究"，如硕士生的"中国特色社会主义理论与实践研究"和博士生的"中国马克思主义与当代"，讲授内容的学理性和理论深度明显高于本科阶段。如果本科生和研究生的思想政治理论课仍然只是复述学生已经学过的内容和结论，没有新的知识支撑，学理性贫乏，就既不能使学生"解渴"，还会给学生造成一种错觉，那就是自己的专业是学术，其他社会思潮也是学术，而思想政治理论是"非学术的政治"，是"意识形态说教"。理论只有彻底才能说服人，才能变成物质力量。思想政治理论课应当如习近平所说的，"以透彻的学理分析回应学生，以彻底的思想理论说服学生，用真理的强大力量引导学生"①，通过"以学理讲政治"，达到政治性和学理性的统一，增强青年学生树立对马克思主义的信仰、对社会主义和共产主义的信念、对中华民族伟大复兴的信心、对中国特色社会主义的自信。

二、思想政治理论课的针对性寓于学理性

针对性是思想政治理论课的生命力所在。教师能否讲好思想政治理论课、学生能否接受和学好思想政治理论课，都与思想政治理论课是否具有针对性密切相关。

思想政治理论课的针对性，不能仅仅理解为根据学生的专业差异和需求不同，用适合他们的学习方式进行因材施教，更主要是指思想政治理论课教学要坚持问题导向。教师要有问题意识，善于发现问题，找到学生的关切点，有的放矢地进行教学；还要敢于和善于直面学生提出的问题，释疑解惑，增强学生的获得感。

在思想政治理论课堂上，学生经常会提出一些有疑惑的，甚至尖锐的问题，这些问题，有些是我国社会深刻转型和社会主要矛盾变化过程中出现的问题，有些是学生认识上存在的误区或"模糊地带"，有些是各种社会思潮和观点。这对教师讲好思想政治理论课提出了很高的要求。习近平强调思想政

---

① 习近平主持召开学校思想政治理论课教师座谈会强调用新时代中国特色社会主义思想铸魂育人贯彻党的教育方针落实立德树人根本任务 [N]. 人民日报，2019-03-19 (1).

治理论课教师"思维要新"和"视野要广",都是对教师有针对性地讲好思想政治理论课在理论素养上提出的要求。思维要新,即教师要善于运用辩证唯物主义和历史唯物主义,教学中不回避存在的社会问题,引导学生正面思考,要辩证地看,哪些是树木,哪些是森林。例如,学生会很关注如何看待当前中国社会治理中出现的一些问题,教师要通过历史逻辑和理论逻辑的分析,使学生理解"发展起来以后"的问题丝毫不比不发展时少,既要看到问题的复杂性,又要分清主流和支流。视野要广,即教师要有知识视野、国际视野、历史视野,体现讲授内容的前沿性和前瞻性。例如,对于美英等国出现的"逆全球化"现象和中美贸易战,需要用马克思主义观点分析经济全球化及其发展趋势,分析历史上贸易保护主义给国际社会带来的恶果,运用相关数据,讲清楚逆全球化是资本主义国家企图借助民粹主义,向外转嫁国内矛盾、继续维护其全球垄断利益的表现,不仅不能解决其本国的问题,还会使世界经济陷入更深的危机。美国借贸易战围堵打压中国的发展,是单边主义思维作祟的产物,既不可能使自己成为赢家,又有使经济霸权主义演变成新冷战的危险。

由此可见,增强思想政治理论课的针对性,要求教师要有问题意识并能正面回应学生们对理论和现实问题的关注。针对性是寓于学理性中的,对于学生提出的问题,教师要从学理上,从历史逻辑、理论逻辑和实践逻辑中把道理讲明白。例如,改革开放以来,国内外一直有对中国特色社会主义的质疑和非议,一些人把中国特色社会主义说成是所谓"中国特色资本主义""国家资本主义""新官僚资本主义"等,似乎改革开放背离了马克思主义和科学社会主义。又如,国外一些舆论说,"一带一路"是中国版"马歇尔计划",中国是在借"一带一路"转移淘汰过剩产能,等等。这些观点都会对学生的认识产生很大的误导,需要教师从学理上讲清楚科学社会主义和中国特色社会主义二者之间源远流长的关系,使学生理解中国特色社会主义"是科学社会主义理论逻辑和中国社会发展历史逻辑的辩证统一,是根植于中国大地、反映人民意愿、适应中国和时代发展进步要求的科学社会主义"①。教师还要讲清楚冷战时代的"马歇尔计划"虽冠以"欧洲复兴计划"之名,但从一开始就将八个东欧社会主义国家排除在外,带着浓厚的意识形态色彩,实际上是搞"美国俱乐部"。而中国的"一带一路"倡议摒弃制度模式偏见,超越意识形态藩篱,不是搞地缘政治联盟或军事同盟,不是关起门来搞小圈子或

---

① 习近平. 习近平谈治国理政:第1卷[M]. 北京:外文出版社,2018:21.

者"中国俱乐部",与"马歇尔计划"完全不同。"一带一路"沿线大多是发展中国家,对基础设施建设有旺盛需求,中国成熟而强大的基建能力和资金实力与此需求不谋而合。中国向"一带一路"沿线国家和地区提供的是高铁、水电站、发电设备等高端技术,而不是所谓"过剩产能",各国搭乘的是中国经济发展的"快车""顺风车"和"便车",而不是"战车"。

高校是意识形态领域复杂斗争的前沿之地,不是象牙塔或桃花源。对于学生关注的问题,教师在教学中既要正面讲授、传导主流观点,又要直面和批判错误观点和思潮,有"立"有"破"。正如习近平所要求的:"要坚持建设性和批判性相统一,传导主流意识形态,直面各种错误观点和思潮。"① 还需要指出的是,强调思想政治理论课教师"自律要严",不意味着不能讲问题。教师不能回避问题、绕着问题走,更不能批评学生提出问题,否则就会出现教师自说自话、无的放矢,教学效果会大打折扣,甚至打击学生学习的积极性。

三、用贴近学生的话语增强思想政治理论课的亲和力

亲和力并不意味着以偏离思想政治理论课内容的教学形式来迎和、取悦学生,使思想政治理论课娱乐化、媚俗化,而是要求教师用学生听得懂、听得进去的话语讲清楚理论和道理,和学生形成情感交流和互动。因此必要的教学话语转换是需要的,要用贴近学生的生活化语言讲述理论,引发学生的学习兴趣,加深对政治理论的理解。

例如,在讲授"马克思主义基本原理概论"中关于要把共产主义远大理想与中国特色社会主义共同理想统一起来的问题时,学生们可能出现的困惑是,共产主义是遥远未来的理想,我们现阶段要做的是建设和发展中国特色社会主义,为什么说两者是统一的?教师在教学中可以举田径比赛的例子,田径比赛中有 4×100 米接力赛,跑好接力赛,运动员既不能"抢跑",也不能"后退",更不能"掉棒"。体育比赛有接力赛,历史也有"接力赛",实现共产主义就是一代又一代人的"接力赛"。如同习近平总书记多次讲到的,共产主义不是虚无缥缈的空中楼阁,而是人类社会历史发展的必然趋势,我们必须坚定共产主义理想信念不动摇,但是现阶段"想一下子、两下子就进入共

---

① 习近平主持召开学校思想政治理论课教师座谈会强调用新时代中国特色社会主义思想铸魂育人贯彻党的教育方针落实立德树人根本任务 [N]. 人民日报, 2019-03-19 (1).

产主义，那是不切实际的"①，实现共产主义"是需要一代又一代人接力奋斗的"②，"是由一个一个阶段性目标逐步达成的历史过程"③。跑好历史"接力赛"，我们既不能"抢跑"，搞超越历史发展阶段的"冒进"；也不能"后退"，回到僵化封闭的老路；更不能"掉棒"，像苏联东欧剧变前一些人那样对共产主义前途丧失信心而走改旗易帜的邪路。在历史"交接棒"的传递过程中，跑好坚持和发展中国特色社会主义这一棒，就是为实现共产主义远大理想所进行的实实在在的努力。所以说共产主义既是未来的理想，又在我们的现实生活中。

又如，2014 年习近平在德国科尔伯基金会演讲时讲过一句很有文采的话："纵观人类历史，把人们隔离开来的往往不是千山万水，不是大海深壑，而是人们相互认知上的隔膜。"④ 这里是讲国外有一些人总是戴着有色眼镜看中国，认为中国发展起来对别国是一种"威胁"，甚至把中国描绘成一个可怕的"墨菲斯托"，似乎哪一天中国就要摄取世界的灵魂。⑤ 不消除这种认知上的偏见，就不能理解中国坚持走和平发展道路的自信和自觉，也就不能理解中国提出的"构建人类命运共同体"理念。习近平特别强调文明交流、文明互鉴、文明共存对于构建人类命运共同体的重要性。为了帮助学生理解，教师在讲授时可以引用中国文化的一句经典：有缘千里来相会，无缘对面不牵手。这个"缘"就是认知。如果不尊重世界文明多样性，不以文明交流超越文明隔阂、不以文明互鉴超越文明冲突、不以文明共存超越文明优越，就不能形成命运共同体认知。这样，学生既能听得懂，又能听得进去，思想政治理论课的亲和力也就有了。

事实上，习近平的很多讲话和文章，都用形象生动的语言讲出了非常深刻的道理。例如，在强调要尊重各国自主选择的社会制度和发展道路时，习近平用花朵打比方："正像我们不能要求所有花朵都变成紫罗兰这一种花，我们也不能要求有着不同文化传统、历史遭遇、现实国情的国家都采用同一种发展模式。否则，这个世界就太单调了。"⑥ 在植物园里，如果只有一种花

---

① 习近平. 关于坚持和发展中国特色社会主义的几个问题 [J]. 求是，2019（7）.
② 中共中央文献研究室. 十八大以来重要文献选编：中册 [M]. 北京：中央文献出版社，2016：321.
③ 习近平：在纪念马克思诞辰 200 周年大会上的讲话 [N]. 人民日报，2018-05-05（2）.
④ 习近平. 习近平谈治国理政：第 1 卷 [M]. 北京：外文出版社，2018：264.
⑤ 习近平. 习近平谈治国理政：第 1 卷 [M]. 北京：外文出版社，2018：264.
⑥ 习近平. 习近平谈治国理政：第 1 卷 [M]. 北京：外文出版社，2018：315.

朵，就算这种花朵再美，那也是单调的，只有百花竞放、争奇斗艳才能春色满园。同样的道理，只有不同的文明和发展模式并存，我们生活的世界才是丰富多彩的。又如，在倡导国际社会合作解决安全问题的"新安全观"时，习近平以搭台唱戏打比方："不能这边搭台、那边拆台，而应该相互补台、好戏连台。"① 寓意我们生活的地球村应该成为共谋发展的大舞台，而不是相互角力的竞技场，更不能为了一己之私把世界搞乱。再如，在世界经济论坛2017 年年会开幕式上的主旨演讲中，习近平引用英国文学家狄更斯在《双城记》中的一句名言"这是最好的时代，也是最坏的时代"，以之比喻我们今天也生活在一个矛盾的世界之中，21 世纪的人类世界既充满希望也充满了挑战。以此为切入点，"我们生活的世界到底怎么了？人类社会向何处去？"的"时代之问"就提出来了。那么，我们应该怎么看这个世界？习近平从辩证唯物主义方法论出发，指出我们看世界不能被乱花迷眼，也不能被浮云遮眼，而要端起历史规律的"望远镜"去细心观望，即要树立世界眼光，善于拨云见日，从林林总总的表象中发现本质，把当今世界的风云变幻看准、看清、看透。② 接下来需要回答的就是，面对复杂变化的世界，我们应该怎么办？中国的回答是，顺应历史潮流，推动构建人类命运共同体。从"世界怎么了"到"我们怎么看"，再到"我们怎么办"，"构建人类命运共同体"这一体现中国共产党人宏大世界历史视野的伟大构想，就因时因势被提出来了。教师用这种贴近学生的教学话语，既能增强讲授的亲和力，又能使学生加深对习近平新时代中国特色社会主义思想的理解。

（本文原载于《思想教育研究》2022 年第 6 期 ）

---

① 习近平. 习近平谈治国理政：第 1 卷 ［M］. 北京：外文出版社，2018：331.
② 习近平. 习近平谈治国理政：第 2 卷 ［M］. 北京：外文出版社，2017：442.

创新高校思想政治理论课建设体系
要做到"三个必须"

熊晓琳　　王丹

北京师范大学马克思主义学院

摘　要：创新高校思想政治理论课（以下简称"思政课"）建设体系是落实办好思政课总要求，提升思政课教育教学实效性，推动高校思想政治理论工作创新性发展的重大战略举措，要求我们必须要自觉地传承已有思政课建设的经验，必须准确地把握当前思政课建设和创新的形势，必须将创新任务落细、落小、落实。

《普通高校思想政治理论课建设体系创新计划》（以下简称《计划》）是贯彻党的十八大和十八届三中全会、四中全会、五中全会精神，深入贯彻落实习近平总书记系列重要讲话精神，以及落实《关于进一步加强和改进新形势下高校宣传思想工作的意见》（以下简称《意见》）的纲领性文件。高校思政课建设体系创新，事关马克思主义在高校意识形态指导地位的巩固，事关中国特色社会主义大学办学方向，事关党和国家事业后继有人。推动建设体系创新，要做到"三个必须"，即必须自觉地传承已有思政课建设的经验，必须准确地把握当前思政课建设和创新的形势，必须将创新任务落细、落小、落实。

一、必须对已有思政课建设经验自觉传承

遵循唯物主义观点，没有传承就没有创新，对思政课建设经验的传承是创新思政课建设体系的首要前提。回顾新中国成立 60 多年来，尤其是改革开放 30 余年我国普通高校思政课建设和发展历程，可以得出几点经验。

第一，要在思想上高度重视。20世纪90年代以后，得益于改革开放和社会主义市场经济的发展，我国经济社会发展步入快车道，高等教育发展迎来了新契机，高校思想政治工作出现了新形势。对此，1998年，国家出台了《关于普通高等学校"两课"课程设置的规定及其实施工作的意见》（以下简称"98方案"）。"98方案"的实施，对于引导大学生坚定马克思主义信仰、树立社会主义的信念、增强改革开放和现代化建设的信心等方面发挥了重要作用。随着经济全球化、教育国际化发展，人才强国战略、全面建成小康社会、中国特色社会主义事业对高校思政课教育教学提出了新挑战，2005年，中央宣传部、教育部联合印发了《中共中央宣传部教育部关于进一步加强和改进高等学校思想政治理论课的意见实施方案》（以下简称"05方案"），将高校思政课教育教学发展推向新阶段。

围绕"98方案""05方案"，国家还先后实施了一系列支持思政课建设的举措，不仅反映出高校思政课建设的与时俱进，更体现出国家对思政课建设的高度重视。2013年，习近平总书记作出了"必须办好"思政课的重要批示，2015年，国家适时出台《计划》，说明中央对高校思政课的重要性认识达到了新的高度。这也启示我们，在任何情况下，我们都不能放松对大学生的思想政治教育，不能动摇思政课的重要地位。事实上，高校思政课是学习、研究、宣传、传承和创新马克思主义的高地，是全面贯彻落实党的教育方针，落实立德树人根本任务，培养中国特色社会主义事业合格建设者和可靠接班人的主要渠道，是帮助大学生牢固树立正确的世界观、人生观、价值观，使大学生坚定中国特色社会主义道路自信、理论自信、制度自信，增强社会责任感的核心课程，是坚持中国特色社会主义办学方向的必修课。办好思政课，落实《计划》，首先要在思想上高度重视，要加强顶层设计。

第二，要把握建设的立足点、出发点和关键点。一直以来，高校思政课立足于服务大学生成长、成人、成才，不断提升大学生的思想素质、政治素质、理论素质、道德素质、文化素质；立足于服务国家建设，为国家输送了大批思想意识明确、理想信念坚定、政治态度坚决、道德情操高尚、理论知识过硬的高素质人才。高校思政课建设具有明确的出发点：一是从教材建设出发，20世纪90年代以后，我们将邓小平理论、"三个代表"重要思想、科学发展观、四个全面等马克思主义中国化最新理论成果及时编入教材，充实了思政课的教学内容，提高了思政课的实效性。二是从人才建设出发，使一大批热爱、崇尚思想政治教育事业，有能力的青年人才融入思想政治教师队伍，提高了思政课的整体教学水平。三是从学科建设出发，"05方案"出台

以后，国家适时增设马克思主义理论一级学科，并在一级学科下设置 6 个 2
级学科，对高校思政课的建设和发展起到了强有力的支撑。

此外，高校思政课建设还把握了关键点，即注重制度和机制建设。管理
方面，建立高校党委负责思政课建设的制度，统筹其他行政部门共同推进。
教材使用方面，按照国家要求所有高校都必须使用马克思主义理论研究和建
设工程重点、统编教材。教学方面，各高校大都建立备课、听课制度以及教
学内容和教学质量评价制度。实践方面，高校不仅注重思政课第一课堂的教
学，还注重第二课堂的实践教育，将两个课堂相结合育人。教改方面，结合
思政课建设的形势变化，不断推出教改项目，使新颖有效的教学方法得到运
用。队伍建设方面，强调对思政课教师的岗前培训，加大在职培训力度。落
实《计划》，仍然要准确把握思政课建设的立足点、出发点和关键点。

第三，要符合建设规律坚持正确原则。社会实践应遵循科学规律是马克
思主义实践观的基本内涵。思想政治教育作为一种改造人思想的特殊实践，
也必须遵循一定的规律。在以往的思政课建设过程中：我们遵循了社会适应
规律，思想政治教育的目标和内容适应了经济社会发展的需要；遵循了要素
协同规律，思想政治教育的各个要素，在空间上保持协调性、在时间上保持
连续性；遵循了大学生的心理认知体验规律，使大学生的认知、情感、意志、
行为四个要素相统一，使思想政治教育实现了情与理的统一、知与行的统一。
正是因为遵循了这些规律，思想政治教育才具有了科学性。

此外，我们还坚持了正确的原则。一是坚持了依靠发展解决问题的原则，
我们认准了发展是解决思想政治理论教育所面临一切问题的根本举措这个硬
道理，不懈推动高校宣传思想工作、思政课教学工作、马克思主义理论科研
工作，不断夯实思想政治教育事业基础。二是坚持了理论联系实际原则，思
政课教师注重在课堂中将社会主义现代化建设的成就展示给学生，增强了学
生对中国特色社会主义的认知认同，并且在科研中尝试对经济社会发展热点
问题进行研究，辅助了思政课教育教学。落实《计划》，这些规律和原则不能
丢，遵循相应规律和原则是创新建设体系的保证。

二、必须对当前思政课建设所处形势有清醒的把握

"意识形态工作是党和国家一项极端重要的工作。当前，世界范围内各种
思想文化交流交融交锋更加频繁，国际思想文化领域斗争深刻复杂；国内各

种社会矛盾和问题相互叠加"①，社会价值观念多元、社会思潮纷呈，如何在多元文化中弘扬社会主义主流文化；如何在多元价值理念中培育和践行社会主义核心价值观；如何坚定马克思主义立场，运用马克思主义观点和方法论分析解决现实问题，已经成为创新高校思政课建设体系必须回应的重要时代课题。落实《计划》，必须把握当前思政课建设的形势。

第一，部分地方政府和高校的重视程度有待于进一步提高。重视程度决定工作力度，近年来，国家对高校思想政治理论工作的重视程度不断提升，大多数地方政府、高校也实施了相应的加强和改进高校思政课教育教学的举措，高校党委能够主动承担推进思想政治教育工作的主体责任。但是，仍有少部分地方政府、高校党委没有与中央要求保持一致，统筹协调乏力，没有设立独立的马克思主义学院或思政课教学研究部，即便有所设立，也在一定程度上存在压缩学院人员编制、活动经费、科研项目的现象，开展思想政治工作时往往会也开了、话也说了，但没有真正落实。

第二，教师队伍建设仍然不能适应快速发展育人工作的需求。发展教育的关键在教师，随着高校思想政治理论工作的深入推进，需要有更多的高素质人才充实思政课教师队伍。但目前，大多数高校思政课教师数量与学生数量比明显偏低，数量有限的思政课教师超负荷工作情况依然存在。此外，教师队伍结构有待于进一步优化，"专业背景庞杂、学缘结构不合理、学历结构参差不齐、职称结构比例失调等问题在一些高校还依然存在"②，有影响的中青年骨干人才，特别是中青年学科带头人和拔尖人才比较缺乏。近年来，虽然国家通过择优资助计划、骨干人才培养等举措加大了对思政课教师的培训，提升了不少教师的科研能力，但整体而言这支队伍科研、专业素养还不够高，现实中存在教学与科研"两张皮"的现象。再有，思政课教师队伍管理制度还有待完善。这些问题直接影响到高校马克思主义理论学科的可持续发展，影响育人效果。

第三，科研对重大现实问题研究力度不够，对学科发展缺乏有力支撑。近年来，高校思想政治理论学科的基础理论研究取得了一定成果。但是，整体而言，目前仍存在研究方向过于宽泛、随意，研究缺乏规范性的问题，部分科研成果与学科研究方向联系不紧密，研究成果低水平重复现象仍然突出，

① 评论员．全面加强和改进高校宣传思想工作的纲领性文献［N］．光明日报，2015-01-20（1）．

② 艾四林，吴潜涛．高校马克思主义理论学科发展报告（2013）［R］．北京：高等教育出版社，2014：81．

成果的创新性、思想性不足，有代表性、标志性的成果缺乏。尤其是对重大理论难点、热点问题的研究力度不够，没有发挥马克思主义理论学科应有优势。这主要与学科发展密切相关，目前，部属院校和重点院校几乎都设有马克思主义理论学科博士点、硕士点，而在普通高校、地方高校，特别是在理工类高校，马克思主义理论学科则属于弱势学科、边缘学科，甚至没有学科点。一方面，导致学科建设为高校思政课建设提供学科、学术和学理支撑难以实现；另一方面，导致马克思主义理论科研成果的转化运用大打折扣。

第四，教育教学管理改革创新性不足，评价标准有待完善。近年来，在国家的推动下，在各个高校党政部门及思政课教师的共同努力下，思政课教学取得了一定的成绩。但也不可否认，一些教师在课堂教学中，忽视思政课的学科特点，照本宣科，泛泛而谈，缺乏针对性和实效性；不少学校的思政课教学仍然采用教师讲得多、学生想得少的"满堂灌""填鸭式"的教学方法，忽视了学生的主体能动性，限制了学生的独立思考能力，降低了学生的学习热情；还有一些高校仍然对实践教学、网络课堂、新媒体重视程度不够，没有及时关注学生在实践中对马克思主义知识的应用，没有及时了解学生在实践中、在网络上的思想动态。此外，学院建设、学科建设、人才建设、教学管理缺乏科学完善的评价标准，富有根本性、战略性、长远性的思政课管理体制机制比较缺乏。

第五，对外部消极环境的回应缺乏力度。高校是各种思想文化创造、传播的集散地。当前，随着我国经济社会发展的转型升级，在思想领域出现了各种倾向的社会思潮，这些思潮中既有积极的，如强调爱国的爱国主义思潮、强调保护生态环境的生态主义思潮等，这类思潮有利于我们凝聚学生思想、推动社会建设，也有消极的，如历史虚无主义思潮、民主社会主义思潮、新自由主义思潮、消费主义思潮等，这类思潮危害学生的健康成长。以历史虚无主义思潮为例，敌对分子以歪曲我国革命历史、社会主义建设历史以及党的发展历史为手段，以丑化领袖人物、英雄人物为表现，企图动摇大学生的民族自尊心和自豪感，扰乱学生的民族观和历史观，最终使学生对马克思主义的科学性产生怀疑，进而达到他们颠覆社会主义制度不可告人的目的。民主社会主义思潮、新自由主义思潮、消费主义思潮分别影响大学生的政治观、道德观、价值观。面对这些错误思潮，思想政治教育工作者一时回应乏力，进而使这些思潮一度甚嚣尘上。

综上，面对思想政治教育工作形势：一方面，各个地方政府及高校应充分认识到创新高校思政课建设体系面临的问题是复杂的，建设过程是长期的；

另一方面，应牢牢把握高校思政课建设的"四个没有变"，即党和国家对高校思想政治工作的关心和支持没有变；思政课为中国特色社会主义事业培养合格建设者和可靠接班人的使命没有变；思政课塑造学生健全人格、培养社会主义思想品德的功能没有变；广大青年学生崇真、向善、唯美的追求没有变。基于这样的形势，应采取必要可行的措施，加强思政课建设，推动教育教学改革，建章立制，切实推动《计划》实施。

三、必须将目标任务落细、落小、落实

《计划》已经从宏观上明确了创新高校思政课建设体系的任务，要真正贯彻执行好，还需要在落细、落小、落实上下功夫。

第一，要充分明确责任，增强立德树人的主动性。上级教育部门应承担思政课建设体系创新的管理服务责任，包括监督考察、考核评价、协助建设等责任，如通过不打招呼的专项巡视，督查各高校落实《计划》的情况。高校党委是推动《计划》落实的主体责任承担者，应将思政课建设作为"一把手"工程来抓，明确党委书记是第一责任人，党委分管副书记和校长是直接责任人，制定思政课建设体系创新的管理制度机制，确保各个职能部门谋实事、出实招，确保思想政治教育工作见实效。加快高校思政课教学指导委员会建设，充分发挥其研究、咨询、评价、指导和服务作用。

第二，要加强立体化教材体系建设。立体化教材包括书本教材和网络教材、课本和辅学读物。教育部门应适时组织马克思主义理论建设工程专家编写、修订专用教材和教学用书，教材应构建马克思主义理论学术话语体系，体现出权威性；应将马克思主义中国化最新理论成果以学生能够读得懂、记得住、用得活的形式及时收编，增强马克思主义理论的生命力，体现出教材的科学性和可操作性；教材内容应注重对社会热点问题的探讨，对经典案例的分析，能够启发学生独立思考，体现出教材的思想性。在使用统编教材的同时，应加大各地各高校网络教学资源的整合力度，加快共建特色突出、影响力广、思想性强、时效性强的思政课教学网站，及时建立微博、微信等新媒体平台，及时共享优质思政课教育资源。同时，还要办好一批有影响力的马克思主义理论学刊。

第三，建设高水平师资队伍和人才体系。严格制定师资队伍建设规划，使思想素质好、科研能力突出、教学潜能大的青年人才及时充实教师队伍，重点培养具有博士学位的中青年教学和科研骨干，使他们成为学科带头人和拔尖人才。统筹科研方向、组建学术团队，形成以学科带头人、教授、博导

等为主，老中青结合，数量、年龄、职称等结构合理，学科梯队层次合理、富有活力的学科队伍，推动教育教学工作更好更快地发展。完善培训体系，"形成专题培训、高级研修、教学观摩、社会调研、攻读学位、挂职锻炼等立体化的师资培训体系，提升教师的素质和能力"①。建立特聘教授制度，聘请符合条件的专家学者、党政领导干部和先进人物、模范人物等兼任思政课教师。建立淘汰和退出机制，将师德存在严重问题，在教育教学过程中经常性言语偏激、行为偏执、公开诋毁社会主义的教师坚决清除出教师队伍。

第四，着力构建"三位一体"教学体系。各个高校应构建"课堂教学、实践教学、网络教学"三位一体的立体化教学体系。本着理论联系实际的原则，课堂讲授必须强化问题意识，构建重点突出、贴近实际、准确分析和解答经济社会发展和人的进步所面临的热点问题、难点问题、焦点问题，讲清楚中国特色社会主义建设的新思想、新观点和新论断。因材施教，教无定法，以先进的信息化网络教学平台、稳定的实践教学平台推动教学理念改进升级、教学方法改革创新，综合运用"专题式、参与式、互动式、案例式、视频式等教学方法"②。将教学内容以鲜活的材料、生动的形式呈现，增强教学的说服力、渗透力、感染力，使学生对马克思主义理论真学、真懂、真信、真用，培养学生创新性思维，用真情实感吸引人、打动人、感染人、鼓舞人、凝聚人、塑造人，全面提升学生的获得感。

第五，建强马克思主义理论学科。在充分认识到思政课建设具有极端重要性的前提下，切实加大投入力度，高标准、严要求、多途径、高效率建设一批示范性马克思主义学院。规划马克思主义理论学科发展重点研究项目，打造马克思主义理论研究高地。各高校应根据学校实际编制马克思主义学院发展规划，重点建设马克思主义学科，明确制定马克思主义学科建设的标准与规范，并将马克思主义学科建设和发展纳入高校、地方发展"十三五"规划。坚持创新发展，进一步推动马克思主义理论学科和思政课教学科研机构的交叉融合，"将科研优势转化为教学优势，增强思想政治理论课教学的科研含量"③。进一步凝练学科方向，产出高水平科研成果，扩大学术影响力；完善学科人才培养体系，着力提高人才培养质量；坚持协调发展，充分发挥哲

① 陈福生.扎实推进高校思想政治理论课建设［N］.光明日报，2015-06-07（7）.
② 熊晓琳.构建立体课堂增强思想政治理论课教学实效性的思考［J］.思想理论教育，2015（4）.
③ 艾四林.构建有效支撑思想政治理论课建设的学科体系［J］.思想理论教育导刊，2015（11）.

学、社会科学等其他学科作用，形成共建马克思主义理论学科的强大合力；坚持开放发展，主动服务社会，扩大学科的社会和国际影响力；坚持共享发展，统筹整合，高效利用校内院内、校内院外、校外思想政治理论资源，共同促进马克思主义理论学科的发展。

第六，构建完备高效的体制机制。思政课建设体系创新工作是一项系统性、全局性、复杂性工作，需要构建以统筹协调、综合评价和条件保障机制为主要内容的体制。一是统筹协调机制，要使教育部门和高校、高校党委、各职能部门、二级学院和思政课教师在思政课建设中树立整体性思维，确保全面推进，防止"单兵突进"，充分构建全员育人、全过程育人、全方位育人的育人体系，形成最大建设合力；要统筹校内校外、课堂内外、传统教学媒介和新媒体，共同促进思政课教育教学。二是综合评价机制，要建立若干个教学质量观测点，通过全面系统、科学规范、运行有效的评价机制，加大对高校思政课教学和科研情况、人才和队伍建设情况、职称评聘情况、资金资源使用情况、教学质量情况进行科学测评，针对大学生入学、教育、管理、服务、就业工作中的难点问题的解决情况进行重点考察。三是条件保障机制，各高校要通过制度安排给予马克思主义理论学科发展以充足的资金、资源，要适度提高思政课教师的待遇，使他们的待遇不低于学校、省区平均水平。为他们搭建成长平台，注重对思政课建设先进人物、典型人物的表彰宣传，调动思政课教师工作的积极性、主动性、创造性，增强他们的职业认同感和归属感，确保他们"在马言马""在马信马""在马用马"，在思政课育人阵地上守土有责、守土负责、守土尽责，面对破解影响学生健康成长的难题，该发声时就发声，该亮剑时必亮剑。

总之，坚持扎根中国大地办大学、坚持社会主义办学方向，推进高校思政课建设体系创新任重而道远。需要我们以学生发展为中心，以建设学生真心喜爱、终身受益、毕生难忘的思政课为目标，注重对已有思政课建设经验自觉传承，准确把握当前高校思想政治教育事业发展形势，主动将目标任务落细、落小、落实。唯有如此，《计划》才能接通地气，思想政治教育育人事业才能取得新的、更大的进展。

（本文原载于《思想教育研究》2016年第4期）

高校思想政治理论课建设的基本经验初探

姚郁卉

高等教育出版社社政出版事业部

摘　要："05方案"实施以来，全国高校在实践中深化了对加强思想政治理论课建设的规律性认识，积累了一些宝贵经验。这些经验和做法可以概括为：统一认识，加强领导，是思想政治理论课建设取得实效的前提条件；强化学科支撑，提升科研水平，是思想政治理论课建设取得实效的基础；改进方式，创新方法，是思想政治理论课建设取得实效的动力；培训骨干，提升素质，是思想政治理论课建设取得实效的关键。

党的十八大报告强调指出："深入实施马克思主义理论研究和建设工程，建设哲学社会科学创新体系，推动中国特色社会主义理论体系进教材进课堂进头脑。"[①] 自"05方案"颁布以来，高校思想政治理论课建设作为马克思主义理论研究和建设工程的一项重要工作，受到了各级教育主管部门的重视，在推进中国特色社会主义理论体系"三进"工作方面发挥了重要的主渠道作用。在全面深入调研的基础上，对高校思想政治理论课建设进行阶段性总结，深化规律性认识，有利于打破壁垒，使高校思想政治理论课建设朝着明显改善的目标扎实推进。

一、统一认识，加强领导，是思想政治理论课建设取得实效的前提条件

"05方案"颁布以前，在一些高校存在对思想政治理论课抱有偏见的现

---

① 胡锦涛. 坚定不移沿着中国特色社会主义道路前进为全面建成小康社会而奋斗——在中国共产党第十八次全国代表大会上的报告［M］. 北京：人民出版社，2012：31.

象，导致某些高校领导和教师思想认识水平不高、重视不够、组织实施不力，制约了思想政治理论课的进一步发展。因此，进一步凝聚共识，加强组织领导，成为思想政治理论课建设取得实效的重要前提。

（一）提高认识，统一思想

从 2004 年胡锦涛的"3·18 批示"、"中央 16 号文件"到"05 方案"的颁布，中央对思想政治理论课的高度重视让人感动，各地教育主管部门普遍及时组织学习中央的文件精神，落实中央的各项工作要求。一是召开省级加强和改进高校思想政治理论课工作会议，集体学习中央文件精神。通过学习活动，各级领导和教师有了更加清醒的认识，更加明确了今后的工作重点和努力方向，善于从战略和全局的高度去思考问题。二是结合中央文件围绕一个主题举办论坛，分析本地思想政治理论课建设的基本形势和主要问题。通过集中研讨、交流看法，各级领导和教师进一步增强了紧迫感和责任感。三是组建理论宣讲团，深入到高校进行宣讲，将有关建议当场反馈。这种做法既使中央的相关政策、精神能够及时传达，又互通有无，使领导和专家更加准确地认识高校思想政治理论课建设的情况，从而开展有针对性的指导。实践证明，各级领导的认识高度和重视程度在很大程度上决定着思想政治理论课建设的成效。

（二）加强领导，整体部署

为了更好地实施"05 方案"和达到中央的相关要求，各地教育主管部门结合本地实际情况和存在的突出问题，加强对课程建设的宏观领导和整体部署。一是从实际出发制定相应的实施意见，从学科建设、教学组织机构、教师选聘机制、教学科研能力、培养培训机制建设等方面提出了明确要求，作出全面安排和整体部署。二是成立高校思想政治理论课新课程方案实施工作领导小组和教学指导委员会，负责领导、规划、指导"05 方案"的实施。三是强化机构建设，明确要求各高校建立党委统一领导、主管校领导负责、学校相关部门相互配合的领导体制，督促省内高校成立由学校直接领导的思想政治理论课教学科研二级机构。只有领导重视了，思想政治理论课才能在学校的教学体系中摆在应有的位置；只有部署明确了，教师的地位和待遇才能得到保障，教师的积极性才能得到发挥和保护，教学效果才能不断改进。

（三）加强调研，重视督导

"05 方案"正式实施以后，各地教育主管部门积极采取措施，组织专家调研，制定督查标准，重视对思想政治理论课的监督检查。一是本着"摸实情、出实招、求实效"的原则，组织力量进行专项调研，跟踪了解各高校实施新方案的情况,重点检查开课情况和教师队伍建设情况,广泛听取学校领导、业务管理部门和广大师生对文件实施的意见,及时发现并推动解决问题,及时调整和推进实施工作。二是根据中宣部、教育部有关文件精神,研究制定各省的思想政治理论课建设标准,作为对高校实施新方案的督查标准。三是建立健全有效的教学评估督查机制,将新课程方案实施工作,列为对高校办学质量和水平评估考核的重要指标,列为评价和衡量学校以及领导班子工作的重要指标,纳入高校党建、教育教学、思想政治工作、和谐校园的评估体系,以评促建,以评促改。各级领导和专家听课、调研都有记录、有反馈,及时发现和解决课堂教学和调研中发现的有关问题,使领导能及时掌握思想政治理论课的教学情况和教学水平,针对实际情况加强教学管理,提高教学质量。

二、强化学科支撑,提升科研水平,是思想政治理论课建设取得实效的基础

以马克思主义理论一级学科及其 6 个二级学科建设为支撑,切实加强理论和实践问题的研究,是不断提高思想政治理论课建设水平的基础。经过努力,全国高校马克思主义理论学科建设取得了突破性进展,对思想政治理论课建设的支撑作用日益明显。

(一)搭建平台,加大学科建设力度

马克思主义理论学科是高校思想政治理论课建设的重要依托,为此,要积极搭建平台,加大力度,提升学科建设的水平。一是采取灵活多样的形式加强学科建设,使思想政治理论课教师工作有条件、干事有平台、发展有空间,增强其责任感和归属感。二是进一步整合资源,调整学科结构,凝练学科方向,完善 6 个二级学科体系,做大做强马克思主义理论学科,为课程建设提供对应的支撑,很好地带动了当地高校马克思主义理论学科建设及课程建设。三是加强马克思主义理论学科硕士点、博士点建设,积极鼓励和支持高校申报马克思主义理论学科的硕士点和博士点,为马克思主义理论高水平人才的培养搭建平台。通过积极努力,全国各高校马克思主义理论学科硕士点和博士点的数量不断增加,各学位点的条件保障不断加强,较好地担负起了马克思主义理论学科建设、人才培养和科学研究工作。

(二)加大投入,提升科研水平

充足的科研和建设经费、有利的科研条件、良好的工作环境等是加强高校思想政治理论课建设的保障。只有将加大投入提高到"办好社会主义大学、培养'四有'新人"的高度来认识，才能使经费投入与课程的重要地位和特殊性相匹配。一是加大经费投入。全国高校普遍增加经费投入，在每年年度预算中投入专项经费用于思想政治理论课教师培训、考察、科研立项和课程基本建设等，保证教师的收入水平和办公条件，激发了广大教师的积极性。二是加大专项课题比例。各地教育主管部门和一些高校普遍设立专项课题，研究新方案实施中的问题，针对教学中的重点、难点问题组织骨干力量集中开展研究，加强对教师科研能力的培养。三是强化教学研究与理论研究相结合。学科骨干必须承担教学任务，实现学科建设与教学、科研的良性互动。同时，根据思想政治理论课的特点，坚持教学研究与理论研究并重，以教学中的重要问题、学生关注的问题等为重点，通过对现实案例进行理论分析的形式，开展有针对性的研究，使任课教师有底气面对思想疑问和理论挑战，理直气壮地宣传党和国家的主流意识形态。

三、改进方式，创新方法，是思想政治理论课建设取得实效的动力

通过调研发现，有许多学生最爱上思想政治理论课，而有些学生则兴趣不高，这与教师教学的方式方法是否合适有关。为此，许多高校都把改进教学方式、创新教学方法作为重点来抓。

（一）推进教学改革，切实改进教学方式

一是充分发挥教师和学生的积极性。许多高校注重培养学生的问题意识，鼓励他们主动发现、提出和解决问题，把课堂还给学生。鼓励大学生进行研究性学习，进行专题讨论和专题调研，增强学生的参与意识、学习能力和学习兴趣。学校通过随堂反馈、问卷调研、网上互动以及社会实践等多种渠道，把学生关心的重点、难点、热点问题收集起来，然后组织专家团队，对问题进行分类分层分析，进而确立课堂教学的重点和难点，丰富和深化教学内容。二是积极探索有效的教学模式。有些高校根据本校的有利条件，探索出了一些有本校特色的教学模式，其中，清华大学的研究型教学、北京大学的专题式教学、上海大学的"项链模式"、大连理工大学的案例教学，在全国都产生了积极影响。三是深化教学改革交流。通过组织开展"精彩一课""精彩多媒体""精彩教案""优秀教学案例"等活动、组织公开教学比赛、教学观摩以及召开专题研讨备课会等，为优秀青年教师脱颖而出搭建平台。注意总结推广各高校在思想政治理论课教学方面的成功经验，定期将学校工作创新点进行宣传展示，定期编辑出版高校思想政治理论课教学工作通讯，免费供任课

教师学习交流。

（二）创新教学和考试方法，实现教学手段现代化

一是采取灵活多样的教学方法。针对以往思想政治理论课教学方法单一、灌输式教学、吸引力不强的状况，全国高校普遍更新教学理念，采取"内容新、方法新、语言新"等灵活多样的教学方法，提高了教学效果。二是积极运用多媒体和网络技术，实现教学手段现代化。教师在运用传统教学方法的基础上，根据教学内容的需要，普遍采用视频、音频、网络等现代教育技术手段，有的省市统一制作了4门课程的全套多媒体教学课件，使课堂教学生动形象，有效地增强了吸引力。三是建设教育网站，实现资源共享。有些省级教育部门建立了省级高校思想政治理论课网站，把各门课程的教学资源挂在网上，使广大师生依托网站进行资源共享，互动交流，受到了师生的一致好评。四是改进和完善考试方法。研究探索适应思想政治理论课教学特点和正确引导大学生健康成长的考试考核方式。采用"课上课下相结合、平时期末相结合"的综合考试方法，构建闭卷与开卷、笔试与口试、课堂教学与社会实践等相结合的测评体系，这些举措不但减轻了学生考试的压力，而且进一步激发出学生前所未有的学习热情，受到学生的欢迎。

（三）积极拓展实践教学模式

社会实践是高校思想政治理论课教学的必要环节，也是教师和学生了解社会的重要途径，有利于师生开阔视野、深刻理解教学内容，因此，高校普遍积极拓展实践教学模式。一是编写实践教学指导手册。以课程为单位，组织教学经验丰富的教师编写实践教学指导手册，对教学实践环节的设计思路、组织形式、解决问题等进行梳理设计，促进教材体系向教学体系的转化，为教师的实践教学提供有针对性的参考。二是建立多个教学实践基地。有的学校安排专门的时间、配备专项经费，建立一批有特色的实践教学基地，组织学生赴农村挂职锻炼，开创了高校和地方党委政府合作的新创举。三是实践教学制度化。为了满足教师和学生强烈的社会实践需求，各地努力建立社会实践的长效机制和保障体系，各高校按要求开设思想政治理论课社会实践课程，将其纳入教学计划，单独下拨经费，引导大学生走出校门，了解国情、体验社会、增长才干。通过开展形式多样的实践教学活动，丰富思想政治理论课的教学内容，使教学进一步贴近实际、贴近生活、贴近学生，提高了学生观察分析社会现象的能力。

四、培训骨干、提升素质是思想政治理论课建设取得实效的关键

切实加强队伍建设，从教师选拔、培养、评价等各个环节，培育一批教学科研骨干，形成一批在当地乃至全国有影响的教学名师，不断提高教师队伍整体素质，是不断提高思想政治理论课建设水平的关键环节。"05方案"的实施以及国内外形势的发展变化，对广大教师的思想政治素质、知识能力结构、教学方法手段等都提出了更高的要求。在教师队伍的数量已经能够基本满足教学要求的情况下，提升教师的素质就成了当务之急。

（一）完善专兼职教师选聘机制

一是实行教师任职资格准入制度。按规定制定思想政治理论课教师任职资格标准，严格把住入口关，确保新任教师具有高起点、高素质、高水平。思想政治理论课教师在事关政治立场问题上不能与党中央保持一致的，不得从事思想政治理论课教学。二是充分利用本省高校资源，鼓励教师在职攻读硕士学位，提升他们的学历和水平。经过几年的努力，广大教师的业务能力和教学水平不断增强，队伍整体素质明显提高。另外，按照中央和省委文件要求，加大教师的引进力度，使思想政治理论课教师的数量有了较大增长，促进了教学秩序的规范和教学质量的提高。三是选聘高素质的兼职教师。有些高校建立了开放、灵活的人才配置机制，吸引、鼓励校内外相关专业学术带头人、符合条件的专家学者和实际工作者，兼职承担教学任务，积极探索建立校际的教学协作机制。

（二）重视发现和培养骨干教师

一是依托"精彩一课"评选等活动发现骨干教师。把每一届思想政治理论课"精彩一课"的获奖者，都列入骨干教师资源库，作为重点对象加以培养。同时，从各高校长期从事思想政治理论课教学科研工作的教师中选拔一批功底扎实、业务能力强、工作热情高的教师作为骨干教师加以培养。二是加大对骨干教师的培养力度。对确立的骨干教师，积极创造条件，为他们的成长提供平台。推荐骨干教师参加各级培训和研讨会，帮助他们进一步提高教学水平。三是充分发挥骨干教师的桥梁作用。在高校营造开放、合作、互动的氛围，鼓励骨干教师发挥他们的引领作用，促进各高校之间的交流和均衡发展。骨干教师在各自学校通过传、帮、带等多种形式，辐射身边教师，提高思想政治理论课教师队伍的整体素质。

（三）构建全方位的培养培训体系

理论素养是思想政治理论课教师发展的支撑点。通过开展系列培训活动，

推动思想政治理论课教师由"单一型"向"复合型"发展，由"经验型"向"科研型"转变。一是完善国家级、省级和校级、院级四级培训体系，结合实际开展岗前、日常和骨干培训等工作，通过理论研修、委托课题、结对带教等多种形式，开展有重点、分层次的全员培训。二是成立专家指导委员会，加大培训指导力度。专家委员会针对教材内容、知识点的变化，及时组织各学科教研组成员进行学习讨论，解答疑惑。同时，专家指导委员会还要承担每次开课前的全员再培训工作，确保新课程的开课质量。三是通过集体备课会、教学观摩、现场报告、专题研讨、考察交流等形式，对教材难点、理论热点、前沿信息、教学改革等问题开展有针对性的研讨交流，拓展思想政治理论课教师视野，提高教师的理论素养。四是积极开展教师继续教育工作。把教师在职学习作为教师继续教育的主要途径，提升教师队伍的学位学历层次，按不同比例给予学费资助。

通过不断的探索和努力，高校思想政治理论课教育教学工作取得了阶段性成果，呈现出积极健康、稳步推进的良好态势。正如李长春指出："高校思想政治理论课建设全面加强，从根本上扭转了高校思想政治理论课教学一度弱化的状况。""任课教师的精神面貌和业务水平有了很大改观，大学生的学习兴趣和满意程度显著提高，高校思想政治理论课作为大学生思想政治教育的主渠道作用得到充分发挥。"[①]

（本文原载于《思想教育研究》2013 年第 3 期 ）

[①] 李长春. 在马克思主义理论研究和建设工程工作会议上的讲话 [N]. 人民日报，2012-06-04 (2).

高校思想政治理论课教学体系建设论析

刘伟　陈锡喜

上海交通大学马克思主义学院

摘　要：高校思想政治理论课要坚持在改进中加强，其重点是用好课堂教学这一主渠道作用，完善教学体系建设。要将党的理论体系、教材体系转化为教学体系，通过优化教学观点改进"配方"，提升思想政治教育亲和力和针对性。高校思想政治理论课教学体系建设需要系统发力，要以提升解释力为根本建设好教材体系，以提升理论素养为重点建设好教师队伍，以学生读懂中国为基点落实好课堂教学，从而落实习近平"办好高校思想政治理论课"的期待和要求。

习近平在全国高校思想政治工作会议等重要场合的系列讲话中，强调了高校思想政治理论课在贯彻党的教育方针、培养社会主义人才、巩固意识形态阵地中的重要作用。当前，我们"要充分认识社会思潮易于向高校集散、社会问题易于向高校投射、社会热点易于向高校传导、社会矛盾易于向高校转移等新特点和新变化"①，不断加强和改进高校思想政治理论课教学体系建设，提升教学实效，充分发挥其对青年学生的价值引领作用。高校思想政治理论课教学体系，实质就是以教学观点、教学话语、教学方式方法为主体内容，以教材和教师队伍建设为支撑，以课堂教学为主渠道，贯彻思想政治理论课教学目标的教学系统。建设科学合理的教学体系，是提升思想政治理论课教学效果、实现价值引领目标的关键和保障。

---

① 顾海良．马克思主义理论学科建设的新要求新任务［N］．中国教育报，2013-11-08．

一、改进高校思想政治理论课的重点是加强教学体系建设

习近平在全国高校思想政治工作会议上指出，要用好课堂教学这个主渠道，思想政治理论课要坚持在改进中加强，提升思想政治教育亲和力和针对性，满足学生成长发展需求和期待。① 这为新形势下更好地发挥思想政治理论课的育人功能提出了新的目标方向，其背后蕴含了深刻的思想政治教育理念和实践要求，表明高校要用好课堂教学这一主渠道，充分发挥思想政治理论课的育人功能，实现立德树人的根本要求，就必须在创新理念指引下强化教学体系建设。

首先，当前思想政治理论课建设的重点是改进而不是改变，表明思想政治理论课有改进的空间，需要改善"配方"，就是要改进思想政治理论课的教学内容。因此，要把教学体系建设作为改进高校思想政治理论课建设的重点。高校思想政治工作关系到培养什么样的人、如何培养人以及为谁培养人这个根本问题，其中思想政治理论课发挥了重要作用。而以教材体系和课程体系为基础的教学体系作为国家教育教学活动实施的根本依据，凝结了国家人才培养的根本立场、基本理念和价值取向，同时也是国家教育行政部门和教师队伍实施课程教学、传播知识理念的根本依据。从课程体系、教材体系和教学体系三位一体的关系看，教学实践是国家意识形态通过教学传播的直接媒介，课程是教育者开展教学的基本依托和平台，教材是课程展开和课程教学的基本依据，国家意识形态通过课程体系和教材体系传播，其实质就是通过教学体系传播，通过文化课程和实践课程中的教学实践传播。

其次，思想政治理论课的亲和力和针对性不是依托于建立在娱乐性基础上的生动性，不是依靠"泛娱乐化"来提升吸引力，而是体现在满足学生成长发展的需要和期待上。新时代大学生的成长面临着复杂的思想文化环境，高校思想政治理论课不仅要在知识传授方面，更要在价值引领方面满足学生成长发展的需要与期待，有必要通过"主义"与"问题"相结合的教学体系建设，增强思想政治理论课教学对社会矛盾和社会问题的解释力，拨开学生思想认识中的迷雾，引领学生在历史比较与现实比较中读懂中国，树立正确的价值观念和坚定的理想信念。一方面，思想政治理论课唯有阐释清楚教学重点、思想疑点、社会热点，才能满足学生的需要。思想政治理论课如果只

---

① 习近平在全国高校思想政治工作会议上强调把思想政治工作贯穿教育教学全过程开创我国高等教育事业发展新局面 [N]. 人民日报，2016-12-09 (1).

讲"主义"不讲"问题"，不仅满足不了学生期待，还无法实现有效的价值引领。另一方面，思想政治理论课唯有坚持"主义"才能讲清楚"问题"，才能实现对大学生的价值引领。脱离"主义"谈"问题"，不仅会陷于肤浅或实证，而且对问题的认识与解决将无法深入。而脱离马克思主义用别的主义来谈"问题"，将会陷于盲目，会使思想政治理论教学失去立场和灵魂。只有将"主义"与"问题"结合起来，才能有效引导大学生在多元选择中确立正确的思想认识。

最后，思想政治理论课的育人机理是以理论作为切入点，从中提炼出思想，进而在思想性内容的传达中落实政治性目标，因此党的理论体系不等于课程体系和教材体系，更不等于教学体系，它们之间存在有机转化与生产的过程。高校思想政治理论课教学要以情动人，更重要的是以理服人。不能只专注于教学手段形式的"包装"上，更应把工作重点放在改进教学"配方"上，要固本强基，把理论讲好。思想政治理论课对党的创新理论体系的传达，不是"照本宣科"对着讲、直白讲，而是要注重话语形态的转化，把党的文件话语、创新理论的政治话语转化为教学话语，把显性的意识形态话语转化为隐性的思想理论话语。思想政治理论课教学活动的开展不是本本主义地讲课程、念教材，而是要根据教学重点、社会热点和学生的思想疑点完善教材内容，把课程与教材的文本话语转化为具有说理性与解释力的教学话语。

二、加强教学体系建设关键是优化教学观点的供给

高校思想政治理论课教学体系建设的关键在于改进"配方"，即优化教学观点的生产。教学观点能否有效承载国家意识形态的核心理念，是高校思想政治理论课教学目标能否实现的关键。要使学生更好地吸收、接受思想政治理论课所传达的思想观点，实现有效的价值引领，思想政治理论课教学必须优化观点供给，根据新时代大学生独立性和自主性增强的特点，精心做好教学观点的生产。

首先，政治性与学术性相结合的教学观点。高校思想政治理论课承担着国家意识形态教育的使命，是国家开展大学生思想政治教育的主渠道，它具有规范学生思想言行，引导学生价值判断和价值选择的意识形态目标，其教学观点内在包含了政治性的意蕴。它通过课堂教学的政治术语和政治话语展现，在表达上"单刀直入"，具有强烈的说服意图，是一种强制性的观点表达，在价值引领上具有不可替代的作用。但从另一个角度看，高校思想政治理论课还具有传授知识、解惑思想、启迪人生、促进个体健康成长成才的育

人目标。因此，思想政治理论课在教学观点生产上仅有政治性还不够，还应当以学术性观点为支撑，以学理思维阐释理据，为学生认识和分析问题提供更为科学清楚的阐释框架。

从政治目标来看，思想政治理论课的教学内容需要充分反映 21 世纪马克思主义发展的最新成果，特别是中国特色社会主义的理论与实践成果。同时，还应当将以马克思主义为指导形成的新思想、新观点纳入其中。从育人目标看，思想政治理论课的教学内容应当把握学生的认知规律和思想接受规律，发挥学术权威、学理阐释的作用，通过学理化的分析让学生感受到我们的课堂不只是说教、不只是简单的"政治正确"，而是以精确的学理分析让学生心悦诚服地接受国家意识形态所传达的思想观点。政治性与学术性的结合使思想政治理论课教学具有更为完善的言说方式，为思想传达提供了富有解释力的言说框架，从而提升了思想政治理论课的教学效果。

其次，论断性与思辨性相结合的教学观点。高校思想政治理论课教学要注重将党的理论创新的最新成果转化为具有思辨性的教学观点，而不是直接进行论断性陈述与强调；"要教育引导学生正确认识世界和中国发展大势"，而不是直接给出"资本主义必然灭亡，社会主义必将胜利"这样的论断；要引导学生"从党探索中国特色社会主义历史发展和伟大实践中，认识和把握人类社会发展和中国特色社会主义的历史必然性"，而不是直接告诉学生"中国不走封闭僵化的老路，也不走改旗易帜的邪路"；要引导学生在"正确认识中国特色和国际比较"中"全面客观认识当代中国、看待外部世界"，而不是直接给出现成的价值评判。当下青年学生的知识面不断拓展，信息涵养很高，思想独立性也相对增强，以往教学中常用的论断性的教学观点灌输已不完全管用，且常常导致相反的效果。因此，思想政治理论课教学，尤其要注重将思辨性和结论性的观点结合起来，引导学生分析辨识不同的思想主张，在比较中选择合理的价值观念和实践方案。

最后，思想性和生活性相结合的教学观点。思想政治理论课教学要"入耳、入脑、入心"，在教学观点上要实现思想性和生活性的有机融合。对大学生而言，他们关注国家的政治生活，但更多的是日常生活。他们往往以常识作为生活中的根据，遵循常识做出判断，进而做出特定的言行。因此，思想政治理论课教学应当抓住这一特征，将思想政治理论课欲传达的核心思想与大学生的生活常理与生活实际结合起来，通过生活性的道理和话语传达给学生。我们的课堂教学内容，特别是观点传达，要把思想性和生活性结合起来，

"从天上回到人间""从空中回到地上""从文本进入学生心中"①，传递富有生活哲理和思索的教学内容，达到浅入深出的效果。积极采用学生听得懂和乐意听的观点进行沟通、宣传和教育，打造"常识化"教学话语体系。这便要求教师要关注学生的生活世界，了解学生的心理特点和思想动态，在教学中重视学生日常生活的所思所想。根据学生的思想疑惑，以思想性和生活性相结合的观点去解释学生关切的事情，解答学生关切的社会问题。唯有如此，才能切实提升教学的亲和力和针对性，影响和引领广大学生的成长、成才。

三、高校思想政治理论课教学体系建设需要系统发力

当前建设好高校思想政治理论课教学体系的三大支撑，即以提升解释力为根本建设好教材体系，以提升理论素养为重点建设好教师队伍，以学生读懂中国为基点落实好课堂教学。

首先，以提升解释力为根本建设好教材体系。教材建设是教学的根本，好的教材能使课堂教学有根据、有底气，走心不走样。马克思主义理论建设和研究工程实施以来，组织各领域专家编写了系列教材，为高校思想政治理论课教学提供了依据，但在实施过程中效果不是很理想，当中有些是因为一些高校落实教材不力、教师对教材内容把握不到位，同时也有教材本身生动性不足，教材对社会热点、理论难点、学生思想疑点等解释不足等原因。习近平在哲学社会科学工作座谈会上的讲话中也指出，当前高校思想政治理论课实效性不强，存在哲学社会科学一些学科教材建设滞后等问题。② 因此，根据时代发展的新变化，及时跟进教材体系建设，是促进教学体系建设的基础工作。

当前，教材体系建设需要解决的主要问题是如何跟进社会发展，联系实际问题把马克思主义理论研究的学术成果吸收好，把党和国家的创新理论成果阐释好，把中国特色社会主义实践的经验总结好，把当代中国发展的社会问题和社会矛盾解答好。而解决这些问题，最为关键的就是将教材体系建设的重点放在提升解释力上，处理好教材内容建设和教材体系建设的几对关系。

其一，处理好教材在"主义"传播与"问题"阐释上的关系。教材的解释力既建立在"主义"的科学性上，又建立在对"问题"阐释的深刻性上。

---

① 陈宝生在浙江大学调研时强调：打一场提高高校思政课质量和水平的攻坚战 [N]. 中国教育报，2016-12-06.

② 习近平. 在哲学社会科学工作座谈会上的讲话 [N]. 人民日报，2016-05-19 (2).

只讲"主义"会缺乏生动性，只讲"问题"会陷于肤浅和盲目，只有将二者结合起来才能提升解释力。更为关键的是，教材的解释力还决定于用什么样的"主义"来阐释问题。用反马克思主义、非马克思主义、教条主义来解释社会问题都是极其有害的。当前的问题是，一些附加在马克思主义名下的其他思想观点、与现实冲突的马克思主义的具体结论、教条主义的观点在教科书中的存在，不利于协调解释力。① 只有用发展的马克思主义解释当代中国的现实问题，用生动的原理方法剖析社会矛盾和社会问题，避免抽象的、论断性的结论，才能提升教材的解释力和吸引力。

其二，处理好教材内容权威性和生动性的关系。权威性是教材发挥作用的根本，而生动性是教学实效性的保障。在教材建设中，要区分好教师辅导读本、教师教学指南和学生所读所学教材之间的差别，学生所用教材应当在权威性基础上适当体现生动性和可读性，而教师在使用教材的过程中，要注重挖掘教材内容的生动案例，根据自身知识结构和学生的个性化特点，传达好教材的权威思想观点。

其三，处理好纵向教材和横向教材在内容贯通与协调上的关系。考虑到高中生上大学后，甚至读研后同样需要上思想政治理论课，因此高校思想政治理论课教材体系的建设需要整体统筹协调，兼顾好同一对象群体在不同阶段接受思想政治教育的理论内容，避免简单重复。同时，基于大学生在大学阶段必然接受多门思想政治理论课的教育，教材体系建设也应当区分好多门课程在教材内容上的重点，避免同一层次的理论内容的重复，在遇到同样内容时应当注意区分与衔接。

其四，处理好思想政治理论课教材和哲学社会科学教材的关系。高校思想理论教育要坚持两手抓，不仅加强思想政治理论课教材的建设，而且要以马克思主义为指导编写好经济学、政治学、历史学、文学、新闻学等领域的专业教材，使思想政治理论课教学能够形成合力，在教学内容上相互促进，在整体上提升教材的吸引力。

其次，以提升理论素养为重点建设好教师队伍。建设一支政治立场坚定、理论功底扎实、教学素质全面、师资结构合理的教师队伍是思想政治理论课教学体系建设的有力保障。当前加强思想政治理论课教学体系建设，需要在师资队伍上解决三个结构性问题，即教师队伍的结构性问题、师资来源的结

① 陈锡喜. 不断开辟 21 世纪马克思主义发展新境界 [J]. 思想理论教育导刊, 2016 (9).

构性问题、教师素质的结构性问题。① 一是以什么样的教师队伍来承担思想政治理论课的教学，这关系到教学效果能否深入。当前，我国高校马克思主义理论学科点多、教师需求量大，青年骨干教师相对缺乏，加上教师梯队建设存在一定衔接问题，影响了教学体系建设的整体实效。二是师资来源结构的合理程度影响教学的整体实力。目前，由于高校思想政治理论课教师队伍"缺口"大，其他人文社会学科在本学科求职相对困难等原因，思想政治理论课教学队伍吸收了许多非本学科出身的青年教师，一些高校基于高等教育国际化发展的需要引进海外博士，由此造成了师资来源结构的问题。三是由于师资来源的结构性问题，加上青年教师教学资历浅、学术时间短等原因，存在理论功底相对薄弱、经典研读相对少等短板，因此青年教师在素质结构方面亟待夯实基础理论，提升马克思主义理论素养。

总的来讲，要有效解决上述结构性问题，促进思想政治理论课教学体系建设，必须有针对性地抓好以下基本工作。

其一，抓好青年人才的培养与引进，建设结构合理的学科梯队和能力出色的教学团队。思想政治理论课教学队伍不排斥其他学科专业的人才加盟，但对所引进的人才要做好"补短板"工作，应督促其加强经典研读和基础理论训练，必要时根据这些指标建立合理的考评制度，引导青年教师提升马克思主义理论素养。

其二，加强任课教师学科归属感和专业认同感的培养。任课教师，特别是非本专业引进的青年教师，其培养的重点应是思想政治素质的提升和专业理论基础的夯实，应鼓励其通过马克思主义经典的"补习"提升理论素养，在学术学理认同中树立专业认同，在专业认同中培养政治认同。思想政治理论课教学体系建设要求教师要有坚定的信念和信仰，要能够为党和国家的意识形态辩护，至少要有大局意识、看齐意识，不抬杠、不诋毁、不抹黑马克思主义。如果思想政治理论课教师都对马克思主义理论反感，那便无从使学生信服，青年教师在这方面要有思想自觉。

其三，强化教师理论素养提升与教学技能的培训。当前，思想政治理论课教师能力提升的重点不在于教学方法、教学手段的更新，更为关键的是要练好"内功"，提升马克思主义理论素养，提升驾驭教学观点的能力。教师教学技能的培养不应只是教学技术的培训，不应只是提供现场的教学案例和问

① 陈锡喜. 深化高校思想政治理论课改革和建设的新空间 ［J］. 湖北社会科学，2015 (12).

题解答方案，而应当强化理论思维的培养，提升用马克思主义理论分析解决教学重点、社会热点、思想疑点的能力。青年教师的马克思主义理论素养的提升要有适当的激励制度和考评制度，不能只是强行灌输使命感。针对教学任务重、个体能力存在短板等问题，还可以专门加强集体攻关，特别是在教学观点的提炼上，各级教学指导委员会可定期开展教学研讨和培训，各级教学协作组可开展集中研讨和备课，通过协作攻关提升理论教学对社会问题的阐释力和批判力。

最后，以学生读懂中国为基点落实好课程教学。高校思想政治理论课的目标从根本上讲就是让学生在读懂中国、读懂马克思主义的基础上，树立中国特色社会主义自信。因此，将"主义"和"问题"融通重构思想政治理论课的教学体系，以富有亲和力和针对性的课程教学，帮助大学生正确认识世界和中国发展大势，从而实现思想政治理论课的意识形态目标，是当下促进思想政治理论课教学体系建设的重要支撑。

学生读懂中国是认识中国、理解中国、认同中国的前提。高校思想政治理论课应发挥好学生读懂中国的桥头堡作用，用马克思主义的立场观点方法帮助大学生读懂中国的世界历史方位与现实发展走向，读懂中国道路的发展目标和现实困境，读懂中国的独特历史文化国情和发展优势，引导大学生树立中国特色社会主义自信，自觉把个人的理想追求融入国家和民族的事业中。要让学生读懂中国，就必须因势而新地做好课堂教学设计。

其一，在内容选材上，尽可能聚焦教学重点、社会热点、理论难点和学生的思想疑点，在四点交集处设计教学问题，将"主义"的传播与"问题"的阐释结合起来，做到思想政治理论教学能解释社会热点问题、解决思想疑点问题。

其二，在教学方法上，要注重"浅入深出"。所谓"浅入深出"，就是以问题或案例为导入，避免从概念出发，结论先行。也就是说思想政治理论课要掌握学生思想接受的特点和规律，要抓住问题讲理论，透过"知其然"，深入到"所以然"、引导出"所必然"，使得思想政治理论课不是简单说教，而是富有思想性、学理性和深刻性，只有教师讲透道理，学生才能吃透理论。①

其三，在教学话语上要"照本"而不"宣科"，提升思想政治理论教学的亲和力。所谓"照本"就是要把握教学的目标要旨，传达好教学的核心内

---

① 陈锡喜. 实施马克思主义理论学科领航计划的几点思考［J］. 思想理论教育，2015（9）.

容；所谓不"宣科"，就是既不能用纯粹的文件话语、文本话语、政治话语、学术话语来授课，也不能满足于简单传递教材内容。要注重结合教学话语形态的转化，把权威性和生动性结合起来，把教材的文本内容和生活实际结合起来，提升思想政治理论课教学的感染力、吸引力。

其四，在教学重点上，培养学生的理论思维和价值评判能力。课堂教学中，应少一些论断性的结论，多设置一些思辨性的"思维体操"训练；少一些娱乐化的手段，多一些深刻性的逻辑思考；少一些感性的直观图像，多一些理性的分析辨识；少一些"单口相声"，多一些辩论讨论。通过课堂教学提升学生的理论思维能力，使学生善于辨识社会现象发展的来龙去脉，懂得追根社会矛盾的前因后果，懂得把握社会变化的历史未来，将对中国的认识与自信建立在科学理论思维和价值评判之上。

（本文原载于《思想教育研究》2018 年第 2 期 ）

思想政治理论课教学中的
"以理服人"和"以情感人"

吴宏政　辛欣

吉林大学马克思主义学院

摘　要：思想政治教育最基础的方法就是"以理服人"和"以情感人"。"以理服人"强调对价值观的逻辑论证，以此达到"理论彻底就能说服人"；"以情感人"则强调对受教育者进行情感引领，以便通过对受教育者的"感动"而塑造和引导其灵魂。前者借助"理性"而达到"认知"，但不容易导致"感动"；后者则借助"情感"达到"感动"，但对其价值观仍然无知。一方的缺点恰好是另一方的优点，两者并重才能提升思想政治教育的实效性。

　　长期以来，关于思想政治理论课（以下简称"思政课"）教学方法改革的研究中，一个重要的焦点问题就是：思政课应该重视"以理服人"，还是应该重视"以情感人"。这两种观点各自强调自己的优点而低估对方的优点。因此，本文通过对两者的本质性区别作以思想政治教育学原理的分析，来澄清两者在思想政治教育方法中的各自不可替代的地位。

一、"铸魂育人"就是要塑造和改变支配思想和行动的"看不见的手"

　　习近平在学校思想政治理论课教师座谈会中明确指出，思想政治教育要实现"铸魂育人"。这意味着，思想政治教育需要和人的"灵魂"打交道。这里所说的"灵魂"就是指人们内心深处的世界观、人生观和价值观。人们总是在自己的生活实践中，不自觉地形成了自己的世界观、人生观和价值观。人们总是不能自觉地意识到自己是怎样形成自己的价值观的，更不能在思想理论的意义上知晓自己的价值观，因而对于没有专门对其进行思想政治教育之前，价值观几乎是"隐藏"着的。经常在人们的"所思""所想""所做""所为"中表现出来并支配他们的正是这些在我们的灵魂深处"隐藏"着的价值观，借用亚当·斯密的一个比喻，价值观也可以说，是隐藏在人们灵魂深处的、支配人们的思想和行为的"看不见的手"。而正是因为这一点，思想政治教育就是十分必要的，它的功能之一就是帮助我们发现灵魂深处隐藏着的"看不见的手"，以便当这只"看不见的手"出现问题的时候，能够对其加以修正和重塑，以便以此来引导人们的行为符合价值的理想。正是在这个意义上，思想政治教育实现"铸魂育人"，就是一件十分艰难的事情，因为它要触动和改变的是隐藏在灵魂深处的"看不见的手"，通过怎样的方式才能抵达这只"看不见的手"，就是思想政治教育方法论必须解决的关键问题。

在近些年的思想政治教育方法的研讨中，学术界大体上形成了两个派别。第一，"以理服人"派。如果说思想政治教育的实效性还存在问题，思想政治理论课对学生的认同度不高，主要的原因是思想政治理论课的教学内容过于经验化和表面化，缺少深刻的学理性，因而无法使学生在思想中明白教育者所宣传的价值观。为此，有学者认为，提高思想政治教育的实效性，必须"以理服人"。第二，"以情感人"派。如果说思想政治理论课效果不佳，学生的认可度不高，主要原因在于思想政治教育的内容都是"抽象的大道理"，脱离了现实，因而学生没有受到真正的教育。对此，思想政治教育必须通过"案例教学""实践教学""审美教学"等形式实现"以情感人"，才能触动和改变灵魂深处的"看不见的手"。对于这两者之间的本质区别，以下展开分析。

二、"以理服人"派的思想政治教育方法论本质

提到"以理服人"，人们最常引用的一句经典的论断莫过于马克思在《〈黑格尔法哲学批判〉导言》中的"理论只要说服人，就能掌握群众；而理论只要彻底，就能说服人。所谓彻底，就是抓住事物的根本。而人的根本就是人本身"①。诚然，"以情感人"派所批判的是，思想政治教育只是讲授一些"抽象的大道理"，这是有一定道理的。因为，所谓"抽象的大道理"就是那些"空洞的""不彻底"的理论。抽象就是不彻底，还没有达到黑格尔

---

① 中共中央马克思格斯列宁斯大林著作编译局. 马克思恩格斯文集：第 1 卷 [M]. 北京：人民出版社，2009：11.

所说的"思想的具体"。黑格尔明确说"真正的自由的思想本身就是具体的"①，意思就是说，如果人们不能在深刻思考中把一个道理讲清楚，这一理论就停留在"抽象"的层面，因而人们无法真正理解这一道理。因此，"以理服人"就是要通过彻底的思考，把一个道理在思想中讲透，达到"思想的具体"，才能够被人们所理解、接受和认同。可见，"以理服人"的目的，就是要通过概念、判断、推理的逻辑论证，达到对某一道理的清楚明白，从而改变和修正灵魂深处的"看不见的手"。

近年来，思想政治教育方法改革中，有学者提出应该"以内容为王"的观点。这一观点隐含着对"以理服人"的肯定。思想政治教育方法大概可以看作是思想政治教育的"形式"，而所要讲授的关于价值观的"道理"，则是思想政治教育的"内容"。"形式是为内容服务的"，因而怎样以理论的方式，深刻地论证所要传授的价值观，即做到"有理讲理"，才是提高思想政治教育实效性的根本所在。实际上，这里所提到的"形式"，大概是指人们更多关注的是"多媒体技术""课件的美观""互动的气氛"等，这些"形式"并不能从根本上达到对"内容"的深刻呈现，因而是"外在于"内容的，究其实质就是，这些"形式"没有做到"以理服人"，外在的"形式"没有实现"内容为王"。

那么，"以理服人"的根据何在？除了上述马克思的论断以外，也可以到认识论哲学中对其根据加以分析。按照康德的道德学原理，人的行为之所以能够是"道德"的，乃是因为"实践理性"为自己颁布的"道德法则"，因而，道德是建立在"理性"基础之上的。所谓"道德"，就是指人的行为是符合"真理"（道理）的，因而这样的行为具有"普遍性"。正如康德所指出的，"要这样行动，使得你的意志的准则任何时候都能同时被看做一个普遍立法的原则"②。所以，思想政治教育作为对价值观的教育，就是要让人们的行为符合"真理"，亦即让人们的行为符合"正义"。这样，思想政治教育就是要把作为"真理"和"正义"的价值观讲清楚、讲明白。比如，为什么爱岗、敬业、诚信、友善就是美德？正因为这些价值观作为"真理"是建立在"理性"基础之上的，因而，抵达灵魂深处的"看不见的手"就必须通过"以理服人"这条道路才能实现。可以说，"以理服人"是思想政治教育方法论中的"理性派"。

---

① 黑格尔．小逻辑［M］．贺麟，译．北京：商务印书馆，1980：导言55.

② 康德．实践理性批判［M］．邓晓芒，译．北京：人民出版社，2003：39.

当然，"以理服人"并非没有缺点，其问题在于，"以理服人"所达到的是受教育者对某种价值观的"理性的认知"，而这一"理性的认知"并非能够直接落实在其现实的行为当中，因而可能出现"知行分离"，即在理论上认识到了某种价值观的真理性，但并不因此而一定把该价值观落实在行为当中。因而，"以理服人"仍然未能最终解决对价值观的"践行"问题，而这正是"以情感人"派所强调的。

三、"以情感人"派的思想政治教育方法论本质

"以情感人"派提出的主要命题是"思想政治教育生活化""隐性思想政治教育""思想政治教育环境"等，或者是"讲故事"的方式，或者是"艺术的方式"来达到对价值观的教育。这些思想政治教育的方法总体上具有共同特征，就是回避"理论"的强制性，而主张"感性"的生动性。正是为了克服"以理服人"的"抽象性"，（可以说，"以情感人"派对"抽象的大道理"的批判，是对那些"抽象的""不彻底"的理论讲授的批判，而不是对真正的"以理服人"的批判），有学者主张，要坚持在日常生活中、在文学艺术中、在榜样影响中、在实践教学中来达到对学生的"潜移默化""润物细无声""隐性"的思想政治教育。这种做法的实质在于，用"感性"的方式回避"理论"的方式，以求达到"以情感人"。

应该说，"以情感人"的方法有其优势，主要因为，"情感"是直接能够支配人的行为的主观动力。支配一个人去如何行为的时候，乃是因为一个人激发出了"情感"，甚至在艺术作品中，人们在不知不觉中就被艺术作品所"打动"。在"实践教学"中，如参观革命烈士的现场，听取英雄的事迹，人们直接就被这种"情境"所打动，内心深处发生了"灵魂的震撼"，从而触动了"看不见的手"。实际上，"以情感人"派的理论依据就在于，他们坚持认为，在决定人的行为方面，"情感"比"理性"更基础这一观点。这一观点在哲学家休谟那里得到了集中的表述。休谟在《道德原则研究》中认为，道德的产生来自人类心灵中的"情感"，而不是来自"理性"。"无论我们从什么眼光来考察这个主题，所赋予社会性的德性的价值看来仍然是始终一致的，这种价值主要产生于天然的仁爱情感使我们对人类和社会的利益所怀抱的那种尊重"①。人们之所以愿意称赞或赞许某些行为，乃是因为这些行为给人类的情感带来了快乐。那些能够直接在"感受"中被认定为快乐的行为，

---

① 休谟. 道德原则研究 [M]. 曾晓平，译. 北京：商务印书馆，2001：81.

即是符合道德的行为。所以,道德产生于"情感"而非"理性"。由此可知,"以情感人"派应该是思想政治教育方法论中的"经验派"。

当然,"以情感人"派也并非没有缺陷,它的缺陷恰好就是"以理服人"派所批判的。虽然通过"实践""案例""故事""审美"等方式,达到了对受教育者内心深处的灵魂触动,但是,受教育者仍然不知道他是因为什么而被触动的,亦不能做到"知其然且知其所以然",因而仍然不能对自己的价值观有"思想的具体"的认知。在这个意义上,"以情感人"派无法把"价值观"在逻辑的论证中呈现出来,而一旦如此,思想政治教育就只能诉诸艺术、实践等感性方式,失去了理论的普遍性。这就是我们为什么要强调"感性认识上升到理性认识"的必要性之所在。

结 论

"以理服人"和"以情感人"是思想政治教育中最基础性的方法,两者的根本目的都是要抵达受教育者灵魂深处的"看不见的手",从而完成对受教育者的价值观教育目的。但两者存在差别,"以理服人"强调的是通过理性的逻辑论证过程,使受教育者对所培育的价值观达到理性的清楚明白,也是完成对真理性价值观的"概念的认识",它达到的是受教育者对价值观的"认知";"以情感人"强调的是诉诸感性的、经验的、艺术的、实践的活动,直接达到受教育者对所培育价值观的情感共鸣,概言之使其"感动",从而促使受教育者直接践行价值观。从认识论的角度看,"以理服人"大致可以被归属到"理性主义"传统,其代表性观点在康德和黑格尔那里有其根据,强调逻辑在价值观认知中的重要地位。"以情感人"大致可以归属到"经验主义"传统,如休谟强调道德起源于情感而非理性。谢林的艺术哲学也强调了直观在认识真理中的基础性地位而否定逻辑的价值。总而言之,两者各有优势,也各有缺陷,两者之间的关系是:一方所强调的,正是对方所缺少的。因此,只有将两者结合起来,坚持"以理服人"和"以情感人"并重才是提升思想政治教育实效性的根本途径。

(本文原载于《思想教育研究》2019 年第 7 期)

思想政治理论课要坚持主导性和主体性相统一

蒲清平　　何丽玲

重庆大学马克思主义学院

摘　要：思想政治理论课是一门知识性和价值性相统一的课程，其教学过程是作为能动主体的师生在内因和外因耦合下相互作用的过程，无论是放弃教师主导性或者忽视学生主体性均违背思想政治理论课教学规律。新时代思想政治理论课教学必须确立"双主"理念、开展"双向"建构、发挥"双因"作用、达成"双化"目标，坚持主导性和主体性相统一，进而真正让思想政治理论课成为落实立德树人根本任务的关键课程。

在学校思想政治理论课教师座谈会上，习近平强调推动思想政治理论课（以下简称"思政课"）改革创新必须要坚持"八个相统一"，为新时代思政课改革创新提供了理论指南和根本遵循。其中，"坚持主导性和主体性相统一"明确了思政课教学中教学主体与客体的相互关系，具有基础性地位。基于此，探索思政课教学坚持主导性和主体性相统一的学理基础和达成路径，对于破解思政课教学长期面临的深层次问题，提高教学实效性具有重要的方法论意义。

一、思政课教学坚持主导性和主体性相统一的学理基础

苏联教育家赞可夫指出，就教育工作效果来说，很重要的一点就是要看教师与学生之间的关系如何。这个问题"经历了'教师中心'与'学生中心'的两极摇摆，以及'双主体'论的混沌不清之后，'教师主导，学生主

体'冲出迷障，成为人们普遍遵循的教学原则"①。习近平强调"思政课教学离不开教师的主导，同时要加大对学生的认知规律和接受特点的研究，发挥学生主体性作用"②。

（一）教学过程中的教师和学生都是具有思想意识的能动对象

"思想政治工作从根本上说是做人的工作"。马克思认为人是有意识的类存在物，这表明人首先具有思想性。"就单个人来说，他的行动的一切动力，都一定要通过他的头脑，一定要转变为他意志的动机，才能使他行动起来。"③ 教师和学生作为"有意识的类存在物"，教师主导和学生主体都需要能动性的发挥才能实现。主导性是教师作为教学主体的能动性彰显，主体性是学生作为学习主体的体现，二者对提升思政课教学实效性至关重要。"人的本质不是单个人所固有的抽象物，在其现实性上，它是一切社会关系的总和。"④ 作为社会性存在，教师和学生都不是孤立抽象的，而是现实具体的、活生生地进行教学活动和学习活动的人，两者必然"发生一定的、必然的、不以他们的意志为转移的关系"。这种关系在教学过程中表现为物质、精神和语言的交往互动，其中，教师发挥主导的能动性施教，以激发学生主体学习的能动性受教，能否激发调动学生的学习主体性，把自教、他教融为一体，从"要我学"转化为"我要学"是主导性成功与否的标准。

（二）思政课教学是内因和外因相互作用的辩证过程

唯物辩证法认为事物的发展是内部矛盾（内因）和外部矛盾（外因）共同作用的结果，"外因是变化的条件，内因是变化的根据，外因通过内因而起作用"⑤。教师和学生是一个密切相连的教学共同体，目标一致但职责不同。一是学生是"学"的主体，是思政课教学铸魂育人的目的和归宿，是教与学矛盾中的内因。内因是矛盾变化的决定性因素，学生的积极参与和自我教育是思政课实现教育作用必不可少的方式，离开了受教者的自我教育和主观能动性，理论知识和价值方法很难真正被接受和认同，更不可能实现由知到行

---

① 贾彦琪，汪明. 教师主导：摒弃抑或深化［J］. 江苏高教，2017（6）.

② 习近平主持召开学校思想政治理论课教师座谈会强调用新时代中国特色社会主义思想铸魂育人贯彻党的教育方针落实立德树人根本任务［N］. 人民日报，2019-03-19（1）.

③ 中共中央马克思恩格斯列宁斯大林著作编设局. 马克思恩格斯选集：第4卷［M］. 北京：人民出版社，2012：258.

④ 中共中央马克思恩格斯列宁斯大林著作编设局. 马克思恩格斯选集：第1卷［M］. 北京：人民出版社，2012：139.

⑤ 毛泽东. 毛泽东选集：第1卷［M］. 北京：人民出版社，1991：302.

的转化。二是教师是"教"的主体，是推动教学发展变化的外因。思政课是政治性和学理性高度统一的课程，教师的政治主导、价值引导、思想疏导和行为训导至关重要，离开了教师主导，学生的思想政治素质培养与提升只能是自发的、盲目的，甚至可能偏离方向。外因必须通过内因才能起作用。思政课教学的目的是实现学生的思想内化和行为外化，教师主导性这个外因只有通过学生主体性这个内因才能起作用，教师必须以主导性唤醒学生主体性，因为"学生的主动性是构成教师主导作用的主要任务、内容和衡量这种主导作用的重要标志。离开了学生的主动性，教师的主导作用就失去了它的主要内涵，失去了它的对象和归宿"①。因此，教师要充分尊重学生主体地位，以"教"服务于"学"，通过把"教的目的"变为"学的需要"，实现"我想教"与"我愿学"的结合，促进教与学的"同频共振"，提高思政课教学的实效性。

（三）思政课是融知识教育和价值教育为一体的课程

习近平强调，推进思政课改革创新"要坚持价值性和知识性相统一，寓价值观引导于知识传授之中"②。思政课作为哲学社会科学课程的重要组成部分，既揭示了人类社会发展的客观规律，又总是"打上一定阶级的烙印"，体现和维护一定阶级的利益，具有鲜明的科学性和价值性，这也决定了其具有知识属性和价值属性。所以，思政课必须以知识教学为载体，在传授真理性知识中引导学生从学理上掌握人类社会发展的本质与规律。同时，思政课是使人成为自由而全面发展的人的课程，必须把教书和育人、德育和智育高度统一，传授知识的同时激起学生对内部知识的欲求和观照，树立正确的"三观"。尤其是处于"拔节孕穗期"的大学生囿于经验欠缺、心智不成熟很可能被各种错误思潮所"俘虏"，需要教师以学理性和知识性引导学生的理论认同和价值认同。但科学理论和价值理想不是外界客体的简单摹本，也不是主体内部预先形成的结构的展开，而是主体作为"一个独立的力量"在与外部世界的相互作用中由非到是的判断选择、由表及里的理解消化、由外到内的认同吸收的结果。因此，思政课教学还必须启发学生的主体意识，尊重学生的主体地位，发挥学生的主体作用，唯有如此，才能真正融知识教育和价值教育为一体，完成立德树人这个根本任务。

---

① 南京师范大学教育系．教育学［M］．北京：人民教育出版社，2005：128．
② 习近平主持召开学校思想政治理论课教师座谈会强调用新时代中国特色社会主义思想铸魂育人贯彻党的教育方针落实立德树人根本任务［N］．人民日报，2019-03-19（1）．

二、思政课教学坚持主导性和主体性相统一的现实背景

（一）思政课教学中部分存在片面强调教师主导性忽视学生主体性的现象

坚持教师主导性，是指教师要在教学的主要方面对学生起引导作用，但囿于自身能力素质不足和教育教学理念滞后，一些"教师主导"演变成"教师主宰"。

一是教学理念上强调教师对教学的绝对主导，忽略学生在教学中的主体参与，不善于激活学生学习的主动性、积极性和创造性。只有充分激活学生主体性，释放其内在潜力、增强其主体活力、利用其主体动力，实现教师"有效教"与学生"有效学"的有机结合，才能提升思政课教学效果。但在一些课堂中教师以教学和管理为归宿，全面控制学生的思想发展，片面强调教师的权威性和掌控性，忽略了学生的多样性和创造性。

二是教学方式上以单向传输为主，习惯我说你听、我打你通，课堂少互动，师生缺交流。思政课教学理应是一种"你来我往"的互动建构，但在过多强调教师主体和学生服从的等级式关系中，形成了"教师说学生听、教师讲学生记"这种简单说教、硬性灌输的单向度传授模式，忽视了师生间的心灵交流和情感互动，把学生当成简单的"接收器"。同时，在教学评价时以考试成绩作为单项指标，忽略了价值内化这个真正目的，把学生仅作为知识的被动接受者，而不是思想的主动建构者。

三是教学话语上采取霸权模式，只考虑自己怎么讲，不管学生怎么想，不善于用时代的话语体系讲新话。思政课话语体系的亲和力和针对性对吸引学生参与课堂教学至关重要，但部分教师不顾学生追求生动鲜活的新诉求，话语内容缺乏新意，没有很好地把理论与原理有机融入到中国特色社会主义的伟大实践，进行富有时代气息的理论表达和理论解释，教学话语表达存在空洞化、概念化等问题，与生活化、感性化、时代化的话语诉求有很大差距，①导致教师拥有的话语权也因学生的被动接受而弱化了对学生的思想引领。

（二）思政课教学中部分存在一味强调学生主体性放弃教师主导性的现象

随着新时代的来临，民主平等价值理念的高扬让"教师主导"备受质疑

---

① 蒲清平，何丽玲. 新时代大学生思想政治教育内部矛盾的新变化与新应对 [J]. 思想教育研究，2018（7）：113-117.

和挑战。有人认为强调教师主导是对学生主体的遮蔽，出现了一味强调学生主体性而放弃教师主导性的做法，导致思政课教学由僵化强制的"填鸭"变为散漫自由的"放羊"。

一是放弃教师的价值主导角色，仅作为知识的搬运工。思政课是融知识传输和价值引领为一体的课程，决定了教师主导体现在"经师"和"人师"两个方面。但一些教师在教学中只注重理论知识的传授，放弃"给学生心灵埋下真善美的种子，引导学生扣好人生第一粒扣子"这个职责使命，只愿为"经师"不愿做"人师"。只有从思想上扶"正"，人生之路才能走"直"。很难想象单纯接受理论知识而缺乏正确价值引领的学生能成为一个自由并全面发展的人。

二是放弃课堂教学管理主导，让学生为所欲为。思政课教师作为具体教学活动的实施者、课堂教学的管理者，决定着实际的教学内容和教学进程、主导学生主体作用的发挥。因此强调学生主体并非教师责任的减轻、作用的降低，更不是让学生为所欲为。但现实教学中存在部分教师只讲课，不管课堂纪律，哪怕学生打瞌睡、玩手机，教师也"睁一只眼闭一只眼"在讲台上"一讲到底"。还有的教师希望以小组研讨的方式调动学生主体性，但常常浮于表面只追求讨论形式，不仅缺乏教师对过程的把控，更没有相应的评价反馈，这样的课堂讨论看似热闹但收效甚微。

三是放弃教学内容主导，将思政课变为兴趣课和娱乐课。在"学生为本"得到重视和回归的环境下，如何实现学生主体性是重中之重。部分思政课教师对自我定位开始迷茫并形成自我矮化倾向，把简单的迎合等同重视学生主体，以一些娱乐有余、思想不足，低俗有余、高雅不足的视频和案例满足学生的"感官享受"，以"形式主体"代替真正意义的学生主体。还有的教师囿于自身认识不到位、能力不足，不能回答学生提出的理论热点、现实难点问题，导致思政课解疑释惑性不强。更有甚者把课堂完全交给学生，自己则简单点评了事，在课堂上充当起"不说话的主持人"，没有很好地进行思想引领和教育，甚至出现意识形态安全问题。

三、思政课教学坚持主导性和主体性相统一的实现路径

教师主导是富有情境变化的多重样态存在，认清问题的本质在于"教师主导作用特点的变化问题，而不是主导作用存无的问题"①。思政课教学坚持

---

① 王策三. 教学认识论 [M]. 北京：北京师范大学出版社，2002：121.

主导性和主体性相统一不仅是理论可行，更是现实必需。

（一）确立"双主"理念，激活教与学的内在动力

马克思主义认为"如果不同时为了自己的某种需要和为了这种需要的器官而做事，他就什么也不能做"①，也就是说人总是基于"我"的现实需求而认识事物、思考实践和看待实践结果的，即"各个人过去和现在始终是从自己出发的。"② 因此，思政课应当立足于教师和学生的需求，确立"双主"理念，激发教与学的内在动力。

一是确立教师作为教学的主体，激发其"肯投入"的动力，充分发挥教师教学的主导性作用。人有生存需要、发展需要和享受需要，三个方面依次递进且共存，而人的行为又由主要需要决定。思政课教师完成教学工作关乎生存需要的满足，所以通过合理的薪资奖励保障基本的衣食住行等基本需求是调动教师积极性的客观动力。但教师主导需要是发展和享受，即强烈的专业成就感和效能感才是其进一步探索的内生动力。高校要通过加强对"思政课是落实立德树人根本任务的关键课程"和"办好思政课，关键在教师"进行深度诠释，从社会认定和实践身份提高思政课教师的身份辨识度，建立清晰的职业认同和专业认同，让他们从自身教学活动对社会、学生所产生的现实价值与长远意义的深刻认知中保持教学的激情和张力。同时，要形成助推教师善于主导的评价机制。教师"导之有方，导之得法"才能更有效地帮助学生主动学习、积极践行，要把课堂教学与教师考核直接关联起来，将教学的知识评价和价值评价置于与论文、课题和项目同等位置，引导教师投入大量时间和精力探索引导学生的"良方"。

二是确立学生作为学习的主体，激发其"努力学"的动力，充分调动学生的主体性作用。首先，把教学与大学生成长成才的需要结合。日常生活的现实性决定了学生常常以"是否有用"作为评价思政课的标准，只有意识到掌握马克思主义理论不仅有助于树立崇高的理想信念、涵养厚重的理论思维、塑造健康的人格品质，更能以在诸多现实问题中甄别和寻找令自己信服的答案、解开"思想上的疙瘩"的方式不断获得成长、取得进步，学生才会主动探究、勤于实践。对此，思政课教师要了解学生疑惑与求知欲望，掌握他们的思想主流及动态，使课堂教学和学生需要紧密结合，进而最大程度地调动

---

① 中共中央马克思恩格斯列宁斯大林著作编译局. 马克思恩格斯全集：第 3 卷［M］. 北京：人民出版社，1960：286.

② 中共中央马克思恩格斯列宁斯大林著作编译局. 马克思恩格斯选集：第 1 卷［M］. 北京：人民出版社，2012：215.

学生的积极性、主动性和创造性。其次，把教学与学生的主体诉求相结合。学生主体性诉求主要包含自主性、参与性和互动性，自我效能主义认为缺乏自身经历的他人的引导和替代经历，不如参与者的自身经历对个体的自我效能感的影响大。学生参与课堂教学设计、教学素材准备、课堂教学研讨、教学评估反馈，让他们不仅是知识的接受者，更是内容供应商、方案设计者、过程参与者、教育评估者，进而增强学生的获得感、效能感，降低剥夺感、失落感。最后，把教学与学生的兴趣相结合。兴趣是最好的老师，思政课要激发学生学习的主体性，让有意义的课程变得有意思，必须遵循"三因理念"，贴近时代、贴近生活、贴近学生，用学理分析阐释他们关注的焦点热点，用富有时代性的语言拉近距离，才不会出现"人在曹营心在汉"的游离。

（二）开展"双向"建构，推动师与生的教学相长

美国人类学家玛格丽特·米德提出的"三喻文化"使人类文化的交流传递由单一路向发展为三重路向，即长辈向晚辈进行文化传喻的"前喻文化"，同辈间相互学习的"并喻文化"，长辈向晚辈学习的"后喻文化"。思政课教学本质上是一种价值观念的交流与传递过程，与"三喻文化"有相似的交集点。思政课教学是师教生、生教师的积极互动、共同发展的"双向"建构过程，教师和学生是从主体共存走向价值共生的教学共同体，师生同辈间相互学习是必要的，但"前喻式"教学和"后喻式"教育是重点。

"前喻式"教学是思政课教学的主要形式，教师凭借其在人生阅历、生活经验和专业知识中的"先行者"位置担当"前喻主体"，通过向学生传喻社会规范和历史文化引导其思想行为起主导作用。随着信息与网络技术的迅速发展，新事物大量涌现、新信息爆炸式增长，对传统思政课教学的内容、形式及教育者素质形成挑战。而青年学生凭借对网络的熟练运用，快速挖掘，获取各种信息资源，成为"后喻主体"，在促进自身社会化的同时推动教师实现在新的时代条件下再社会化。由此，增强新时代思政课教学的实效性，必须加强师生双向互动，促进师生角色转换，实现优势互补。教师要站在学生的角度再次认识和思考教学中存在的问题，整合课程标准、教材教案、学生特征和学生诉求，运用学生喜闻乐见的教学方法把自己的理论知识、品德能力和价值观念呈现出来，帮助学生进步，发挥思政课专业化、规范化和系统化的"前喻式"教学优势。教师还要经常向学生学习。思政课教师要以学生走上讲台、课上课下评教等方式提供学生"教"、自己"学"的机会，使自身不断获取新的启发和进步的同时促进学生在"前喻客体"向"后喻主体"的角色转换中意识到教师教学行为的合理性和自身行为的偏颇，进行积极的

理解、反思和纠偏，主动配合教师教学，实现教学相长。

（三）发挥"双因"作用，促进内与外的耦合协同

提升新时代思政课教学实效性不是教师"教"或学生"学"的单向发力，也不是两者简单靠拢就能达到，需要充分调动内因和外因，促进教与学、师与生相互作用，通力协作才能实现。学生主体性的调动是教与学这一矛盾变化发展的内因，发挥教师主导性是外因，外因要通过内因才能起作用。

一是要激发学生的学习积极性，让内因作用更自觉。作为学习主体，学生决定着学什么、学多少、如何学以及是否将理论知识和价值理想内化于心、外化于行，是提升思政课教学效果的关键因子。教师要引导学生以"功成必定有我"的责任担当，主动积累理论知识、总结实践经验，自觉把对国家、对民族的责任作为自身的社会责任与价值追求，在现实情境中转化为实实在在的行为，做时代进步的"同行者"。二是要不断提升自身的业务水平，让外因作用更有力。教师在教学中决定着实际的教学内容、教学进程和教学方式，是影响学生是否亲近思政课的直接因素，这就要求教师要存"道"精"业"，做到政治要强、情怀要深、思维要新、视野要广、自律要严和人格要正，始终能满足学生对思政课"既有思想性又有亲和力、既有理论性又有针对性"的期待，引导学生建立了解——认同——践行的认知回路，充分发挥"双因"作用，不断增强教学的教育合力和整体效应。

（四）确立"双化"目标，实现教与育的有机统一

"双化"指内化和外化，即学生把思政课的教学要求内化为自身的思想认同和行为习惯，外化为行为实践的过程。只有教书与育人相统一才能实现知识内化、行为外化。

一是通过知识和价值的统一、理论与实践的统一实现内化和外化。思政课融知识教育和信仰教育为一体，决定了教师既要"传授理论"也要"引领价值"。既要向学生讲解马克思主义理论知识，也要注重对学生政治素养、理想信念和道德品行的培育与引导。但"要直接地认识某种或某些事物，便只有亲身参加于变革现实、变革某种或某些事物的实践的斗争中，才能触到那种或那些事物的现象，也只有在亲身参加变革现实的实践的斗争中，才能暴露那种或那些事物的本质而理解它们"①。对此，教师要在教学中设计学生讲课、理论宣讲、志愿解说等活动，引导学生在实践中检验、充实和调整自己的认知结构，在解决实际问题的过程中感受马克思主义理论的张力。总之，

---

① 毛泽东. 毛泽东选集：第1卷 [M]. 北京：人民出版社，1991：276.

不仅要引导学生由外向内注重内化，更要引导学生由内而外实现外化，唯有如此，才能实现立德树人的根本目标。

二是通过合目的性和规律性的统一实现内化和外化。思政课教学的合目的性，就是以思想政治教育为指向，教学内容和方法要符合学生对自由而全面发展的追求。合规律性，即要以思想政治工作规律、教书育人规律和学生成长规律为遵循，规范教学活动。合规律是手段，合目的是归宿。在具体的教学实践中，教师要遵循"三大规律"，坚持主导是为了服务主体，满足学生对"美好教学"的需求。值得注意的是，思想政治教育本质上是言传身教的事情，教师向上向善的示范性也是实现内化和外化的积极因素。教师要以自己言行一致、知行合一的实际表率让学生感受到思政课的乐趣和马克思主义理论的力量，达到"双化"目标，实现教与育的有机统一。

（本文原载于《思想教育研究》2019 年第 11 期）

第二篇 **02**

高校思想政治理论课
教学方法改革创新

关于思想政治理论课体验式教学的思考

佘双好

武汉大学马克思主义学院

摘　要：体验式教学是以课堂教学活动、日常生活体验、参观考察、社会实践和旅游活动等实践活动为主要形式，以个体主动参与、亲身体验为特征，以直接经验为主要课程内容，所展开的教学活动。体验式教学与理论课教学、课外活动和社会实践活动不同，它是一种课堂内外的教学活动，思想政治理论课程性质及特殊的教学过程使其更需要体验式教学活动，思想政治理论课程教师应调整课程观念，善于吸纳和开展一些有实践活动特点的教学活动，并且全身心地投入体验式教学活动，才能在思想政治理论课程中实施体验式教学活动。

如何开展思想政治理论课实践教学，是一个非常特殊的话题。一方面，从思想政治理论课程性质来看，它属于理论课程，思想政治理论课程的根本任务是用马克思主义理论，特别是中国化马克思主义理论武装学生，使学生掌握马克思主义基本立场、观点和方法。因此，思想政治理论课的主要任务是进行系统理论教学，实践教学问题在思想政治理论课教学中处于一种补充的地位。另一方面，思想政治理论课又是一种特殊的理论课程，是以构建学生内在的精神世界为主要内容的教学方式，思想政治理论课的内容与其他专业课的根本区别在于，其他专业课程教学的目标主要指向课程本身知识结构，而思想政治理论课的主要目的是通过知识的学习，建构学生的精神世界，学会用马克思主义立场、观点和方法观察处理问题。如果没有学生对思想理论课所学知识的运用，思想政治理论课的学习过程就没有完成，从这个意义上说，思想政治理论课又内在地包含有实践教学的特点。正是有这两个方面的因素，最近几年，思想政治理论课程实践教学问题引起了较多关注。但是，种种思想政治理论课程实践教学的尝试主要基于课堂外社会实践活动，课外实践活动固然是思想政治理论课程实践教学的有效方式，但在具体实践过程中，会存在着经费、场地、全员学生覆盖以及指导教师等现实困难，使得思想政治理论课程实践教学活动难以开展和评估。笔者从另外一个角度提出思想政治理论课程实践教学的方式，把学生对思想政治理论课程的体验和感悟作为实践教学的方式，倡导通过体验式教学的方式来进行实践教学，作为思想政治教育实践教学的一种探讨。

一、什么是体验式教学

（一）体验式教学活动的基本内涵

所谓体验式教学活动是遵循学生在学校期间所获得的全部教育性经验的课程理念，以课堂教学活动、日常生活体验、参观考察、社会实践和旅游活动等实践活动为主要形式，以个体主动参与、亲身体验为特征，以直接经验为主要课程内容，所展开的教学活动。

1. 体验式教学活动以经验课程观为课程理念，认为学生在学校所获得的各种体验都属于课程的内容，学生在学校期间不仅通过显性的课程学习系统知识，而且还通过隐性的课堂体验到丰富的教育性经验，这些都是学校教育提供给学生的教育性经验。在思想政治理论课程教学中，学生不仅可以学习到教师讲授的系统知识，而且也会通过教师在讲授过程中所流露的语气、思想情感等感悟到丰富的教育性经验。因此，体验式教学活动不仅包括课外实践活动的体验，也包括课内教学活动给学生的丰富体验。

2. 体验式教学活动以课堂教学活动、日常生活体验、社会实践活动等活动为主要形式，是学生在各种直接活动中获得的教育性经验，与理论课程相比，体验式教学活动更加关注学生的各种活动以及学生在各种活动中的体验。这些体验有些内容可以通过系统知识方式进行呈现，有些还没有达到系统理论知识的程度，它仅仅作为一种经验性内容存在于个体感性阶段。

3. 体验式教学活动重视学生的主动参与，在体验式教学的课堂，学生参与程度不一样，所获得的课堂感受和收获是完全不一样的。因此，体验式教学鼓励学生的积极主动参与，从某种意义上说，学生参与的主动性越高，体验式教学的效果也越明显。

（二）体验式教学活动和理论课程教学活动的区别

1. 体验式教学活动是以学生为中心的教学活动。与理论课程教学相比，体验式教学并不是以某一科学体系或学科体系为中心设立的课程，其目的不是为了使学生学习掌握某一学科或者某一门具体课程，不仅着眼于学生认知的提高，而且着眼于学生的实践活动，以学生成长为出发点而设计，以促进学生思想道德素质全面发展为目标。

2. 以学生直接经验为内容。理论课程学习比较重视学生对间接经验的学习，对人类社会实践结果的学习运用、掌握，特别是统治阶级意识形态内容和观点的把握，而体验式教学强调从学生直接经验出发来学习，强调学生从实践中亲自感受和体会，强调学生的参与性。

3. 以实践活动为主要载体。体验式教学活动虽然重视学生在课堂教学活动中的内在体验，但其主要载体是学生的各种外部活动，如专业实习、社会实践活动、军政训练、文体活动、公益性活动等，这些活动既可以在课堂内进行，也可以在课堂外进行，但它是一种有目的、有计划、有组织的实践活动，纳入学校正式的教学计划。

4. 综合经验的课程观。相对于理论课程把各门知识分化成狭窄的学科，采取分科课程的方式进行教育，体验式教学更强调课程的综合经验，学生在实践中接受的教育是多方面的，学生在体验式教学中学习的经验既有智育方面，也有德育、体育和美育方面的内容。体验式教学过程既丰富和发展了学生各方面专业基础知识和技能，同时也丰富了学生人生体验，是知情意行的综合过程。

（三）体验式教学与课外活动的区别

1. 体验式教学与课外活动都是由学生活动构成的，但体验式教学活动是一种教学，所涉及的实践活动是课程意义上的活动，可以纳入学校教学计划，是学校正规教育的重要组成部分，而课外活动是教学计划以及大纲以外的活动，是教学的一种补充，最多被看作是"第二课堂"或者是"第二渠道"，因而在时间、场地、内容和指导教师等方面得不到充分的保证。

2. 作为教学活动，体验式教学是有组织、有计划、有系统的长期教育活动，要有一定的课程结构和相应的实施规范，而课外活动则比较自由，组织安排是临时的、短期的。

3. 体验式教学的范围比课外活动更广泛，课外活动的范围局限于课堂之外的活动，而体验式教学的设置没有课堂与课外之分，它既可以存在于课堂内，也可以存在于课堂之外。

4. 体验式教学既是一种活动，也是一种教育的理念，它把学生的直接生活经验纳入学校课程的视野，强调人作为主体的实践活动，这种积极的促进人的全面发展的教育因素与存在于学校课外的自然影响的课外活动有着本质的不同。正因为如此，《中共中央关于进一步加强和改进学校德育工作的若干意见》明确提出："各级各类学校都要把组织学生适当参加一定的物质生产劳动作为一门必修课，列入教学计划，统筹安排，各级教育行政部门要进行具体督促检查。实验、实习课程也要进一步加强，在时间、内容、组织、条件上予以落实和保证。"① 将实践教育、劳动教育、社会实践活动纳入正规教学计划，作为加强德育的重要途径，反映了德育发展的内在要求。

（四）体验式教学与社会实践活动和旅游的区别

1. 参观考察、旅游活动可以作为体验式教学的一种资源，这种资源是客观存在的，如果我们合理地加以运用，它就有可能成为一种教育性因素，否则，它只是一种自然存在的客观因素，而不是有目的、有意识自觉开发的教育性因素。

2. 体验式教学活动是以直接经验为主要内容的课程教学活动，这种课程教学活动需要一些载体，才能达到教育的目的，而参观考察、旅游活动等活动是一种良好的载体，通过参观考察，不仅丰富和开阔了个体的视野，增强了个体对社情民情的了解，获得了别人不能替代的个体独特感受，而且有益于个体身心发展的活动。

3. 不能将体验式教学活动与社会实践活动、参观考察、旅游活动等同起来，更不能将体验式教学活动庸俗化，把任何参观考察、旅游活动说成是体验式教学活动。

体验式教学活动不只是一个名称的变化，而是体现着一种教育观念和教育理念的更新。体验式教学大多以参观考察、社会实践和旅游活动等作为载体，通过这样一些实践活动方式来进行，但实践活动本身与体验式教学并不能等同。体验式教学的提法，不是标新立异，而是用新的，或者是科学的概念来取代我们日常生活中非常熟悉、但不能从学理的角度进行说明的术语，我们思想政治理论课教师要善于使用新的语言，具有创新的能力。

二、思想政治理论课教师更需要体验式教学

（一）思想政治理论课的特殊性

1. 从思想政治理论课的性质来看，思想政治理论课是集中体现统治阶级

---

① 教育部社会科学司. 普通高校思想政治理论课文献选编（1949—2006）[G]. 北京：中国人民大学出版社，2007：154.

意志的课程，体现了社会主义大学的本质特征。因此，思想政治理论课的开设和课程内容带有某种强制性。课程内容必须反映马克思主义意识形态要求，以马克思主义意识形态为标尺。

2. 从思想政治理论课与哲学社会科学课和其他课的区别来看，思想政治理论课与哲学社会科学课相比，除了学科内容不一样外，其教学目的和着眼点也存在区别：哲学社会科学和其他课在教学工作中的主要任务是传播某学科方面的知识和技能，培养专业学科的人才和为社会服务的实际本领，其课程教学主要指向学科内部的知识结构和学生的科学文化素质，当然他们也赋予思想政治教育的责任。思想政治理论课的主要任务是对学生进行马克思主义理论教育，进行正确的世界观、人生观、价值观教育，其教育的主要指向是学生内在的思想政治结构，着眼于思想政治素质的提升。在进行课堂教学主导渠道建设过程中，应充分认识两类课程不同的性质和特点。

3. 从课程教学过程来看，思想政治理论课与哲学社会科学课和其他课同为课堂教学活动，具有课堂教学活动的共同规律，但是思想政治理论课教学具有特殊性。思想政治理论课教学过程的本质是教师和学生以思想政治理论课程教学内容为中介的特殊教育活动。思想政治理论课教学过程既是对学生精神世界的建构过程，或者说特殊的认识过程，也是一种思想政治教育过程，即对学生有计划地、系统地施加教育影响的过程，还是一种人格的影响和陶冶的过程。

第一个过程涉及教学过程的本质。教学过程是一种特殊的认识过程，在教学中，学生的认识，主要是掌握马克思主义理论与思想品德的理论知识及体系，掌握马克思主义理论与思想品德学科的内在学科结构，它是一种在教师引导或者领导下的有助于学生思想道德素质发展的特殊的认识过程。在这个过程中，学生认识的主要对象是思想政治理论课程内容，或者说是课程内容及其知识结构。通过这种知识结构的学习和掌握，学生逐渐树立了马克思主义的基本理论和观点，在头脑中逐渐构建起一种理论体系。

第二个过程涉及思想政治教育的本质。思想政治教育在本质上是使统治阶级思想成为占统治地位思想的过程。这一过程体现了意识形态发展的规律性："统治阶级的思想在每一时代都是占统治地位的思想。这就是说，一个阶级是社会上占统治地位的物质力量，同时也是社会上占统治地位的精神力量。

支配着物质生产资料的阶级，同时也支配着精神生产资料。"① 思想政治教育的这种本质特征反映在教学过程中，体现为主导性与多样性、先进性与落后性、稳定性与多变性等系列矛盾。

第三个过程涉及思想政治理论课教学过程的本质。也就是说，它不仅是一种知识的学习过程，而且是理想信念形成的过程。信仰、信念的形成过程是超越具体知识和功利层面的东西，它需要一种人格的影响力，正如马克思所说的"心交换心，真诚换真诚"的过程。

（二）思想政治理论课对体验式教学的需求

思想政治理论课的特殊性，决定了思想政治理论课教学需要有比一般哲学社会科学课和其他课具有更为复杂的过程，具有更多的个人因素。思想政治理论课教学过程不仅有一个显性的教学过程，而且也有一个隐性的教育过程。

思想政治理论课的特殊性要求思想政治理论课教师在教学过程体现几个基本原则：真诚的原则、尊重的原则、同感的原则；需要思想政治理论课教师在教学过程中注入情感因素。

要使思想政治理论课教师在讲课的过程中注入情感因素，就要求思想政治理论课教师本身就是一个有情感的人、有丰富体验的人，这样才能把自己的体验传达给学生。

但在现实生活中，思想政治理论课教师的体验和感受太缺乏了，就连很多讲"毛泽东思想和中国特色社会主义理论概论"课的教师，也很少到过井冈山、延安、西北坡等革命圣地，并且也很少有教师到改革开放前沿地区、经济发达地区等去参观考察过。这样思想政治理论课教师就不能给学生一种现场的感受，不能使自己的课堂注入一种个人亲身体验的情感性因素，只能使课堂教学成为纯粹的知识性教学，而不是富有丰富情感的教学活动。关于这一点，美国学者杜威有个著名的论断，他说：对于关于道德知识方面的课程，"只有在学生以同情和尊敬之情关注别人的思想和感情并得到激励时，这样的课才有效果。如果没有这种关注别人感情的态度，这种功课对性格的影响不会大于关于亚洲山脉的知识对他的性格的影响。"②

因此，对于思想政治理论课教师来说，参加社会实践活动、参观考察包

---

① 中共中央马克思恩格斯列宁斯大林著作编译局. 马克思恩格斯选集：第 1 卷［M］. 北京：人民出版社，1995：98-99.

② 杜威. 民主主义与教育［M］. 王承绪，译. 北京：人民教育出版社，2001：372.

括旅游也是非常必要的，它可以使思想政治理论课教师把个人的情感性体验注入教学活动中，进而使思想政治理论课富有思想和感情，增加教师课堂授课的感染力。当然，这里并不是说任何课程只有亲身体验以后才能够讲授，但无疑，多一些体验总是更好一些，对于思想政治理论课教师尤其如此。

三、如何开展体验式教学活动

（一）用"经验"课程观代替"知识"课程观

传统思想政治理论课程观把思想政治理论课内容作为一种外在于学生的知识。这种以"知识"为本质的课程观的最主要问题是与学生思想脱节，与学生生活体验脱节。因为知识一旦产生，它就属于相对独立于学生的客观体系。把"经验"作为课程的本质，突出了课程与学习者之间的联系，强调了课程内容与学习者生活经验之间的双向互动关系，使课程内容得到了拓展。用"经验观"来代替"知识观"至少有以下优越性：一是用经验来代替知识，扩展了课程的内涵，使课程不仅可以包容用知识定义课程时所含的全部内容，而且还能包容更多的内容；经验既可以包含现代自然科学和社会科学知识，也可以包括人类历史和现实中的经验；既可以包括直接经验，也可以包括间接经验；既可以包括个人经验，也可以包括社会经验；等等。这些优点使课程内容更为宽广。二是用经验代替知识，可以使课程获得在被定义为知识时无法获得的功能，这就是要让学习者亲身去体验。这种功能的扩展，体现了人们对课程认识的飞跃，改变了学习者与课程的关系，以及他们在学习过程中的地位和作用，突出了课程与学习者之间的相互作用，更加符合现代社会对受教育者主观能动性高度重视的理念。三是用经验代替知识，反映了现代知识观念的变迁。伴随现代知识观念的变化，人们对知识观念的认识日益深化，现代社会人们对知识观念不仅局限于传统的学术性知识，而且包含不同层次、不同形态、不同方式的人类社会直接经验和间接经验的总和。在思想政治理论课程教学中，如果我们以学生在课堂上获得的思想政治理论方面经验作为课程教学内容，就会更加关注学生对课程的体验和感受。这样，思想政治理论课的教学过程就是一种教师和学生双向互动的过程，有益于加强学生对课程的体会和理解。

（二）积极吸纳学校现有的有德性的实践活动

在现有的教育体制下，在高等教育的若干环节中，存在着很多具有德育作用和效果或者具有德性的以活动作为主要载体的教育方式。这些活动既包括以德育为主要特征的实践活动，如学校开展的军训活动、社会实践活动、"希望工程"献爱心活动、社会公益活动等，也包括以学术学习为主导的活动，如专业实习、学术沙龙活动等，还包括以娱乐、健身、个人兴趣爱好为特征的活动等；既包括群体性活动，如班团活动、组织生活，又包括小组活动，个别活动等；可以是学生主动组织参与的活动，也可以是学校、院系、班级开展的有组织、有计划的活动。这些正式的和非正式的实践活动，虽然有一些并不是作为课程而存在的，但是，对学生思想道德素质的发展起着重要的作用。从现代德育课程的观念来看，这些实践活动都可以作为体验式教学纳入学校课程体系。把自发地开展的、没有经过现代课程观念整合的活动纳入体验式教学范围，进行有计划、有组织、有目的的系统开发、设计，和使这种活动处于自然状态，没有经过设计和开发其德育的效果和功能是完全不一样的。因此，我们要进行体验式教学建设，就必须吸纳学校现存的一些有德育意义的活动，使之成为正规教育体系的一个重要环节。

（三）按照新的教育理念进行体验式教学活动

吸纳现存的具有德育作用的活动，把它作为体验式教学进行系统设计，只是一种消极的实践课程建设的策略，而要使体验式教学更好地实现其德育的功能，更充分地发挥作用，还必须按照现代德育课程的基本理念，主动地进行体验式教学开发。一是把学生在学校期间获得的思想道德方面的经验作为德育课程的内容，注重学生在学校各种教育活动中的体验，注重从知行统一的角度，提供给学生积极健康的、显性和隐性一致的课程经验。二是充分调动学生的积极性、主动性，使学生逐渐意识到自己作为学校德育的主体，以主体的积极性参与学校的各种教育活动。三是从多方面成立学生自我教育、自我管理和自我服务的机构，充分发挥学生在学校事务中的主人翁的作用，积极营造学生中良好的教育氛围。四是注重个别化教育，注重学生个体性的特点。五是加强学校同社会的联系，使学校生活与社会生活的价值导向具有一致性。总之，要把学校环境作为真实的社会生活的一部分来进行体验式教学建设，使学生成为真实生活的主人。

（四）全身心地投入体验式教学活动

如前所述，思想政治理论课程教学活动是一种心灵的交流沟通过程，需要教育者有丰富的情感，需要教育者以真诚、尊重和同感的态度进行教学活动。教育者的真诚、尊重和同感是思想政治理论课实施的重要条件，正是因为教育者有这样一种态度，在现实思想政治理论课实施过程中，他才会主动地关心受教育者，倾听受教育者的想法，在日常的教育教学工作中以受教育者全面发展为中心，进行教育书育人、管理育人、服务育人工作，做一个学生思想道德发展的"促进者"。因此，"教育，不能没有虔敬之心，否则最多只是一种劝学的态度，对终极价值和绝对真理的虔敬是一切教育的本质，缺少对'绝对'的热情，人就不能生存，或者人就活得不像一个人，一切就变得没有意义。"① 教育，特别是思想政治理论课教育是一个理想的事业，需要教师用一种虔诚的心态投入教学活动，这样才能使我们的教学活动注入一种温暖的力量，促使学生思想观念的改变。

(本文原载于《思想教育研究》2012 年第 0 期)

---

① 雅斯贝尔斯. 什么是教育 [M]. 邹进，译. 北京：生活·读书·新知三联书店，1991：44.

高校思想政治理论课实践教学的改革与创新

彭庆红　鲁春霞

北京科技大学马克思主义学院

摘　要： 实践教学是提升高校思想政治理论课实效性的重要途径，也是培养学生综合素质的重要平台，它能够全方位、多渠道地引导学生在直接参与中感知社会、体验人生，有助于实现教化与内化的结合，达到知行统一。北京科技大学具有崇尚实践的优良传统，近年来学校结合中央以及教育部相关文件贯彻落实工作，在努力提升思想政治理论课理论教学效果的基础上，积极探索实践教学的改革与创新，通过实践教学来提升思想政治理论课的育人效果。

实践教学一直以来都是高校思想政治理论课（以下简称"思政课"）的重要组成环节。2004 年，中共中央、国务院《关于进一步加强和改进大学生思想政治教育的意见》（以下简称"16 号文件"）及其配套文件指出："高等学校思想政治理论课所有课程都要加强实践环节"，要"坚持政治理论教育与社会实践相结合"，"既重视课堂教育，又注重引导大学生深入社会、了解社会、服务社会"。① 2012 年，教育部等六部委《关于进一步加强高校实践育人工作的若干意见》进一步明确指出："实践教学是学校教学工作的重要组成部分，是深化课堂教学的重要环节，是学生获取、掌握知识的重要途径"，要"强化实践教学环节"。② 改革与创新高校思想政治理论课实践教学需要加强

---

① 中共中央国务院发出《关于进一步加强和改进大学生思想政治教育的意见》［EB/OL］.中华人民共和国教育部，2014-10-15.

② 教育部等部门关于进一步加强高校实践育人工作的若干意见［EB/OL］.中华人民共和国教育部，2012-01-10.

马克思主义理论的指导，自觉遵循思想政治教育教学的规律，同时要做好教学的系统设计，采取有效的措施来积极推进。

一、思政课实践教学的改革背景与理论基础

（一）改革背景

当前中国社会处于全面转型时期，随着社会主义市场经济的深入发展以及改革的不断推进，各种社会思潮涌现，人们的生活方式、思想观念都经历着前所未有的碰撞与冲突。这种发展变化一方面为大学生提供了丰富的信息来源，使他们拥有更广阔的思考空间；另一方面也容易使大学生陷入价值判断和行为选择的困扰之中。当代大学生具有强烈的自主性，如果思政课仍囿于"以讲为主"的教学框架，容易陷入"学生不爱听、教师疏于讲"的困局，影响课程的育人效果。同时，改革开放以来的教育改变了过去轻视智育、轻视理论知识学习的弊端，但是一定程度上又形成了轻视德育、轻视实践的不良倾向。如果学生只是机械地记忆知识要点、满足于各类理论知识考试的过关或高分，就无法形成创新意识和社会责任感，也不可能成为全面发展的人才。只有创新教育机制，强化理论学习与实践锻炼的联系，引导学生们在直接参与中感知社会、体验人生，才能有助于学生判断能力、选择能力和责任意识的培养，进而改变学生对思政课的认识偏见，使思政课成为"大学生真心喜爱、终身受益、毕生难忘的优秀课程"。

（二）理论基础

1. 马克思主义认识论。马克思主义哲学把实践引入认识论，把辩证法应用于反映论，创立了能动的反映论，科学地揭示了认识的本质，指出认识是在实践基础上主体对客体能动的反映，实践是认识的来源和目的，实践是认识发展的动力，实践也是检验认识是否具有真理性的唯一标准。大学生们要形成科学的世界观、人生观、价值观，提高自己的道德修养和法律素养，不但需要接受理论的灌输与熏陶，更需要持之以恒的践行。

2. 思想政治教育的内化外化律。人的思想品德形成有一个内化、外化的过程，而思想政治教育活动实际上就是一个教育者有目的、有计划、有组织地引导和帮助受教育者实现内化、外化并形成一定社会所期望的思想政治品德的过程。在这个过程中，内化与外化是辩证统一的，内化是基础、前提，外化是目的、归宿。实践教学属于外化环节，但又是前一内化活动的延续、新的内化的动力。

3. 思想政治教育的渗透原则。实践教学能够凸显出对学生主体性、积极性和主动性的尊重与发扬，将思想政治教育由显性教育转化为隐性教育，渗透在人们的日常生活中，渗透在学校教育、家庭教育、社会教育的各个方面与各个环节，潜移默化、寓教于无形。

二、思政课实践教学改革创新的设计与措施

北京科技大学（以下简称"北科大"）作为一所以工科为主的全国重点大学，建校以来一直重视实践教学，而系统地探索思政课的实践教学始于2005年北科大下发《关于进一步加强和改进思想政治理论课的实施方案》，规定在设置的4门本科思想政治理论课中强化实践教学，同时下发《关于将大学生暑假社会实践列入教学计划的通知》，在全国高校中率先将社会实践作为本科生必修课程纳入教学计划，由该课程集中承担起4门思政课的实践环节。同年，北科大还在"思想道德修养与法律基础"课程率先实行"教辅结合"德育模式改革，即思政课教师与辅导员共同合作开展大学生思想政治教育。

（一）实践教学体系的设计

1. "三合一"的实践教学模式。以课程教学为主导的课堂实践教学，通过经典研读、分组辩论、调研成果展示、小话剧、主题班会等形式，创设生动形象的教学情境，将理论教学内容与社会现实和学生所处的实际环境巧妙结合，积极倡导学生融入课堂，并且使学生不走出课堂也能获得相关的感受和体验。以社团活动为依托的校园实践教学将理论学习和公益社团活动有机结合起来设计主题，通过项目化管理来推动实践及其成果转化。以社会实践为主体的校外实践教学以"一个主题、若干专题、多个课题"为指导思想，充分调动学生主动性、积极性和创造性，教师指导下学生组建跨专业、跨年级的实践团队，在全国范围开展实践活动，返校后集中进行考核与成果转化。

2. 系统化的实践教学组织与保障体系。社团实践活动主要在理论社团中开展，由马克思主义学院与校团委共同指导、各理论社团具体实施。学校成立了以校领导任组长的课程领导小组，负责顶层设计和整体协调。理论教学指导主要由马克思主义学院、文法学院协调专业教师来承担；活动组织实施部分由校团委承担；考核环节主要由团委与马克思主义学院共同负责。此外，各学院都设有社会实践工作组，由学院学生工作办公室负责。在保障方面，首先是学校制定相关文件支持实践教学，提高思政课平时成绩比重，把《大

学生社会实践》并列入必修环节,不合格不能毕业,成绩达不到 75 分以上没有保研等资格。其次,学校把思政课专项教学经费、大学生社会实践专项经费纳入全校财务预算,给予有效保障。

3. 专兼结合的教学团队。按照专兼结合的原则,由思政课教师、团干部、辅导员、专业课教师(社会外聘教师)等共同组成课程师资团队。由思政课教师、社会学专业教师进行实践理论指导,团干部、辅导员组织课后讨论与交流。假期综合社会实践环节,除了思政课教师、团干部、辅导员外,指导老师还会大量聘请专业课教师乃至校外热心大学生教育人士参与具体专业指导。

(二)实践教学的措施

1. 课堂实践。第一,以"课题化、全员化、开放化"为原则,激发学生理论学习的兴趣。课题化是指将课程教学内容划分为若干专题,由思政课教师根据课程中的重点、难点及热点问题,引导学生设定实践主题,并在此基础上精选出实践课题;全员化是指把课堂内的学生分为各个课题组,推动全员参与;开放化是指引导学生利用课余时间查阅资料、分析调研,并将得出的结论在课上宣讲。第二,"学生为主,教师为辅",共同推进课堂实践教学。学生是课堂实践教学的主体,他们通过自主选题、组织策划和深度参与,在教师的指导下不断增进对思政课基本原则和观点的认知并逐渐内化于心;教师是课堂实践教学的组织者、观摩者和评价者,他们以课堂的时间空间为载体,与学生共同参与实践,及时解决学生在实践中的认知模糊、选择矛盾和行为偏差等问题。第三,"实践活动与研究学习相结合",拓展课堂实践教学的深度。将课堂实践教学与研究型学习相结合,一方面通过研究活动提升课堂实践活动的深度,另一方面通过课堂实践活动促进研究成果的展现和推广,将理论内容与社会现实和学生所处的实际环境结合起来,克服传统教育过程中单一地采用符号形式学习的弊端,充分调动学生的多种感官和学习兴趣。

2. 校园实践。第一,以成长成才为主线,以社团为载体,将理论学习与校园社团活动相结合。北科大拥有思想理论、知识技能学习、学术科技实践、创业、公益实践与文化娱乐等 9 大类,共计近 100 家社团,它们是活跃校园文化、培养和提高学生综合素质的有效载体。第二,以校内资源为基础,建设校园实践教学基地。充分开发校史展览馆、模拟法庭、资料阅览室、校园媒体、活动中心、宿舍等机构和场所的实践育人功能,建立稳定的校园实践教学基地。第三,以规范的管理为保障,避免校园实践教学流于形式。校园实践教学也需要有明确的主题和具体的操作方案,对人员确定、成员分工、项目名称、成果形式、考核方式做出详细说明。特别是对于社团实践活动纳入思政课平时成绩计算范围，各课程组事前集体研究，统一标准，以示公平，也发挥了激励作用。

3. 社会实践。第一，以"一个主题、若干专题、多个课题"为指导，充分体现教育性与时政性。为了有效引导社会实践，课程组每年结合国家发展要求和时政热点，确定年度实践主题，以及若干重点实践专题，提供部分参考选题。课程组提供社会调查、社会服务和生产劳动、"三下乡"、"四进社区"、科技发明、学习参观、挂职锻炼与预就业实习7种社会实践形式供学生进行选择。第二，"团队为主、个人为辅、项目管理"，重视团队实践育人实效。团队实践具有更加显著的育人效果，课程组优先鼓励团队实践。实践团队一般6~12人，事先需制订详细的实践计划，且必须聘请一位指导教师，经课题组审核通过后进入实践环节。课程组对团队实践实行项目化管理，根据选题、准备情况和预期效果区分出重点团队和一般团队，并分别给予不同经费额度的支持。第三，"依托网站、全程督导、5道防线"，创建社会实践指导平台。课程组创建了包括课程网站、课程管理信息系统、课程短信平台在内的大学生社会实践指导与管理平台，为学生提供丰富的学习资源和交流渠道，依托管理信息系统完成从项目申报到报告提交以及评奖评优等环节。在安全保障上，落实包括安全教育、购买保险等"5道安全防线"，促使学生、家长、教师共同做好实践安全管理工作。第四，"综合评价、以奖促优、成果转化"，通过有效激励实现社会实践成果最大化。在成绩评定上，由课程组组织进行暑期实践团队答辩以及实践报告评阅，结合学生参加授课情况给出成绩。在评优表彰方面，由各班级团支部开展"实践归来话收获"主题团日活动，交流实践经验、分享实践成果、推选社会实践先进个人。在实践成果转化上，课程组对选题出色、活动质量高的社会实践项目进行后期成果转化，通过聘请专业指导教师、招募成果转化团队努力培养出一批具有一定示范意义的高水平学生实践成果。

三、思政课实践教学改革的成果与经验

（一）思政课实践教学的成果

近年来，北科大本科生100%参与实践教学，实践类别丰富、内容广泛，实践规模在同类高校中均名列前茅。在社会实践中，完成以"京杭大运河现状调研"等为代表的实践项目千余项。经过后期成果转化，"京杭大运河现

状、保护及申遗政策调查报告"、"情关草木——三北防护林工程建设情况及发展对策调查报告"分获第十届、第十二届"挑战杯"全国大学生课外学术科技作品竞赛一等奖（含专项），"中国古代大型铁质文物现状及其文化价值调研报告"、"城区乞丐问题：现状调查与对策研究"以及"拿什么拯救你'癌症村'"分获第十一届、第十二届全国"挑战杯"二等奖。通过实践教学模式的改革和创新，思政课的教学效果获得显著提升，课程建设取得了良好效果。"思想道德修养与法律基础"课程获评 2007 年北京市精品课程和 2009 年北京市优秀教学团队。"中国近现代史纲要"等课程也进入学校精品课程行列。"大学生社会实践"课程 2008 年被评为"国家精品课程"，2008 年和 2009 年分别获得北京市教育教学成果奖（高等教育）一等奖和高等教育国家级教学成果奖二等奖。

北科大实践教学的做法和效果也获得各级领导的肯定。2006 年 6 月，教育部副部长李卫红为《大学生社会实践教程》撰写了序言并听取了课程组教师的汇报。2007 年 7 月，学校党委书记罗维东教授应邀到人民大会堂向中共中央政治局委员、全国人大常委会副委员长王兆国，国务委员陈至立等领导同志作了专题汇报，受到领导同志的充分肯定，国务委员陈至立在讲话中指出："全国高校都要学习北科大的好做法"。2012 年 11 月，《求是》杂志刊发了题为《讲台传真知，实践育英才》的文章，介绍了"思政课实践教学的北科大模式"。2013 年 7 月，中组部常务副部长陈希、教育部副部长杜玉波来校参观了题为"向实践学习，向人民群众学习"的学生开展社会实践活动主题展览，对学校的做法给予了肯定。

（二）思政课实践教学改革的经验

1. 理念更新是实践教学改革的前提。任何一项改革的前提之一就是思想解放与观念更新，思政课实践教学改革亦然。北科大的理念就是以人为本、崇尚实践。以人为本体现在教学中就是以学生为本，尊重学生的主体性与创造性，促进学生全面发展。崇尚实践是北科大的优良传统，北科大校友、中国工程院院士徐匡迪曾说："母校教学的显著特点是注重实践……实践环节教育最根本的教益是教会了我如何做人、怎样治学"。

2. 有效的领导和组织系统是实践教学成功运作的关键。通过成立以校领导为组长的课程领导小组，有效整合思政课和学生工作两大指挥系统，构建了实践教学的组织管理系统。另外，有效利用网络技术、多媒体技术，构建了实践教学信息管理平台，实现了实践教学管理的现代化、信息化。

3. 规范的教育和管理模式是实践教学顺利运行的保障。通过课程化管理、课题式引导、团队型组织和项目化管理，加强了对实践教学的规范引导，建立了长效机制，不但有效促进了思政课教学改革，而且有效引导实践教学的方向，提高实践教学的质量和效益。

4. 科学的考评与转化体系是实践教学持续发展的动力。通过成绩评定与评优表彰，有效激励了学生参加实践课程的热情；通过实践成果转化，成功孵化了一批学生科研成果，特别是与"挑战杯"等学术竞赛实现了有效对接，产生了一批具有社会影响和学术价值的实践成果。

（本文原载于《思想教育研究》2014 年第 6 期）

高校思想政治理论课混合式教学模式的建构路径探析

杨志超

兰州大学马克思主义学院

摘　要：混合式教学作为一种全新的教学理念和教学模式，应用到高校思想政治理论课教学中，能够实现多个教学空间的优势互补，提升思想政治理论课的教学质量和效果。建构思想政治理论课混合式教学模式，要着力打造有机互动的"在线课堂""传统课堂"和"实践课堂"，即推动高校思想政治理论课"在线课堂"的建设、"传统课堂"的改革、"实践课堂"的创新，形成教学合力，实现思想政治理论课教学的目标。

高校思想政治理论课（以下简称"思政课"）是加强高校意识形态建设和思想政治工作的主要渠道，是引导大学生树立正确的世界观、人生观和价值观，坚定理想信念的核心课程体系，其教学模式的创新一直是教学改革的重要课题之一。在中央宣传部、教育部下发的《普通高校思想政治理论课建设体系创新计划》中，明确提出了"积极开展高校思想政治理论课综合改革试点探索，鼓励创新教学模式"的要求。由国外教育界提出的"混合式教学模式"为高校思政课教学改革提供了新思路。将其引入高校思政课教学中，可以利用数字化信息网络技术，努力构建多个教学空间，即数字化的网络教学空间、传统的课堂教学空间和符合思政课课程特点的实践教学空间，重新划分思政课的教学功能和教学内容，实现多个教学空间的优势互补，能够将传统单向灌输的教学方式"教——学——考"的教学流程转变为"学——导——行"，即学生自主学习→教师重点引导→学生参与实践，进而增强高校思政课的吸引力，提升教学效果。结合混合式教学理念和高校思政课的教学特点，笔者认为，建构高校思政课混合式教学模式，需要针对"学""导""行"三个环节，打造相互联系的"在线课堂""传统课堂"和"实践课堂"，发挥各自的教学优势，形成思政课的教学合力，从而有效提升高校思政课的教学水平，实现教学目标。

一、推动高校思政课"在线课堂"的建设

在线课堂是基于信息网络技术而建立的虚拟教学空间，可以利用多媒体资源和信息网络搭建教学平台，设置符合其特点的教学版块，使学生在网络平台上自主地完成相应的学习任务。在线课堂可以突破时间和空间对于教学活动的限制，并通过多样化的方式提供海量的学习资源，有利于扩大教学影响，增强学生学习的主动性，提升学生的学习效率和学习兴趣。因此，高校思政课混合式教学模式的建构，需要建立系统科学、符合课程特点和各高校教学发展实际的思政课"在线课堂"教学体系。

（一）加强思政课教学网站建设

教学网站是网络教学的重要载体。当前，建立专门的思政课教学网站，通过信息发布、资源共享、视频观摩、在线互动等方式开展教学，是大多数高校进行思政课网络教学的主要方式。因此，打造思政课在线课堂教学体系，首先需要借助数字媒体技术，从外观设计、功能扩展、日常维护等方面入手，不断加强思政课教学网站建设，增强其吸引力和实用性。

一是要优化外观设计。很多高校的思政课教学网站虽然内容丰富，但由于忽略了外观的设计，色调单一，布局混乱，形式陈旧，缺乏视觉吸引力，与当代大学生的审美标准无法契合，从而严重影响了学生的使用度。为此，要对网站外观进行整体美化，使网站风格更加富有创意感和时代感，更加符合当代大学生的视觉要求，进而增强思政课教学网站的吸引力。

二是要扩展网站功能。很多高校思政课教学网站的建立虽然旨在加强教学，但往往功能单一，多为信息发布，不具备系统教学的功能。因此，要扩展思政课教学网站的功能，通过嵌套视频教学系统、网络管理系统、在线答疑系统、在线考试系统、成果展示系统等多样化信息系统，赋予思政课教学网站知识学习、互动交流、教学管理、即时考评等多种功能，增强教学网站的实用性。

三是要加强日常维护。很多高校的思政课教学网站由于缺乏定期维护，资源信息久未更新，使网站形同虚设，失去了使用价值。因此，要设置专人

进行网站的定期维护，及时更新教学资源和信息，增强思政课教学网站的实效性。

（二）推进思政课 MOOC 平台建设

MOOC 是大规模开放在线课程（Massive Open Online Course）的英文缩写，2012 年开始在美国兴起，之后在国际知名大学的带动下，形成了全球发展的热潮。MOOC 以其课程资源的开放共享、教学形式的新颖多样、学习方式的自主便捷，对传统教育的理念和方式产生了深刻的影响。国内的思政课 MOOC 建设起步于 2014 年，具有代表性的包括：上海交通大学的"好大学在线平台"、清华大学的"学堂在线平台"、"东西部高校课堂共享联盟"、"上海高校课程资源共享管理中心"等，这些已经成为高校思政课在线教育体系的重要组成部分。基于此，有必要大力推进思政课 MOOC 平台建设，增强其团队技术性和开放共享性，更好地服务于思政课教学。

一是要提升思政课 MOOC 平台的团队技术性。MOOC 课程的制作包括选题、脚本设计、视频录制、后期制作、测试反馈、课程管理等多个环节，其优势来源于其对互联网、系统集成、多媒体数字处理等现代信息技术的综合运用。为此，要组建专业化的 MOOC 团队，不断更新各制作环节的技术手段，确保思政课 MOOC 平台建设的专业性和持续性，更好地发挥其技术优势。

二是要提升思政课 MOOC 平台的开放共享性。由于在线教学平台的建设需要巨大的财力、人力和技术支持，国内很多高校受发展水平所限，无力独自建设在线教学平台。开放共享是 MOOC 教育的核心理念，为解决这一困境提供了机遇。国内高校可以开展思政课 MOOC 平台建设的合作，采取名校牵头、区域联合、多校共建的方法，发挥高校各自的优势，建立区域性和全国性的思政课 MOOC 平台，同时强化其共享性特点，实现信息共享、师资共享和技术共享，从而节约教学资源，扩大教学覆盖面，增强示范性效果。

（三）探索思政课移动课堂建设

伴随着互联网技术的发展和智能手机的普及，移动互联成为网络通信新的增长点，而青年群体成了移动互联的主要参与者。在移动互联时代，信息获取变得更加自由和便捷，学习思维和方式发生了转变，移动互联平台成为全新的学习空间。面对这种变化，思政课教学也需要顺应时代发展的潮流，利用新媒体技术，丰富教学方式，开创移动教学空间，探索建立"思政课移动课堂"，以适应移动互联时代学生的学习习惯和学习需求，完善新形势下思政课的教学体系。

一是要搭建移动互联教学平台。思政课教师可以根据自身授课的特点和需要，充分利用时下流行的微博和微信，建立思政课教学微博和微信公众号，在利用原有信息发布功能的同时，赋予其教学功能，建立"微课堂"，将课程教学的部分内容，如课程准备、扩展阅读、时政学习、意见表达等放置在移动课堂中完成，这样不仅可以有效分担其他教学空间的教学压力，而且有利于发挥移动互联手段的优势和吸引力，使学生可以随时随地利用移动设备进行思政课学习。

二是要加强移动教学平台维护。新型的移动通信平台借助移动互联技术，具有广泛受众，因而具有海量的信息发布源，但也往往因信息传递的随意性和监管的不到位，出现虚假信息和不良信息泛滥的问题，因此移动教学平台的维护显得十分重要。为此，应以思政课教师为主体，同时选拔具有一定理论素养和技术能力的学生共同组成移动教学平台建设团队，完成移动课堂的信息收集、资源整合、内容更新、学习管理等日常维护工作，使移动教学平台能够紧密围绕着思政课教学而持续运行，实现其教学功能的发挥。

二、推动高校思政课"传统课堂"的改革

虽然在线课堂的诸多优势对于提升思政课的教学效率和水平具有十分积极的作用，但思政课教学与其他课程不同，不光具有理论讲解和知识传授的功能，还包含情感教育的内容，需要教师与学生面对面地进行交流和对话。只有实现"晓之以理"与"动之以情"相结合，才能达到释疑解惑、坚定信念和传递正能量的教学效果。思政课的这一特点，决定了传统课堂依然是思政课重要的教学空间，在线课堂无法完全取代传统课堂在思政课教学中的重要地位和作用。但与此同时，我们也应该清醒地认识到，线上教学空间的引入必然会对传统课堂教学产生冲击，必然会改变原有课堂教学的内容和方式。因此，建构高校思政课混合式教学模式，要求从教学内容、教学方式和考评机制等方面，对传统课堂教学进行改革，使传统课堂更加适应混合式教学模式的要求，更加符合当代大学生的学习特点，从而发挥传统课堂的教学优势和功能，更好地推进思政课整体教学效果的提升。

（一）专题式教学：推动传统课堂教学内容的改革

高校思政课的传统课堂教学受到时间空间、教学条件、教师能力等因素的制约，教学内容多以教材知识点的讲解为主，缺乏对于相关知识点的综合讲授、重要知识点的深度分析，以及结合现实问题的时政解答。加之高校思政课的很多基础知识与中学政治课存在重复，容易使学生对思政课形成枯燥、

空洞的主观印象，降低学生参与思政课学习热情和兴趣，严重影响思政课教学目标的实现。

因此，建构高校思政课混合式教学模式，需要对思政课教学内容进行重新布局，将基础知识点的讲授划归到网络教学空间来进行，引导学生利用在线课堂自主完成基础知识的学习，从而减少传统课堂教学的负担，节约传统课堂的教学时间。与此同时，在传统课堂中推行专题式教学，不仅依据教学大纲，而且在充分征集学生意见的基础上，将教学内容中的重点、难点问题、与现实联系紧密的问题、学生高度关注的问题制作成教学专题，以专题讲授的方式来进行课堂教学，提升传统课堂教学的理论深度、知识广度和现实关注度，回应学生关切，真正为学生释疑解惑，从而增强思政课教学的实用性。

（二）研讨式授课：推动传统课堂教学方式的改革

由于长期以来形成的单向灌输方法具有很强的惯性作用，加之学生人数激增、思政课教师相对不足而造成的"大班授课"管理模式的影响，当前在高校思政课教学中，"教师台上讲，学生台下听，内容满堂灌"的传统灌输式方法仍然是基础性教学方式。这种方式容易造成"教"与"学"的分离，阻碍了师生间的有效沟通，无法满足学生的主体性诉求，使其在被动学习的过程中缺乏独立思考，从而对思政课学习产生厌倦、逆反等消极情绪，严重影响了思政课教学效果的提升。

因此，建构高校思政课混合式教学模式，需要改革传统的课堂教学方式，引入"翻转课堂""研讨教学"等新的教学理念，更多赋予传统课堂交流互动的教学功能，利用分组研究、课堂讨论、现场答疑、研究展示等多样化的教学方式，开展互动研讨式教学，引导学生自主地发现、思考和分析问题，通过自己的研究性学习，达到自觉领会、掌握和认同课程相关理论和观点的教学目的，这不仅有利于激发学生自主学习的热情和积极性，促进其思维能力的锻炼和研究意识的培养，而且有利于增加师生沟通交流的机会，便于教师及时掌握学生的学习诉求和思想动态，推进教学内容的更新和教学方法的变革，从而提升思政课教学的针对性和有效性。

（三）综合式考评：推动传统课堂考评机制的改革

考评机制是检验学生学习效果的重要环节。建立科学化的考评机制，不仅有利于掌握学生的学习状况，查找教学中存在的问题，进行查缺补漏和分类教学，而且有利于体现科学的教学理念和目标，对学生学习形成正确引导，从而提升教学质量。思政课传统的考评机制大多以灌输式教育方法为基础，主要采用试卷考试的方式进行，考试内容多以书本知识为主，更多强调对学生知识掌握情况的考察。这种考核机制随着教育环境和学生诉求的变化，不仅无法真实检验学生的道德认知和价值认同水平，而且容易误导学生采取死记硬背的方式进行思政课学习，严重影响了思政课教学水平的提高。

因此，建构高校思政课混合式教学模式，需要在准确把握各教学环节特点和目标的基础上，积极推动传统课堂考评机制的改革，树立"品德、能力考查与知识考查并重"的考评理念，建立知识掌握、道德认知、价值判断、分析能力等多元化的考评指标体系，积极探索试卷考试、一对一面试、现场陈述、小组汇报、成果评分等多样化的考核方式，把考核重点从单纯考查学生知识储备情况，转变为全面客观考核大学生的思想道德认知，以及运用马克思主义立场、观点、方法分析解决问题的能力，从而体现思政课考评机制的科学性，对思政课教学与学习形成正确的导向性作用。

三、推动高校思政课"实践课堂"的创新

实践教学是理论"内化"的重要环节，是思政课教学体系的重要组成部分。近年来，高校在不断完善思政课理论教学的同时，将实践教学作为推进高校思政课教学改革的重要内容进行了积极探索。但在实际运行中依然存在一些问题，如对实践教学的重视不够，课时和教学安排比较随意。实践教学形式单一，与理论教学相脱节。实践教学缺乏有效的组织管理，教学设计缺乏针对性和可行性，等等。这些问题严重制约了思政课实践教学功能的发挥。因此，建构思政课混合式教学模式，需要改进和完善实践教学体系，打造一个形式多样、内容丰富、管理规范的"实践课堂"，加强其与"在线课堂"和"传统课堂"的有机互动，实现思政课教学的知行合一。

（一）实现实践教学的资源整合

思政课实践教学形式灵活多样，可以利用的教学资源极其丰富。但各类教学资源往往具有分散性，且因为各高校所处的地域环境、文化渊源、发展状况的不同而存在差异。因此，打造实践课堂，需要在对本地区和本学校实践资源进行全面了解、深入分析和客观评估的基础上，科学有效地整合各类教学资源，发挥各类教学资源的优势和功能，从而丰富实践教学的内容和形式，增强实践教学的吸引力和实效性。

一是要有效整合物质资源。在借助学校硬件设施开展实践教学的同时，充分利用具有本地特色的自然资源和公共设施，如山川河流、森林农田、图书馆、博物馆、科技馆等来拓展实践教学的范围，弥补学校资源的不足，提

升实践教学的效果。

二是要有效整合人文资源。在大力加强校史学习的同时，充分利用具有本地特色的地方文化设施、名胜古迹、革命历史纪念场馆、名人故居、地方风俗活动、特殊纪念活动等文化资源，体现实践教学的地方特色和人文情怀，突出价值引导功能。

三是要有效整合人才资源。在发挥思政课教师实践教学功能的同时，充分利用本地区的人才资源，主动联系和邀请诸如党政机关的相关领导和管理人员、各研究领域的知名专家、企业界知名人士、杰出校友、离退休的老革命家、道德模范等人员为学生开展实践教育，提升实践教学的质量和水平。

四是要有效整合社会资源，在学校提供实践教学支持的同时，积极与地方政府、企事业单位、社会组织、宣传媒体合作，扩大社会影响，争取社会各方面的支持，获得相对充足的实践教学经费，建设相对稳定的实践教学基地，确保实践教学的顺利开展。

（二）丰富实践教学的方法和形式

实践教学的优势在于能够借助多样化的教学资源和灵活生动的教学形式，突破课堂教学的时空限制，提升教学的实效性和吸引力。因此，提升思政课实践教学的水平，需要依据学生的现实需要，不断丰富实践教学的方法和形式，实现校内实践、校外实践和网络实践的同步推进。

一是要积极推动校内实践创新。大学校园是大学生成长最直接的生活环境，在校园生活中，蕴含着丰富的具有思政课教学意义的实践活动。因此，要将实践教学与校园文化建设相结合，借助学生社团和各类活动，积极推动校内实践教学形式的创新，通过组织各类理论性强的主题活动、学习讨论活动、优秀影视赏析等校内实践活动，强化校园活动的实践教学功能，增强学生的参与度。

二是要积极扩展校外实践内容。社会是大学生学习成长的广阔空间，存在着书本上和课堂中学习不到的丰富知识和生动体验。因此，要借助丰富的教学资源，积极拓宽校外实践内容。可以组织学生参观人文景观，感知悠久的历史，还可以带领学生走访高新科技园区、创意产业园，感受科技的进步。可以引导学生通过社会调查活动研究现实问题，还可以指导学生通过开展志愿服务和公益活动服务社会……带领学生走出"象牙塔"，走进社会生活中，去感知时代的发展和社会的变迁，用实践去验证理论，在实践中加深认识、坚定信念。

三是要积极开拓网络实践空间。网络空间是大学生日常生活的重要组成，截至 2015 年 12 月，我国网民中 20～29 岁的网民占比最高，达到 29.9%。因此，要将实践教学拓展到网络空间中，在合理设计和有效管理的基础上，借助网络的便捷性、即时性和广泛性特点，组织如在线讨论、民意调查、网络作品展等与时事政治相联系、适应大学生学习需要，形式生动多样的网络实践教学，从而坚守网络意识形态阵地，进行正确的价值引导，使实践教学更加符合时代要求。

（三）加强实践教学的组织管理

思政课实践教学包括教学体系制定、实践方案设计、实践过程组织、实践成果考评等多个环节，具有参与人数多、运行环节多、涉及部门多的特点，需要各教学单位和管理部门的共同配合。因此，建立科学有效的组织管理体系是"实践课堂"得以长效运行的关键。要不断强化思政课实践教学的组织管理，明确各部门的职责分工，形成合力，共同推进思政课实践教学的顺利开展。

一是要健全教学组织管理方式，逐步形成学校思政课教学科研机构、宣传部、教务处、学工部、团委等部门协调配合的实践教学工作机制，各部门要明确分工，各司其职，相互配合，形成齐抓共管的组织管理体系。

二是要加强指导教师管理体制，由思政课教学科研机构和学工部、团委联合对实践教学指导教师进行动员、培训、监督，由教务处进行教学能力和教学成果考评，整合思政课教师、辅导员和校外兼职实践指导教师队伍，努力构建专兼结合、职责清晰、管理规范的实践教学指导体系。

三是要设立专项经费管理机制，严格遵守教育部关于思政课实践教学专项经费的管理办法，每年按照一定标准划拨专项经费用于思政课实践教学。在提供经费保障的同时，严格履行财务制度，实行专款专用，加强对实践教学专项经费的管理，确保财务运行的公开透明和实践教学的有序开展。

概而言之，教学模式的创新是教学改革的重要方式。笔者认为，建构基于现代信息网络技术支持的混合式教学模式，必将成为高校思政课教学的改革发展方向和趋势。高校教育管理部门和思政课教师要把握时代发展的潮流，深入研究高校教学规律和学生学习的新特点，树立混合式教学理念，加强"三个课堂"的互动联系，探索建设立体化的思政课教学体系，不断提升高校思政课的教学效果和水平。

（本文原载于《思想教育研究》2016 年第 6 期）

习近平讲话的语言风格对高校思想政治理论课话语体系建设的启示

郝连儒

辽宁对外经贸学院思想政治理论教研部

摘　要：语言是思想的外衣，形象生动和富有哲理的语言表达不仅直接关系着教学效果的好坏，而且会突出展现教学活动的魅力。高校思想政治理论课话语体系是实现教学目标和提高教学效果的媒介与工具，是进行教学改革的一项重要而艰巨任务。领悟习近平讲话的语言魅力，学习习近平讲话的语言风格，对于构建具有中国特色、中国风格和中国气派的高校思想政治理论课话语体系，实现高校"立德树人"教育任务具有重要指导意义。

党的十八大以来，习近平发表了一系列重要讲话，他以鲜明的语言特色、独特的语言风格，形成了当代中国语言艺术中独树一帜的"习式风格"①。将"习式风格"贯穿于高校思想政治理论课话语体系建设之中，以独具魅力的语言风格使高校思想政治理论课做到说得上去、讲得下去、谈得出去、听得进去，不断增强高校思想政治理论课的吸引力和感染力，增强广大青年学子对中国特色社会主义的坚定信念和执着追求，更好地完成高校"立德树人"的艰巨任务。这是目前高校思想政治理论课程改革的一项重要任务。

一、用摆事实、举实例、讲故事与大学生同频共振、凝聚共识

以事实说话、用实例证明是习近平讲话中经常运用的方法，以讲好中国故事说明深刻道理是习近平的独特语言魅力。在 2014 年的 APEC 欢迎宴会

---

① 杨振武 . 习近平用典［M］. 北京：人民日报出版社，2015：2.

上，他亲切地说："这几天我每天早晨起来以后的第一件事，就是看看北京空气质量如何，希望雾霾小一些，以便让各位远方的客人到北京时感觉舒适一点。"① 语气幽默，充满生活气息，一下子拉近了与参会者的距离。2015 年 11 月，同台湾方面领导人马英九在新加坡会面时，习近平强调，两岸人民是血浓于水的一家人，是打断骨头连着筋的同胞兄弟，双方应该坚持"九二共识"，坚定走和平发展道路，增进两岸同胞福祉，共谋中华民族伟大复兴。② 2014 年 9 月 9 日，习近平在同北京师范大学师生代表座谈时讲："三寸粉笔，三尺讲台系国运；一颗丹心，一生秉烛铸民魂。"③ 这段话像对联一样，拉近了总书记和广大师生的距离。2014 年五四青年节，在北京大学与师生座谈时强调，"青年的价值取向决定了未来整个社会的价值取向，而青年又处在价值观形成和确立的时期，抓好这一时期的价值观养成十分重要。这就像穿衣服扣扣子一样，如果第一粒扣子扣错了，剩余的扣子都会扣错。人生的扣子从一开始就要扣好。"④ 在任浙江省委书记时，他批评某些干部不会说话："他们与新社会群体说话，说不上去；与困难群体说话，说不下去；与青年学生说话，说不进去；与老同志说话，给顶了回去。"⑤ 事实胜于言不及义的雄辩，实例超越空洞无物的说教，在娓娓道来的故事中情理不言而喻、道理不言自明，这就是"习式风格"的魅力所在。

在现代多元文化背景下，高校思想政治理论课话语境遇非常复杂，话语权是实现教育目标的前提和条件，话语体系是提升教学效果的媒介和工具。在"言教"过程中，高校思想理论教育既要讲究"说什么"的艺术、"说多少"的力度，更要讲究"如何说"的技巧。现如今高校思想政治理论课话语方式在一定程度上存在着生、冷、硬，导致入耳难、入脑难、入心更难的困境。特别是长期以来过度使用政治话语、宣传话语、政策话语的习惯造成了思想政治理论课的话语困境。反思于此，缘由繁杂多样。然而必须正视的是，抽象空洞的话语内容、平淡无奇的话语方式，缺乏回味无穷的话语力量和扎实深厚的话语底蕴，致使真理不能讲清，道理未被讲透，故事很难讲好，明

---

① 杨振武. 习近平用典 [M]. 北京：人民日报出版社，2015.

② 习近平同马英九会面 [N]. 人民日报，2015-11-08 (1).

③ 习近平. 做党和人民满意的好老师 同北京师范大学师生代表座谈时的讲话 [N]. 人民日报，2014-09-10 (2).

④ 习近平. 青年要自觉践行社会主义核心价值观 在北京大学师生座谈会上的讲话 [N]. 人民日报，2014-05-05 (2).

⑤ 习近平. 之江新语 [M]. 杭州：浙江人民出版社，2007.

显影响了高校思想政治理论课话语体系的吸引力、影响力和感染力，损坏了高校思想政治理论课的良好形象，失去了高校思想政治理论课的价值魅力。因此，高校思想政治理论课教师不能以"知识的权威""真理的代言人"自居，高高在上而盛气凌人，空洞无物却滔滔不绝。我们要学习习近平的讲话风格，体会习近平讲话的语言魅力，从长者的视角和商讨询问的语气与大学生深度交流，以知心朋友的角色真诚平和地与大学生进行心灵沟通，在平等对话中实现雨润万物落地无声的教育境界，努力使自己的语言让大学生听得进去，使教学建立在和谐相融的基础上凝聚共识，达到教的激情与学的热情同频共振，不断增强高校思想政治理论课的吸引力和感召力。

二、用大白话、大实话和大众话为大学生阐释真理、解疑释惑

在习近平的讲话中，他经常用一些很质朴、很简单的大白话和大实话来表达深刻的思想，也经常用一些谚语、歇后语、俗语及形象化的比喻来阐释深刻的道理，他的讲话生动幽默、言简意赅而又富有生活气息。在海南省调研时，他谈到"小康"话题时脱口而出的"小康不小康，关键看老乡"[①]，借老百姓常用的口头禅"老乡"来对应"小康"，随和幽默而朗朗上口、话锋精锐却举重若轻，一下子拉近了和"老乡"的距离，使老百姓既觉得入乡随俗又显得恰到好处。在谈到反腐败工作时，他表示要"老虎苍蝇一起打"；在强调干部工作应该不回避问题、不逃避困难、不躲避矛盾时，他非常严肃地说：不要放"空炮""哑炮"和"礼炮"；在阐释环境资源和经济建设的关系时，他多次说"既要绿水青山又要金山银山"，在很多场景他反复强调"绿水青山就是金山银山"，强调两者之间不是对立的，而是相互支撑、相互转化的。[②] 在澳大利亚联邦议会的演讲中他风趣地讲："中国是一个拥有 13 亿多人口的大国，是人群中的大块头，其他人肯定要看看大块头要怎么走、怎么动，会不会撞到自己，会不会堵了自己的路，会不会占了自己的地盘。"[③] 他还用"国家好，民族好，大家才会好"解说个人利益与国家前途民族命运之关系，语言简洁通俗而质朴逼真；用"缺钙""软骨病"来比喻理想信念的缺失等，

---

① 中央农村工作会议在北京举行［N］. 人民日报，2013-12-25（1）.

② 陈锡喜. 平易近人——习近平的语言力量［M］. 上海：上海交通大学出版社，2014：54.

③ 习近平. 携手追寻中澳发展梦想并肩实现地区繁荣稳定——在澳大利亚联邦议会的演讲［N］. 人民日报，2014-11-18（2）.

他形象地说，共产党人精神上的"钙"就是理想信念，"缺钙"必得"软骨病"。① 他要求每一个党员，特别是领导干部在任何情况下都要做到政治信仰不变、政治立场不移、政治方向不偏，加强思想建设，提高政治觉悟，自觉把好世界观、人生观、价值观的"总开关"。"总开关"这一比喻简明扼要又切中要害，形象生动且直入主题。在中法建交 50 周年纪念大会上，习近平巧妙借用拿破仑当年形容"中国是一头沉睡的狮子"之语说："中国这头狮子已经醒了，但这是一只和平的、可亲的、文明的狮子"②。总之，习近平以极其平实而逼真的语言向世界传递了中国特色社会主义的道路自信、理论自信、制度自信和文化自信。这些源于民间接地气的语言，极具感染力和亲和力，阐释道理明了，解疑释惑直接，使演讲者和听众之间产生的心灵共鸣自然而强烈，引发的精神相融和谐而美妙，凸显四两拨千斤的气魄。

目前，高校思想政治理论课有时学生不爱听、不想听、不愿听，一个重要原因是一些教学内容犹如空穴来风，既不接"地气"又不连"天线"，与学生生活实际格格不入，无法引起共鸣而实现有效教学。高校思想政治理论课教师要做到"说得下去"，首先要遵循时代变化的规律，追逐社会发展的脚步，与现实生活水乳交融，说出高校思想政治理论课话语体系的"大实话"。高校思想政治理论课教师要时刻关注教学对象——大学生，关注他们的生活，关心他们的成长；关注他们的思想，解决其迷茫与困惑；关注他们的现实，解决其缠绕心中却百思不解的难题，扶助其探索实践的理论向度，说出高校思想政治理论课话语体系的"大众话"。大道至简，真理质朴，最高的道该是最简约的、最深的理当是最明白的，"最高限度的马克思主义=最高限度的通俗化。"③ 真正的大道不是故弄玄虚的，更不是拿来吓唬人的，而是借以解决实际问题的。马克思主义是让老百姓过上好日子的学问，是研究人类解放和进步的学说，也应该是至简的。高校思想政治理论课要以通俗化的语言揭示马克思主义的真理精神，以喜闻乐见的形式阐释马克思主义的根本内容，以简单明了的话语呈现马克思主义深邃的思想灵魂，说出高校思想政治理论课话语体系的"大白话"。

---

① 陈锡喜. 平易近人——习近平的语言力量 [M]. 上海：上海交通大学出版社，2014：64.
② 习近平. 在法建交五十周年纪念大会上的讲话 [N]. 人民日报，2014-03-29（2）.
③ 中共中央马克思恩格斯列宁斯大林著作编译局. 列宁全集：第 36 卷 [M]. 北京：人民出版社，1959：468.

三、用古代典籍、经典名句给大学生以思想启迪、精神激荡

纵览习近平历次讲话的语言风格，其一大突出特点是擅以古代典籍分析问题，长于经典名句阐述思想，常常引用名家名作名言来说明深刻的道理。诸子百家，信手拈来，运用恰如其分，折射着他治理现世的态度；唐诗宋词，寄意深远，运用恰到好处，赋予新的时代价值。他用王国维的"三境界"形容党员干部的学习：先要登高望远、瞰察路径，有"望尽天涯路"的雄心壮志和远大追求；然后要恒久地坚守与执着，耐得住经得起"昨夜西风凋碧树"之孤寂；再怀"衣带渐宽终不悔"和不惧"人憔悴"的淡然心境，最后达到"灯火阑珊处"的境地。① 谈官员如何为政时引用"政者，正也。其身正，不令而行；其身不正，虽令不从"②；他强调为官者要心怀敬民之心，"乐民之乐者，民亦乐其乐；忧民之忧者，民亦忧其忧"③；谈官员如何立德时引用"一心可以丧邦，一心可以兴邦，只在公私之间尔"④；在谈如何求同存异、合作共赢时引用"万物并育而不相害，道并行而不相悖"来说明。他强调干部要有勇气和担当时引用了苏轼的"为国不可以生事，亦不可以畏事"⑤；他警示干部要早做谋划、未雨绸缪，"天下之患，最不可为者，名为治平无事，而其实有不测之忧"；教导干部要临危不乱、处变不惊，"临大事而不乱，临利害之际不失故常"⑥；要求干部做民生工作要一丝不苟，落实抓细，"但愿苍生俱饱暖，不辞辛苦出山林"⑦。精练而深刻的文风中折射出他真挚的为民情怀，彰显着他鲜明的治国理念，展示了他勇于担当的执政风格，表现着他杰出的政治智慧。

习近平指出："博大精深的中华优秀传统文化是我们在世界文化激荡中站稳脚跟的根基。中华文化源远流长，积淀着中华民族最深层的精神追求，代表着中华民族独特的精神标识，为中华民族生生不息、发展壮大提供了丰厚滋养。"⑧ 构建高校思想政治理论课话语体系离不开中华优秀传统文化的

---

① 习近平. 之江新语 [M]. 杭州：浙江人民出版社，2007：6.
② 杨振武. 习近平用典 [M]. 北京：人民日报出版社，2015：25.
③ 习近平. 之江新语 [M]. 杭州：浙江人民出版社，2007：247.
④ 杨振武. 习近平用典 [M]. 北京：人民日报出版社，2015：59.
⑤ 杨振武. 习近平用典 [M]. 北京：人民日报出版社，2015：27.
⑥ 杨振武. 习近平用典 [M]. 北京：人民日报出版社，2015：49.
⑦ 杨振武. 习近平用典 [M]. 北京：人民日报出版社，2015：5.
⑧ 习近平. 把培育和弘扬社会主义核心价值观作为凝魂聚气强基固本的基础工程 [N]. 人民日报，2014-02-6（1）.

"根"和"脉",高校思想政治理论课教师要挖掘中华优秀传统文化中珍贵的话语资源,滋养高校思想政治理论课的教育对象、教育环境和教育过程,弥补长期以来高校思想政治理论课中国话语缺失的问题,使教学话语凸显中国风格,形成中国气派。正如毛泽东所说:"我们是马克思主义的历史主义者,我们不应当割断历史。从孔夫子到孙中山,我们应当给以总结,承继这一份珍贵的遗产。"① 传统典籍中往往蕴藏着丰富的智慧,经典名句中常常包含着深刻的哲理,构成了魅力无限的诗化语言、丰富多彩的话语资源,锻造了中国人的精神品格,映现着中国人的独特气质,展示了中国人的价值选择。这些典籍寓意深刻,这些经典历久弥新,通过挖掘、整理加以利用,在中华民族优秀文化遗产的崭新诠释中启迪学生思想、激荡学生精神。

四、用诗情画意、感情至真的语言向大学生抒发赤子情怀、家国情意

无情未必真豪杰,感人至深者莫过于情。习近平的每一篇感人讲话或优秀文稿无不在字里行间流淌着一种真情实感,有了丰富的感情在里面跃动,语言文字也充满了灵气。习近平在论述中国梦时讲道:中华民族走过了"雄关漫道真如铁"的昨天,正豪迈地跨越"人间正道是沧桑"的今天,"长风破浪会有时"的美好明天在招引着我们前行。回首历史,他饱含深情:"我仿佛听到了山间回荡的声声驼铃,看到了大漠飘飞的袅袅炊烟。"② 展望未来,他感慨良深:"不能身体已进入 21 世纪,而脑袋还停留在冷战思维、零和博弈的旧时代"③。他常常用诗情画意的语言表达情怀,以感情至真的语言抒发情意,展现着一个大国领袖内在丰富而绵密悠长的家国情怀。他号召人民投入波澜壮阔的伟大时代,中国人民"共同享有人生出彩的机会,共同享有梦想成真的机会,共同享有同祖国和时代一起成长与进步的机会。"④ 他满怀激情地呼吁"有梦想,有机会,有奋斗,一切美好的东西都能够创造出来。"⑤ 他之所以能表达出诗情画意般的语言,抒发出诗情画意般的情怀,是因为

---

① 毛泽东. 毛泽东选集:第 2 卷 [M]. 北京:人民出版社,1991:534.

② 习近平. 弘扬人民友谊共创美好未来——在纳扎尔巴耶夫大学的演讲 [N]. 人民日报,2013-09-08 (3).

③ 习近平. 积极树立亚洲安全观共创安全合作新局面——在亚洲相互协作与信任措施会议第四次峰会上的讲话 [N]. 人民日报,2014-05-22 (2).

④ 习近平. 在第十二届全国人民代表大会第一次会议上的讲话 [N]. 人民日报,2013-03-18 (1).

⑤ 习近平. 在第十二届全国人民代表大会第一次会议上的讲话 [N]. 人民日报,2013-03-18 (1).

"每到一个地方，我就会想起当年的事情，触景生情，感慨良多"，是因为他心中充满了热爱祖国、相信人民、感恩生活的炽热情感，更体现了他作为英明领袖的赤子情怀和家国情意！

语言因思想而拥有灵魂，因情感而获得生命。只有将深刻的思想、丰富的情感融入优美的语言，思想才能成为时代的最强音，情感才能最真挚。高校思想政治理论课教学不但要传授知识，还要传播思想、宣传真理，更要鼓舞精神、塑造灵魂、激励斗志、唤醒情意。反观有些教师的思想政治理论课，往往是教学话语过分拘泥于教材，教材有什么就讲什么，或者大段复述教材话语，或者干脆照本宣科。诚然，教学活动需要以教材为基本遵循，但是必须遵循教学规律和学生成长成才规律而进行。书面形式的教材话语必然讲究其科学性、逻辑性和完整性。高校思想政治理论课教师要善于运用感染力强的话语激发青年人的进步渴求，激励其爱国情感，鞭策其健康成长，让理性思索在情感锻造中升华，使民族精神在青年学子中薪火相传。使学生受到强烈的心灵震撼，达到情理交融、以情明理之目的。所以教师必须把教材话语巧妙地转化为学生容易接受的教学话语，正如习近平所指示的那样，"讲好中国故事，传播好中国声音"。①

总之，习近平讲话的语言风格具有鲜明的中国风格与中国气派，闪耀着最精确、最优美、最富于激情与智慧的光芒，极大地增进了人民群众对中国特色社会主义理论的认同感和对新一届党中央的认可度。高校思想政治理论课话语体系建设一定要从"习式风范"中汲取精神食粮，使之走出脱离实际、刻意制造话语模式的困境，多说真话、实话、心里话，多讲故事、讲道理、讲优秀传统。以不同特色、不同风格、不同气魄的话语体系开展高校思想政治教育，不断增强话语体系的亲和力、感染力，日益彰显出高校思想政治教育的独特魅力。

(本文原载于《思想教育研究》2017 年第 9 期)

---

① 习近平. 胸怀大局把握大势着眼大事努力把宣传思想工作做得更好 [N]. 人民日报，2013-08-21（1）.

六问法：思想政治理论课教学突出问题导向的探索

谭顺　丁乃顺　刘芳

山东理工大学马克思主义学院

摘　要： 强化问题意识，突出问题导向，完善课堂教学设计是当前提升高校思想政治理论课教学实效性的有益探索与尝试。为此，高校思想政治理论课课堂教学可推行"六问法"，即问题何在？问题何重？问题何由？题解何法？题解何效？题解何为？依据问题发生及发展逻辑，归纳问题类型，弄清问题程度，摸准问题症结，在此基础上探索解题方法，引导学生确立问题意识，提升运用马克思主义理论认识问题、分析问题、解决问题的能力及水平。

教学实效性不高是困扰当前高校思想政治理论课教育教学的一个突出问题。习近平总书记在全国高校思想政治工作会议上强调，要用好课堂教学这个主渠道，思想政治理论课要坚持在改进中加强，提升思想政治教育亲和力和针对性，满足学生成长发展需求和期待。① 目前，提高课堂教学实效的关键在于强化问题意识，突出问题导向，切实解决大学生思想政治理论课教育教学中存在的实际问题。"问题意识导向下的高校'思政课'教学体系以问题为纽带，将问题贯穿于'思政课'教学全过程中，以问题为中心的教学理念是出发点，基于问题逻辑的问题教学内容体系是关键点，教学方法则是落脚点。"② 为此，需要大胆改革与创新课堂教学设计及组织，围绕问题主线，完善教学环节。近年来，山东省高校思想政治理论课教学名师工作室——谭顺

---

① 习近平在全国高校思想政治工作会议上强调把思想政治工作贯穿教育教学全过程开创我国高等教育事业发展新局面 [N]. 人民日报，2016-12-09（1）.

② 王雪婷，张云，王金洲. 基于问题意识导向的思想政治理论课教学改革研究 [J]. 学校党建与思想教育，2016（24）：51-53.

工作室积极推进课堂教学的探索与尝试，不断总结教学实践经验，提炼形成思想政治理论课课堂教学"六问法"：一是问题何在？大学生在思想政治理论课学习中存在什么问题，厘清问题类型及性质；二是问题何重？摸清问题的普遍程度及严重程度；三是问题何由？找出问题表象背后的本质，摸准问题产生的根源及症结；四是题解何法？对症施治，提出解决问题的思路及对策；五是题解何效？在解题环节、步骤中动态检测实际成效；六是题解何为？即确立科学问题意识，提升大学生问题认知及处理能力。在对大学生开设的四门思想政治理论课中，"马克思主义基本原理概论"和"毛泽东思想和中国特色社会主义理论体系概论"的教学任务以理论教育为主，本文主要针对这两门课进行课堂教学设计研究。

一、问题何在、何重、何由？——问题诊断及确认

课堂调查发现，大学生在思想政治理论课学习过程中不同程度地存在七类问题：一是理论认知问题，表现为对基本范畴、基本观点、基本原理的认识不正确、不准确、不全面、不系统。二是理论运用问题，表现为学生仅满足于知识点的学习，惯用机械性记忆，欠缺举一反三、学以致用的能力与意识。三是科学预测问题，学生了解马克思主义唯物史观及人类社会发展规律，却不能科学推理、准确预见社会发展的基本走势及重要特征，欠缺必备的鉴别、判断及预测能力。四是答题技巧问题，集中表现为审题不准，答题不聚焦，分析不全面、不深入，缺乏逻辑与层次。五是语言表达问题，语法不规范，用词不当，词不达意，表达主题不明确，观点混乱。六是思维定式问题，有的学生习惯因果分析，有的学生习惯多层深挖，还有的学生习惯单层平铺、随意罗列或散乱无序。可见，大部分学生养成了固定思维或惯性思维模式，导致认识存在单一性、片面性及局限性。七是立场倾向问题，部分学生看法偏执，对待社会问题的评判掺杂着个人主观臆断与情感倾向，忽视客观标准与真实判断。

在这些问题中，有些是常规的显性问题，有些则是潜在的隐性问题。相较而言，在以往的思想政治理论课教学中，较多注重学生的显性问题而相对忽视隐性问题。例如，重理论学习问题，轻理论运用、科学预测问题；重理论教育问题，轻方法、思维、立场教育问题；重学生知识传授问题，轻价值引领、践行引导问题；等等。只见显性问题而忽视隐性问题，就会导致学生教育缺乏系统性、整体性、有效性，这本身就是思想政治理论课教育教学中的一个重要的却被长期忽视的问题。

　　由此可见，学生存在的大部分学习问题只是问题的表现，属于表层问题。这些问题何以产生呢？为此，需要找出表层问题背后的深层问题，即问题产生及存续的根源和症结，这才是对症施治、提高教学实效的根本前提。学生存在学习问题，在很大程度上意味着教师教学存在问题。思想政治理论课的传统课堂教学方式过分注重知识点、理论体系的讲授，却忽视或欠缺对大学生进行马克思主义理论思维及方法的训练与培养，这是当前大学生思想政治理论课教育教学问题的根本症结所在。理论学习、理论运用、理论践行是三个层次的培养目标，把理论讲全、讲深、讲透、讲活有助于大学生对理论知识及理论体系的学习与理解，但不等同于学生听懂、会用、信服乃至践行。"授人以鱼，莫如授人以渔"，从知识教育到能力培养、思维训练应当是切实提高思想政治理论课教育教学实效的根本路径。

二、题解何法？——解决方式及工具

　　"工欲善其事，必先利其器"，为达成教学目的，好的教学问题就是教师握在手中的利器。教师以"问题"作为教学的出发点，把"问题"作为基本要素来组织教学，用"问题"贯穿整个教学过程。① 为此，需要在思想政治理论课课堂教学中改进与完善问题性教学法：第一，问题性教学作为主要的教学方式及手段，目的在于对学生达成知识学习、方法训练、思维养成等系列培养目标，而不是仅以问题作为学生学习成绩好坏的考查、评价手段。第二，问题性教学是课堂教学的主要方式，各个教学环节均遵照问题逻辑而设计和展开，知识讲授辅助问题教学。第三，问题性教学运用的教学问题是根据教材、学生、教师三者特点及需要而设计的体系化教学问题。

　　什么才是思想政治理论课教学的好问题？好问题的关键在于有用、能用、好用，有助于实现思想政治理论课多重教学目标：传授知识、教授方法、训练思维、提高能力、培育素养、坚定立场。"在当前新形势下，究竟应该如何提出问题，问题要体现怎样的价值，采用怎样的范式解答问题最有效，已成为思想政治理论课教育教学改革首当其冲的问题。"② 好问题应当对大学生具有多维度、多层次、多效力的训练、教育、培养功效。因此，思想政治理论

---

①　顾晓英. 基于问题解析的思想政治理论课教学方法研究［J］. 学校党建与思想教育，2016（4）.

②　章小朝. 高校思想政治理论课教学的问题意识与专题化教学［J］. 思想理论教育导刊，2015（10）.

课教学问题设计应当遵循以下基本原则：一是在问题本质上要"深"一点，启发学生从现象看本质，增强思维的层次性。二是在问题视域上要"开"一点，培养学生整体性、全面性、立体性分析问题的能力及意识。三是在问题立意上要"高"一点，推动价值引领，强化立场导向，发挥精神塑造作用。四是在问题技巧上要"转"一点，尽可能避免问题过于直白、简单，引导学生利用知识迁移规律，培养学以致用、触类旁通、举一反三的能力。五是在问题难度上要"实"一点，问题设计要考虑学生的能力基础，也要考虑教师的驾驭能力，还要考虑与教材、大纲的衔接程度。

教学问题设计应当突出多重功能的衔接与配合，尽可能避免问题的单层化、狭隘化、小众化设计：兼顾纠错功能与启发功能，突出问题的灵活性；兼顾固基功能与引领功能，突出问题的目的性；兼顾区分功能与众益功能，突出问题的层次性；兼顾整合功能与拓展功能，突出问题的挑战性；兼顾保护功能与激励功能，突出问题的实效性。每个问题均有所侧重，但须力求发挥综合性教育、训练功效，每个教学问题本身就是一个复合设计，各个问题相互补充、整体配合，构成更大的复合设计，共同着眼于学生整体能力、综合素质的培养与提高。

"毛泽东思想和中国特色社会主义理论体系概论"课的部分课堂教学问题设计如下：（1）试述中国化马克思主义对马克思主义的创新与发展。（2）新民主主义革命理论与马克思无产阶级革命理论的比较分析。（3）试析我国社会主义改造作为一场社会革命的独特性。（4）试述我国新民主主义革命时期、新民主主义社会及社会主义初级阶段的主要矛盾。（5）根据马克思的社会发展理论，试析我国社会主义初级阶段的发展趋向。（6）我国以经济建设为中心究竟是指发展生产关系还是发展生产力？（7）试析中国改革开放进程的特点——兼述我国改革开放成功的原因。（8）试比较社会主义经济与社会主义市场经济。（9）在祖国统一问题上，台湾问题与港澳问题有何不同？（10）鹰派与鸽派之争：中国当代外交战略的抉择。（11）试析当代中国外交的特点。（12）中国共产党面临新的考验及其原因分析。

"马克思主义基本原理概论"课的部分课堂教学问题设计如下：（1）分析题：心有多大，舞台就有多大。（2）辨析题：任何事物之间都存在联系。（3）分析题：运用矛盾规律分析中日钓鱼岛之争。（4）分析题：根据白居易的《放言》诗，试分析认识的特性。（5）辨析题：真理包含谬误的成分，谬误也包含真理的成分。（6）问答题：既然生产力决定生产关系、经济基础决定上层建筑，那么是否可以从今天美国的生产力要比中国发达得出结论：美国的经济基础优于中国的经济基础，美国的上层建筑要比中国的上层建筑先进呢？（7）问答题：商品价值量与劳动生产力成反比关系，那么为什么随着社会生产进步，许多商品的价格不降反升呢？（8）思考题：运用马克思的劳动力价值理论解析中美工人的工资差异。（9）分析题：试述资本有机构成、产业结构与就业问题及其发展趋势。（10）问答题：如何评价计划经济与市场经济的资源配置效率？（11）分析题：根据马克思的剩余价值理论，试述资本家间的竞争与合作。

三、题解何效？——教学环节及成效

问题性教学在课堂教学过程中，可采用四个环节：一是"讲"，教师把教材的重点难点问题讲透、讲深、讲全，扫除学生学习的主要障碍。二是"学"，学生阅读教材，通过自学了解知识点、掌握知识体系、理论体系。三是"练"，学生以小组为单位针对教学问题完成集体讨论、书面作答，达到巩固知识、训练思维、提升能力的目的。四是"评"，教师针对学生答题情况进行讲评，引导学生客观认识及评价自身的不足及长处。以上四个环节就是四个学习台阶，学生渐进完成学习、巩固、提高、升华的梯级学习目标。

"评"是课堂教学的中心环节，具有三项基本内容：第一，选出代表性作业作为样本，让学生自主鉴别优劣、好坏，并且给予不同分值。这项内容的目的在于培养学生既知对错，又知优劣、好坏、高低、深浅、偏正、宽窄，明晰价值判断、是非判断、真假判断、美丑判断等多种判断标准，塑造多维度认识问题的能力及意识。第二，教师公布得分情况及赋分标准，点评加减分依据，归纳错误及不足，让学生"知其然"，又"知其所以然"，明确改进方向。第三，公布参考答案，不是标准答案，也不是唯一答案，只是在深度、广度、高度、精度等方面给予学生启发与引导，让学生均有收益，实现不同程度的获得感。

在"评"的环节既要让学生明确自己的学习问题及不足，又要明确自己的学习任务及改进方向，二者间的差距及空间即合理规定学生个人的学习目标。调研发现，大学生在思想政治理论课学习中，不仅存在理论认识层面的问题，而且存在理论表达层面的问题，事实上理论认识问题往往是通过理论表达问题反映出来的。例如，在做课堂作业时，有些学生存在"认识问题太浅，认识角度过于单一"的问题，部分学生存在"答题逻辑性不强，问题不聚焦"的问题，有的学生存在"审题不认真，出现跑题、偏题"的问题，个别学生还存在"认识不准确，判断力不够"等问题。为做到有的放矢，不仅

教师要准确把握学生存在的学习问题，学生也要精准把握自己存在的学习问题，从而保证教有目标，学有动机。

对问题的讲评宜采取解剖麻雀的方式，避免学生囫囵吞枣、犯重复性错误。把每个教学问题都充分利用，发挥最大教育及训练功效，力求讲清、讲透、讲彻底、讲到位。当然，对于不同问题以及不同教育任务，也应区别对待，各有侧重，灵活掌握，例如，在道理说服上，讲透不讲全，点到为止，给学生留下思考的空间；在技艺训练上，宜细不宜粗，善工笔画而非写意画，目的是只有精雕细琢才能给学生提供效仿的模板；在视野开掘上，宜宽不宜窄，不求全责备，鼓励学生大胆假设，小心求证；在意识培养上，对学生重启不重答，多给学生思路，少给学生答案，多些启发与引导，少些训诫及说教。总之，教学问题不同于考题，教给学生的不是答案，而是探究、组织、表达答案的思路、方式、方法；教学问题不是用来传授确定不移的知识，而是对学生进行教育及训练的工具；教学问题不在于检验学生已有的能力和水平，而在于开发和提高学生潜在的能力和水平。

实践证明，问题性教学法能够在思想政治理论课课堂教学中取得了较好的成效，学生可在了解马克思主义理论体系、培养和提高运用马克思主义理论认识、分析、解决问题的意识与能力以及坚定马克思主义信仰与立场等多个层面取得了收获与进步。不过，相较而言，初级层次的教学效果较好，而中高级层次的教学效果仍有较大的提升空间，这也为思想政治理论课教育教学的改革与创新提出现实任务。

四、题解何为？——培养科学的问题意识

思想政治理论课教学实效性强不强、高不高、好不好，恰恰体现在大学生科学问题意识是否树立、认识和解决问题的能力是否提高。可见，对大学生学习而言，缺乏问题远比存在问题更可怕。问题不是大学生学习的绊脚石而是铺路石，不是学习的拦路虎而是敲门砖。对此，大学生应当克服畏惧、逃避、轻视、倦怠问题的意识。

对大学生学习而言，提出问题比解答问题更重要。问题一般意味着不足及缺陷，大学生往往认为在学习中遇到的问题越少越好，越简单越好，岂不知这种认识远比问题本身更有害。大学生的成长与进步并不是体现为问题越少越好，而在某种程度上，越优秀的大学生，发现未知世界的兴趣就越浓厚，探究新问题就越专心、越高效，提出的问题就越多，从而推动其知识域、能力域、素养域不断拓宽、延展，呈现持续发展的进步状态。因此，大学生不

应该单纯追求解答问题，而应积极探究问题，从中体味成长与进步的乐趣。

对于思想政治理论课教师的教学而言，给予学生启发比给予答案更重要。"思想政治理论课教学不仅要发现问题、设计问题和分析问题，更要明确是为了实现什么目标而发现问题、设计问题和分析问题，这是思想政治理论课教学的关键所在。"① 思想政治理论课教学问题设计的目的，不仅在于向大学生传授理论知识、观点及立场，而且在于培养学生问题意识，养成科学理论思维。归根结底，这些问题的作用不在于提供标准答案，而在于启发大学生更深、更远、更广阔、更有价值、更富有创造性的思考。

对于思想政治理论课教师的教学而言，指出学生存在的问题比解答学生提出的问题更重要。马克思指出："一个时代的迫切问题，有着和任何在内容上有根据的因而也是合理的问题共同的命运：主要的困难不是答案，而是问题。因此，真正的批判要分析的不是答案，而是问题。"② 发现显性的问题容易，发现隐性的问题难。大学生意识到自己存在的问题就是成长进步的新起点、新高度。在这一点上，思想政治理论课教师最大的作用就在于指出学生的问题，使其明确改进及发展的正确方向和目标。

（本文原载于《思想教育研究》2017 年第 10 期）

---

① 章小朝. 高校思想政治理论课教学的问题意识与专题化教学 [J]. 思想理论教育导刊，2015（10）.

② 中共中央马克思恩格斯列宁斯大林著作编译局. 马克思恩格斯全集：第 1 卷 [M]. 北京：人民出版社，2002：203.

高校思想政治理论课教学方法的"变"与"不变"

魏强　周琳

重庆大学马克思主义学院

摘　要： 当前，高校思想政治理论课教学方法改革如火如荼，出现许多思想政治理论课教学方法改革项目，并取得了不少创新成果。把准高校思想政治理论课教学方法改革的"变"与"不变"，即真理力量打动人、事实整体说服人、思想交锋引导人，有助于我们正确认识高校思想政治理论课教学方法改革，并增强高校思想政治理论课教师的教学自信。

2017年2月，中共中央、国务院印发的《关于加强和改进新形势下高校思想政治工作的意见》中明确指出，深入实施高校思想政治理论课建设体系创新计划，就要创新教学方法，增强教学吸引力、说服力、感染力。近年来，高校思想政治理论课教学方法改革虽然取得了一些创新成果，但是不少高校思想政治理论课教师对教学方法改革时感困惑、疲乏，认为思想政治理论课教学方法甚至比不少专业课程的教学方法更为难学难用，一定程度上影响着高校思想政治理论课教师的教学自信。无论高校思想政治理论课教学方法如何改革，只要把准高校思想政治理论课教学方法改革的"变"与"不变"，就有助于我们正确认识高校思想政治理论课教学方法改革，更好地推进高校思想政治理论课教学工作。

一、真理力量打动人

高校思想政治理论课程体系是马克思主义理论体系的课程载体，是"马克思主义理论体系向课程体系转化的成果"①,是高校思想政治理论课教学体系的重要遵循。无论高校思想政治理论课名称、内容,甚至方案随着时代发展如何调整和改变,"高校思想政治理论课本质上是反映和传播自然界和人类社会发展的普遍规律、中国特色社会主义发展的规律和人的全面发展的规律的三大规律性认识构成的马克思主义理论体系的课程体系"②。因此,无论高校思想政治理论课教学方法如何改革,总要围绕马克思主义理论体系开展教学,总要以马克思主义理论包括马克思主义中国化的最新理论成果来自觉影响、说服、武装广大青年学生。理论之所以能够说服人,一定离不开理论的真理魅力和逻辑力量。正如马克思所说:"理论只要说服人,就能掌握群众;而理论只要彻底,就能说服人。所谓彻底,就是抓住事物的根本。"③ 理论如果没有抓住事物根本,或者出现逻辑错误,都不能真正打动学生。归根结底,高校思想政治理论课教学过程实质是马克思主义理论说服广大青年学生的过程。马克思主义理论的真理性、彻底性,集中体现为马克思主义对自然界、人类社会和人的全面发展规律的科学揭示。把准高校思想政治理论课教学方法改革的"变"与"不变",就是要以揭示自然界和人类社会发展客观规律、揭示中国特色社会主义建设发展客观规律以及揭示人的全面发展客观规律的科学理论来教育引导广大青年学生。

其一,马克思主义理论要通过高校思想政治理论课彰显真理伟力并真正为广大青年学生所掌握,高校思想政治理论课教师首先就得精通马克思主义理论。"对于马克思主义的理论,要能够精通它、应用它,精通的目的全在于应用。如果你能应用马克思列宁主义的观点,说明一个两个实际问题,那就要受到称赞,就算有了几分成绩。被你说明的东西越多,越普遍,越深刻,你的成绩就越大。"④ 如果对于马克思主义理论不了解、不熟知、不精通,只是时常引用只言片语,只是强势呈现个别结论,只是依葫芦画瓢,那么高校思想政治理论课教学极易出现假、大、空的理论呈现样式,而这样的理论教学不仅不能说服人、开导人、武装人,还会招致学生腻烦。

① 骆郁廷. 高校思想政治理论课的"变"与"不变" [J]. 思想理论教育导刊, 2013 (4): 74.
② 骆郁廷. 高校思想政治理论课的"变"与"不变" [J]. 思想理论教育导刊, 2013 (4): 76.
③ 中共中央马克思恩格斯列宁斯大林著作编译局. 马克思恩格斯文集: 第1卷 [M]. 北京: 人民出版社, 2009: 11.
④ 毛泽东. 毛泽东选集: 第3卷 [M]. 北京: 人民出版社, 1991: 815.

其二，要以理论打动学生，还需要强大的逻辑力量。高校思想政治理论课教学，"要有理论与逻辑的力量，这就要有健全的思维和严谨的推理，以真理的力量来说服人、打动人"①，离开环环相扣的逻辑推演，离开"不可战胜的逻辑力量"，同样难以钳住广大青年学生。以列宁的演说为例，列宁的演说之所以能打动听众，很大程度归功于列宁演说当中"不可战胜的逻辑力量"。"列宁演说中的逻辑好象许多万能的触手，从各方面把你钳住，使你无法脱身：你不是投降，就是完全失败。"② 高校思想政治理论课教学，就要以精通马克思主义理论为基础，并伸出"万能的触手"从各方面打动青年学生。

其三，要以理论打动青年学生，还要注重说理鲜明透彻。"我们必须坚持真理，而真理必须旗帜鲜明……我们党所进行的一切宣传工作，都应当是生动的，鲜明的，尖锐的，毫不吞吞吐吐……用钝刀子割肉，是半天也割不出血来的。"③ 说理鲜明透彻，就是要把马克思主义理论的真理含义说清、内容说明、实质说透，万不可"以其昏昏使人昭昭"，而要"以其昭昭使人昭昭"。彻底的理论只有依靠透彻的说理，才能真正发挥释疑解惑的功效。

总之，无论高校思想政治理论课教学方式方法如何改变，高校思想政治理论课必须自始至终旗帜鲜明地坚持马克思主义，理直气壮地宣传马克思主义理论，用真理的力量、"万能的触手"从各方面打动广大青年学生。

二、事实整体说服人

无论高校思想政治理论课教学方法如何改革、教学形式如何变化、教学方式如何创新，高校思想政治理论课教学总要基于事实整体来说服青年学生。事实教育法是马克思主义理论教育极其重要的方法。马克思主义者高度重视用事实教育引导人民群众。当谈到列宁为工人写的小册子的时候，克鲁普斯卡娅这样写道："这本小册子是从工人非常熟悉的具体事实出发，完全以仔细收集来的大批材料作根据，事实的叙述又很清楚。在小册子内所讲到的，拿来说服人的，都不是空话，而是具体的事实。这些事实说得这样明白，这样

---

① 复旦大学马克思主义研究院编. 当代中国马克思主义研究报告（2011—2012）：核心价值与意识形态建设 [M]. 北京：人民出版社，2013：286.

② 中共中央马克思恩格斯列宁斯大林著作编译局. 斯大林选集：上卷 [M]. 北京：人民出版社，1979：177.

③ 毛泽东. 毛泽东选集：第4卷 [M]. 北京：人民出版社，1991：1322.

令人信服，使工人一读之后，就能自己做出结论。"① 列宁也深刻指出："在社会现象领域，没有哪种方法比胡乱抽出一些个别事实和玩弄实例更普遍、更站不住脚的了。挑选任何例子是毫不费劲的，但这没有任何意义，或者有纯粹消极的意义，因为问题完全在于，每一个别情况都有其具体的历史环境。如果从事实的整体上、从它们的联系中去掌握事实，那么，事实不仅是'顽强的东西'，而且是绝对确凿的证据。如果不是从整体上、不是从联系中去掌握事实，如果事实是零碎的和随意挑出来的，那么它们就只能是一种儿戏，或者连儿戏也不如。"②

具体来说，坚定广大青年学生对中国特色社会主义的"四个自信"，要从体现中国特色社会主义"四个自信"的"可感触到的物质事实"、从"全部事实的总和"、从"事实的联系"去掌握的事实而不是胡乱抽出的个别事实和玩弄实例来说服教育青年学生。毫无疑问，社会主义革命、建设、改革的历程并不会一帆风顺，往往会遇到各种各样的困难和挫折，往往会在探索前进的过程中出现失误和障碍，往往会显露出需要通过自我完善来解决突出问题，但是，并不能因此否定社会主义革命、建设、改革取得的以事实整体反映出来的辉煌成绩，更不能因此否定社会主义革命、建设、改革必须坚持的正确道路。总而言之，如果不是从事实整体出发，而是胡乱抽出个别事实，就极易得出经不起历史和实践检验的结论，甚至走向历史虚无主义的"窠臼"。

社会主义的优越性，归根结底，是要用实践来回答，要以事实整体来作答。邓小平反复强调："一定要使人民得到实惠，得到看得见的物质利益，从切身经验中感到社会主义制度的确值得爱。"③ "群众从事实上感觉到党和社会主义好，这样，理想纪律教育，共产主义思想教育和爱国主义教育，才会有效。"④ 提升高校思想政治理论课教学实效，深化高校思想政治理论课教学方法改革，始终都绕不开让广大青年学生从切身经验感受到"社会主义制度的确值得爱"，始终都绕不开让广大青年学生从事实整体感受到"社会主义是好东西""马克思主义是好东西"。邓小平还反复强调，我们要把握时机发展

---

① 克鲁普斯卡娅. 论列宁［M］. 中共马克思恩格斯列宁斯大林著作编译局，译. 北京：生活·读书·新知三联书店，1960：199.
② 中共中央马克思恩格斯列宁斯大林著作编译局. 列宁全集：第 28 卷［M］. 北京：人民出版社，1990：364.
③ 中共中央马克思恩格斯列宁斯大林著作编译局. 列宁全集：第 28 卷［M］. 北京：人民出版社，1990：685.
④ 邓小平. 邓小平文选：第 3 卷［M］. 北京：人民出版社，1993.

自己、壮大自己，不能空喊社会主义口号，而要用建设、改革的丰富事实展现社会主义优越性，从而通过事实增强人民群众信心。"社会主义是好东西，但如果是穷社会主义总不能说是好的。马克思主义是好东西，但如果马克思主义不能带来人民生活的改善，谁还相信马克思主义？社会主义是要使国家富强起来。"①

　　总而言之，社会生产力的发展，人民生活水平的提高，国家综合国力的提升，这些都能够彰显社会主义优越性的事实整体。高校思想政治理论课教学就是要以体现社会主义优越性的事实整体来教育引导广大青年学生，这些事实整体包括改革开放40年来中国共产党人团结带领中国人民不懈奋斗取得的光辉成绩。改革开放之初，邓小平就思想理论工作的任务问题强调："实现四个现代化所必须坚持的四项基本原则，虽然我已经说过都不是什么新问题，但是这些原则在目前的新形势下却都有新的意义，都需要根据新的丰富的事实作出新的有充分说服力的论证。这样才能够教育全国人民，全国青年，全国工人，解放军全体指战员，也才能够说服那些向今天的中国寻求真理的人们。"② 高校思想政治理论课教学的重要内容，包括坚持四项基本原则等基本理论内容都要以"新的丰富的事实作出新的有说服力的论证"，这样，才能以"新的丰富的事实"说服广大青年学生。无论高校思想政治理论课教学方法如何变化，提升高校思想政治理论课教学实效，就要以新颖、丰富的事实来对社会主义主流意识形态进行充分有力的论证。

三、思想交锋引导人

　　推进高校思想政治理论课教学方法的"网上改革"或者"网下改革"，总要面对日益开放的社会思想文化环境，总要面对多元思想价值观念的在场，总要正视正确思想政治观点与错误思想政治观点的同在，关键是要通过思想交锋来发展正确的思想政治观点，让正处在价值观形成和确立关键期的青年学生形成正确的思想价值观念。"正确的东西总是在同错误的东西作斗争的过程中发展起来的。真的、善的、美的东西总是在同假的、恶的、丑的东西相比较而存在，相斗争而发展的。"③ 面对世界范围内各种思想文化交流交融交

①　中共中央马克思恩格斯列宁斯大林著作编译局. 列宁全集：第28卷［M］. 北京：人民出版社，1990：687.

②　邓小平. 邓小平文选：第2卷［M］. 北京：人民出版社，1994.

③　中共中央文献研究室. 毛泽东文集：第7卷［M］. 北京：人民出版社，1999：230.

锋的新形势，面对整个社会思想价值观念呈现多元多样、复杂多变的新特点，我们经常可以看到有些地带"鲜花"遍野，同时会看到有些地带"鲜花""毒草"同生同长，并且还可能会看到有些地带"毒草"蔓延。正如习近平强调指出："当今时代，社会思想观念和价值取向日趋活跃，主流的和非主流的同时并存，先进的和落后的相互交织，社会思潮纷纭激荡。我说过，思想舆论领域大致有红色、黑色、灰色'三个地带'。红色地带是我们的主阵地，一定要守住；黑色地带主要是负面的东西，要敢于亮剑，大大压缩其地盘；灰色地带要大张旗鼓争取，使其转化为红色地带。"① 中国共产党人深刻认识到，"思想文化阵地，马克思主义、无产阶级的思想不去占领，各种非马克思主义、非无产阶级的思想甚至反马克思主义的思想就会去占领。"②

高校思想政治理论课是加强和改进新形势下高校意识形态工作的主渠道，无论教学方法如何改革，掌握高校意识形态工作的主动权、管理权、领导权，守住"红色地带"，转化"灰色地带"、压缩"黑色地带"，总是离不开马克思主义同非马克思主义的较量斗争，总是需要正确的意见"见见风雨""取得免疫力"，最终"打胜仗"。就像毛泽东深刻指出的那样："正确的意见如果是在温室里培养出来的，如果没有见过风雨，没有取得免疫力，遇到错误意见就不能打胜仗。因此，只有采取讨论的方法，批评的方法，说理的方法，才能真正发展正确的意见，克服错误的意见，才能真正解决问题。"③ 可见，推进高校思想政治理论课教学方法改革，如果不把握以思想交锋引导人这个"变"与"不变"，则极易把高校思想政治理论课教学置于"心灵鸡汤""自说自话""闭门造车"之境地，极易导致社会主义主流意识形态缺乏思想交流的豪气、缺乏价值对话的底气以及缺乏思想交锋的勇气，那么，高校思想政治理论课宣传的马克思主义的真理性、战斗性将逐渐"褪色"，当然，这同样影响高校思想政治理论课教学实效的提升。

现在，广大青年学生既在"网下"生活学习，又在"网上"生活学习，还有人用"无人不网""无处不网""无时不网"来描述当前广大青年学生的生活学习状态。2015 年 3 月，国家网信办公布的"民众信息获得模式调查"显示，中国大学生互联网使用率已经接近 100%。并且，在互联网的使用时长

---

① 习近平. 习近平谈治国理政：第 2 卷 [M]. 北京：外文出版社，2017：328.
② 中央宣传部，中央文献研究室. 论文化建设——重要论述摘编 [M]. 北京：中央文献出版社，2012：22.
③ 中央宣传部，中央文献研究室. 论文化建设——重要论述摘编 [M]. 北京：中央文献出版社，2012：232.

上，调查发现，大学生日均使用互联网时长超过 6 小时。"网络社交亮点纷呈、'网上生活'多姿多彩，同时，网上信息鱼龙混杂、良莠不齐、网上舆论多方角逐、震荡激烈，然而，移动互联网已经逐渐成为大学生这个十分活跃群体的重要'栖居地'"①。如果把青年学生的"网上生活学习场域"比作"堤外"，把"课堂教育教学场域"比作"堤内"，深化高校思想政治理论课教学方法改革，提高高校思想政治理论课教学实效，既不能以失去"堤外"为代价希冀"堤外损失堤内补"，更不能以失去"堤内"为代价希望"堤内损失堤外补"。如果这样，可能会导致"堤内堤外皆损失"，而要同时筑好"堤内"和"堤外"，使"堤内""堤外"齐发力。因此，无论是"堤内"还是"堤外"，推进高校思想政治理论课教学方法改革，既要承认多元思想价值观念并存的社会现实，又要敏锐观察到各种社会思潮竞相争夺青年受众的严峻形势，还要深刻分析并有力回应西方有些国家的"话语吸引""价值同化"，要通过设置价值话语、传播价值理念、开展价值观的较量交锋来应对别有用心的"话语吸引""思想渗透""价值同化"，从而增进社会价值共识、引领社会价值导向，引导广大青年学生自觉树立和践行社会主义核心价值观。

(本文原载于《思想教育研究》2018 年第 4 期)

---

① 魏强，周琳. 因事而化、因时而进、因势而新——做好高校学生思想政治工作的新要求 [J]. 思想政治工作研究，2017（3）：28.

"课程思政"与"思政课程"同向同行的理论阐释

邱仁富

上海大学马克思主义学院

摘　要：高校思想政治工作要因事而化、因时而进、因势而新。"思政课程"与"课程思政"同向同行要着力把握几点：在"同向"方面，要解决政治方向，育人方向和文化认同的统一性问题；在"同行"方面，要解决步调一致、相互补充、相互促进、共享发展的问题。要正确处理"同向"与"同行"的辩证关系，"同向"是"同行"的前提，"同行"是"同向"的目的。"课程思政"唯有与"思政课程"保持"同向"，才能为"同行"创造条件，最终实现结伴同行，形成协同效应。为此，推动"课程思政"与"思政课程"同向同行，要明确"课程思政"与"思政课程"同向同行的定位；要提炼核心课程，推动"课程思政"与"思政课程"同向同行；要建构以"思政课程"为主导的同向同行运行机制；要加强制度创新，为"课程思政"与"思政课程"同向同行提供根本保障。

高校的根本任务在于立德树人、以文化人。长期以来，高校思想政治理论课（以下简称"思政课程"）是思想政治工作的主渠道。习近平在全国高校思想政治工作会议上讲话指出，做好高校思想政治工作，要因事而化、因时而进、因势而新。要遵循思想政治工作规律，遵循教书育人规律，遵循学生成长规律，不断提高工作能力和水平。要用好课堂教学这个主渠道，思想政治理论课要坚持在改进中加强，提升思想政治教育亲和力和针对性，满足学生成长发展需求和期待，其他各门课都要守好一段渠、种好责任田，使各类课程与思想政治理论课同向同行，形成协同效应。① 顺应时代发展，坚持以人为本，必须看到高校合力育人的必然性，这就需要发挥"课程思政"的作用和功能，实现"课程思政"与"思政课程"协同发展，同向同行。

一、"课程思政"与"思政课程"的关系内涵

"思政课程"具有不可替代性，但是，"思政课程"作为一种课程体系总有其边界，仍具有有待提升的地方。由于"思政课程"的特殊性，使"思政课程"在育人方面，更强调政治属性，强调马克思主义的真理性、科学性，强调中国特色社会主义的实践性、真理性。随着现代社会的发展，现代复杂性社会需要从思维方式、创新能力等方面重新审视社会发展的脉搏，同样，也需要从这个角度去审视"思政课程"本身。"课程思政"正满足了以下这两个方面的需要。

（一）从"边界"的概念走向"边际"概念

立德树人涉及各学科、各类型的课程体系，"思政课程"体系只是其中不可或缺的一部分，甚至可以说得核心部分，发挥主渠道作用。但是，"思政课程"体系总有其边界。这种边界在某种程度上影响了"思政课程"育人的功能发挥。这就需要"课程思政"来补充。马克思说："问题就是公开的、无畏的、左右一切个人的时代声音。问题就是时代的口号，是它表现自己精神状态的最实际的呼声。"② 事实上人遇到的思想问题总是复杂的，人的问题复杂性突破了某个学科界限，涉及多学科问题，因而用"边际"的概念更好地适应现代问题的复杂性，进而提升多学科协同回答问题的质量。

（二）提升学生的思维方式和创新能力

立德树人，不仅要讲政治、讲信仰，还要讲思维方式、讲智慧。简而言之，我们要培养社会主义建设者和可靠接班人，说到底，不仅要讲政治，讲立场，还要讲能力、讲智慧，讲德才兼备。新时代，意味着中国在世界舞台将扮演更加重要的角色（越来越走近世界舞台的中央），这就需要国际化的人才培养，人才的国际性眼光，这些都要求人才培养必须要有新的理念、思维方式，要有适合全球化进程的创新能力等。"课程思政"在一定意义上补充了

---

① 习近平. 把思想政治工作贯穿教育教学全过程开创我国高等教育事业发展新局面［N］. 人民日报，2016-12-09（1）.

② 中共中央马克思恩格斯列宁斯大林著作编译局. 马克思恩格斯全集：第40卷［M］. 北京：人民出版社，1982：289.

"思政课程"的相对"不足"。因此，设立"课程思政"在新的历史条件下，推动高校合力育人也就显得十分必要，这是真正体现立德树人的根本。因而，要推动"课程思政"与"思政课程"同向同行，合力育人、全员育人、全过程育人。

二、"课程思政"与"思政课程"同向同行的科学内涵

进入新时代，既要继续发挥"思政课程"的主渠道作用，又要发挥"课程思政"的作用和功能，实现两者同向同行。习近平指出，其他各门课都要守好一段渠、种好责任田，使各类课程与思想政治理论课同向同行，形成协同效应。① 这是当前推动高校思想政治工作的一种重要的路径选择。然而，"课程思政"在何种意义上能够与"思政课程"同向同行？这一问题的回答必须弄清楚两个基本概念："同向"与"同行"，它们的内涵至少包含以下几个方面。

（一）"同向"问题的理解

"课程思政"与"思政课程"同向至少可以考虑几个向度：国家认同、政治认同、道路认同、理论认同、制度认同、文化认同等。归纳起来主要分三个层面：要解决政治方向的一致性问题，育人方向的一致性问题，文化认同的统一性问题。

1. 政治方向的一致性问题

"课程思政"与"思政课程"同向首先要在政治层面具有一致性，"课程思政"要把握政治方向，要树立大局意识，把握政治大局，与"思政课程"一道，共同推动大学生对国家认同、政治认同（这里包含对中华民族的认同、培养中华民族情感、对当代中国政治认同以及对马克思主义基本立场、观点和方法的认同等）。这是最核心的一点。两者不能相互拆台，不能阳奉阴违，借船出海。简单来说，"思政课程"正面阐述国家认同、政治认同等，"课程思政"要遥相呼应，不能拆台，甚至走向对立面（尽管这里还包含一个重大问题即"思政课程"对内容的理解和"课程思政"在内容上理解的差异性，因为学科的差异性对一些问题的理解存在一定的差异性）。但是，国家大局、政治大局始终要坚定不移、一以贯之，不容含糊。

---

① 习近平. 把思想政治工作贯穿教育教学全过程开创我国高等教育事业发展新局面［N］. 人民日报，2016-12-09（1）.

2. 育人方向的一致性问题

"课程思政"与"思政课程"同向必须要在立德树人、以文化人等育人方向上保持一致。不管是"课程思政"还是"思政课程"归根到底在于育人。然而，其方向一致性问题，最核心的是解决"培养什么样的人，为谁服务"的问题。当代中国，育人方向要统一到学习贯彻习近平新时代中国特色社会主义思想层面上来，培养人才是为了建设新时代中国特色社会主义服务的，是为了坚守新时代中国特色社会主义道路的，增强道路自信；是为了增强理解和发展新时代中国特色社会主义理论服务的，增强理论自信；是为了增强理解和发展中国特色社会主义制度服务的，增强制度自信；是为了增强理解和发展中国特色社会主义文化服务的，增强文化自信。党的十八大报告指出，中国特色社会主义道路，中国特色社会主义理论体系，中国特色社会主义制度，是党和人民 90 多年奋斗、创造、积累的根本成就，必须倍加珍惜、始终坚持、不断发展。① "课程思政"与"思政课程"在育人方向上都要统一到中国道路、中国理论、中国制度、中国文化的认同层面上来，增强道路自信、理论自信、制度自信和文化自信。

3. 文化认同的统一性问题

"课程思政"与"思政课程"建设归根到底还是一个文化认同、价值观认同的问题，这是解决一个民族文化自信的基石。习近平在庆祝中国共产党成立 95 周年大会上的讲话中指出，全党要坚定道路自信、理论自信、制度自信、文化自信，而"文化自信，是更基础、更广泛、更深厚的自信"②。文化能否自信，关乎教育根本，尤其是当中国发展到现在这个程度，当中国在世界体系中的位置发生一定变化的情况下，文化能否自信起来，也显得至关重要。"课程思政"与"思政课程"毫无疑问都深层次地触及文化认同、价值观认同问题，但是，"课程思政"要解决的文化认同、价值观认同必须"思政课程"所阐释的文化认同、价值观认同在总体上要保持一致，两者要统一起来，不能各说各的，甚至是相互矛盾的。然而，如何解决两者间的统一性问题，统一到哪个层面上，亟待深入研究。一般而言，我们可以说要统一到中华优秀传统文化认同、当代中国文化认同、当代中国价值观认同、人类共同价值观认同层面上来。"课程思政"与"思政课程"在当代中国价值观层面

① 胡锦涛. 坚定不移沿着中国特色社会主义道路前进为全面建成小康社会而奋斗 [N]. 人民日报，2012-11-08 (1).

② 习近平. 在庆祝中国共产党成立 95 周年大会上的讲话 [N]. 人民日报，2016-07-02 (1).

的统一性，其实就是社会主义核心价值观。社会主义核心价值观教育是两者的共同认同，也是共同的努力方向。习近平指出，人类社会发展的历史表明，对一个民族、一个国家来说，最持久、最深层的力量是全社会共同认可的核心价值观。核心价值观，承载着一个民族、一个国家的精神追求，体现着一个社会评判是非曲直的价值标准。① 课程思政"与"思政课程"在价值观教育方面始终要保持一致性，坚定当代中国的价值观。只有解决了它们之间的"同向"问题才能比较好地落实"同行"问题。"课程思政"与"思政课程"如何结伴而行、步调一致才是彰显高校思想政治工作效果的根本之道。

（二）"同行"问题的理解

所谓"同行"问题主要是要解决"课程思政"如何与"思政课程"步调一致，合力育人，合力培养人的问题。为此，至少要考虑几个问题：步调一致、相互补充、相互促进、共享发展。

1. 所谓步调一致性，就是要使"课程思政"在事关国家认同、政治认同、道路认同、理论认同、制度认同、文化认同等方面始终与"思政课程"同在一个频道上。纳入"课程思政"系列的课程要在课程标准上进行顶层设计，在课程大纲、内容设计等方面进行修订和统筹考虑，根据"课程思政"的要求和标准进行修订，从而在课程体系建设上体现立德树人的根本要求，要融入当代中国的价值要求，紧紧把握社会主义高校育人的底线、育人的规范、育人的时代要求等。

2. 所谓相互补充，其目的是推动"课程思政"与"思政课程"互补，建构两套互补型的课程体系。为此，不能把"思政课程"建成"课程思政"，同样，也不能把"课程思政"建成"思政课程"，它们两者之间功能是相互补充的，构成以"思政课程"为轴心，"课程思政"为补充的高校思想政治教育课程体系。要继续深化"思政课程"的改革，进一步厘清"思政课程"的功能和边界，建构有限度的课程教学体系，明确哪些是"思政课程"重点要讲的东西，哪些是不能承担的任务，从而为"课程思政"的课程设置提供空间和要求。"课程思政"的大纲设置要在深入研究"思政课程"教学大纲和根本任务的基础上，进行课程体系的顶层设计，进一步明晰各门课程在立德树人、以文化人的作用和定位，进行错位性补充一些内容。

3. 所谓相互促进，主要是"课程思政"与"思政课程"相互促进。"课

---

① 习近平. 青年要自觉践行社会主义核心价值观——在北京大学师生座谈会上的讲话 [EB/OL]. 新华网, 2014-05-04.

程思政"要促进"思政课程"建设，同样，"思政课程"也要促进"课程思政"的发展。这里要解决两个大问题，即"课程思政"在何种意义上促进"思政课程"建设？一方面，要推动"课程思政"建设为"思政课程"提供学科支撑、理论支撑、队伍支撑等。"课程思政"的多学科性有利于"思政课程"汲取营养；"思政课程"也只有根植于"课程思政"才能孕育更美的花朵。另一方面，"思政课程"也要促进"课程思政"的发展，树立好课程建设的示范标准、教学规范标准、政治导向标准等，进而起到示范和引领作用。尤其是政治方向上，"思政课程"要紧跟中央精神，始终在关注、学习中央精神上要走在其他课程的前面，应该提供一套可参考的教学标准，在某些领域引领"课程思政"的建设，进而构成两者相互促进、良性互动。

4. 所谓共享发展，主要是"课程思政"与"思政课程"相互共享信息和资源，共同为立德树人服务。共享是人类共同获益的一种价值追求。在信息化时代，课程资源共享是一种重要趋势。"课程思政"与"思政课程"如何及时共享信息和资源，对推动高校思想政治工作具有极为重要的作用。"课程思政"与"思政课程"共享主要体现在学生思想观念资源共享、课程建设资源共享、教学方式方法共享等。不断优化共享结构，推动"课程思政"与"思政课程"共享发展，协同发展，形成协同效应。

（三）正确处理"同向"与"同行"的辩证关系

同向同行的问题实质上是认识与实践的问题，是认识与实践的统一性问题。"同向"是"同行"的前提，"同行"是"同向"的目的。既要明确"同向"的重要性，又要明确"同行"的现实性、可行性。"课程思政"唯有与"思政课程"保持"同向"，才能为"同行"创造条件，最终实现结伴同行，形成协同效应。进一步来说，"课程思政"与"思政课程"的关系，首先要解决"同向"问题，这是一个方向性的问题，方向不对再怎么努力也达不到目标。为此，必须明确"课程思政"的方向要向"思政课程"靠拢，在政治上、信仰、核心价值上保持统一方向。"同行"属于实践范畴，要求如何去做到结伴而行，通过结伴而行，又反过来检验我们的"同向"的方式方法问题，形成同向同行的联动效应，真正做到知行合一。

三、推动"课程思政"与"思政课程"同向同行的主要对策

2018 年 3 月，教育部部长陈宝生指出："要啃下一批'硬骨头'，包括教师思政、课程思政、网络思政等，解决思政课和思想政治工作发展中的一些

难点问题。"其中，就把"课程思政"作为"硬骨头"来啃，可见这一问题是亟待进一步破解的大课题。为此，推动高校"课程思政"与"思政课程"同向同行可以从以下几个方面着手。

（一）明确"课程思政"与"思政课程"同向同行的定位

在推动"课程思政"建设过程中，要明确"课程思政"与"思政课程"同向同行的定位。有一点我们可以明确，不能把"课程思政"上成"思政课程"，也不能简单地归纳为通识课。这就需要对"课程思政"系列在学校课程体系中进行定位。一般而言，可以定位为"思政课程"的外围课程，或"思政课程"的拓展课，或综合素养课，抑或与"思政课程"遥相呼应的课程。笔者认为，目前如果定位为综合素养课程比较具有可行性，它是基于"思政课程"和专业课之间，但又彰显立德树人价值的课程。另外一个定位在于明确校内"课程思政"和校外"课程思政"两种类型。就前者而言，不管如何定位都必须要处理好"课程思政"与其他哲学社会科学课程的关系，要对现有高校哲学社会科学课程进行梳理，搞清楚哪些课程可以纳入"课程思政"，制定遴选机制，对现有课程进行遴选，挑选出适合作为"课程思政"的课程，进行加工改造。避免"课程思政"泛滥，也避免消解专业课程的定位和功能。

不仅如此，还要进一步厘清校外"课程思政"的内容，"课程思政"不能仅局限于校内课程，还必须要向外部拓展，即向社会拓展。"课程思政"是联通校内外的重要桥梁，也是打通大中小德育实践平台的重要桥梁。"课程思政"的校外课程如何建设，跟原来的德育实践基地是什么关系，要搞清楚。积极创新现场授课模式，不断丰富"课程思政"的内涵和形式，借鉴有关干部学院的现场授课模式，不断丰富"课程思政"的内涵，从而提升校内"课程思政"的解释力和说服力。校内校外联动互促，协同发展。

（二）提炼核心课程，推动"课程思政"与"思政课程"同向同行

"课程思政"的设立要重视策划，既要遵循课程建设的规律和逻辑，又要遵循大学生思想观念的变化规律、大学生接受特点和规律以及结合大学生最关心的问题、国家社会最需要解决的问题等进行对接，提炼核心课程，创立新课程。另外，还要继续优化中国系列的"课程思政"。自 2014 年以来，上海开设以中国为主题的课程"大国方略"。之后，在上海高校形成规模效应，目前上海高校已形成以中国为主题的"课程思政"系列，在全国产生了很大的影响。推动"课程思政"建设要进一步优化以中国为主题的课程系列，不断建构更加完备的课程体系。当然，也要解决为开课而开课的现象，在以深化中国主题系列课程的基础上，进一步拓展"课程思政"的内涵。

要逐步探索以社会共享为主题的"课程思政"系列。在以中国为主题的系列课程设置的经验总结基础上，逐渐探索社会共享主题系统课程，形成共建共享、共享发展、共享成果等系列"课程思政"，从根本上解决社会上存在的一些难题的理论认识和理论阐释。人类社会从农业文明走向工业文明，未来的社会发展走向信息文明是一种不可逆转的趋势。在信息文明时代，共享理念、共享智慧、共享发展将成为人才培养的关键性素质。

要逐步探索以人类命运共同体为主题的课程系列，探索和挖掘能够增加学生对人类命运共同体理解的课程。党的十八大以来，中国跟世界的命运更加紧密，习近平多次强调人类命运共同体的概念，强调"世界好，中国才能好；中国好，世界才更好"① 的理念，强调建设一个开放包容的世界，共同构建人类命运共同体，这就需要在人才培养方面，从人类的高度来洞察当今世界该怎么做，不该做什么，为世界的和平发展提供中国方案，积极打造具有品牌效应的"课程思政"，成为当前"思政课程"建设的坚强后盾，亦即成为激活"思政课程"的动力源。

（三）建构以"思政课程"为核心的同向同行运行机制

建设"课程思政"不是要削弱、抑或取代"思政课程"，而是要进一步强化"思政课程"的主导地位。"课程思政"与"思政课程"同向同行必须明确"思政课程"的主导地位，这个主导地位不是说"思政课程"要去主导其他课程，而是在思想政治教育过程中"思政课程"要占核心地位，"课程思政"系列课程起到补充作用。这就需要建立一种同向同行的运行机制，更好地促进"课程思政"与"思政课程"同向同行。为此，要建立"以一导多"的运行机制，所谓一即"思政课程"，所谓多即"课程思政"系列课程。建立"以一导多"，就是要在重大问题上"思政课程"要起到引领作用、示范作用，并在有条件的情况下引导"课程思政"建设。要建立"课程思政"与"思政课程"同向同行联动机制，形成协同效应。两种不同类型的课程要同向同行必须要有一种联动机制。建议形成以学校党委领导，马克思主义学院与相关开设"课程思政"系列课程学院以及学校相关行政部门协调合作，打通"课程思政"系列课程之间的学科壁垒和体制藩篱，整合不同学科资源和教师队伍，形成全校自上而下重视这两种类型课程建设的格局。

① 习近平. 习近平谈治国理政：第 2 卷［M］. 北京：外文出版社，2017：545.

（四）加强制度创新为"课程思政"与"思政课程"同向同行提供根本保障

"课程思政"与"思政课程"同向同行最终依靠制度保障。当前，在高校相关课程设置日趋成熟的时期，不管是盘活存量，还是做好增量工作，都离不开制度设计，需要制度保障。这就需要推动学校制度创新，一方面，要继续推动"思政课程"建设，使之能够更好地发挥"思政课程"的功能。另一方面，要制定激励政策，推动"课程思政"建设，不断鼓励有条件的学科、专家学者加入"课程思政"系列之中，以制度的形式保障下来，使之能够长期运行、永久运行。最终使得"课程思政"与"思政课程"交相呼应、相互促进，同向同行，共同为立德树人服务，为全面建成小康社会、实现中华民族伟大复兴培养优秀人才。

（本文原载于《思想教育研究》2018 年第 4 期）

新时代高校课程思政的话语表达与当代意义

李晓培　胡树祥

中央财经大学马克思主义学院

摘　要：作为一种全新的课程观，高校课程思政具有独特的话语表达方式。时代、世情、国情三种存在语境，构成了课程思政话语表达的外在动力。课程思政话语表达生成逻辑体现为：在贯彻立德树人中树立话语自觉、在三全育人大格局中增强话语自信、在多方联动中强化话语保障。高校课程思政的话语表达将会促进教育教学的变革，并在育人理念、育人方式、育人效果上产生重要影响，对培养德智体美劳全面发展的社会主义建设者和接班人具有重要的时代意义。

2020 年 5 月，教育部印发《高等学校课程思政建设指导纲要》（以下简称《纲要》），为高校课程思政研究和实践提供了根本遵循。所谓"课程思政"，概而言之，就是把思想政治教育的育人功能（以下简称"思政育人"）贯穿于高校的所有课程之中，实现价值塑造、知识传授和能力培养三者的有机融合。近年来，围绕课程思政，理论界已经形成了一定的研究成果和实践探索经验，并逐渐形成了关于课程思政的独特话语表达，关于课程思政的研究已经成为一门显学。因而，从理论上对近年来高校课程思政研究进行反思，进而回答形成高校课程思政话语表达的原因、生成逻辑及当代意义，就显得尤为重要。

一、高校课程思政话语表达的存在语境

在一定意义上讲，课程思政理念的提出，并非空穴来风，它之所以能迅速得到学界的关注，引起社会的共鸣，并逐渐形成独特的话语表达方式，是

因其身上遗传了大思政的家族基因。这种基因被时代、世情、国情三种因素重新唤醒，构成了课程思政话语表达的外在动力。

（一）时代语境中的课程思政话语

"数字化生存"已经成为当下中国社会的典型特征，也是学界关注的焦点课题。尼葛洛庞帝在《数字化生存》一书中指出："计算不再和计算机有关，它决定我们的生存。"① 这绝对不是危言耸听，更不是空穴来风，我们可以从"形而上"和"形而下"两种角度来解读这个问题。从"形而下"的角度看，当代中国人，尤其是大学生已经走进了由"数字化"构建的时空之中，网购、点外卖、微信聊天、QQ 聊天、VR 体验等这些大学生习以为常的生活方式中充满着数字化的气息。可以说，从"形而下"的视角看，我们生活的世界就是一个被"数字化"包围的世界。从"形而上"的视角看，"数字化"带来的影响，已经突破了"物"的世界，影响了人们"精神"的世界。也就是说，"数字化"不仅影响了人们的生活方式，更重要的是它已经并将继续影响，甚至是改变人们的思考方式。实际上，"形而上"和"形而下"是相互影响的，正是人们囿于"形而下"的"数字化"的生存，才会在"形而上"中折射出"数字化"的思维方式。因此，在现实中人们的生活、思考被"数字化"所终结，真实的人和物打上了"数字化"的特征，被"数字化"解构和碎片化了。"数字化的结果是质的差异的消失，也就是世界意义的消失。意义世界本身是建立在质的差异之上的，质的差异的消失就导致世界本身没有意义。"② 因而，重塑"数字化生存"时代的价值和意义成为学界亟待解决的一个时代话题，这也是课程思政研究近年来会成为一门显学的时代动力。重塑"数字化生存"时代的价值意义，既要发挥思想政治理论课（以下简称"思政课"）的主渠道作用，也离不开各类课程的思政育人作用。"数字化生存"时代形成的独特的语境以及提出的关于意义和价值的挑战倒逼各类课程的力量的整合，形成大思政的育人格局，形成独特的课程思政话语表达。

（二）世情语境中的课程思政话语

当下，世界处在百年未有之大变局。从机遇看，中国日益走向世界舞台的中央，中国的"朋友圈"越来越大，中国的声音越来越重要，中国的方案越来越得到世界的认同。从挑战上看，自冷战以来西方的零和思维、霸权主

---

① 尼葛洛庞帝. 数字化生存 [M]. 胡泳，范海燕，译. 北京：电子工业出版社，2017：前言61.

② 吴国盛. 技术哲学讲演录 [M]. 北京：中国人民大学出版社，2016：238.

义、"普世价值"给和平发展的世界带来了越来越多不确定性因素。于是，人们似乎看到一种奇怪的现象，一方面，是中国的和平发展为世界做出的贡献越来越大，而且已经变成了一股势不可挡的历史潮流；另一方面，是西方对中国批判的声音越来越多，经济上的制裁，政治上的围堵，话语上的攻击，越来越变本加厉。2020 年发生的新冠疫情危机，西方对中国的话语偏见与中国方案的世界性意义形成了鲜明的对比。中国经过几代人的努力，在坚守中国特色社会主义的革命、建设、改革的道路上，逐渐解决了"挨打""挨饿"的问题，现在面临着如何解决"挨骂"的新课题。"西方话语对中国情有独钟，丝毫不亚于'冷战'时期美苏之间的话语争锋，'历史终结论'影射中国，'文明冲突论'直指中国，'大国责任论'捧杀中国，'中国崩溃论'诋毁中国，'非洲殖民论'干扰中国，'中国霸权论'恫吓中国，'中国威胁论'孤立中国，'普世价值论'重塑中国，'价值观外交论'围堵中国，'霸权稳定论'遏制中国，'民主和平论'蒙骗中国，'南海航行自由论'依然剑指中国。"① 这么多带有标签性的话语，恰恰反映了西方仍然在以冷战思维方式误读中国，是一种带有西方中心主义的典型的意识形态立场。可以说，意识形态作为观念上层建筑具有极其重要的作用，它直接关乎坚持什么样的理论，举什么样的旗帜，走什么样的道路。"如果从观念上来考察，那么一定的意识形态的解体足以使整个时代覆灭。"② 因此，在新时代，走出西方中心主义的窠臼，旗帜鲜明地坚守中国特色社会主义的话语立场，就不能仅依靠传统的思政课的"单兵作战"，还要逐渐构建各门课程"联合作战"的大思政格局，进而充分发挥各门课程的育人功能。可以说，世情语境呼唤课程思政的话语表达。

（三）国情语境中的课程思政话语

当下，中国处在深化改革开放的关键阶段，经济上的"巨人"与语言上的"矮子"形成了鲜明的对比。这样讲并不是子虚乌有。一方面，中国经济总量稳居世界第二，已经成为并将继续成为拉动世界经济发展的重要动力引擎；另一方面，世界话语的主导权仍然受制于西方的"游戏规则"，主要表现在"话语议题由西方设定，话语规则由西方制定，话语进程由西方主导，话语内容由西方提供，话语真伪由西方裁判，分析范式由西方创造，'西方'二

---

① 陈曙光，周梅玲. 论中国道路的话语体系建构［J］. 思想理论教育，2016（1）.
② 中共中央马克思恩格斯列宁斯大林著作编译局. 马克思恩格斯全集：第 30 卷［M］. 北京：人民出版社，1995：539.

字似乎成了话语标准、话语权威和话语真理性的担保"①。而实际情况是，中国和西方从属不同的文明体系，自然有不同的话语表达方式，用所谓的西方话语解读中国，在文化上讲不通，在现实上也不合理。从文化的角度看，中国的文化博大精深、源远流长，曾经创造了无比灿烂的文化财富，对世界文明进程产生了重大影响，历史已经并将继续证明中国文化具有强大的生命力；从现实的角度讲，中国独特的道路模式以及由这个模式展现出来的中国方案、中国智慧，已经远远超出了西方话语能够解释的范围。"如果我们用西方资本主义价值体系来剪裁我们的实践，用西方资本主义评价体系来衡量我国发展，符合西方标准就行，不符合西方标准就是落后的陈旧的，就要批判、攻击，那后果不堪设想！最后要么就是跟在人家后面亦步亦趋，要么就是只有挨骂的份。"② 西方之所以不断强调西方话语规则，是因为在当今世界舞台上，话语代表着标准，标准决定了发展空间。"法国哲学家福柯不无挖苦地说：你谈论什么并不重要，关键是谁在谈，谈话的强弱是由话语者的强弱所决定的。"③ 在走向中华民族伟大复兴的历史进程中，中国不能仅作为西方话语的跟随者，应该构建与自身地位相适应的话语体系。在新时代，高校各门课程都应贯彻立德树人的根本任务，用课程思政的独特话语讲好中国故事，传播好中国声音，承担为党育人，为国育才的历史使命。可以说，国情语境促使课程思政的话语表达。

二、高校课程思政话语表达的生成逻辑

高校课程思政事关"培养什么人、怎样培养人、为谁培养人"这一根本问题，其政治站位之高、涉及面之广、影响力之大都是罕见的，由此形成了课程思政话语表达的特质。在新时代，高校课程思政话语表达的生成逻辑主要体现为以下三个方面。

（一）贯彻立德树人的话语自觉

《纲要》明确指出"全面推进课程思政建设是落实立德树人根本任务的战略举措"。这既是对中国传统文化重视"德育"基因的传承和发展，也是落实党的教育方针的时代回应。在当下课程思政研究领域，学界普遍认为应该把立德树人作为课程思政研究的根本任务，用德育之光观照学生的全方位发展，

---

① 陈曙光，周梅玲. 论中国道路的话语体系建构 [J]. 思想理论教育，2016 (1).

② 习近平. 习近平谈治国理政：第 2 卷 [M]. 北京：外文出版社，2017：327.

③ 张维为. 中国触动 [M]. 上海：上海人民出版社，2012：125.

形成独特的课程思政话语表达。在新时代,"深化课程改革是落实立德树人根本任务的必然要求,应将立德树人融入课程改革的全过程,实现全程育人;应通过完善课程标准和教材建设,实现知识文化育人;应通过深化课堂教学改革,实现全科育人;应加强实践环节,推进综合实践活动课实施,实现实践育人"①。具体而言,课程思政建设要形成立德树人的话语自觉。这种话语自觉绝对不是一句空洞的口号,也不是可以随意粘贴的话语标签,而是要体现在所有高校、所有教师、所有课程中的一种育人责任。课程思政的话语自觉首先表现为一种话语意识,即在所有课程的话语表达中要旗帜鲜明地坚持以习近平新时代中国特色社会主义思想为指导,贯彻中国特色社会主义的办学方向,凸显"培养什么人"的政治话语站位。其次,课程思政的话语自觉表现为一种话语的导向性,即在所有课程的话语表达中自然地融入思政元素,帮助大学生在知识学习和能力培养的过程中树立正确的世界观、人生观、价值观,凸显"怎样培养人"的价值话语站位。最后,课程思政的话语自觉表现为一种话语的引导力,即在所有课程的话语表达中自然融入为党育人、为国育才的意识,引导大学生养成"爱国情、报国志、强国行"的情怀,凸显"为谁培养人"的使命话语站位。

(二)搭建"三全育人"大格局的话语自信

新时代,要推动高校课程思政建设,就要打破思政课的"孤岛"效应,深入挖掘高校各门课程中的思政元素,发挥各门课程的思政育人功能,解决好传统教育中专业课和思政课"两张皮"的现象,形成三全育人大格局,进而形成课程思政话语自信。实际上,课程思政话语自信是建构在中国特色社会主义话语自信和学科自信的基础上的。从前者来看,高校课程思政话语自信是中国特色社会主义话语自信的一个子命题。近年来,随着学界对中国特色社会主义发展道路的反思,逐渐形成了以"四个自信"为基础的中国话语自信表达。高校课程思政话语自信正是在这种大格局中,用课程的方式讲述中国故事、中国方案、中国理论的一种独特话语表达,因而,具有较强的时代气息。从后者来看,高校的课程建设理应承担育人的使命,实现价值塑造、知识传授和能力培养三者相统一。问题的关键是,如何实现"思政基因"和"专业话语"有机融合,从而构建课程的话语自信。从课程论的角度,所有的课程中都隐含着"隐性思政"的基因符号,课程思政就是把在传统教育中被

---

① 戚万学,唐爱民,韩笑. 改革开放 40 年德育理论研究的主题及进展 [J]. 教育研究,2018(10).

遮蔽的思政元素重新解蔽出来。从大的门类讲，高校的课程思政建构体系中包含公共基础课程、专业教育课程、实践类课程。不同课程的知识体系、能力目标、思政基因各不相同。正是这种差异性，才使得思政基因和专业的融合成为可能。从这个意义上讲，课程思政话语自信，实际上是把思政基因的"盐"，放入到专业的"汤"的过程中自然而然产生的味道。因此，从理论上讲，每门课程，只要经过精心的筛选，就能使思政基因实现和课程的有机融合，就都能实现课程思政话语自信的独特表达。

（三）形成多方联动的话语保障

课程思政是一种新的课程观，目的在于实现全员、全程、全方位育人。因此，课程思政本身具有交叉学科强的特征，涉及不同专业，覆盖各个学科的任课教师。因此，要构建课程思政独特的话语表达，就需要建立相应的话语保障机制。《纲要》就明确要求建立健全课程思政建设质量评价体系和激励机制，要求加强课程思政建设组织实施和条件保障。各高校应该根据自身办学的特色，从学校发展的顶层设计从发，发挥课程思政话语在各课程中的价值引导作用，把课程思政建设落实到教育教学的全过程，设立课程思政的评价激励机制。作为一项系统性的工程，在课程思政建设中，高校还应加强组织领导，逐渐形成一种上下联动的课程思政话语保障机制。此外，课程思政话语保障离不开师资队伍建设。习近平指出："办好思想政治理论课关键在教师，关键在发挥教师的积极性、主动性、创造性。思政课教师，要给学生心灵埋下真善美的种子，引导学生扣好人生第一粒扣子。第一，政治要强；第二，情怀要深；第三，思维要新；第四，视野要广；第五，自律要严；第六，人格要正。"[①] "六要" 既是对思政课教师的基本要求，也是对其他课程教师的基本要求。政治要强，是要求教师在课程思政的话语表达中有鲜明的政治信仰，为社会主义服务，为中国共产党治国理政服务。情怀要深，是要求教师在课程思政的话语表达中有家国情怀，关注国家和民族的发展，不做时代的旁观者。思维要新，是要求教师在课程思政的话语表达中因事而化、因时而进、因势而新，用历史的辩证法讲好中国故事。视野要广，是要求教师在课程思政的话语表达中站位要高，既要站在中国看世界，又要站在世界看中国。自律要严，是要求教师在课程思政的话语表达中时刻铭记自己的身份，传播中国正能量。人格要正，是要求教师在课程思政的话语表达中有人格魅

---

① 习近平. 用新时代中国特色社会主义思想铸魂育人贯彻党的教育方针落实立德树人根本任务 [N]. 人民日报，2019-03-19 (1).

力，在言传身教中感染学生。可以说，"六要"是对教师的基本要求，在"六要"指引下，课程思政话语才会形成特质。

三、高校课程思政话语表达的当代意义

作为一种全新的课程观，高校课程思政的话语表达将会促进教育教学的变革，并在育人理念、育人方式、育人效果上产生重要影响，对培养德智体美劳全面发展的社会主义建设者和接班人具有重要的时代意义。

（一）课程思政话语表达引起育人理念的改变

课程思政话语的构建在一定意义上意味着向教育终极目的的回归，是教育者初心和使命的历史使然。就像康德所言，"人有许多种子不能发展。我们的责任便是设法使这些种子生长，平均的发展他的各种自然禀赋，无过无不及，使之实现其究竟"①。教育者的使命在于使每一颗希望的种子都能得以展现并健康发展。这就意味着教育要把握好"度"，既要重视"智育"，又要重视"德育"。课程思政话语在一定程度上打破了传统教育中"重智""轻德"的思维窠臼，育人理念得以改变。"课程思政实质是一种课程观，不是增开一门课，也不是增设一项活动，而是将高校思想政治教育融入课程教学和改革的各环节、各方面，实现立德树人润物无声。"② 这种育人理念重新唤醒了中华优秀传统文化中重视"德育"的文化基因，使其在当代焕发了新的生命力。课程思政话语的影响是全方位的，也是深远的。从教师的角度，课程思政的话语影响体现在言传身教，既要学为人师，注重知识的传承，又要行为世范，实现价值引导，从而在教的过程中实现智育和德育的融合。从学生的角度，课程思政的话语影响体现在德艺双馨，即学习的过程不仅在于增加学识，修得一技之长，更重要的是要修身养性，健全人格，塑造科学的世界观、人生观、价值观。从社会的角度，课程思政的话语影响体现在德才兼备，即选拔人才既要考察知识素养，又要考察品行。总之，课程思政的话语表达将深刻改变高等教育的育人理念。

（二）课程思政话语表达引起育人方式的改变

课程思政话语的构建在一定意义上结束了长期以来思政课"单兵作战"的现象，使其他课程与思政课同向同行，互为补充，引起了育人方式的深刻

---

① 康德. 康德论教育 [M]. 瞿菊农，译. 上海：商务印书馆，1926：9.
② 高德毅，宗爱东. 课程思政：有效发挥课堂育人主渠道作用的必然选择 [J]. 思想理论教育导刊，2017（1）.

变革。课程思政作为一种新的课程观，绝对不是对思政课的零碎的修补，更不是在其他课程中简单冠以思政因素的标签化改造，而是在立德树人这一理念指引下构建的一种"三全育人"的大格局。从全员育人的角度看，课程思政涉及各专业和学科的教师。每一位教师都不是旁观者，每一位教师都是关键因素，每一位教师都承担着育人的历史使命。课程思政实现了育人从"自发"到"自觉"的转变。之所以这样判断，是因为德育建设一直是高校承担的重要使命，只不过在课程思政话语构建之前，德育是教师个人以"自发"的形式进行的，还没有形成每一个教师"自觉"的行动。而课程思政话语的构建在一定意义上终结了这种"各自为战"的做法，在立德树人理念的指引下，每个人要各司其职，育人变成了一种"自觉"的理性。从全过程育人的视角看，课程思政实现了育人从"大水漫灌"到"精准滴灌"的转变。课程思政实施的"精准滴灌"，充分挖掘出了各门课程中的隐性思政基因，潜移默化、润物无声地将思政之水注入学生的心灵，起到了很好的育人效果。从全方位育人的视角看，课程思政的话语表达要关注学生的全方位发展，就要实现各课程协同育人。高校课程思政改革要积极营造课上与课下、网上与网下、校内与校外、理论与实践等多种跨学科的育人创新模式，在对话、反思、实践中彰显课程思政独特的话语魅力。

（三）课程思政话语引起育人效果的改变

课程思政改革的目的在于为党育人，为国育才。课程思政话语表达的影响最终体现在育人的效果上。首先，课程思政话语表达能够厚植大学生的家国情怀。课程思政把立德树人的理念融入到课堂教学之中，通过理论分析解答中国从站起来、富起来到强起来的历史逻辑，回答了中国为什么能，增强了大学生的爱国主义意识。课程思政把立德树人的理念融入到实践教学之中，用中国故事、中国声音回答了中国为什么行，增强了大学生的"四个自信"。课程思政从理论和实践上塑造了大学生的家国情怀，回答了"为谁培养人"的时代之问。其次，课程思政话语表达能够塑造大学生的担当意识。课程思政通过最接地气的中国话语风格打开了大学生读懂中国的按钮，开启了认识中国的心灵之门。内化于心，让大学生在故事中寻找中国的记忆，在记忆中焕发爱国情、强国志。外化于行，让大学生在中国故事中提炼出中国智慧，激发大学生为中华民族伟大复兴而读书的报国行。最后，课程思政话语表达能够健全大学生的独立人格。课程思政在一定程度上实现了价值塑造、知识传授和能力培养的有机统一，从而终结了"智"与"德"的分离。课程思政话语表达充分挖掘了隐性思政基因，形成了一种潜移默化的精神力量，指引学生不仅要求真，修得一技之长，还要向善和致美，培养高尚道德情操。课程思政的话语表达，实现了"德育"和"智育"的融合，有利于大学生全面发展，对塑造大学生健全人格具有积极意义。

（本文原载于《思想教育研究》2021 年第 1 期）

新时代高校思想政治理论课"双线教学"的价值意蕴、问题研判与优化策略

赵耀　王建新

华东师范大学马克思主义学院

摘　要：高校思想政治理论课"双线教学"不仅是当前高校教学的特殊需要，同时也是未来高校思想政治理论课教学生态的发展趋势。就目前的教学实践而言，"双线教学"距离"双线共融"这一理想化的教学目标还存在一定差距，其中教学形式易混合难融合、教学内容易重复难递进、教学过程易脱节难衔接成为阻梗"双线教学"高质量发展的主要路障。挖掘线上教学的"潜力优势"，为双线教学增效；打通线下教学的"屏障壁垒"，为双线教学助力；促进线上线下的"互融共生"，为双线教学提质。从以上三个方面发力，是推动"双线教学"走向"双线共融"的优化策略与改进路向。

在高校全面恢复教育教学秩序的时代要求和现实背景下，当前高校思想政治理论课（以下简称"思政课"）呈现出线上教学与线下教学齐头并进的发展态势。"双线教学"是基于培育时代新人的育人诉求，将信息技术的创新优势与课堂教学的传统优势进行互补互促，着力实现线上教学与线下教学的有机融合，旨在提升教学质量的教学组织形式。习近平在教育文化卫生体育领域专家代表座谈会上的讲话中强调，"要总结应对新冠肺炎疫情以来大规模在线教育的经验，利用信息技术更新教育理念、变革教育模式"①。党的十九

---

① 习近平. 在教育文化卫生体育领域专家代表座谈会上的讲话［N］. 人民日报，2020-09-23（2）.

届五中全会同样强调，"发挥在线教育优势，完善终身学习体系，建设学习型社会"①。作为在线教育经验的重要总结和线上教学优势的深度挖掘，"双线教学"的产生并非特殊时期的"昙花一现"，而是未来高校思政课教学发展的必然趋势，将"双线教学"由"应急态"转为"新常态"应成为广大思政课教师在新时代的重要使命与教学要求。

一、新时代高校思政课"双线教学"的现实价值

新时代高校思政课"双线教学"是顺应高校思政课教学改革的必然趋向，对于高校思想政治教育内涵式发展的持续推进和高校"三全育人"体制机制的建设发展均大有裨益。

（一）"双线教学"是顺应高校思政课教学改革的必然所趋

高校思政课"双线教学"大幕的全面开启使传统课堂的时空边界被打破，基于线上教学和线下教学共同发力的混合式教学模式得以实现。在"双线教学"的实践中，高校思政课的教学理念得以重塑、教学模式得以改进、教学评价方式得以创新、师生素养得以提升。对于思政课教师而言，从课堂授课到"双线教学"的转变加深了他们对在线教育的深刻认识以及对于高校思政课教学现代化和信息化的重视程度，促进了如创新思维、逻辑思维、协同思维和融合思维等观念的深化升级。在教学模式上，"双线教学"为高校思政课提供了更多的教学选择，推动了智能化、特色化和科学化的教学发展。在教学评价上，"双线教学"有效克服了以往高校思政课教学评价中存在的评价标准单一化、评价信息片面化、评价过程片段化等不良问题，将情感、体会、心理、态度等非知识性评价要素纳入其中，扩充了教学评价的内容与意涵。同时教学过程中教师、家长、社会群体、学生等多元主体在智能终端的帮助下能够共同参与教学评价，大大提升了评价结果的综合度与可信度。此外，本次"双线教学"也触发了思政课教师信息素养的升级和学生自主学习能力的改进，师生素养在很大程度上得以提升。

（二）"双线教学"是推进高校思想政治教育内涵式发展的应然所需

高校思想政治教育内涵式发展即要以提高大学生思想政治教育的质量和效益为基本目标，围绕立德树人的根本任务，以合理配置思想政治教育资源和全面整合思想政治教育要素为发展动力，推动高校思想政治教育的结构优

---

① 中共中央关于制定国民经济和社会发展第十四个五年规划和二〇三五年远景目标的建议 [N]. 人民日报，2020-11-04（1）.

化、制度创新和质量提升。① 思政课是高校思想政治教育的主渠道和主动脉，"双线教学"可以为高校思想政治教育内涵式发展提供重要内生动力。得益于线上教学和以人工智能、大数据、区块链、5G 技术等为代表的新型技术手段的运用，通过信息收集、数据沉淀、行为记录和学情分析，思政课教师能够精确定位和深入了解学生的认知风格、知识水平、关注焦点、学习习惯和活动序列等相关信息，精准对焦和更好地满足学生的思想政治教育需要，这内蕴着高校思想政治教育由传统标准化的"统一配置"到个性化的"私人定制"的结构性优化。特别是线上教学中的课程讲解、在线讨论、作业修改和智能评测等教学应用对完成知识传递等智育工作助益明显，使思政课教师能够在课堂教学中将更多精力投入对学生高阶思维能力、深层认知能力、社会情感能力和道德养成能力等方面的培育深化上，从而促成了知识掌握、品德提升、精神塑造与行为引导等育人要求的相互联结和内在统一，提升了教育的整体质量与效果。总体而言，"双线教学"有助于高校思想政治教育与信息技术的深度融合，为精准思政和智慧思政的建设与优化提供了重要支撑，是推进高校思想政治教育内涵式发展的必然需要。

（三）"双线教学"是加强高校"三全育人"体制机制建设的实然所求

党的十九届四中全会强调，要"加强和改进学校思想政治教育，建立全员、全程、全方位育人体制机制"②。"双线教学"是高校"三全育人"体制机制建设的实践举措与有效抓手。"双线教学"的出现及应用使高校教师唱"独角戏"的状况在很大程度上得以改善，家庭、社会、政府等高校之外的人员和资源进入高校思政课教学实践中，成为教学的重要力量。此外"双线教学"可以集成共享社会各地和全国高校的优质教学资源，有助于打破信息孤岛和资源壁垒，实现高校思政课教学资源由区域分割向高位均衡的重要转变。并且"双线教学"可以突破时间规约和空间限制，有助于建立和提供全天候、全时空，甚至全身心的教学模式与教育服务，多终端的应用便利和多场域的学习利好也满足了当下大部分青年学子移动学习、碎片学习、泛在学习的求知需求，使"人人皆学、处处能学、时时可学"的个性化与终身化教学体系得以建构。总体而言，"双线教学"扩展了高校思想政治教育的"员"主体，

---

① 刘洪波. 内涵式发展：大学生思想政治教育发展的必然取向［J］. 思想教育研究，2016（5）.

② 中共中央关于坚持和完善中国特色社会主义制度推进国家治理体系和治理能力现代化若干重大问题的决定［N］. 人民日报，2019-11-06（1）.

紧密了"程"链条，拓展了"方位"空间，不仅是家校合作的实际参照和校地联动的现实演练，还是高校"三全育人"的重要尝试。

二、新时代高校思政课"双线教学"的问题透视

高校思政课"双线教学"考验的不仅是学生自主学习的能力，同样也检验思政课教师教学模式转换的应变水平。在互联网的投射放大和多方人员的共同关注下，"双线教学"中所涌现出的教学问题也被尽收眼底。

（一）教学形式易混合难融合

在高校思政课"双线教学"的理想状态中，线上教学和线下教学不是相互替代的包含关系，也不是各行其是的平行关系。"双线教学"追求的不是"线上教学+线下教学"的简单加法和物理性结合，而是线上教学与线下教学整合互融和相互渗透的乘法效果与化学性反应。但部分思政课教师缺乏对线上教学与线下教学有机融合的探究意愿，对线上教学和线下教学各自的功能、作用、方法以及双方融合的路径等了解不深、探索不够，导致在"双线教学"实践中缺少清晰明确的目标指向、整体互通的教学内容、有机串联的教学方法和整合共用的教学资源。特别是伴随着技术手段的更新迭代，"双线教学"不仅要求思政课教师能够运用教学软件进行课件上传、在线面授、在线答疑、线上互动等基础性的简单操作，同时还要求他们能够进行课程资源的甄别遴选、在线课程的加工重组、虚拟仿真技术的灵活运用、智能媒介的创新创造以及全联互通的跨域交流，而这些教学要求需要思政课教师具备良好的信息素养和较高的技术本领。部分思政课教师对于新型技术手段的学习和使用有着一种"本领恐慌"，还有一些思政课教师由于前期缺乏相应的信息技术积累，对于人工智能时代的智媒工具也存在一定的恐慌心理。这些问题的存在导致在现实教学实践中，难免出现线上教学和线下教学简单混合的状况，难以形成功能互补、作用互益的乘法效应，甚至出现减法效果。思政课线上教学目前在一些高校仍被视为教学"装饰"和课程"点缀"，边缘化和闲置情况较为严重，与线下教学的关系状态更多是混合并存而难以融合共生。

（二）教学内容易重复难递进

部分思政课教师业已形成的"思维惯性"，成为阻碍他们由线下教学场域向"双线教学"场域迈进的重要认知因素。这种"思维惯性"和"教学记忆"生发于思政课教师与现实周围教学环境的存在互动中，并在长期交互中生长为具有默契的心理场和僵化的思维模式。并且这种"思维"和"意识"

已经具备模式化和固化的特征，进入到集体无意识状态。① 这种"思维惯性"主要来源于思政课教师对线上教学的刻板印象，在部分思政课教师看来，只有面对面的现实教学才是真正意义上的思想政治教育，线上教学以虚拟网络为载体，"身体在场"的缺位容易造成思政课教师和学生之间感官反馈的缺失，具身性学习与深度学习的可能性易被剥离，教育效果难以保证。正是在这种"思维惯性"影响下，部分思政课教师缺乏主动融入和长期参与线上教学的内生性动力与持续性意愿，以完成教学工作为目的对"双线教学"进行粗浅化设计和散漫性设置，甚至出现将线下课堂进行直接挪用的不良现象，从而导致线上教学与线下教学的思政课内容基本雷同，甚至完全一致。在高校思政课"双线教学"的内容设计上，部分需要重点掌握的教学内容有一定重复也是必要的，但是完全"复制粘贴"线下教学的课程资料和讲授内容无疑降低了线上教学的存在价值，学生也会在这种重复性教育内容中感到"似曾相识"从而"不以为意"，使"双线教学"变得"高耗低效"。

（三）教学过程易脱节难衔接

党和国家高度重视信息技术与思政课的融合共进与系统优化，下发了多项政策和意见，大力支持线上教学与线下教学的融合发展。习近平强调，要"推动思想政治工作传统优势同信息技术高度融合，增强时代感和吸引力"②。但部分高校对于"双线教学"的建设仍停留在意识层面，缺少统筹谋划的整体布局和切实可行的详细规划，致使部分思政课教师对"双线教学"的具体要求和实施路径等一知半解、模糊不清，缺乏科学组织与清晰规划。如一些思政课教师由于对线上教学与线下教学的有机融合把握不准，出现同时解锁多个线上教学课程章节，甚至同时开放所有课程章节的现象，而有的学生为了快速完成学习任务易在线上教学中做出"超前点播"或"集中线上补课"的举动，从而使线下教学的教学进度难以与线上教学进行紧密衔接和有序跟进，进而发生课程倒置和脱节的情况。此外，讲授内容的雷同也使部分学生出现"线上看过线下不听、线下没听线上再补"的偏颇认识，这就导致了线上教学与线下教学发生课程倒挂。这些颠倒含混、杂乱无序的课程设计，无疑与"双线教学"循序渐进、螺旋上升的教学要求背道而驰，使"双线教学"合力育人、协同共进的建设效果不尽如人意。

---

① 邬大光. 大学人才培养须走出自己的路 [N]. 光明日报，2018-06-19.
② 把思想政治工作贯穿教育教学全过程开创我国高等教育事业发展新局面 [N]. 人民日报，2016-12-09 (1).

三、新时代高校思政课"双线教学"的优化策略

广大思政课教师应通过对新时代高校思政课线上教学的优势发挥和线下教学的融入贴近以及"双线共融"的改进提升三个方面的探究,切实推动"双线教学"的深层优化。

(一)释放线上教学的"潜力优势",为双线教学增效

新时代思政课教师应认真思索如何进一步释放线上教学的潜力与优势,用技术手段弥补传统课堂教学的不足,打好高校线上教学和线下授课的育人"组合拳"。

一方面,推进人工智能深度赋能,增强教学生命力。党的十九届四中全会强调,要"发挥网络教育和人工智能优势,创新教育和学习方式"①。推进人工智能与线上教学的深度融合是充分发挥线上教学优势的题中应有之义。高校应通过智能化教育信息基础设施和在线教育数据中心的建设完善进一步挖掘学生的多模态数据与分众化信息,积极打造自适应学习体系。要灵活利用数据模型建构、知识图谱分析和自适应学习算法推荐为学生进行精准画像,并制定和提供符合学生认知心理特征和深度学习需要的定制化教学方案与个性化学习辅导,力求实现线上教学的精深化研判、精细化教学和精准化推送。同时应加强教育的智能嵌入,构筑"人机协同"的教学体系。要着力强化人工智能驱动下的教、学、管、评体系建设,大力推进虚拟实验室、仿真教室、智能助教、智慧导师、智能考试、AR/VR 智能学习助手、AI 教师实训、智能督导、智能学务、智能校务等智能技术的应用,着力构建以教学智能化、决策科学化、服务全局化和管理智慧化为主要特征的智慧教学新体系。此外,思政课教师要处理好"冷数据"和"暖教育"间的关系,在在线教育中要融入人文关怀、情感交流和心理疏导,克服如技术思维僭越、现实世界缺位、信息数据滥用等"唯技术论"的异化危险。

另一方面,完善课程资源供给共享,扩大教学辐射力。做大思政课线上资源增量,优化资源存量,扩大集成共享范围应成为线上教学提质增效的重要任务。思政课教师在创设高校思政课线上教学资源时,应注重教学资源的"纵向衔接和横向贯通"。不仅要与校外的优秀思政课教师组成课题组进行线上课程的联合设计,进而节省内容制作时间、避免低质量或重复化的教学产

---

① 中共中央关于坚持和完善中国特色社会主义制度推进国家治理体系和治理能力现代化若干重大问题的决定[N]. 人民日报,2019-11-06(1).

品和课程资源的出现，提升线上教学的内容品质、优化线上教学的资源库存。同时也要充分利用线上教学联结时空的突出优势与哲学、教育学、心理学、社会学等其他人文社会科学教师组成课程团队进行跨领域、跨学科、跨专业的交叉研究，推进思政课程和课程思政的有机统一，统筹融合高校思政课的教学力量。此外要注重发挥优秀课程溢出效应，优化资源共享机制。要熟练运用"云大学""云课堂"和"云思政"等数字化教学平台，大力加强中西部地区与东部地区、城镇与乡村、普通高校与高水平大学间思政课教学资源的流动与对接，充分发挥优秀高校思政课教学资源的集群效应和辐射效应，协调和缓解高校思想政治教育资源发展的不平衡、不充分问题。

（二）打通线下教学的"屏障壁垒"，为双线教学助力

思政课教师由线下教学向"双线教学"的观念转化和能力提升是推动高校思政课教学不断创优、持续发展的要素所在。

一方面，纠正不当认知，增进融合理念。在"双线教学"中必须纠正思政课教师的不当认知，激发思政课教师参与"双线教学"的自觉意识与融合愿望。一是要破除线上教学存在"短暂性"的认识。线上教学的出现不是特殊时期高校思政课教学的权宜之计，其不会随着新冠疫情的消散而彻底退出历史舞台。思政课教师必须认识到"互联网+教育"已经是高校思想政治教育内涵式发展的重要内容，线上教学的持续发展亦是大势所趋，它不仅不会因疫情消散而消失，反而会与线下教学互融共生，成为新的高校思政课教学形态。二是要消除线上教学存在"无用论"的认识。一些思政课教师认为高校思政课的主要目的不仅是单纯的知识传递，更着重于价值引导、道德提升、品德涵养、理想树立和信念养成等深层次德性修养，而线上教学局限于完成知识传授和理论学习等基础性工作，难以胜任高校思政课中高阶的德育工作和复杂的教学要求，故将线上教学视为教学方式中的附庸和"鸡肋"。但本次的疫情"大考"却在很大程度上为线上教学"正名"，让思政课教师切身体会到线上教学具有的独特育人优势。新时代思政课教师应敏锐发现和善于捕捉教育发展新形势、教学改革新态势、高校发展新阵势和学生需求新趋势，做到准确识变、科学应变、主动求变，将线上教学这一"利器"与线下教学进行整合互联，提升高校思政课的教学效果。三是要规避"双线教学"存在"孤立化"的认识。思政课教师不能将线上教学和线下教学进行分裂或相互替代，"双线教学"是功能互补、作用互益、发展互促的融合统一关系，孤立化或替代化的错误认识无疑会造成双方的"各自为战"和分疏离异。

另一方面，健全机制保障，聚焦能力养成。高校要努力搭建和不断完善

关于思政课"双线教学"的评价机制、监督机制与奖惩机制。要将线上教学的成绩纳入高校思政课教学的整体评定体系中,作为教学绩效年度考核、学科专业质量评估和晋升评优等的重要评定依据,其中"加强教学督导、深度访谈、在线听课和多元评价,理应成为监测和评价线上教学质量的重要方式。"① 同时要促进教研相长,注重高校思政课在线教学科研成果的可操作性及现实转化率,规避简单的资料整合和文献翻新的研究倾向。对于高校思政课"双线教学"的评估与反馈要由基于分数的终结性结果评价向基于数据的综合性过程评价转变,并且不能单纯依靠学生的课程评分或者问卷调查等标准化和结构化数据,可考虑将微博、论坛、知乎等网络社交平台上关于"双线教学"讨论的文本、图片、声音、视频等半结构或非结构化数据进行聚类分析以研判学生的真实感受和发现教学的实际问题,进而提升评价结果的真实性与可靠性。此外,一些思政课教师在"双线教学"中感到困难和不适应,部分源于对新型技术手段和教学工具使用的本领恐慌。对此,高校应在技术投入和技能培训两大层面发力。高校要着力搭建以服务学生学习需求为中心,运行机制顺畅、技术保障有力、管理服务健全的线上教学支撑平台和在线教育服务保障体系。同时要加强对在线教学平台的统筹整合,结合各个高校在历史传统、师生素养、设备资源和保障条件等方面的不同以及各类教学平台的优势与不足,灵活选择和不断改进在线教学方式,大力增强"双线教学"的"输出效果"。对教师的信息媒介素养提升而言,可通过线上教学专家讲座、名师示范课堂观摩、教学名师交流点评、团队合作研修以及实战课堂演练等方式对思政课教师开展经常化、持续化和长期化的"双线共融"教学培训,从而全面提升思政课教师的"双线教学"能力。

(三)促进线上线下的"互融共生",为双线教学提质

线上教学与线下教学各有优势、各具特色,对于"双线教学"的改进优化应着眼于挖掘双方融合发展的可能与条件,力求推动高校思政课教学由"双线分离"或"双线混合"走向"双线共生"与"双线融合"。

第一,寻求双线教学的融通点,推动"补益型"模式建构。新时代高校要着力构建基于线上线下教育相互支撑、多维呼应、交融补益的"双线共融式"的思政课教学模式。一方面,要摸清内在关系,搭建整体框架。"双线教学"不是要用线上教学来取代或者削弱线下教学,而是要增强线上教学与线

---

① 赵耀,王建新. 在线率不等于观看率观看率不等于学习率 [N]. 解放日报,2020-07-28.

下教学的相容度、匹配度与契合度，实现双向赋能。思政课教师应准确把握双方的内在关系，在教学准备、课堂教学、自主学习、协作学习、个性化学习、课后实践和课程反馈等层面结合线上教学和线下教学的功能特点和承载界限做好思想梳理、标准拟定、范式转换、内容输入和方法运用，使线上教学和线下教学能够有机衔接、耦合共生，成为高校思政课教学的"一体两翼"。另一方面，要优化虚拟教学空间，重构教学环境。高校应加快推动数字校园和智慧校园的建构升级，努力打造人机交互、内外互通、虚实统一、智技一体的共感型网络教学空间，为学生提供与现实教学空间同质的泛在开放、沉浸交互的虚拟学习体验，并通过物理空间与虚拟空间的深度融合创设更加具备临场感和具身性的教学情境。

第二，找准双线教学的关节点，注重"错位化"内容补给。在高校思政课"双线共融"的教学体系建设中，必须要把握和厘清线上教学和线下教学的内容边界，不能将线上教学内容和线下教学内容进行平行移植，要着眼于两者的教学优势及课程特色精准设计教学内容，强化双方在教学内容上的错位补充。一方面，对于线上教学而言，应着力于知识传授和内容拓展。线上教学更多作为高校思想政治教育的综合素养课程和外延拓展课程出现，可将思想政治教育中的核心概念、课程框架和重难点等基础性知识在线上教学中进行展示，同时可放置一些关于课程内容知识点的外延链接，以扩充学生的知识面。另一方面，对于线下教学而言，应着力于知识内化和品德践行。线下教学更多作为高校思想政治教育的深化课程出现，在线下教学中应着重对思想政治教育的现实问题和具体应用进行交流、探讨与实践，解答学生在现实生活中的思想困惑和价值疑惑，启发学生理解理论知识背后的深层意义与现实价值，提升学生自主辨析和推演批判的意识及能力，努力实现教学内容由教师"供应本位"向学生"需求本位"的结构性转变，从而切实提升思想政治教育的内化效果。

第三，对焦双线教学的连接点，强调"一体化"课程设置。高校思政课"双线共融"的实现依托于线上教学与线下教学的紧密衔接和有序配合。在具体教学实践中，思政课教师既要规避"双线同一"的叠加化弊端也要防止"双线分离"的孤立化倾向，在课程设置上要注重一体化和连贯性。一方面，要进行具有承接性和递进性的课程设计。思政课教师应根据线上线下教学相对独立的原则，结合各自的教学形式进行具有承接性和递进性的课程设置，并明确指出线上教学和线下教学的育人要求、课程目标和教学任务，使学生能够"心中有数"。在"双线教学"具体实践中应建立"课前线上预习、课中线下深化、课后双线巩固"的一体化课程教学体系，并采用问答式、测验式、任务式和讨论式等教学方式检验学生的在线学习效果、督促学生认真对待"双线学习"。另一方面，要进行具有有序性和定制性的课程安排。对于线上教学课程章节应结合线下课程内容和教学进度进行对应式开放，注重增强线上课程与线下课程间的无缝对接和有序链接，防止和避免因超前解锁过多线上课程章节，甚至同时解锁全部课程章节所造成的课程倒挂或脱节现象。同时，在课堂教学中还未完全说透，或者未能及时答疑的问题，应通过线上互动平台的应用进行在线答疑和查漏补缺。此外针对不同院系、不同专业、不同学段、不同年级的学生，应采取"一院一策、一生一课"的分类化教学安排和差异化课程设计，逐步推进高校思政课"双线教学"因人施教、以学定教、为生而教的课程突破与教学优化。

（本文原载于《思想教育研究》2021 年第 1 期 ）

第三篇 **03**

高校思想政治理论课
教学内容改革创新

回到内容本身

——彰显马克思主义理论的解释力

朱哲

武汉理工大学马克思主义学院

高校思想政治理论课（以下简称"思政课"）是面向全国高校大学生开设的公共政治理论课，承载着对全体大学生进行马克思主义理论教育的重要功能。在全球化、市场化、网络化"三化"叠加的复杂语境中，在复杂性和不可预测性成为当今时代的重要特点的境况下，如何彰显马克思主义理论的巨大解释力，从而实现前述的重要功能？笔者认为最为根本的就是回到内容本身。

马克思主义作为我们党和国家的根本指导思想，是我们认识世界、改造世界、解释世界的科学世界观和方法论。因此，其应当传达给当代大学生的根本内容是马克思主义的立场、观点和方法。近年来，全国各高校广大思政课教师以增强教学实效性为目的的教学方式方法的改革可谓百花齐放，蔚为壮观。有的立足课堂精讲，改革课堂教学内容、创新课堂组织形式和丰富教学手段；有的以实践教学固化理论教学实效，充分挖掘课外、课下教学资源；有的充分利用现代信息技术手段开展网上辅学；等等。这些探索和创新极大地提高了思政课的教学实效。但是，在这些探索过程中，也产生了一些值得反思的问题，比如：重学生主体，轻教师主导；重现象描述，轻问题深究；重知识传授，轻价值引导；重讲故事，轻讲道理；重教学方式方法的探索，轻视本质内容的揭示；还有的为了追求效果的热闹，视娱乐性为生动性，把政治理论予以娱乐化，甚至庸俗化，损害了理论的政治性、严肃性；有的为迎合"微"时代碎片化阅读形式而消解政治理论的完整化与严密性；等等。

如何彰显马克思主义理论的巨大解释力、吸引力或理论魅力？笔者认为最为关键的是要回到内容本身，要辩证处理好内容与形式的关系。为此，简要地回顾形式与内容这对范畴的历史演变有益于我们更好地理解二者的复杂关系。在古希腊，哲学家们就对形式和质料的关系做了有益的探索，比如，亚里士多德就认为任何事物都是由形式和质料构成的，亚里士多德曾十分正确地揭示出柏拉图把世界本质归结为理念的唯心主义之弊，认为自然界是实物之总和，实物则是质料和形式的统一，客观存在的物质世界只是形式化的质料而已。到了近代西方，康德则视内容为毫无联系的零乱材料，认为形式是先天的可以独立于内容并且可以整理感性材料的东西。可见在康德那里内容与形式是彼此割裂的。作为马克思主义理论直接思想来源的黑格尔，则把形式与内容的关系发展到一个极高的理论水准。黑格尔深刻地洞察到内容与形式的统一性。同时他又指出存在着"双重形式"，"内容并不是没有形式的，反之，内容既具有形式于自身内，同时形式又是一种外在于内容的东西，于是就有了双重形式。有时作为返回自身的东西，形式即内容。另外作为不返回自身的东西，形式便是与内容不相干的外在存在"。① 譬如，一本书就有两种形式，一种形式是指这本书的装帧，如平装或精装、如手抄或排印，这是一种外在的形式；另一种形式是指此书内容的结构方式即思想呈现的结构方式。此书的思想内容正是通过这种形式得以表达、传播、被人们所认识或理解。

依此来审视当下高校的马克思主义理论的教育教学，我们发现在探索教育教学方式方法的改革过程中，的确出现一种无益，甚至可以说有害于内容的"外在的形式"，这种"外在形式"不仅无益于马克思主义真理内容的"外在化"，相反，还因其外在而淹没了马克思主义的根本内容，导致马克思主义理论内核隐而不彰。比如，我们有些人搞课堂教学改革探索，课堂热闹非凡，但止于热闹，热闹过后，马克思主义的立场、观点和方法对当代大学生的影响基本"归零"。基于此，为了有效地防止或避免采用那些无法"返回"马克思主义理论内容的"外在形式"，就应当运用或找到真正能够展现马克思主义立场、观点和方法的"形式"即类似黑格尔所讲的"第一种形式"。在笔者看来，最能够展现马克思主义的理论魅力和巨大的解释力的形式就是最适合的形式，就是"第一形式"。回到内容本身实际上就是回到问题。马克思主义自诞生之日起始终是针对并回应资本主义发展中的问题，中国化的马克思主义也正是在马克思主义理论指导下回应并解决中国革命、建设和改革

---

① 黑格尔. 小逻辑［M］. 贺麟，译. 北京：商务印书馆，1986：278.

中的系列重大问题而产生的理论成果。仅就当代社会而言，笔者认为回到问题本身，主要有如下问题：马克思主义的基本问题；当代大学生的思想或精神困惑问题；当代世界和中国社会重大的理论和现实问题；马克思主义理论有别于此前一切理论的最大不同点就在于以往的哲学理论只是满足于解释世界，而马克思主义哲学理论不仅要解释世界，更要改造世界的问题；整体而言，当代在校大学生所面临的最主要问题是思想困惑或精神层面的问题，是意义的问题，不是物质层面的问题；如何在多元，多样，多变中寻找依归的问题，即多中求一的问题。

当代高校思政课的教育教学方式方法的探索要行之有效就不能逃避马克思主义理论的核心内容，必须直面如何能解释世界，特别是改造世界的问题。当代青年是既自由、自主、独立，又个性张扬的一代，但又是处在心智尚待成熟的时期，在多元价值并存的当代社会，高校思政课教师不能因为要尊重学生的独立个性和自由选择，任由学生在多元矛盾和价值观的冲突中沉浮，应当发挥主导和引导作用，帮助青年大学生在科学世界观的指导下去尝试发掘自身的意义或价值建构，并努力让学生个体的价值追求与社会共同体的价值追求相契合。这样的思政课才符合当代大学生的需要，才能让他们真正有获得感。

要回到思政课性质本身，就必须明白高校思政课的属性或特点，高校思政课既有与其他一般专业课程一样的学术属性或学科属性、教育教学属性，还有其鲜明的政治属性或意识形态属性。这就要求我们每一位思政课教师既要遵循学科规律、教育教学规律，又要遵循政治运行规律，应当把价值性和科学性有机结合起来。要回到思政课内容本身，就要回到马克思主义的经典著作，马克思主义的经典著作是马克思主义的立场、观点和方法的储藏地，马克思主义的立场、观点和方法均是从这些经典著作中抽取出来的。马克思主义的一系列经典著作都是对各自时代呼声的回应，因此，这就要求我们必熟读经典，把握其要旨要义。由于思政课教材是马克思主义理论内容的重要载体，因此，回到内容本身就必然要求我们回到教材。困难的是马克思主义理论是极其丰富和博大精深的整体，而教材只是能高度概括和极其简练地给出抽象的结论性、规律性的东西，这就需要我们思政课教师通过理论教学来补充。同样，回到内容本身还包含回归课堂，课堂是思想政治理论教育的主渠道。习近平在全国高校思想政治工作会议上就指出：学生获取知识的途径固然很多，但课堂学习更具基础性和系统性。思政课教师要回归课堂、用好用足课堂，就是要把课堂变成马克思主义理论传授、宣讲的地方，不能把课堂变成行为艺术展示的地方，课堂应当是马克思主义的理论魅力展现的地方，是针对国家、社会和个人发展中系列问题释疑解惑的地方。

　　总之，回到内容本身，也就是要回到问题、回到经典、回到教材、回归课堂，用马克思主义理论的立场、观点和方法去回应和解决理论、现实和个体的问题。马克思主义理论的魅力的绽放也只能寄托在对问题的回应和解决。

（本文原载于《思想教育研究》2017 年第 7 期）

推动教学模式改革与创新建设国内顶尖的研究生思想政治理论课

王雯姝

清华大学马克思主义学院

摘　要：研究生思想政治理论课承担着学术能力培养与意识形态教育的双重使命和重任。本着价值塑造、能力培养与知识传授相结合的三位一体的育人理念，突出理想信念教育、提升学生的马克思主义理论素养，强化因材施教、实现教学活动的个性化诉求，推行教学相长、让学生真正成为课堂的主人，拓展教学资源、实现全方位立体式教学是与时俱进推进教学改革与创新，建设国内顶尖的研究生思想政治理论课的成功探索与实践，是实现由重"教"到重"学"、由重"学"到重"研"教学模式根本性转变的关键所在。

研究生思想政治理论课承担着学术能力培养与意识形态教育的双重使命和重任，对研究生价值观塑造起着举足轻重的作用。本着价值塑造、能力培养与知识传授相结合的三位一体的育人理念，清华大学始终把深化研究生思想政治理论课课程体系研究、与时俱进推进教学改革与创新、建设国内顶尖的研究生思想政治理论课作为教学工作的重点。我们在研究生思想政治理论课教学中探索出的行之有效的教学理念与模式，有力地促进了思想政治理论课在人才培养中发挥的主渠道作用。

一、以价值塑造为轴心，确立课程建设新思路

进入改革开放新时期以来，随着社会主义市场经济的建设和发展，青年学生的独立意识越来越强，价值观念越来越呈现出多元化。如何针对目前现实中存在的问题与挑战，依托教学大纲梳理课程逻辑与教学重点，实现由抽

象理论灌输向现实问题解读、由知识传授为重心向价值观塑造为重心的转变，是显著提升研究生思想政治理论课认同度和参与度，进而实现"知识传授——能力培养——价值塑造"人才培养目标的关键。关于马克思主义理论学科建设与思政课建设的关系。有学者认为，就一般意义上的关系而言，学科建设为课程建设提供学科支撑和学理基础，而课程建设是学科建设的教学实践基础。① 有学者强调，思政课教学不应把学科依托仅限于马克思主义理论学科。② 有学者指出，不能将马克思主义理论学科建设与思政课建设完全等同或者相互取代。③ 还有学者认为，学科建设不能停留在思政课建设的层面，而思政课建设必须提到学科建设的高度。④

教学改革最主要的动力源自教学对象的需求。进入研究生学习阶段，青年学生的世界观、人生观、价值观更加成熟，也更具独立性与多元化倾向，同时相较于本科阶段的学习，研究生学习内容的专业性明显增强，教师不可能依靠照本宣科式地讲授教学大纲中的基本理论要点，或依靠居高临下式的权威解读来阐述问题以获得学生的认同和理解。由于教学对象专业和知识构成的多元化而形成的专业术语壁垒，高强度的专业课学习使学生的学习压力明显增大等因素，思想政治理论课学习也充满挑战。与此同时，由于新媒体的发达及规范管理水平的相对滞后，主要依赖网络与交互式新媒体获得信息的青年学生又极易受到种种负面信息和能量的影响。因此，研究生思想政治理论课教学就必须在教学内容的深入性、丰富性与教学形式的生动性、吸引力方面求得突破，并且做到时时跟踪社会热点，有针对性地答疑解惑，在课程教学过程中抵消来自社会信息的负面效应。此外，需要确立课程改革的总体性思路，把完善课程内容体系作为课程建设的重点，通过提升教学质量解决学生"吃不饱、不解渴"的问题。在研究生思想政治理论课教学改革实践中，我们遵循的一条基本思路是，以居于最高层次的价值塑造为轴心带动知识传授、能力培养与价值塑造三位一体式的教学内容与形式的改革，通过推行因材施教、教学相长等教学新模式，尽可能丰富教学内容中的新知识、新

---

① 张澍军，齐晓安. 马克思主义理论学科建设与思想政治理论课建设的关系 [J]. 高校理论战线，2008（6）.
② 张雷声. 试论思想政治理论课与马克思主义理论学科的关系——兼析认识与实践中的几种偏误 [J]. 教学与研究，2006（10）.
③ 秦宣. 马克思主义理论学科与思想政治理论课的关系 [J]. 思想理论教育导刊，2007（3）.
④ 张雷声. 关于马克思主义理论各二级学科与思想政治理论课关系的几点看法 [J]. 思想理论教育导刊，2007（9）.

案例，充分运用研讨型、参与式、开放性等课堂组织形式，有意识地将政治学、经济学、社会学、历史学等相关学科的研究前沿引入教学内容体系中，使内容与形式的结合与变化更好地服务于价值塑造的目标。

二、突出理想信念教育，提升学生的马克思主义理论素养

在当前复杂的国际国内形势下，研究生思想政治理论课首先要应对的是时代发展所带来的变化与挑战。研究生思想政治理论课的功能与价值在于：在培养学生学术能力的同时，努力提升他们的马克思主义理论素养，树立中国特色社会主义的理想、信念和情操；学会运用马克思主义的立场、观点和方法分析错综复杂的国内外形势，正确认识和评价改革开放所取得的巨大成就和面临的突出问题；培育和践行社会主义核心价值观，确立奉献祖国、服务人民的历史责任感。这是研究生思想政治理论课教学的根本目标和方向。同时，在清华大学三位一体的培养目标中，价值塑造的优先地位决定了突出理想信念教育与提升马克思主义理论素养在课程建设中的首要位置。在现有研究生思想政治理论课体系中，"中国马克思主义与当代""中国特色社会主义理论与实践"作为当代中国化马克思主义与现实世界结合得最为紧密的课程，不仅需要在有限的课程内容中以尽可能通俗易懂的方式向具有不同学科专业背景的青年学生传播马克思主义的基本立场、观点和方法，讲清楚马克思主义中国化最新成果与马克思主义一脉相承的必然联系，更需要紧密地贴合当代中国改革发展的实际情况，对青年学生高度关注的现实问题做出既体现马克思主义基本原则、立场，又具有理论与实践说服力的解释。面对互联网时代舆情爆炸式传播的态势，在这两门课程的教学中，我们注重引导学生以更为开阔的视野、更为积极的态度，全面、客观、理性地评判当代中国改革发展中的成绩与矛盾，对目前社会上带有颠覆性心态评判中国现实的观点、思潮保持足够的辨析能力，比如，在讲授"当代资本主义新变化及其对中国改革的影响"这一专题时，重点剖析新自由主义的阶级实质与影响。在讲授"中国现代化建设的历史、现实与挑战"专题时，对西方民主政治的历史与现状、挑战与矛盾等进行深入分析。在"自然辩证法"教学内容的设计上，突出培养学生运用马克思主义立场、观点和方法去认识当代科技发展规律以及科技与社会内在关系的能力，形成以"马克思主义自然观、科学观与科学方法论、技术观与技术方法论、科学技术与社会"为主线的较为完整的教学体系。为了避免把"自然辩证法概论"课讲成单纯的科学史或科技哲学，我们把马克思主义世界观的阐述与科学技术发展历史经验的总结、西方科学技术

哲学的观点进行对比与分析，阐明现代科学技术成果是对马克思主义理论的丰富和发展而非"证伪"。事实证明，这种理论联系实际的讲授能够吸引学生对重大历史与现实问题进行学理性研究，在与学生进行的深入探讨中，有意识地培养出一批马克思主义理论的信仰者和传播者。

三、强化因材施教，实现教学活动的个性化诉求

全面实施因材施教是思想政治理论课教学方式上的一场根本性变革。因材施教作为育人的一条重要理念，就是要求根据学生在成长背景、专业基础以及兴趣爱好等方面的不同，分门别类地设计教学内容与形式，实现"量民之才而施教之"的目的。清华大学在思想政治理论课中全面推行因材施教始于"中国近现代史纲要"课率先推出的"六个一百"工程，即百本好书、百篇好文、百道问题、百个课件、百段精彩历史纪录片、百幅稀见历史片。"六个一百"不是封闭、固化的，而是开放的，教师可以根据学生的学习需要随时调整，学生在学习过程中也可以提出自己的"六个一百"予以补充。与此同时，在课堂教学和课下辅导环节，则实行学生的个性化学习。以教师为主导，以学生为主体，讲授与讨论相结合，教师与学生双向互动，每门课拿出一定比例的学时安排学生进行提问、演示、演讲、表演、辩论等，使学生有足够的机会展示自己研究学习的成果与体会。在课堂之外的实践环节，鼓励学生分成小组进行社会调研，并邀请各个专业的专家和学者，对学生进行小班专题研讨教学、阐述观点、回答疑问，在各种思想的相互碰撞中激发学生的创造性思维。因材施教彻底改变了传统教学中一个年级同读一本书、同做一道题的一刀切的授课方式。扬弃了教师满堂灌、学生被动听的教学模式，既拓展了教师的教学力，又激发了学生的学习力，实现了由重"教"到重"学"、由重"学"到重"研"教学模式的根本性转变。

四、推行教学相长，让学生真正成为课堂的主人

近年来，在因材施教积累的经验基础上，我们重点对博士生思想政治理论课进行改革探索与实践。"中国马克思主义与当代"课率先推出了全程实行教学相长课程手册管理的课堂教学新模式。这种教学相长的教学模式，强调在思想政治理论课教学中不仅要注重教师积极性和创造性的发挥，还要调动学生"反哺"教师的主动性和作用性的发挥，使教师的主导作用和学生的主动精神都得到最大程度的展现。每学期开课前，教学相长课程手册就被及时

挂到了网络学堂上，课堂管理手册开篇就是《致同学们的一封信》，并包括教学内容与大纲、教学相长交流卡、格式化读书报告表、评分表等，使学生们对教学安排既了然于心又充满期待。每次下课前15分钟，授课教师都要给学生们布置几道题，要求通过填写教学相长交流卡归纳教师的观点并给出自己的观点与评论。格式化的读书报告则将经典著作目录公布于网络学堂，请学生选择其中一部精读并写出读书报告。从学生的反馈来看，教学相长课堂管理模式取得了预期的效果，得到了学生们的普遍认可，最直观的体现是学生的出勤率和参与程度都有了很大的提高，到课率达到了95%以上，学习和研究的积极性明显增强，形成了教学过程中师生平等、气氛自由、互教互学、教学相长的良好局面。教学相长所推崇的问题意识、研究意识、延伸意识、互为主体意识、开放意识和能力培养意识等极大激发了教师研究问题以及学生思考问题的主动性和创造性。在教学相长的过程中，首先，教师要落实专题教学，即加大对重大理论和现实问题的研究，加大对学生关心的思想热点、难点问题的研究，并在此基础上形成系统的课堂教学专题。这样的专题教学使教学有较高的理论深度、较强的现实感和鲜明的针对性，提高了教学实效性和课堂吸引力。同样在教学相长过程中学生也最大限度地发挥了自身的主体性，学生们发现问题、提出问题以及思考问题的能力得到了充分肯定与培养。近年来，我们结集出版的有《清华学生这样学习马克思主义》《博士生关注的当代问题探析》等学生学习体会和文章，反映的就是清华博士生在推进"教"与"学"、"教"与"研"相结合的全方位立体式教学中的学习收获和成果。

五、拓展教学资源，实现全方位立体式

清华大学学科荟萃，文理融合，拥有天然的教学资源优势，在思想政治理论课教学过程中充分利用这些资源优势，可以促进教学内容与形式的生动形象和灵活多样，提高教学效果。为了使研究生思想政治理论课成为真正受学生欢迎的研究性、研讨型、参与式的课程，一方面，我们遵循以问题为导向的教学逻辑，通过由此及彼、由表及里的分析，对理论问题进行深入讲解与阐释。另一方面，就是在教材体系建设、教学内容更新、课堂教学模式创新、教学数据库（包括教师教学案例资料库、学生课堂研讨数据库、教学影视数据库）建设等方面做了大量工作，基本形成了一个较为全面的教学资源体系。特别是案例资源在教学中的有效运用，进一步强化了以问题为导向的教学逻辑，增强了课程的时代感与现实性，满足了学生的参与性和研讨性要

求。案例资源的运用能够最大限度地调动师生之间的认知互动，从而深化学生对某一问题的认识，实现课堂交流的最佳效果。教学实践表明，案例资源能够营造出一种良好的教学氛围，充分调动学生的学习热情，并提高学生分析问题和表达论辩的能力，因而获得了学生的高度认同。另外充分利用网络学堂等平台适时补充教学资源，提供大量政治学、经济学、社会学、历史学等领域的专业学术书籍、纪录片及其他教学课件、视频等资源，对课程教学起到了重要的补充和促进作用。教学资源的丰富也为一部分学有余力的学生围绕相关内容组织课堂外学习与讨论，在横向与纵向上为拓展对当代中国现实问题的认识视野提供了参考依据，延伸拓展了课外学习空间。不断丰富的教学资源，会使学生充分体会到思想政治理论课在提供信息的规模与质量方面的综合性优势，也才可能使学生对思想政治理论课在心理上达到像专业课一样的认同，我们认为，研究生思想政治理论课应始终坚持把学生价值塑造放在首位，突出中国特色社会主义理想、信念教育，不断提高学生的马克思主义理论素养，以及运用马克思主义的立场、观点和方法认识和解决当代社会问题的能力，提高学生对各种社会思潮的辨析能力，并注重在"教"与"学"、"教"与"研"的过程中进行科学精神和创新意识的培养。研究生思想政治理论课应继续通过教育教学的不断改革与创新，努力实现教学对象共性与个性的统一，教学内容一般性与特殊性的统一。实现由重"教"到重"学"、由重"学"到重"研"教学模式的根本性转变，使研究生思想政治理论课真正做到"教师讲得带劲，学生听得解渴"。今后我们将继续深入贯彻落实习近平总书记关于加强意识形态工作和高校思想政治工作的系列重要指示精神，推动思想政治理论课建设体系创新和教学模式创新，把思想政治理论课建设成学生真心喜爱、终身受益的课程，在培养又红又专的高质人才方面更好地发挥示范带头作用。强化党组织在选人用人中的领导和把关作用，自觉抵制选人用人中的各种偏见、陋习和违规行为，确保权力掌握在马克思主义者手中。建立和完善容错纠错机制，宽容干部在工作中，特别是在改革创新中的失误，使各级领导干部能够真正做到人尽其才、人才辈出。强化对权力运行的制约和监督，营造风清气正的政治生态监督权力是加强和规范党内生活的重要举措，也是确保权力正确运行的根本保证。为此，一是要牢固树立权力监督意识。各级党员领导干部和党组织都要明确自身的权力边界，自觉接受监督部门的监督。党内不允许有不受制约的权力，也不允许有不受监督的特殊党员。二是要建立和完善权力监督机制，形成"有权必有责、用权必担责、滥权必追责"的制度安排。三是要制定和完善权力清单，公开权力运行的过程和结果，让权力在阳光下运行。四是要落实权力监督主体责任，按照"党中央统一领导、党委（党组）全面监督、纪律检查机关专责监督、党的工作部门职能监督、党的基层组织日常监督、党员民主监督"的要求，依法依纪做好"事前监督预防、事中监督过程、事后监督问责"。在此基础上，做好相关舆论宣传和引导工作，在全社会营造风清气正的政治生态和扬清抑浊的良好氛围。

（本文原载于《思想教育研究》2016 年第 12 期 ）

关于"四史"融入思想政治理论课的思考

王炳林　　刘奎

北京师范大学马克思主义学院　复旦大学马克思主义学院

摘　要： 学好"四史"是实现思想政治理论课目标的重要基础。要准确把握"四史"的主题和特点，内容上强调各自的主题，结构上突出各自的特色，避免思想政治理论课教学中简单重复讲授的问题。"四史"融入思想政治理论课，要在"四史"学习中坚持大历史观、正确党史观和整体性原则等基本原则，要处理好讲道理与讲故事、历史知识与历史规律、课堂讲授与实践教学、历史性与现实性间的关系。

习近平曾在许多讲话中反复强调，要把坚定理想信念与学习"四史"结合起来，"引导广大人民群众特别是青少年弄清楚中国共产党为什么'能'、马克思主义为什么'行'、中国特色社会主义为什么'好'等基本道理"①。2021 年 5 月，中办印发的《关于在全社会开展党史、新中国史、改革开放史、社会主义发展史宣传教育的通知》，要求青少年认真学习"四史"。思想政治理论课（以下简称"思政课"）是在青少年群体中开展党史学习教育、"四史"宣传教育的主渠道。目前，学界对"四史"融入思政课的维度、路径等进行了广泛而深入的探讨，研究成果颇丰。但是，在思政课教学中，如何处理好党史学习教育与"四史"宣传教育间的关系、如何避免"四史"学习与原有思政课程的重复以及"四史"间交叉重合等问题，都是需要认真讨论的问题，本文就这些问题提出一些想法，与同仁交流。

---

① 习近平. 学好"四史"永葆初心、永担使命 [J]. 求是，2021 (11).

一、准确把握"四史"的主题和特点

党史、新中国史和改革开放史在时间上、内容上有很多交叉，如何避免简单重复，是"四史"学习和思政课教学中必须关注的问题。准确把握"四史"的科学内涵，内容上强调各自的主题，结构上突出各自的特色，是解决这一问题的关键。

（一）内容上突出各自的主题

"四史"时间跨度大、涵盖范围广，思政课教学中不可能面面俱到。因此，思政课就要抓住重点讲授，在内容上，每一部历史都可以突出一个主题。

党史突出"复兴"的主题。在庆祝中国共产党成立 100 周年大会上，习近平强调："一百年来，中国共产党团结带领中国人民进行的一切奋斗、一切牺牲、一切创造，归结起来就是一个主题：实现中华民族伟大复兴。"① 这是对中国共产党百年历史主题的高度概括，彰显了中国共产党人的初心使命。中国共产党何以在近代中国数百政党中脱颖而出？就是因为中国共产党不是谋一己私利之政党，而是为了人民和民族利益的党，百年来初心不改、矢志不渝。党领导人民创造的新民主主义革命、社会主义革命和建设、改革开放和社会主义现代化建设、新时代中国特色社会主义的伟大成就，在中华民族复兴史上有着重要意义。这一重要论断，深刻揭示了中国共产党的百年奋斗与中华民族的前途命运之间的紧密联系，体现出中国共产党人的大历史观。中国共产党是为了挽救民族危亡而成立的，百年来也是为人民幸福、民族复兴而奋斗的。"坚持真理、坚守理想，践行初心、担当使命，不怕牺牲、英勇斗争，对党忠诚、不负人民"的伟大建党精神为历代中国共产党人所传承，历久弥新。在党的百年奋斗历程中，每个历史时期都会涌现出一批英雄模范，成为那个时代的象征，他们赓续着中国共产党人的精神血脉，构建起了中国共产党人的精神谱系。这是实现中华民族伟大复兴的强大精神动力。例如，新民主主义革命时期的李大钊、杨靖宇、董存瑞，社会主义建设时期的雷锋、王进喜、焦裕禄、邓稼先，抗美援朝战争中的杨根思、邱少云、黄继光，改革开放新时期的孔繁森、任长霞，新时代的李保国、黄大年，等等。这些革命先烈、英雄人物和先进模范是中国共产党人不懈奋斗的杰出代表，讲好他们的英雄事迹和感人故事，是学习党史的重要内容，对于激励当代青年朝着

---

① 习近平. 在庆祝中国共产党成立 100 周年大会上的讲话 [N]. 人民日报，2021-07-02 (2).

实现民族复兴伟业不懈向前有着极其重要的作用。在讲授党史时，思政课要抓住"复兴"这一主题，把党的百年奋斗史和中华民族复兴史结合起来，阐释好"没有中国共产党，就没有新中国，就没有中华民族伟大复兴"① 的道理。

新中国史突出"发展"的主题。新中国史是中华人民共和国的历史。同过去那个积贫积弱、任人宰割的旧中国相区别，新中国史的主题就是加快发展、实现现代化、走向民族复兴。近代以来封建统治者的愚昧封闭、西方列强的入侵压迫，严重阻碍了中国的发展进步，使中华民族饱受欺凌，一度落后于时代。"落后就要挨打，发展才能自强"，这是中国人民和中华民族从近代以来的历史中汲取的深刻教训。中华人民共和国的成立和发展，真正扭转了近代以来中国落后挨打的局面，重新挽回了民族的尊严与品格，中华民族实现伟大复兴拥有了光明前景。新中国取得的举世瞩目的辉煌成就，为实现中华民族伟大复兴奠定了坚实基础。在加快发展、走向复兴的艰辛探索中，新中国也经历了一些磨难，遭受了一些挫折。但这是探索中的失误、前进中的曲折，中国人民正是在深刻总结教训的基础上推进改革开放，实现了伟大转折，取得了伟大成就。在讲授新中国史时，思政课要讲好中华民族站起来、富起来、强起来的历史过程，讲好新中国成立以来取得的伟大成就。这样就能够解决新中国史和党史讲授内容交叉重复的问题。

改革开放史突出"创新"的主题。创新是改革开放的鲜明特征。解放思想、开拓创新给中国共产党、中华人民共和国和中华民族都带来了巨大变化。没有创新，就没有改革开放；没有创新，改革开放也不可能取得如此辉煌的成就。在党史学习教育动员大会上，习近平指出："我们党的历史，就是一部不断推进马克思主义中国化的历史，就是一部不断推进理论创新、进行理论创造的历史。"② 为什么要在理论创新的基础上强调理论创造？这就是要突出理论的原创性。一般来讲，创新包括继承性创新、集成性创新和原始性创新三个层面。我们党在改革开放过程中提出的许多重大理论，如社会主义市场经济理论，这是前所未有的，是中国共产党的原创。邓小平很中肯地说："农村改革中的好多东西，都是基层创造出来的"③。他还讲道："乡镇企业是谁发明的，谁都没有提出过，我也没有提出过，突然一下子冒出来了，发展得

① 习近平. 在庆祝中国共产党成立100周年大会上的讲话 [N]. 人民日报，2021-07-02 (2).
② 习近平. 在党史学习教育动员大会上的讲话 [J]. 求是，2021 (7).
③ 邓小平文选（第3卷）[M]. 北京：人民出版社，1993：382.

很快，见效也快。"① 理论创新是先导，带动和引领着制度创新、科技创新、文化创新等各方面的创新。思政课在改革开放史的教学中把握住"创新"这一主题，可以更好地让学生理解改革开放成功的秘诀。

社会主义发展史突出"信仰"的主题。在人类社会的发展过程中，"封建社会代替奴隶社会，资本主义代替封建主义，社会主义经历一个长过程发展后必然代替资本主义"②，这是历史发展的必然趋势。但是，这种替代不可能是一蹴而就的，而是一个长期的、曲折的过程。在社会主义发展史上，资本主义与社会主义的斗争是不断发展着的，"从一定意义上说，某种暂时复辟也是难以完全避免的规律性现象"③。历史大势不可逆转。邓小平说得好："一些国家出现严重曲折，社会主义好像被削弱了，但人民经受锻炼，从中吸收教训，将促使社会主义向着更加健康的方向发展。因此，不要惊慌失措，不要认为马克思主义就消失了，没用了，失败了。哪有这回事！"④ 如果对理论没有彻底的认知，对历史没有清醒的认识，就不可能有坚定的马克思主义、社会主义信仰，就有可能会因为诸如东欧剧变、苏联解体这样"难以完全避免的规律性现象"而动摇。思政课要在社会主义发展史的教学中把握住"信仰"的主题，教育引导学生深刻理解社会主义必然战胜资本主义的历史必然性，更加坚定中国特色社会主义道路自信、理论自信、制度自信、文化自信。

新中国史的发展主题、改革开放史的创新主题、社会主义发展史的信仰主题，与党史的复兴主题具有同一性，发展、创新、坚定理想信念，都是为了中华民族伟大复兴。但是在讲授不同的课程中突出某一方面主题，有助于把握重点，突出特色，深化对历史问题的理解。

（二）结构上突出各自的特色

对每一部历史，如果都从纵向发展中讲授，难免出现重复。为解决"四史"融入思政课过程中遇到的简单重复讲授的问题，除了在内容上每一部历史都可以突出一个主题之外，还可以从结构上突出每一部历史的特色。

学习党史，可以按照不懈奋斗史、理论创新史和自身建设史这三大部分整合相关内容。2010 年 6 月，《中共中央关于加强和改进新形势下党史工作的意见》明确指出："党的历史，是党领导全党同志和全国各族人民不断为实现

---

① 中共中央文献研究室. 邓小平年谱（1975—1997）：下 ［M］. 北京：中央文献出版社，2004：1350.

② 邓小平. 邓小平文选：第 3 卷 ［M］. 北京：人民出版社，1993：382.

③ 邓小平. 邓小平文选：第 3 卷 ［M］. 北京：人民出版社，1993：383.

④ 邓小平. 邓小平文选：第 3 卷 ［M］. 北京：人民出版社，1993：383.

民族独立、人民解放和国家富强、人民幸福而不懈奋斗的历史；是党坚持把马克思主义基本原理同中国具体实际相结合、不断探索适合中国国情的革命和建设道路，推进改革开放和社会主义现代化建设，推进马克思主义中国化、推进理论创新的历史；是党加强和改进自身建设、保持和发展党的先进性，不断经受住各种风险和挑战考验、发展壮大的历史。"① 建党百年之际，党的历史又有了初心使命史、不怕牺牲史、为民造福史、政治锻造史等新概括。这些概括都与不懈奋斗史、理论创新史、自身建设史三部分内容紧密相连，从不同的视角展现了党史的主流和本质。思政课可以从这一基本布局出发进行专题教学，层层剥开，完整、生动、立体地展示党的历史全貌。

学习新中国史，可以突出"五位一体"总体布局，进行专题讲解。新中国史，即中华人民共和国史，就是 1949 年中华人民共和国成立后，中国人民在中国共产党的领导下自力更生、艰苦奋斗，进行社会主义革命、建设和改革的历史。新中国史是中国通史的组成部分，是中华民族 5000 多年文明史中的辉煌篇章。在中华人民共和国 70 余年的历史进程中，中国人民在党的领导下为建设富强、民主、文明、和谐、美丽的社会主义现代化国家而奋斗，国家各项制度从无到有、日趋完善，人民的生活发生了翻天覆地的变化，同时也有着为维护国家主权、利益和良好发展环境的斗争。学习新中国史，可以从经济发展史、政治发展史、文化发展史、社会发展史、生态文明建设史，以及外交、国防军队建设等方面列出专题，进行专题讲解。这样既可以系统把握相关专题的内容，又能够突出新中国史的重点，避免与党史内容的简单重复。

学习改革开放史，可以突出历程、成就和经验。科学把握历史分期是研究历史的前提。历史阶段划分得越科学，我们对历史发展的规律性就会有更加深刻的认识。在庆祝中国共产党成立 100 周年大会上的讲话中，习近平把改革开放史划分为改革开放和社会主义现代化建设、新时代中国特色社会主义两大历史阶段，分别用"解放思想、锐意进取"和"自信自强、守正创新"概括了两大历史阶段的特征。在思政课教学中，我们可以从这两大历史阶段出发，把握住两大历史阶段的特征，向学生阐述好改革开放史的历程、成就和经验。"解放思想、锐意进取"是前一个历史时期的鲜明特征。这一历史时期，面对"文化大革命"10 年造成的混乱局面，党领导人民冲破思想束

---

① 中共中央文献研究室. 邓小平年谱（1975—1997）：下 [M]. 北京：中央文献出版社，2004：785.

缚，作出实行改革开放的历史性决策。实行家庭联产承包责任制、设立经济特区和沿海开放城市、建立社会主义市场经济体制，中国共产党领导中国人民"解放思想、实事求是，大胆地试、勇敢地改，干出了一片新天地"①。这一历史时期，面对日新月异、快速发展的世界，邓小平强调："要承认落后，承认落后就有希望了"②，"抓住时机，发展自己，关键是发展经济"③。改革开放 40 多年来，中国取得了全方位的成就，中国人民的面貌、中国共产党的面貌、中华民族的面貌发生了深刻改变。"自信自强、守正创新"是后一个历史时期的鲜明特征。随着改革开放的深入推进，国内外有些舆论攻讦中国搞的是"中国特色的资本主义""国家资本主义""新官僚资本主义"，有不少人对此心生困惑。面对这些诘难与疑问，习近平坚定地回应："我们说中国特色社会主义是社会主义，那就是不论怎么改革、怎么开放，我们都始终要坚持中国特色社会主义道路、中国特色社会主义理论体系、中国特色社会主义制度。"④ 党的十八大以来，以习近平同志为核心的党中央坚持"在新的历史条件下体现科学社会主义基本原则的内容"⑤，坚定"四个自信"，科学社会主义在 21 世纪的中国焕发新的生机。

学习社会主义发展史，要讲清楚社会主义从空想到科学、从理论到实践、从一国到多国的发展历程。社会主义发展史，就是世界社会主义 500 多年曲折演进的历史过程。思政课讲授社会主义发展史，要教育引导学生以更深远的历史眼光来看问题，深刻理解社会主义取代资本主义的曲折性、长期性和必然性。将社会主义发展史融入思政课教学，不单是学习中国选择社会主义、建设社会主义、发展社会主义的历史，还要学习其他共产党和社会主义国家的经验教训，让学生从正反两方面来深化对于共产党执政规律、社会主义建设规律和人类社会发展规律的把握。与此同时，要让学生理解科学社会主义理论的实践性、创新性和发展性，增强中国特色社会主义道路自信、理论自信、制度自信、文化自信。社会主义建设事业，没有一成不变的固定模式，也绝不是一蹴而就的事情，必须在科学社会主义的指导下立足本国国情不断

---

① 习近平. 在庆祝改革开放 40 周年大会上的讲话 [M]. 北京：人民出版社，2018：9.

② 邓小平. 邓小平文选：第 2 卷 [M]. 北京：人民出版社，1994：40.

③ 邓小平. 邓小平文选：第 3 卷 [M]. 北京：人民出版社，1993：375.

④ 中共中央文献研究室. 十八大以来重要文献选编：上 [M]. 北京：中央文献出版社，2014：110.

⑤ 中共中央文献研究室. 十八大以来重要文献选编：上 [M]. 北京：中央文献出版社，2014：110.

发展社会主义。

二、学习"四史"的基本原则

"四史"融入思政课的基础是深入研究"四史",以正确的原则评价历史。在"四史"学习中,要坚持大历史观、正确党史观和整体性原则等基本原则。

(一)坚持大历史观

大历史观,就是要用宽广的历史视域、总体的历史视角来认识和对待历史,进而总结历史经验,把握历史规律。这是马克思主义辩证法和唯物史观在历史研究中的具体运用。

只有坚持大历史观学习历史,才能把握历史的主题和主线。习近平善于运用大历史观认识历史问题。如何正确认识改革开放前与改革开放后两个历史时期的关系,不仅是一个严肃的历史问题,还是一个敏感的政治问题。只有坚持大历史观,从整体上把握这段历史,我们才能认识到这两个历史时期"相互联系又有重大区别","本质上都是我们党领导人民进行社会主义建设的实践探索"①。在庆祝改革开放 40 周年大会上,习近平讲道:"以数千年大历史观之,变革和开放总体上是中国的历史常态。"② 这也就是说,不能因为中国明清时期实行过闭关锁国的政策和近代清政府的愚昧保守,就否认中华民族的变革和开放精神。"历史毕竟整体上是宏观的。上下几千年、东西几万里,如果不能放眼整个世界历史的大局而只盯着某一点,恐怕不能算是真正理解了历史。"③ 如前所述,在思政课教学中,"四史"的每一部历史都可以突出一个主题,这就是运用大历史观认识历史、融入教学的体现。"四史"融入思政课,就是要引导青年学生运用大历史观,把握历史的主题与主线。

只有坚持大历史观学习"四史",才能洞察历史规律与历史大势。习近平强调:"历史发展有其规律,但人在其中不是完全消极被动的。只要把握住历史发展规律和大势,抓住历史变革时机,顺势而为,奋发有为,我们就能够更好前进。"党史、新中国史、改革开放史的开创与发展,都是党领导人民把握历史大势的生动体现;社会主义发展史本身也蕴含着历史必然性和发展阶段性的统一,"在这个过程中,我们要立足现实,把握好每个阶段的历史大

---

① 习近平. 习近平谈治国理政:第 1 卷 [M]. 北京:外文出版社,2018:22.
② 习近平. 在庆祝改革开放 40 周年大会上的讲话 [M]. 北京:人民出版社,2018:40.
③ 何兆武. 上学记 [M]. 北京:人民文学出版社,2016:168-169.

势，做好当下的事情"。这些都是思政课教学的生动教材。思政课必须把这些道理向学生讲清楚，只有这样，青年学生才不会被"乱花渐欲迷人眼"，才能明白"时与势在我们一边"这一论断的科学性，深化对共产党执政规律、社会主义建设规律和人类社会发展规律的把握，坚定理想信念。

在学校思想政治理论课教师座谈会上，习近平对思政课教师应具有的宏观历史视野提出了具体要求："历史是最好的老师。思政课教师的历史视野中，要有5000多年中华文明史，要有500多年世界社会主义史，要有中国人民近代以来170多年斗争史，要有中国共产党近100年的奋斗史，要有中华人民共和国70年的发展史，要有改革开放40多年的实践史，要有新时代中国特色社会主义取得的历史性成就、发生的历史性变革，通过生动、深入、具体的纵横比较，把一些道理讲明白、讲清楚。"① 可以看出，习近平这一论述中所要求的思政课教师的历史视野，不仅涵盖了"四史"，还包括中华文明史和新时代中国特色社会主义的历史性成就、历史性变革。

（二）坚持正确党史观

党史观就是立场的问题，它直接关系到历史评价的价值标准。如果没有正确的党史观，对于党的历史的评价就会走向反面。历史虚无主义就是历史观错乱结出的恶果。因此，坚持正确的党史观，这不仅是一个学术问题，还是一个严肃的政治问题。在党史学习教育动员大会上，习近平专门讲到了党史观的问题。他说："要树立正确党史观"，"如果历史观错误，不仅达不到学习教育的目的，反倒会南辕北辙、走入误区"②。如何树立正确的党史观？就是要坚持历史唯物主义的观点，这是"共产党人认识把握历史的根本方法"③。要站在人民的立场上，站在整个中国社会发展的基础上来评判历史。

要看到历史学科的主观性。历史进程是客观的，是不以人的主观意志为转移的客观存在，而后人对它的认知却是主观的，任何一个历史问题的评价都带有主观性。有研究者指出："虽然我们说科学具有客观的标准，可是这个客观的标准离不开主观，总是我们思想里所肯定的标准，而不是实实在在摆在那里的什么东西。"④ 对于历史的认知亦是如此，每个人都会有自己的评判标准。但是，这并不意味着历史就是任人打扮的小姑娘。马克思、恩格斯说：

① 习近平. 思政课是落实立德树人根本任务的关键课程［J］. 求是，2020（17）.
② 习近平. 在党史学习教育动员大会上的讲话［J］. 求是，2021（7）.
③ 习近平. 在党史学习教育动员大会上的讲话［J］. 求是，2021（7）.
④ 何兆武. 上学记［M］. 北京：人民文学出版社，2016：35.

"我们仅仅知道一门唯一的科学，即历史科学。"① 我们之所以说历史学是一门科学，就是因为我们虽然不可能百分之百地还原历史，但是在历史研究中，我们主观上是秉持着科学的历史观、朝着历史事实的方向努力的。因此，我们要警惕那些声称自己的历史研究成果是纯粹客观的、不代表任何一方利益的言论。从这个意义上讲，共产党人从不隐瞒自己的观点，中国共产党人就是站在广大人民群众的立场上看问题、做决策、办事情的，坚持以唯物主义观点评价党的历史。

（三）坚持整体性原则

"四史"的时间跨度很长，内容非常丰富，但彼此间也不是割裂和孤立的，实际上是一个有机联系的整体。在"四史"的学习和研究中坚持整体性原则，就是要在全局过程中，在与政治、经济、文化、社会等各方面的联系中看待历史。梁启超说过："时代与时代，相续者也，历史者无间断者也。"② 这就是历史的整体性问题。

坚持整体性原则学习"四史"，要关注历史与理论、实践之间的关系。龚育之说过："理论从历史中来。只有深入了解和研究党的历史，才能深入掌握党的理论。"③ 只有学习历史，才能更深刻地掌握理论、指导实践。在中国共产党的历史上，马克思主义中国化理论成果的形成和发展都源于中国共产党领导人民革命、建设、改革和复兴的历史，其为全党所认同、确立为党的指导思想也都经过了全党深入总结、学习和研究历史的过程。毛泽东思想在全党指导地位的最终确立，是以延安时期全党学习党史为基础的。全党通过学习研究，更加深刻地理解马克思主义基本原理与中国革命实际相结合的极端重要性，统一了思想认识。在此基础上，党的六届七中全会通过了《关于若干历史问题的决议》，为党的七大确立毛泽东思想的指导地位奠定了坚实基础。邓小平理论的形成和发展，党的指导思想的拨乱反正，也是经历了党的十一届三中、四中、五中、六中全会研究党的历史的过程，《关于建国以来党的若干历史问题的决议》就是学习研究历史的成果。习近平新时代中国特色社会主义思想入脑入心、武装全党，这与党的十八大以来全党深入学习研究党史、新中国史、改革开放史和社会主义发展史是分不开的。

---

① 中共中央马克思恩格斯列宁斯大林著作编译局. 马克思恩格斯选集：第 1 卷［M］. 北京：人民出版社，2012：146.

② 梁启超. 中国历史研究法中国历史研究法补编［M］. 北京：中华书局，2015：177.

③ 龚育之. 龚育之论中共党史［M］. 湖南：湖南人民出版社，1999：4.

坚持整体性原则学习"四史",要正确处理局部和整体的关系。历史固然是由一个个历史事件构成的,但历史不是历史事件的堆砌。历史事件不是独立存在的,而是相互联结的,不能人为割裂开来,要善于通过历史事件洞察历史规律。在具体的历史研究中也要坚持整体性原则。比如,对于中国共产党精神谱系的研究,就要从整体上考察才能把握谱系的全貌。一是伟大精神贯穿了党的历史全过程,中国共产党百年历史的每个阶段、每个时期都有着伟大精神,正是这些不同的伟大精神共同构成了谱系。二是伟大精神涵盖的领域是多方面的,政治、经济、文化、军事等各个方面、各个领域都有精神的体现,所以它是一个庞大的系统,能够构成精神谱系。三是伟大精神的承载主体是多种多样的,不仅有先进人物,如雷锋精神、焦裕禄精神等,还有先进群体,如"两弹一星"精神、女排精神等,还有以地域为代表的精神,如井冈山精神、延安精神等。只有从整体上观察,中国共产党精神谱系的整个图景才能展现出来。

三、"四史"融入思政课要处理好几种关系

"四史"融入思政课,要处理好讲道理与讲故事、历史知识与历史规律、课堂讲授与实践教学、历史性与现实性间的关系。

(一)处理好讲道理与讲故事的关系

"四史"融入思政课,一定要讲清楚历史的来龙去脉,要有理论提升,要有规律性认识。思政课重在价值引领,只有道理讲得好,理论讲得透彻,不怕"为什么"的追问,才能说明所讲的是真理,才能使学生信服。当然,讲理论不是在课堂上读教材、念文件,而是要深入浅出地讲道理。习近平强调指出,不能"把课讲成简单的政治宣传"①,"不能拿着文件宣读,没有生命、干巴巴的"②。有些教师担心过多阐发会出现政治问题,对此,习近平明确指出:"只要坚持正确政治方向,立足于引导学生坚定理想信念,全面客观看问题,就不用担心在政治上出问题。"③

思政课是一门有温度的、有情怀的课。讲道理不能太抽象,必须依靠生动的故事来对道理进行阐释。"四史"为思政课的温度和情怀提供了源源不断

---

① 习近平.思政课是落实立德树人根本任务的关键课程[J].求是,2020(17).
② "'大思政课'我们要善用之"(微镜头·习近平总书记两会"下团组"·两会现场观察)[N].人民日报,2021-03-07(3).
③ 习近平.思政课是落实立德树人根本任务的关键课程[J].求是,2020(17).

的历史养料。无论是党史、新中国史，还是改革开放史、社会主义发展史，都有许多蕴藏着深刻内涵、崇高精神的生动事例。我们要善于将其化而用之，从而教育引导学生。习近平强调："会讲故事、讲好故事十分重要，思政课就要讲好中华民族的故事、中国共产党的故事、中华人民共和国的故事、中国特色社会主义的故事、改革开放的故事，特别是要讲好新时代的故事。"① 需要注意的是，讲故事不是讲段子，讲故事要有精神、有内涵、有品位，不能为了一味地迎合学生、调节气氛而走向庸俗化和低级趣味。总之，"无论是通过讲故事、讲历史还是讲理论的方式讲思政课，都要体现思政课的政治引导功能"②。

（二）处理好历史知识与历史规律的关系

无论是党史学习教育，还是"四史"宣传教育，学习历史知识是必要的基础性工作，但不能满足于此。1926 年，蔡和森在强调党员学党史的时候说道，党员同志们"必须亲切的深刻的知道党的历史"③。"亲切的" 就是要带着感情，"深刻的" 就是要把握规律。历史知识属于感性认识层面，只有把历史知识互相联系起来，理清历史的脉络，才能把握历史的规律。毛泽东指出："认识的真正任务在于经过感觉而到达于思维，到达于逐步了解客观事物的内部矛盾，了解它的规律性，了解这一过程和那一过程间的内部联系，即到达于论理的认识。"④ 因此，在"四史"学习中，要处理好历史知识与历史规律的关系，要在历史知识当中看到规律、看到趋势。中国共产党为什么能，中国特色社会主义为什么好，归根到底是因为马克思主义行。只有在充分了解中国共产党百年奋斗史的基础上才能把握这个深刻道理。

（三）处理好课堂讲授与实践教学的关系

习近平强调："思政课建设要向改革创新要活力。"⑤ 思政课教学不应该仅局限于传统的课堂讲授，还要充分利用一些实地的红色历史文化资源，让学生身临其境接受教育，达到润物无声的效果。习近平身体力行，为全党同志做示范，他讲道："党的十八大以来，我到地方考察，都要瞻仰对我们党具有重大历史意义的革命圣地、红色旧址、革命历史纪念场所"，"每到一地……灵魂都受到一次震撼，精神都受到一次洗礼。每次都是怀着崇敬之心去，带

---

① 习近平. 思政课是落实立德树人根本任务的关键课程 ［J］. 求是，2020（17）.
② 习近平. 思政课是落实立德树人根本任务的关键课程 ［J］. 求是，2020（17）.
③ 中央档案馆. 中共党史报告选编 ［M］. 北京：中共中央党校出版社，1982.
④ 毛泽东选集：第 1 卷 ［M］. 北京：人民出版社，1991：286.
⑤ 习近平. 思政课是落实立德树人根本任务的关键课程 ［J］. 求是，2020（17）.

着许多感悟回。"① 实践教学不单纯是走向社会，在课堂里也可以设计一些实践类的教学环节，在实践过程中，还可以运用影像资料体验式、沉浸式教学。"案例式教学、探究式教学、体验式教学、互动式教学、专题式教学、分众式教学等，运用现代信息技术等手段建设智慧课堂等"②，这些都是将"四史"学习融入思政课可以采取的手段。

强调实践教学并不代表着完全抛弃课堂讲授，或者是将课堂讲授降到可有可无的地位。要充分实现教师的主导作用和学生的主体地位相统一。在实践教学中，如果没有教师的讲授引领，学生的实践就有可能沦为走形式、看热闹，实地参观也只是走马观花，达不到应有的教育效果。

（四）处理好历史性与现实性的关系

学习历史不能脱离时代的背景，一定要放在当时的历史条件下去感受。正如马克思所言："人们自己创造自己的历史，但是他们并不是随心所欲地创造，并不是在他们自己选定的条件下创造，而是在直接碰到的、既定的、从过去承继下来的条件下创造。"③ 在思政课中学习"四史"，要引导学生充分考虑历史性，感知历史情境，提升历史的共情。翦伯赞说过："离开了历史主义，就不是马克思主义。"④ 脱离了历史性，就会对历史做出不符合事实的评价，就会犯苛责或诘难前人的错误。

学习"四史"还要注意挖掘历史的时代价值。历史不能再现。历史不是循环往复的过程，"今天遇到的很多事情"也只是"可以在历史上找到影子"⑤，而不是原模原样。历史是要新旧更迭、新陈代谢的，这才符合辩证法。因此，研究历史要有现实对照，如果缺少这一点，历史研究也就没有了意义。梁启超说过："历史的目的在将过去的真事实予以新意义或新价值，以供现代人活动之资鉴"⑥，这也是"历史所以要常常去研究，历史所以值得研究"⑦ 的原因。中国共产党每到关键时期都是总结历史经验，善用历史思维

---

① 习近平在中共中央政治局第三十一次集体学习时强调用好红色资源赓续红色血脉努力创造无愧于历史和人民的新业绩［N］. 人民日报，2021-06-27（1）.

② 习近平. 思政课是落实立德树人根本任务的关键课程［J］. 求是，2020（17）.

③ 中共中央马克思恩格斯列宁斯大林著作编译局. 马克思恩格斯选集：第1卷［M］. 北京：人民出版社，2012：669.

④ 翦伯赞. 史料与史学［M］. 北京：北京出版集团公司，北京出版社，2011：7.

⑤ 习近平在中共中央政治局第十八次集体学习时强调牢记历史经验历史教训历史警示为国家治理能力现代化提供有益借鉴［N］. 人民日报，2014-10-14.

⑥ 梁启超. 中国历史研究法中国历史研究法补编［M］. 北京：中华书局，2015：224.

⑦ 梁启超. 中国历史研究法中国历史研究法补编［M］. 北京：中华书局，2015：224.

鉴古知今，这是党的优良传统。在中国共产党成立百年之际，开展党史学习教育，也是为了"教育引导全党以史为镜、以史明志，了解党团结带领人民为中华民族做出的伟大贡献和根本成就"①，认清历史方位，增强历史自觉，贯通过去、现在和未来，激发干事的信心和动力。历史的目的，也是"为社会一般人而作"，是"现代一般人活动之资鉴"②。"四史"内容丰富，思政课要善于从中汲取历史经验和智慧传授给学生，供他们在历史学习中把握当下、思考未来。

（本文原载于《思想教育研究》2021 年第 8 期 ）

---

① 习近平. 在党史学习教育动员大会上的讲话 [J]. 求是，2021（7）.
② 梁启超. 中国历史研究法中国历史研究法补编 [M]. 北京：中华书局，2015：8-9.

"四史"教育融入高校思想政治理论课的三重维度

周苏娅

黑龙江中医药大学马克思主义学院

摘　要："融入"关系内蕴着"四史"教育与高校思想政治理论课之间的契合点，两者统一于推动新时代中国特色社会主义伟大实践的进程中，回应着高校提升育人实效的诉求。从逻辑关系、现实意义、发展策略三重维度揭示"融入"的科学合理性、时代价值性、发展方向性，旨在动态发展中为"四史"教育融入高校思想政治理论课提供基本思路和发展指向。

2020年12月，中共中央宣传部、教育部印发的《新时代学校思想政治理论课改革创新实施方案》（以下简称《实施方案》）强调，大学阶段"重点引导学生系统掌握马克思主义基本原理和马克思主义中国化理论成果，了解党史、新中国史、改革开放史、社会主义发展史，认识世情、国情、党情，深刻领会习近平新时代中国特色社会主义思想，培养运用马克思主义立场观点方法分析和解决问题的能力"①，并对课程内容提出明确要求。准确把握"四史"与高校思想政治理论课（以下简称"思政课"）的特征和本质，结合高校思政课教学规律和原则，围绕"融入"过程的难点与问题，提出具体实践运行方向和路径，对更好地实现"四史"教育目标和推进高校思政课改革意义重大。

---

① 中共中央宣传部，教育部 . 新时代学校思想政治理论课改革创新实施方案［Z］. 教材〔2020〕6 号 .

一、逻辑关系："四史"与高校思政课的内在契合

从认识起点出发，验证并确认"四史"与高校思政课课程体系、教学内容和教学目标的关系，厘清为何能够"融入"的理论基础和现实依据，亦是抓住基本问题，在逻辑关系中把握互动作用。"四史"各有特点又有内容交叉，要抓住各自的重点内容与高校各门思政课分类设计教学体系。

（一）党史与领会"四个选择"

中国共产党的历史，是 1921 年中国共产党成立以来，党领导中国人民进行革命、建设、改革的历史。习近平对党史高度重视，强调指出："要加强党史学习和教育，努力从党走过的风云激荡的历史中、从党开创和不断推进的伟大事业中、从党全心全意为人民服务的根本宗旨和长期实践中，深化对党的信赖，坚定对党的领导的信念。"① 中国共产党的历史发展轨迹是中国近现代历史的重要组成部分，与"中国近现代史纲要"课教学内容紧密相连，其教学目标主要是帮助大学生深刻领会历史和人民为什么选择了马克思主义、中国共产党、社会主义道路和改革开放，正是因为"四个选择"让历经磨难的中国人民和中华民族，找到了实现伟大复兴的必由之路。

学习党史，就是学习中国共产党不懈奋斗、不断创新发展的历史，充分认识历史必然性和科学真理性，在实践中回答为什么中国共产党赢得了人民衷心拥护和坚定支持这一根本性问题。马克思、恩格斯在《共产党宣言》中给出了答案："过去的一切运动都是少数人的，或者为少数人谋利益的运动。无产阶级的运动是绝大多数人的，为绝大多数人谋利益的独立的运动。"② 列宁也曾强调："只有以先进理论为指南的党，才能实现先进战士的作用。"③ 对中国共产党成立前后的中国历史反复比较和总结，历史和人民义无反顾做出"四个选择"，为中华民族实现从站起来、富起来到强起来的历史飞跃提供了坚实保障。

（二）新中国史与提升"四个正确认识"

新中国史，是 1949 年中华人民共和国成立以来，中国共产党带领中国人民为实现国家繁荣富强、民族振兴发展和人民幸福的任务而艰辛探索、不懈

---

① 习近平. 论坚持党对一切工作的领导 [M]. 北京：中央文献出版社，2019：63.

② 中共中央马克思恩格斯列宁斯大林著作编译局. 马克思恩格斯选集：第 1 卷 [M]. 北京：人民出版社，1995：283.

③ 中共中央马克思恩格斯列宁斯大林著作编译局. 列宁专题文集：论无产阶级政党 [M]. 北京：人民出版社，2009：71.

奋斗的历史。习近平强调："新民主主义革命的胜利成果决不能丢失，社会主义革命和建设的成就决不能否定，改革开放和社会主义现代化建设的方向决不能动摇。这是党和人民在当今世界安身立命、风雨前行的资格。"① 新中国史也是马克思主义同中国实际相结合不断取得伟大胜利，对世情、国情、党情不断深入思考、不断提升党执政能力的历史，这一进程可引导大学生树立"四个正确认识"，与《实施方案》提出的"形势与政策"课教学目标趋同。

学习新中国史，就是要联系中华人民共和国成立后的国内外环境，深刻领会中国现代化建设事业取得的历史性成就，准确理解当代中国马克思主义，把握新中国历史发展的主题和主线，认清新中国发展的两个历史时期之间的关系，分清主流和支流，正确认识社会主义的前进趋势。列宁指出："设想世界历史会一帆风顺、按部就班地向前发展，不会有时出现大幅度的跃退，那是不辩证的，不科学的，在理论上是不正确的。"② 从社会主义发展看，既要认识到在实践探索中出现某种曲折是符合历史规律的现象，又要学会尽可能地避免某些曲折，不断总结经验教训，掌握运用马克思主义思想方法和工作方法，使社会主义不断向前发展。

（三）改革开放史与坚定"四个自信"

改革开放史，是 1978 年召开党的十一届三中全会以来，中国共产党和中国人民在理论与实践中，推进改革开放和社会主义现代化建设的历史过程。"改革开放是我们党的一次伟大觉醒，正是这个伟大觉醒孕育了我们党从理论到实践的伟大创造。"③ 改革开放 40 多年来，从开启历史新时期到跨入新世纪新阶段，从进入新时代到迈向新征程，中国共产党人用极不平凡的成绩和翻天覆地的新面貌不断坚定"四个自信"。"毛泽东思想和中国特色社会主义理论体系概论"课教材内容和教学目标的定位，使其成为落实坚定"四个自信"的主要课程，如《实施方案》强调"毛泽东思想和中国特色社会主义理论体系概论"课要引导学生深刻理解马克思主义为什么行、中国共产党为什么能、中国特色社会主义为什么好，进一步坚定"四个自信"。

学习改革开放史，就是学习 40 多年来我们党不断加强和改善党的领导，坚持以人民为中心，勇于自我革命，推进理论创新，不断开辟马克思主义发

---

① 习近平. 习近平谈治国理政：第 2 卷 [M]. 北京：外文出版社，2017：13.

② 中共中央马克思恩格斯列宁斯大林著作编译局. 列宁专题文集：论辩证唯物主义和历史唯物主义 [M]. 北京：人民出版社，2009：263.

③ 中共中央宣传部. 习近平新时代中国特色社会主义思想学习纲要 [M]. 北京：学习出版社，人民出版，2019：80.

展的新境界，适应实践、时代和人民要求的宝贵经验和精神财富。恩格斯指出："我认为，所谓'社会主义社会'不是一种一成不变的东西，而应当和任何其他社会制度一样，把它看成是经常变化和改革的社会。"① 中国改革开放以来，在不断解放和发展生产力，推动社会广泛而深刻变革过程中，形成了中国特色社会主义，实践证明，我们取得的一切成绩和进步，迎来了近代以来最好的发展时期，最根本的原因就是坚定中国特色社会主义的"四个自信"。

（四）社会主义发展史与认识"三大规律"

社会主义发展史，是世界社会主义经历从空想到科学、理论到实践和一国到多国的发展过程。从我国是社会主义国家视域看党史、新中国史、改革开放史，可以说都是其有机组成部分，学习社会主义发展史可在宏阔历史视野中深化对"三大规律"的把握，与《实施方案》提出"马克思主义基本原理概论"课学习掌握马克思主义立场观点方法，增强对"三大规律"认识，提升对世界社会主义事业发展信心的主要教学目标具有一致性。习近平指出："要把学习贯彻党的创新理论作为思想武装的重中之重，同学习马克思主义基本原理贯通起来，同学习党史、新中国史、改革开放史、社会主义发展史结合起来。"②

学习社会主义发展史，就是学习世界社会主义 500 年的发展历程，正确把握科学社会主义一般原则，在实践探索中了解社会主义发展的长期性、多样性和必然性。中国共产党人从社会主义发展史中深化了对共产党执政规律的认识，提出坚持党对一切工作的领导，不断提高党的领导和执政能力，懂得深化认识中国特色社会主义本质，须深化对社会主义建设规律和人类社会发展规律的认识，只有这样，才能为展望未来提供向导。列宁指出："马克思的全部理论，就是运用最彻底、最完整、最周密、内容最丰富的发展论去考察现代资本主义。"③ 因此，在新时代学习社会主义发展史，可提升对"三大规律"的认识，从而更好地坚持和发展中国特色社会主义。

二、现实意义："四史"教育与高校思政课的时代意蕴

从时代要求出发，探讨"四史"教育与高校思政课的新定位、新使命，

---

① 中共中央马克思恩格斯列宁斯大林著作编译局. 马克思恩格斯文集：第 10 卷 [M]. 北京：人民出版社，2009：588.

② 习近平. 习近平谈治国理政：第 3 卷 [M]. 北京：外文出版社，2020：540.

③ 中共中央马克思恩格斯列宁斯大林著作编译局. 列宁专题文集：论马克思主义 [M]. 北京：人民出版社，2009：255.

诠释为何需要"融入"的现实尺度和价值向度，亦是明确本质关系，对本质问题做重新审视与探讨，在现实意义中论证价值实践。高校思政课是为实现一定教学目标的社会实践活动，必然借助思想教育手段完成价值转化。

（一）强化高校思政课的育人实效

高校思政课是落实立德树人根本任务的关键课程，是高校思想政治工作创新发展的重要内容，是实现高等教育内涵式发展的核心部分。进入新时代，对高校思政课发挥育人主渠道作用提出更高的要求。如何在改进中不断加强，在创新中不断提高，增强大学生学习思政课的获得感，这是时代之问亦是思政课教师需要完成的课题。马克思指出："批判的武器当然不能代替武器的批判，物质力量只能用物质力量来摧毁；但是理论一经掌握群众，也会变成物质力量。"① 高校思政课教育教学根本目的与归宿就在于将理论力量和精神价值转化为无限的实践动力，从而转化为巨大的物质价值，通过培养中国特色社会主义建设者和接班人，自觉担当中华民族伟大复兴大任。"四史"与高校思政课紧密结合，更加突出理论、现实与历史的结合，强化历史思维、历史自觉，推动形成教育过程的政治性、学理性、批判性、实践性和生动性的统一。以"四史"来认识历史规律、分析现实情况、预测发展趋势，易于被大学生接受和认同。历史研究作为一切社会科学的基础，以"究天人之际，通古今之变"为使命，可推动高校思政课教学内容转化为大学生内在的思想意识和行为方式。

（二）引领学生辨析历史虚无主义

学习"四史"，有利于引导大学生树立正确的历史观，认清历史虚无主义的本质，坚持用辩证唯物主义和历史唯物主义来分析历史，准确把握历史过程、现象、事件和人物等。当今世界正经历百年未有之大变局，意识形态领域的斗争和争夺越来越复杂激烈，尤其是一些社会思潮在很大程度上影响，甚至决定着大学生思想价值观念的形成与发展，而历史虚无主义随着网络自媒体的发展不断干扰大学生的判断力，阻碍了其自身的健康发展和成长成才，它打着"解放思想""还原历史"的旗号来否定历史成为其主要做法，在评价历史问题时，随意歪曲历史、刻意裁剪历史，把革命范式与现代化范式对立起来，否定中国近现代史主旋律，鼓吹"历史终结论"，等等。历史虚无主义背离实事求是原则和否定唯物史观，企图消解中华民族根基、瓦解社会主

---

① 中共中央马克思恩格斯列宁斯大林著作编译局. 马克思恩格斯选集：第 1 卷［M］. 北京：人民出版社，1995：9.

义中国，其本质是唯心史观。习近平指出："历史虚无主义的要害，是从根本上否定马克思主义指导地位和中国走向社会主义的历史必然性，否定中国共产党的领导。"① 学习"四史"是大学生自觉增强抵制错误思潮能力，科学辩证看待历史与现实、历史与未来关系的有效手段。

（三）优化"四史"教育载体途径

"四史"教育是一项系统化、长效化的过程，有效载体途径是"四史"教育目标实现的基础与关键。高校思政课在长期发展和实践创新中，已形成较健全、规范、科学的教育教学体系，使之成为高校开展"四史"教育的有效载体途径。在深入推进"四史"教育时，应与新时代思政课的思路、师资、教材、教法、机制和环境等"六个创优"改革相结合，强化顶层设计，优化载体途径。要充分发挥和利用高校思政课课堂教学载体，在内容体系上通过史论结合、历史与现实结合，使学生掌握历史发展规律，学会用历史思维分析问题。在利用思政课实践教学载体途径时，要通过形式多样的方式方法、丰富多彩活动，加深对"四史"教育重点难点问题的理解和掌握。在利用思政课网络教学载体途径时，通过对历史基本知识和基本理论的学习，观看生动鲜活的典型事例，使学生了解历史、文化、国情的差异性对一个国家和社会发展的深远影响。正如马克思所指出的，"人们自己创造自己的历史，但是他们并不是随心所欲地创造，并不是在他们自己选定的条件下创造，而是在直接碰到的、既定的、从过去承继下来的条件下创造"②，掌握历史才能进一步理解历史选择中的必然性。

（四）增强"四史"教育主体力量

"四史"教育队伍作为教育工作的组织保证，队伍的整体素质在很大程度上决定着学习教育的效果，只有队伍建设得到切实加强和提高，才能更好地实现"四史"教育的目标。高校思政课教师是高校教师队伍中承担用习近平新时代中国特色社会主义思想铸魂育人，强化理想信念教育和价值观引导，开展马克思主义理论和党的创新理论学习的中坚力量。习近平强调："思政课作用不可替代，思政课教师队伍责任重大。"③ 多年来，党和国家高度重视思

① 中共中央文献研究室. 历史是最好的教科书：学习习近平同志关于党的历史的重要论述［M］. 北京：中共党史出版社，2014：8.
② 中共中央马克思恩格斯列宁斯大林著作编译局. 马克思恩格斯文集：第 2 卷［M］. 北京：人民出版社，2009：470-471.
③ 《习近平总书记教育重要论述讲义》编写组编. 习近平总书记教育重要论述讲义［M］. 北京：高等教育出版社，2020：28.

政课教师队伍建设，目前，高校建设了一支专职为主、专兼职结合、数量较为充足、素质较为优良的思政课教师队伍。这支队伍掌握马克思主义理论、马克思主义中国化的理论体系、高校思想政治工作理论与工作方法等，具有较高的理论研究与实践工作能力，从所学专业背景和讲授课程看，大部分思政课教师对"四史"的掌握较为系统全面和深入。高校发挥思政课教师的作用和优势，使其成为"四史"教育的主体力量，为其提供更多学习培训机会，打造高素质的高校思政课和"四史"教育教师队伍，成为强化"四史"教育的重要任务。

三、发展策略："四史"教育融入高校思政课的实践指向

从构成要素出发，探讨"四史"教育融入高校思政课的体系结构，回答如何实现"融入"的关键环节和主要条件，亦是进行系统分析，力求建构新的层次化体系。"融入"过程不仅各要素共同存在，还应接受主体、内容结构、方法体系和相关运行机制等方面的衔接与匹配。

（一）把握接受主体特征和需求

在大学生中开展"四史"教育，关键在于"四史"能否真正被"受教"主体接受和认同，并真正转化为"受教"主体的知行统一。从思想政治教育接受学的理论体系研究出发，大学生作为接受主体，加强对其接受规律和接受需求研究，不仅是高校开展"四史"教育研究的题中之义，也是新时代高校推进思政课教学改革创新工作的现实需要。大学生对"四史"教育和思政课的接受都不是一蹴而就的，而是进行认知、内化、外化逐步生成的过程，大学生在已有史学基础和价值观念的基础上，基于自身的内在需要，对"四史"所蕴含的价值理念和知识信息进行选取和吸收，并逐渐形成自身的价值准则和行为选择，这一复杂的运行系统中，大学生作为接受主体发挥着主导作用，同时，体现排他性、价值性、自觉性和渐进性特征。着重分析大学生的价值需要、认知结构、思想观念等，才能准确把握大学生学习"四史"和思政课教育过程中的规律性变化和运行状态，找到"四史"教育的实际要求与大学生具体需要的结合点。

（二）呈现基本内容和结构框架

历史发展是阶段性与连续性的统一，"四史"之间密切联系，既有共性，又体现着不同的特征。在坚持整体性原则基础上，只有从"四史"各自的特点和主要内容出发，结合思政课各门课程内容，寻找契合点，才能实现理论、

现实、历史三者的结合，厘清内容结构，构建合理的内容体系是"四史"教育内容整合的结果呈现，亦是最关键的环节。从多角度研究来看，中国共产党的领导是贯穿"四史"的主线，认清道路问题，坚定中国特色社会主义自信是学习"四史"的核心。实践中，应以"四史"的四方面内容作为"纲"，以高校思政课各门课程具体内容为"目"，形成相互联系、层次分明、有机统一的内容结构体系。目前，高校思政课讲授内容主要为马克思主义基本原理，马克思主义中国化，中国特色社会主义理论体系和党的最新理论成果等，按照总揽性与条理性原则，在"四史"的框架下，让每个具体内容都有方向归属并紧密衔接，是解决内容体系问题的重要遵循。

（三）转换方法策略和实践范式

"四史"教育融入高校思政课的方法转换，是在把握高校思政课教学方法历史轨迹和经验规律基础上，遵循马克思主义"历史和逻辑相统一"的方法论原则。依据新时代"四史"教育要求对方法与范式的新构想与设计，体现继承性与发展性。"四史"蕴含丰富的历史智慧和营养，通过不断挖掘历史资源，充分利用红色资源，增强教育吸引力与感染力。转换过程中应抓住其核心要素和关键节点，传统方法的现代转换、单一方法的综合转换最为重要。转换中要增强人文色彩，注重实践教育和启发式教育，在现代技术转换和运用上，提升数字化建设和立体化开发能力。实践参与法是寓教于"行"的方法，通过亲身感受、现场互动，获得思政课理论与"四史"发展建设实际相结合的体验和经验。范例分析法是以典型为"例"的方法，通过分析讨论"四史"进程中具有典型性代表性的历史事件、历史人物，进一步认识和理解高校思政课中的基本原理和思想观点。

（四）构建教育者队伍培养体系

"四史"教育融入高校思政课的视域下，教育者队伍主体就是高校思政课教师，按照教育部要求，建设一支专兼职相结合的思政课教师队伍同时要统筹好"八支队伍"上思政课讲台，所以，他们将担负高校开展"四史"教育实施者、推进者和实现者的重任。"四史"教育队伍在原有政治、思想、文化和能力等素质要求基础上，应树立科学的历史观，能够正确分析和评价历史问题、辨别历史是非和社会发展方向。习近平强调："历史是最好的教科书"①，"我们看世界，不能被乱花迷眼，也不能被浮云遮眼，而要端起历史

---

① 习近平. 习近平谈治国理政：第 1 卷 [M]. 北京：外文出版社，2018：405.

规律的望远镜去细心观望。"① 实践中可尝试通过培养制度、学习交流机制、考核评价体系的构建来探寻"四史"教育者培养的基本途径和方式，着重从管理机构、组织程序、交流形式、任务目标、评价标准等方面进行科学设计与统筹，形成"四史"教育者的引领性、时代性和价值性有机统一。教育者自我提升与更新素质是一个曲折复杂、逐渐深化和动态发展的过程，只有以历史自信、历史自觉推进教育者意识的觉醒，以历史胸怀、历史责任激发自身积极性与创造性，才能赢得"四史"教育主动权。

实践的需要推动认识的产生和发展，在新时代，推进"四史"教育融入高校思政课，并对"融入"理论体系与实践模式展开研讨，既是高校探索思政课改革创新的需要，也是汲取"四史"智慧与力量，引领大学生正确认识"两个大局"，珍惜时代、担负时代使命的需要，也必将为"四史"教育和高校思政课教育教学提供更多的新思路和新思考。

（本文原载于《思想教育研究》2021 年第 4 期 ）

---

① 习近平. 习近平谈治国理政：第 2 卷 ［M］. 北京：外文出版社，2017：442.

社会主义核心价值观融入高校思想政治理论课的三个转向及实现

周琪

西南大学马克思主义理论研究中心

摘　要： 高校思想政治理论课（以下简称"思政课"）是培育和践行社会主义核心价值观的主渠道。社会主义核心价值观融入高校思政课需要依托教材整体性、教学话语和多元化教学模式建设，其实现路径呈现为生活情境创设、问题探究课程建设和活动资源开发的统一。

对社会主义核心价值观的认同和践行不会自发生成，它需要通过高校思政课这一主渠道向大学生传递。正如列宁的灌输理论强调，先进的社会意识是通过不同教育形态和方式向人民群众传递和实践的过程。这一过程需要社会主义核心价值观与思政课的教材、教学话语和教学模式的融合，并沿着思政课的运行规律予以展开。

一、社会主义核心价值观融入思政课的"三个转向"

社会主义核心价值观融入思政课需要以教材、教学话语和多元化教学模式为依托，把思政课建设成大学生真心喜爱、终身受益的优秀课程。正如中宣部、教育部《关于普通高校思想政治理论课建设体系创新计划》中强调，整体推进教材、教师、教学等方面的综合改革创新，构建重点突出、载体丰富、协同创新的思政课建设体系。

（一）着眼于从中国社会共识公约数转向思政课教材体系

作为中国社会共识公约数的社会主义核心价值观融入高校思政课教材体系，其实质是把社会主导价值理念与教材内容相融合，让大学生在有挑战性的学术课程中实现对社会主义核心价值观的知行转化。这一过程蕴含着两个维度，一是对思政课教材体系中原有的内容进行提炼和深化，使社会主义核心价值观成为贯穿教材的主线。中宣部马克思主义理论研究和建设工程领导实施的思政课4门教材体系修订正是着眼于此。二是强调思政课教材的整体性，从不同层面展开对社会主义核心价值观的解读。例如，"马克思主义基本原理概论"侧重于社会主义核心价值观的马克思主义理论基础，"毛泽东思想和中国特色社会主义理论体系概论"侧重于社会主义核心价值观与中国化马克思主义的一脉相承及其当代价值，"中国近现代史纲要"侧重于社会主义核心价值观的历史维度，更好地引导学生理解和认识"四个选择"，"思想道德修养与法律基础"侧重于社会主义核心价值观的实践运用。

（二）着眼于从思政课教材话语转向教学话语

如果说思政课教材体系是社会主义核心价值观的文本，其向教学话语的转化则是社会主义核心价值观融入高校思政课的关键。这是因为这一转化并不是将教材体系的内容直接呈现在教学过程中，它受到教师、大学生群体特征、教学方法、具体教学内容等因素制约，包括研发教材、精选教案、课堂设计、讲授讨论、考试评价等所有教学环节和过程。如果忽视这一转化的有效性，将容易导致社会主义核心价值观在思政课中"拼接"和"片段化"。这在于思政课的教材体系具有理论化、较精练等特点，主要是用理论话语精练表述社会主义核心价值观，以便于教师能准确把握教学内容的边界，而对大学生而言，需要在教学过程中用他们能理解的、喜欢的话语表达方式和内容进行转化。一是教学表达方式的对象化，用大学生能理解的教学形式表现社会主义核心价值观，如文化传递、故事讲授、角色体验等，习近平在文艺工作座谈会上的讲话把"是否能为人民抒写、为人民抒情、为人民抒怀"作为判断优秀作品的标准，这一原则同样适用于社会主义核心价值观表达方式对象化的问题。这既需要观照不同年级、专业背景的大学生的特点，又需要观照不同生活背景和个性的大学生的特点。二是教学话语内容的逻辑化，用当代大学生群体能够认知的方式表述社会主义核心价值观。一般而言，个体是以自我为圆心，沿着家庭、社区、学校、社会和国家的螺旋上升序列认识个人、社会与国家之间的关系，因此，当大学生提出"社会主义核心价值对于我的生活有什么用？"的追问之时，我们需要回答的是以个体的现实生活为起点，引导大学生用社会主义核心价值观回应如何处理与国家、社会之间的关系，这涉及大学生的交友、恋爱、职业、道德、政治生活等日常生活领域。马克思在《德意志意识形态》中把现实的个体的生活及其物质生活实践作为解读人和历史的起点，这同样适用于教学话语内容的逻辑起点。因此，观照大学生日常生活领域是社会主义核心价值观融入思政课的重要资源库，它为教学话语提供表达方式和素材，使理论话语能够落小、落细和落实。

（三）着眼于从思政课理论教学转向多元化教学模式

思政课教学体系是有效推动大学生认同和践行社会主义核心价值观的关键。在课程教学体系建设中，需要从单一理论教学转向专题教学、实践教学和研讨教学。美国品格教育明确提出要通过有挑战性的学术课程向青少年传授美国社会核心价值观，并用品格教育的十一条原则指导美国学校公民道德教育课程建设。在网络化时代，大学生群体获取知识信息的方式呈现出海量与碎片、去中心化与多中心化的特点，这种信息的网络传播方式改变了思政课教师的传统知识优势，甚至大学生在知识信息的容量和时效上均优于思政课教师，从而导致知识传递方向去中心化，甚至变为从大学生转向思政课教师。这一变化要求思政课教学从一元封闭单向知识输出转向扁平化、网络化知识传递，二者的差异不是某一具体的教学方法的变化，而是包含教学理念、教学场域、思政课教师等要素的发展创新，这种教学模式的变化如同互联网web1.0向web2.0的升级。一方面，用专题教学、研讨教学和实践教学相统一形成教学过程多元化。专题教学侧重于社会主义核心价值观的认知，以各门课程中的核心知识为基础从不同视角阐释社会主义核心价值观的历史之维和现实之维。研讨教学侧重于以问题为导向的小组合作，引导大学生运用专题知识聚焦现实问题和解决问题的方案，这一过程既是大学生对社会主义核心价值观的内化又是个体基于理解之后的再阐释，以培养大学生运用社会主义核心价值观进行价值判断的能力。北京大学"思想道德修养与法律基础"课程辩论赛以"建设法治社会更应侧重关键少数还是最大多数"为主题就是这种研讨教学的典型形式。实践教学侧重于引导大学生将社会主义核心价值观从认知向实践的外化，发挥大学生知行统一的主体性，如实践调研、三下乡服务、青年志愿服务等活动。另一方面，用课堂教学的现场性与网络化相统一形成思政课的"互联网+"。传统的思政课教学强调课堂的现场性，通过教师的讲授、大学生的"内化"、教师与学生之间的互动推动社会主义核心价值观的知行转化，而随着互联网和信息技术的发展，需要把课堂向网络化推进，通过数字化教学平台、网络资源、微博学习、数字案例等建设思政课的网络课堂。可见，课堂网络化能够适应网络时代大学生个性化、自主性和互动性的学习需求，大学生可以灵活选择学习时间和方式，从而建构个性化的知识体系。西南大学推进思政课"课堂教学网络教学实践教学"三位一体教学体

系改革，运用"至善在线"云教学平台建设"导入+ 微课程+ 学习链接+ 测
验+ 学分"为主体的网络教学模式。

二、社会主义核心价值观在思政课"三个转向"中的实现路径

社会主义核心价值观融入思政课的"三个转向"的实现路径，主要体现
在生活情境创设、问题探究课程开发和活动资源建设三个领域。

（一）创设社会主义核心价值观融入思政课的生活情境

生活情境能为大学生认同和践行社会主义核心价值观提供情感氛围和环
境，从而推动大学生知、情、意、信、行的转化。这在于，社会主义核心价
值观从认同到实践不是直接转化，而需要通过情景和氛围激发大学生的情感
动机。这在于，道德行为的发生首先需要个体能够感知道德的问题情境，并
能够从道德的角度去予以诠释和理解。由此可知，大学生的价值观认同和践
行是从"不知"到"知"、从"知"到"信"、再从"信"到"行"的过程，
它必须是大学生经由核心价值引导，在"生活"中进行角色体验或亲历性学
习而建构精神世界的过程，而这种"生活"与充满意义和价值的生活情境密
切相关。因此，思政课需要创设蕴含社会主义核心价值观的生活情境，引发
大学生的情感共鸣和认同动机。一是选取大学生日常生活的素材。教学情境
中的素材应是大学生所理解和关注的生活形态，这要求教师把握当代大学生
的思想动态，选取大学生关注度较高的领域的素材，如当代大学生关心的时
事政治、社会责任等。《中国大学生思想政治教育发展报告2014》调查指出，
大学生对时事政治和思想政治理论信息的关注度普遍较高，政治参与意愿较
为强烈，国内时政（76.5%）和国际时政（59.0%）是大学生日常关注度最
高的两类新闻信息。56.7%的大学生明确表示支持在校大学生参与民主选举、
政治监督等活动。二是日常生活的素材需要由思政课教师和大学生积极建设。
思政课的生活素材来自大学生的生活，但这种生活素材不仅停留在自在形态，
它更需要向自为形态演进，表现为经过精心设计和建设的生活素材，这是由
思政课的目标指向和价值指向所决定的。因此，这些生活素材不是简单的
"讲故事""看电影""聊八卦"，而是按照社会主义核心价值观的主题进行再
创造和提炼，从而使生活素材具有鲜明的价值导向和大学生的主体参与。习
近平在文艺工作座谈会上的讲话所强调的"通过文艺作品传递真善美、传递
向上向善的价值观、引导人们增强道德判断力和道德荣誉感"同样适用于生
活素材的建设原则。三是运用生活素材营造思政课的教学情境。情境是能够

帮助学习者利用经验进行解释、说明并形成熟悉的参考物，因此，运用大学生熟悉的生活素材营造的教学情境能够有效推动大学生对社会主义核心价值的认同和践行，这些生活素材通过实物、活动、表演、语言描述等形式表现社会主义核心价值观这一主题。例如"思想道德修养与法律基础"课程中关于"爱国主义"主题，可以从中文繁体字的"愛"和"國"的解读中展开对爱国主义内涵的理解，"愛"意味着用心和情感，"國"意味着人口和军队，既生动展示了爱国应"内化于心，外化于行"，又展示了爱国的具体性和形象性，从而在传统文化情景中展开爱国主义教育。

（二）开发以社会主义核心价值观为主题的问题探究课程

在社会主义核心价值观融入思政课的过程中，首先遇到的是社会主义核心价值观如何与思政课相衔接，是作为一般的知识点体现在专门章节之中还是作为"问题"呈现在课程教学之中？20 世纪 80 年代，美国的新品格教育运动强调通过有意义和挑战的学术课程建设向学生传授具有共同性和普遍性的核心价值观。美国杜克大学本科生课程"马克思主义与社会"的课程大纲将"马克思究竟说了什么"这一问题作为该门课程主旨，作为一种借鉴的视角，社会主义核心价值观需要作为"问题"贯穿在思政课课程中。其原因在于，作为一般知识点教学在教材中大多是确定性的概念或结论，大学生聚焦于"是什么"的学习，而作为"问题"的知识教学则蕴含着发现问题、分析问题和解决问题的过程，需要大学生聚焦于"为什么"和"怎么办"的创造性学习。因此，把社会主义核心价值观作为"问题"呈现在教学之中，基于"问题"研究的开放性、视角多元化和小组合作，能有效适应网络化时代大学生去中心化、独立性和合作性的能力培养。需要注意的是，这种问题不是对生活中的吃、穿、住、行等随意发问，而是依托于社会主义核心价值观的主题展开。一是把其转化为大学生感兴趣的某一系列具体问题，形成研究课程和实践教学的主题，中国人民大学以"思想道德修养与法律基础"为依托，开设"别笑，我是思修课"的微博和微信公众号，把爱国主义、人生价值、道德等教学主题凝练为"爱国随手拍""道德那些事"和"这就是幸福"等主题活动。二是把这些具体问题蕴含在大学生能够观察和体验的生活情境之中，在可感、可观的生活情境中生发问题。教育部社科司《关于对高校思想政治理论课教学 30 个重点难点问题的征集及解答》，以 30 个问题为依托形成教学主题，在问题探讨中如何实现教师的"教"与大学生的"学"的统一。

（三）建设以社会主义核心价值观为主题的思政课活动资源

活动资源是实现社会主义核心价值观进教材、进课堂、进大学生头脑的重要维度，能够形成思政课第一课堂与第二课堂的结合。因为，大学生在活动中能够用内化了的社会主义核心价值观进行相互影响。正如人际交往理论所强调的，个体在相互直接见面时，用内化了的现存社会规范和行为准则相互影响。因此，当把社会主义核心价值观蕴含在活动资源中时，这些活动资源不仅具有价值导向性，即旗帜鲜明提倡什么、允许什么、限制什么和反对什么，而且能够把这种价值导向渗透到日常化、具体化和生活化的活动中，成为价值导向和大学生自我教育相结合的有效形式。中央宣传部、中央文明办印发《培育和践行社会主义核心价值观行动方案》提出了 15 项重点活动项目，如爱国主义教育活动、群众性精神文明创建活动、学雷锋志愿服务活动、诚信建设制度化、节俭养德全民节约行动、民族团结进步创建活动、文明旅游活动、全民科学素质行动、扶贫济困活动、爱国卫生运动、文明办网文明上网活动等。首先，在社会主义核心价值观融入思政课的建设过程中，需要根据课程教学内容和大学生群体的具体特点把这些主题活动转化为他们喜闻乐见、积极参与的活动形式，否则将使活动流于形式。例如，根据大学生的专业背景设计社会主义核心价值观的不同主题活动，艺术专业的大学生侧重于用形象化的方式，历史专业的大学生侧重于"读史"的方式，把大学生的专业知识与主题活动相结合。其次，需要把传统节日资源、历史文化资源与活动资源相结合，开发活动资源的"现场教学"。各种传统节日资源、历史文化资源蕴含着社会主义核心价值观的主旨，既为主题活动营造情境又直接成为主题活动的内容，从而能够实现高校思政课从课堂内到课堂外的延伸，把课堂讲授与现场体验相结合。例如，延安干部学院的现场教学就是把学员带到延安 10 多个革命老根据地，讲解员在历史的发生地进行讲解、专家点评和现场案例剖析，让学员亲身感受这些历史事件的发生，从而强化对中国共产党历史、社会主义道路和社会主义核心价值观的认同。

（本文原载于《思想教育研究》2015 年第 12 期）

中国精神融入高校思想政治理论课教学探究

——以"思想道德修养与法律基础"课为例

李薇薇

北京科技大学马克思主义学院

摘　要：中国精神是高校思想政治理论课开展教学的重要资源。以"思想道德修养与法律基础"课教学为例，其融入的内容要点可以从以爱国主义为核心的民族精神与以改革创新为核心的时代精神两个层面来考量，融入的路径与方法可以通过理论教学与实践教学进行。在融入的过程中，还应注意中国精神作为高校思想政治理论课教学资源的挖掘与丰富、理论教学与实践教学的融合式发展以及融入思想政治理论课教学成效的评估等问题。

中国精神是我国意识形态的重要组成部分，其弘扬、传播以及实现从国家精神到大学生个体化人格的位移与思想政治理论课（以下简称"思政课"）教学紧密关联。高校思政课作为系统传播马克思主义的主渠道，是社会主义意识形态建设的重要阵地，在青年学子塑造社会主导价值上不可替代。本文以"思想道德修养与法律基础"课（以下简称"基础"课）为例，探寻在高校思政课中融入中国精神的内容要点、具体路径、方法以及应注意的关键问题，以期在青年学子中实现内化于心、外化于行。

一、中国精神融入高校思政课教学的内容要点

中国精神就其生成方式来看，有历史发展中民族文化的传承，也有时代际遇中的精神汇入。中国精神融合了中华民族的传统文化精神、马克思主义中国化的理论成果以及时代发展中改革创新的精神气象。这一内涵丰富的思想体系是高校对大学生开展思想政治教育的重要资源。就其融入的内容要点

来看，在"基础"课教学中可以从以下两个层面来考量。

（一）以爱国主义为核心的民族精神成为"基础"课教学的重要历史资源

中国精神包含两大文化表现形式——民族精神和时代精神，且彼此关联渗透。民族精神是民族意识的最高形式，"基础"课教学既要体现对当前国家政策制度的解释与宣传，又要有对我国历史文化的弘扬与继承。中国精神的民族性集中体现为爱国主义，这种"天下兴亡，匹夫有责"的文化血脉与无数历史人物的人格风骨是"基础"课开展教学的重要素材，是进行爱国主义教育的必然选择。除此之外，中华民族在长期发展中形成了独具特色的精神气质，张岱年将其概括为"天人合一、以人为本、刚健自强、以和为贵"①。这一思想体系蕴含着"基础"课所要达到的对大学生人格培育的重要指向，是面对经济全球化与文化多元化的世界，青年人建立文化身份的精神宝库，是青年在特有的身心发展阶段可以用来滋养自己，解决人生的诸多冲突与矛盾，进而超越自己构建内在精神家园的文化依据。理想信念的确立、爱国主义的坚守与理性爱国的辨识、对人以及人生价值的本质认知、道德人格的挺立、法律意识的构建，这些"基础"课中要探讨的一系列根本问题均可以从中华民族的文化谱系中找到依据和凭借的精神力量与路向指引。中国精神所蕴含的历史传统是"基础"课教学的重要支撑，展示了国家和人民的历史来路，也启示与指引了民族发展的去向。中国精神的历史文化传统丰富了"基础"课教学体系，同时也彰显了这门关于"价值塑造"与"人生成长"课程的人文维度，为教学打开了更宽广的论证视野和提供了丰厚的可汲取的资源。

（二）以改革创新为核心的时代精神是"基础"课教学的价值引领

如果说以爱国主义为核心的民族精神融入"基础"课是为了追溯理论源头，还原思想体系的历史丰富性与实现"以文化人"的育人目的，那么以改革创新为核心的时代精神融入"基础"课则显示了高校思政课教学的政治属性与时代思想引领。

恩格斯曾指出："每一个时代的理论思维，从而我们时代的理论思维，都是一种历史的产物，它在不同的时代，具有非常不同的形式，并因而具有非常不同的内容。"② 强调了精神发展的时代性问题。时代精神是在新的历史条

---

① 张岱年. 中国文化的基本精神 [J]. 齐鲁学刊, 2003 (5).
② 中共中央马克思恩格斯列宁斯大林著作编译局. 马克思恩格斯全集：第 20 卷 [M]. 北京：人民出版社, 1971：382.

件下所形成的价值观念系统，它所形成的现实基础为中国共产党领导的新民主主义革命、社会主义革命和建设以及改革开放的伟大实践。这一革命和建设的奋斗实践以马克思主义理论为指导，继承与弘扬中国传统文化，不断丰富、创新、融合生成了中国精神的既有形态，并以改革创新为主要精神追求和思想特征。具体体现为以毛泽东为核心的第一代领导集体将马克思主义的基本原理与中国实际相结合，在民族危亡的关头走"农村包围城市，武装夺取政权"的中国革命道路而最终实现民族独立，建立新中国的实践征程。具体蕴含在以邓小平为核心的第二代领导集体大胆尝试，不断突破创新，创造性地回答了"什么是社会主义、怎样建设社会主义"这一重大问题。同样，这种时代精神也贯穿于以江泽民为核心的党的第三代领导集体对"建设什么样的党、怎样建设党"以及以胡锦涛同志为总书记的党中央全面回答"实现什么样的发展、怎样发展"的社会主义现代化建设之中。当前，改革创新已经成为中国共产党人的时代追求与价值共识。党和国家领导人对"改革不停步，开放不止步""改革是最大的红利"等一系列关乎时代精神的强调与阐释进入了人民的视野。因此，以改革创新为核心的时代精神融入"基础"课教学中凸显了高校思政课的政治属性，也是教学与当前社会发展相对接的切实需要。在教学中运用中国共产党人进行改革创新的伟大实践以及在此基础上形成的精神体系来解释、说明当前青年"应树立怎样的理想信念，如何树立科学的理想信念""如何衡量人生价值，过创造性的生活"与"道德人格修养与知识技能提升的内在关联为何"等根本性问题，只有这样才能使思政课教学中的理论阐释真正实现逻辑与历史的统一，使教学内容真正落到实处。同时以改革创新为核心的中国精神也理应成为当代青年的价值引领，使其在学习与生活中不断突破自己以服务于日益变革的时代。

二、中国精神融入高校思政课教学的路径与方法

理论教学与实践教学共同组成了高校思政课教学的完整体系。以"基础"课为例，中国精神融入其中可以选择理论教学与实践教学两种路径、采取不同的方法来进行。

（一）中国精神融入"基础"课理论教学采用主线贯通与专题讲授方式

目前高等教育出版社最新版（2015 版）的"基础"课教材将中国精神正式纳入教学内容之中。具体设置在教材的第二章——"弘扬中国精神共筑精神家园"，但从"基础"课的课程性质以及教学目的来看，中国精神的教学融入考量要突破个别章节，从更宏观的视角与内在的脉络来进行。"基础"课是

为了适应思想政治教育规律与大学生成长成才规律并以系统传播我国意识形态、为国家培养合格人才为根本任务。最新版"基础"课教材以社会主义核心价值观为主线并依据依法治国与以德治国的基本理念，以理想信念、中国精神、人生价值、道德与法律为基本的篇章结构来进行具体的内容设置。中国精神融入"基础"课应超越部分成为贯穿课程整体的内在线索。这是由中国精神与社会主义核心价值观的内在关联所决定的，中国精神内在滋养孕育着社会主义核心价值观，是社会主义核心价值观的具体体现，与其构成了我国意识形态的"两翼"："精神信仰与价值承诺"①。二者作为价值追求与精神动力统一于社会主义意识形态之中，是此课程要完成的最为重要的教学内容，是学生实现政治化的目标所指。因此，对中国精神的教学阐释首先是宏观层面的主线把握。

从微观层面来看，"基础"课第二章整体设置为中国精神专题部分。它包括中国精神的传承与价值、以爱国主义为核心的民族精神和以改革创新为核心的时代精神，相对于旧版爱国主义专题部分，新版"基础"课教材将其纳入更宽广深厚的框架之中。提炼中国精神的内涵，阐释中国精神的历史生成与现实发展，分析其特征与价值，其背景是伴随着中国经济崛起而提升我国文化与社会制度领域竞争力的必然之需，是中国文化软实力的凝结与表达，为向世界展示中国模式提供文化视角。"基础"课理论教学应对此专题进行系统讲解与阐发，深刻理解以爱国主义为核心的民族精神与以改革创新为核心的时代精神二者内在的统一性，明晰生成中国精神的社会实践与历史逻辑的一致性，从而使学生对中国精神的理解形成一定的思维体系。

（二）中国精神融入"基础"课实践教学的课堂、校园、社会三位一体模式

高校思政课实践教学指的是在教学过程中依据特定的教学目标，在教师的指导下以学生的主体参与和体验为基本方式、以塑造学生的价值观念为核心的教学活动。它包括课堂实践教学、校园实践教学以及校外实践教学。中国精神作为一种系统理论化形态的观念系统，在融入思政课教学过程中需要进行深入全面的讲授，但是抽象理论化的观念想要获得在青年学生头脑中丰富与形象的再现，尤其是成为学生可感知的思想资源，进而完成对青年学子的价值塑造与人格培养，这一过程不可或缺的是实践环节。正如德国著名教

---

① 李忠军. 论社会主义核心价值观、中国精神与社会主义意识形态 [J]. 社会科学战线，2014（3）.

育家第斯多惠在论及人的发展时提出："发展和培养不能给予人或传播给人，必须用自己内部的活动和努力来获得。"① 因此，只有通过学生主体性的实践活动，系统理论化的精神内核才能渗入到学生自身的主观状态，从而使这种标示人类文明的价值观念体系脱去它的外在性，变成学生内在的精神财富和发展的力量源泉。中国精神融入思政课实践教学不可或缺，在"基础"课中具体可采用课堂、校园、社会三位一体的教学模式。

中国精神实践教学活动首先应制定科学的教学目标并完善实践教学方案，在打通课堂、校园、社会三大空间的基础上开展。结合"基础"课的课程性质，实践教学的目标可定位为"培育中国精神，提高大学生的思想政治素质"，即通过教学使大学生深刻认知中国精神、提升自身政治素质，并理解其与自身成长成才的辩证关系。在此目标的指引下，实践教学的活动方案可以多元化，具体活动方式依据活动地点的不同最终形成了课堂、校园、社会三位一体的实践教学模式。如在"基础"课课堂实践教学过程中，可以在思政课教师的指导下，采取学生围绕中国精神撰写心得并开展小组讨论，以"何谓理性爱国"拍摄微电影，举办辩论赛、话剧等方式来促使学生全方位认知中国精神；在校园实践教学中，充分发挥理论社团的作用来组织学生参观爱国主义教育基地或举办中国精神摄影图片展等活动进行教学活动，还可以充分利用假期来开展实践教学。如北京科技大学自 2015 年来充分发扬崇尚实践的优良传统，依托独具特色的社会实践模式，以思政课教师为主导，组织分布在全校各院系的本科生深入各地开展以"寻访中国精神，内化核心价值"的实践教学活动。引导学生对不同时期的具体中国精神的构成元素进行寻访，如以新民主主义革命时期的五四精神、长征精神，社会主义革命与建设时期的大庆精神、雷锋精神以及改革开放新时期的奥运精神、特区精神等为主要教学内容。通过实地参观走访、调查研究、社会服务等综合实践教学形式，使青年学子以特有的视角感知中国精神的现实力量，进而传播与践行中国精神。在此过程中，一方面，是中国精神内在资源的挖掘、丰富与弘扬的过程；另一方面，是运用中国精神的理论方法以及现实载体对大学生进行思想政治教育的过程。也只有经此路径、模式才能实现中国精神植根于青年内心，成为引领青年成才的精神力量。

---

① 第斯多惠．德国教师培养指南［M］．袁一安，译．北京：人民教育出版社，1990：78.

三、中国精神融入高校思政课教学应注意的关键问题

（一）中国精神作为高校思政课教学资源的挖掘与丰富

中国精神融入高校思政课教学的过程也是运用中国精神这一理论体系以及多元化的精神载体对青年学子进行思想政治教育的过程，是中国精神在大学生以及更广大的人民群众中进行弘扬、培育的过程，因而中国精神融入高校思政课教学也是作为重要的思政课教育资源，其自身在理论与实践中得以挖掘与丰富。无论是在课堂理论教学中，还是在走出校园进行实践教学中，由教师进行前期的方案设计、有意识指导学生在实践中多方面收集素材，对中国精神进行挖掘与丰富至关重要。可以在实践中进行人物专访、数据调研、历史图片和书籍等纸质与电子材料的收集，进而形成一批新的有关中国精神的第一手材料。这一过程，是抽象、体系化的中国精神得以丰富、现实化的过程，并在实践中再次形成珍贵的高校思政课教学资源。

（二）中国精神融入思政课理论教学与实践教学的融合式发展

要实现中国精神在青年学子心中内化，成为其成长的动力与人格支撑，理论的透彻理解与实践的感知体悟缺一不可。在高校思政课教学过程中打通理论教学与实践教学的关联，以中国精神为教育内容，从系统化的理论讲授到实践层面的寻访、调研、宣讲，这是理论教学到实践教学深层次的互动机制发生过程，是从知识到智慧的飞跃过程。只有完成这一过程，才能使大学生实现从理论知识形态的外在经验经由实践体验达到对思想观念的体认。因此，中国精神融入高校思政课教学的过程是理论教学与实践教学的融合式发展过程。在此过程中高校，尤其是思政课教师要始终树立二者统一发展的教学理念，并通过方法的运用、内容的选择以及师生间的互动建立起良性互促的教学关系。

（三）中国精神融入思政课教学成效的评估与反馈

科学的评价机制关乎对思政课教学实效性的真实测量，并通过结果反馈发现问题，进而汲取经验以完善新的教学活动。如何制定标准以测量中国精神融入思政课的实效性？首先，这种测量应建立恰当的评价目标，以大学生的思想素质提升为第一要务，同时，还应包括中国精神本身作为一种理论体系的丰富与发展。其次，在评价主体的选择上应多元化，除去思政课教师这一主要力量外，还应把部分学生代表、实践教学地点的相关负责人以及高校团委、学工、宣传等部门的人员吸纳进来，组成评价小组进行综合性评价。

最后，在评价方式的选择上应将量化与质性评价相结合。量化的分数考核成为学生此门课程总成绩的一部分，质性的评价包含精神与物质激励等方面，以此建立更加科学的评估体系来完善对教学实效性的测量，实现评估本身所承担的教育功能。

（本文原载于《思想教育研究》2017 年第 3 期 ）

新时代思想政治理论课传播中华优秀传统文化探究

——以"思想道德修养与法律基础"课为例

张咸杰　张立兴

曲阜师范大学马克思主义学院

摘　要: 中华优秀传统文化融入高校思想政治理论课首先是融入"思想道德修养与法律基础"课。融入的目的包括内在目的与外在目的;融入的内涵首先从习近平总书记的系列讲话中提炼,其次是基于社会主义核心价值观的要求从传统文化中挖掘;在融入的方法上要做到传承、转化和发展。

中华优秀传统文化是十八大以来中共新一届中央领导集体治国理念的重要来源,习近平总书记在不同场合多次强调传承和弘扬中华优秀传统文化的重要意义。2014 年 3 月,教育部颁发的《完善中华优秀传统文化教育指导纲要》(以下简称《纲要》)指出,要"充分发挥中小学德育课和高校思想政治理论课的重要作用",要"深入挖掘中华优秀传统文化中蕴含的丰富思想政治教育资源,进一步丰富中小学德育课和高校思想政治理论课的教学内容"。"思想道德修养与法律基础"课(以下简称"基础"课)以对当代大学生进行人生观、价值观、道德观、法治观教育为主要内容,以提高当代大学生的思想道德素质与法律素质为主要目标,是同中华优秀传统文化最贴近也最容易融入中华优秀传统文化的课程,因此中华优秀传统文化融入高校思想政治理论课首先是融入"基础"课。在中华优秀传统文化中其优秀价值观上承中华传统哲学理念,下接中华传统美德及各种文化形式既是中华传统哲学理念的具体体现,又是中华传统美德及各种文化形式的灵魂,成为中华优秀传统文化的核心,因而中华优秀传统文化融入"基础"课就集中表现为其优秀价值观的融入。笔者结合近年来本人的教学实践,认为中华优秀传统文化融入

"基础"课需要重点解决以下几个方面的问题。

一、融入的目的

中华优秀传统文化融入"基础"课的目的可区分为内在目的与外在目的，内在目的为外在目的服务，二者相辅相成。

内在目的就是提升当代大学生对中华优秀传统文化的价值自觉能力，包括价值认知、价值选择、价值践履和价值更新四种能力。价值认知能力是当代大学生能够运用历史的眼光去理解和分析中华传统文化的产生和演变、民族特色和共同规律、积极意义和历史局限的能力。价值选择能力是当代大学生在认知的基础上基于对中华传统文化中优秀成分的辨识和先进性的判断而表现出的指导其做出正确决定的能力，其中包含着认同、喜爱、信念等情感因素。价值践履能力是当代大学生积极主动地将对中华优秀传统文化的认同应用到生活实践中并抵御其他错误价值取向干扰的能力，大学生意志越坚定，价值践履能力就越强。价值更新能力是当代大学生在将中华优秀传统文化吸收并且内化后能够将其同时代要求相结合，并随着时代的发展赋予其新的内涵和意义，不断拓展其生命空间的能力。价值自觉是价值自信前提和基础，缺乏价值自觉的价值自信很容易沦为盲从和迷信。价值自觉是文化自觉的内在要求和中心内容，融入教学就是要促进当代大学生对中华优秀传统文化生成价值自觉，并在此基础上推动他们不断提升文化自觉。

外在目的可以概括为两个方面，一个方面，帮助当代大学生成长成才。在当代社会背景中，外来文化、亚文化等非主流文化较以前具有了更适宜的生存土壤和更便捷的传播机会，多元多样价值观的并存，乃至冲突始终伴随着当代青年的成长成才。青年是最容易产生困惑的社会群体。当代大学生同其他社会青年相比由于其知识水平相对较高、精神追求相对丰富，因此，这种困惑，乃至烦恼痛苦就更为深刻，更需要系统的、科学的指导。中华优秀传统文化蕴含着人文关怀的哲学底蕴，蕴含着为人处世的行为模式，蕴含着修身立业的原则方法，直到今天仍是指导当代大学生成长成才的宝贵资源。另一方面，增强当代大学生对中国特色社会主义的认同，提升建设中国特色社会主义的能力。对于中华传统文化与现代化及中华民族伟大复兴的关系，近代以来中国人民经历了残酷的斗争，付出了巨大的代价才达到了今天的认识高度。中国特色社会主义的"中国特色"主要源自独特的文化传统、独特的历史命运、独特的国情。中华优秀传统文化不仅是中华民族最深厚的文化软实力，是建设文化强国的重要支点，而且是中国特色社会主义的底色，是

"三个自信"的文化基础。面对西方发达国家长期的经济、科技优势及国内负面因素的影响,当代大学生程度不同地存在崇拜西方现象,价值自信、文化自信的不足最终影响到中国特色社会主义"三个自信"的确立。将中华优秀传统文化融入"基础"课就是要让当代大学生深刻认识到中华优秀传统文化是人类文明的重要组成部分,自觉承担起建设中国特色社会主义的重任,增强建设中国特色社会主义的本领。

二、融入的内涵

对于中华优秀传统文化的内涵应通过以下两种途径加以把握。

首先,应从习近平总书记的系列讲话中学习提炼。习近平总书记在不同场合反复强调传承和弘扬中华优秀传统文化时对其内涵都有过概括总结。比如,他在纪念孔子诞辰 2565 周年国际学术研讨会开幕式上发表讲话时将中华优秀传统文化内涵概括总结为:"道法自然、天人合一""天下为公、大同世界""自强不息、厚德载物""以民为本、安民富民乐民""为政以德、政者正也""苟日新日日新又日新、革故鼎新、与时俱进"等思想。① 在中共中央政治局第十三次集体学习时习近平强调要"深入挖掘和阐发中华优秀传统文化讲仁爱、重民本、守诚信、崇正义、尚和合、求大同的时代价值"②。在北京大学师生座谈会上,他指出:"中华文明绵延数千年,有其独特的价值体系。"包括"民惟邦本""天人合一""和而不同""天行健,君子以自强不息""大道之行也,天下为公""天下兴亡,匹夫有责""君子喻于义""君子坦荡荡""君子义以为质""言必信,行必果""人而无信,不知其可也""德不孤,必有邻""仁者爱人""与人为善""己所不欲,勿施于人"等思想。习近平总书记在概括总结中华优秀传统文化的内涵时,主要是从价值观角度来进行的,在价值观方面基本上覆盖了中华优秀传统文化的全部内容。习近平总书记对中华优秀传统文化的系列讲话为我们开展"基础"课教学提供了重要依据和资源。

其次,可以从社会主义核心价值观的要求出发来提炼挖掘。党的十八大提出,倡导富强、民主、文明、和谐,倡导自由、平等、公正、法治,倡导

---

① 习近平. 在纪念孔子诞辰 2565 周年国际学术研讨会暨国际儒学联合会第五届会员大会开幕会上的讲话 [N]. 人民日报,2014-09-25 (2).

② 习近平. 把培育和弘扬社会主义核心价值观作为凝魂聚气强基固本的基础工程 [N]. 人民日报,2014-02-26 (1).

爱国、敬业、诚信、友善，积极培育和践行社会主义核心价值观。富强、民主、文明、和谐是国家层面的价值目标，自由、平等、公正、法治是社会层面的价值取向，爱国、敬业、诚信、友善是公民个人层面的价值准则。社会主义核心价值观是中华民族在价值观建设上取得的最新理论成果，反映了中华儿女在价值追求上的最大公约数。社会主义核心价值观根植于中华优秀传统文化，又全面总结了近代以来，尤其是新中国成立以来文化建设的教训和经验，并且充分吸收了世界各国的价值文明成果，因此，它既承担着传承中华优秀传统文化，特别是其优秀价值观的责任，又发挥着弥补中华传统文化的不足、缺陷从而发展中华文化的功能。社会主义核心价值观对中华优秀传统文化不是复制，而是传承、转化和发展。社会主义核心价值观是中国特色社会主义的精神灵魂，是实现中华民族伟大复兴目标的精神脊梁。用社会主义核心价值观去判断、选择中华传统文化中的优秀成分，并最大程度地提炼、挖掘中华传统文化中同社会主义核心价值观相契合的因素是将中华优秀传统文化融入"基础"课时必须坚持的原则。2015 年，新版"基础"课教材在绪论中对培育和践行社会主义核心价值观做了说明，教材是将培育和践行社会主义核心价值观作为一条主线和一项主要任务来对待的，如果离开社会主义核心价值观这个核心，中华优秀传统文化的融入就失去了意义。

三、融入的方法

习近平总书记在讲到培育和弘扬社会主义核心价值观必须立足中华优秀传统文化时指出，要讲清楚中华优秀传统文化的历史渊源、发展脉络、基本走向，讲清楚中华文化的独特创造、价值理念、鲜明特色，增强文化自信和价值观自信，要处理好继承和创造性发展的关系，重点做好创造性转化和创新性发展。习近平总书记的讲话从内容到方法指明了如何立足中华优秀传统文化培育和弘扬社会主义核心价值观，这也是中华优秀传统文化融入"基础"课需要遵循的基本原则。融入的基本方法可以概括为传承、转化和发展。

首先是传承，传承是前提。传承就是要强化当代大学生的文化主体意识，增强他们继承弘扬中华优秀传统文化的责任感和使命感。文化主体意识是基于对民族文化独立价值的高度认同而产生的继承弘扬民族文化的自觉性、主动性，其本质是国人基于民族文化特质带来的对自身生活意义、精神世界的认可而产生的对自身文化身份的认同。习近平总书记指出："中国人看待世界、看待社会、看待人生，有自己独特的价值体系。"① "中华文化源远流长，积淀着中华民族最深层的精神追求，代表着中华民族独特的精神标识，为中华民族生生不息、发展壮大提供了丰厚滋养。"② "讲清楚中华优秀传统文化是中华民族的突出优势，是我们最深厚的文化软实力。"③ 张岱年先生说："一个健全的民族文化体系，必须表现民族的主体性。如果文化不能保证民族的主体性，这种文化是毫无价值的。"④ 中华优秀传统文化薪火相传，始终为国人提供精神支撑和心灵慰藉，表现出强大的凝聚力和引领力，是中华民族共有的精神家园。近代，由于西学东渐，民族文化主体性逐渐丧失，改革开放以来，随着市场化的深入和全球化的融入，这种丧失日益加剧，精神家园的失落给国人带来的是人格的分裂、精神的迷失。大学是文化的创造者、承载者和传播者，承担着传承人文精神、延续民族血脉的主要功能，作为高校思想政治教育主渠道的思想政治理论课在此方面责无旁贷。从教学大纲来看，"基础"课应该也能够传承中华优秀传统文化的内容，具体内容包括理想信念教育、爱国主义教育、人生观与价值观教育、中华传统美德教育等。从教学目标来看，在传承时需要深刻领会每个章节的教学意图，准确把握各个内容的逻辑联系，从中华优秀传统文化中选取最能体现文化精髓、最能深化教学内容、最能激发学生共鸣、最能优化教学效果的价值观念，并将这些价值观念融合到包括实践环节在内的教学内容中。

其次是转化，转化是关键。习近平总书记出："当代人类也面临着许多突出的难题，比如，贫富差距持续扩大，物欲追求奢华无度，个人主义恶性膨胀，社会诚信不断消减，伦理道德每况愈下，人与自然关系日趋紧张，等等。要解决这些难题，不仅需要运用人类今天发现和发展的智慧和力量，而且需要运用人类历史上积累和储存的智慧和力量。"⑤ "世界上一些有识之士认为，包括儒家思想在内的中华优秀传统文化中蕴藏着解决当代人类面临的难题的

① 习近平. 在布鲁日欧洲学院的演讲 [N]. 人民日报，2014-04-02 (2).

② 习近平. 把培育和弘扬社会主义核心价值观作为凝魂聚气强基固本的基础工程 [N]. 人民日报，2014-02-26 (1).

③ 习近平. 胸怀大局把握大势着眼大事努力把宣传思想工作做得更好 [N]. 人民日报，2013-08-21 (1).

④ 张岱年. 张岱年全集：第 7 卷 [M]. 石家庄：河北人民出版社，1996：64.

⑤ 习近平. 在纪念孔子诞辰 2565 周年国际学术研讨会暨国际儒学联合会第五届会员大会开幕会上的讲话 [N]. 人民日报，2014-09-25 (2).

重要启示。"① 在西方国家军事、经济、科技长期占优势的国际格局下，经济全球化实质上是西方为主导的市场经济的现代化模式全球范围内的复制和推广，这种现代化模式在实现最大程度推进社会生产力、物质财富最大化的同时，也将这种模式的痼疾传播到全世界。西方国家的学者对这种痼疾既进行了猛烈的批判，又在积极寻找医治的良方。当代国人对这种现代化模式的弊端体会越来越深刻，认识也越来越理性。转化中华优秀传统文化就是要消除传统与现代的对立与紧张，开拓二者的对话渠道与空间，更多从个体与人类自身逻辑发展的视角出发激活传统文化中包含的现代化因子，为解决全球面临的共同问题提供思想启蒙与方法指导。具体到"基础"课，一是要引导学生科学理解人类文明的多样性，正确认识中华民族在文化创造上的特色与优势，深入挖掘中华优秀传统文化与社会主义核心价值观的契合点。二是要引导学生理性认识资本主义现代化的成绩和缺陷，全面把握当代中国和世界在经济社会发展中遇到的各种挑战和问题。三是要引导学生敢于和善于古为今用。拿自由价值来讲，古代国人更注重精神自由，这种价值观念强调人在物质利益面前的自律性、主体性，强调不为物所役的精神力量和人格。这种价值观念对于改变当今越演越烈的拜金主义、消费主义无疑是具有极强的现实意义的。

最后是发展，发展是方向。习近平总书记指出："要加强对中华优秀传统文化的挖掘和阐发，努力实现中华传统美德的创造性转化、创新性发展，把跨越时空、超越国度、富有永恒魅力、具有当代价值的文化精神弘扬起来，把继承优秀传统文化又弘扬时代精神、立足本国又面向世界的当代中国文化创新成果传播出去。"② "我们要善于把弘扬优秀传统文化和发展现实文化有机统一起来，紧密结合起来，在继承中发展，在发展中继承。"③ 发展的本质在于推陈出新，发展的内涵在于通过与其他民族的文化交流，包括磨合、整合，构建出更高的新型文化乃至文明形态，发展的目标是为中华民族伟大复兴及人类繁荣提供强有力的价值支撑与精神引领。近代以来，中华民族及其传统文化历经苦难，对西方文明始终处于从属者、追随者的地位，随着中华

---

① 习近平. 在纪念孔子诞辰 2565 周年国际学术研讨会暨国际儒学联合会第五届会员大会开幕会上的讲话［N］. 人民日报，2014-09-25（2）.

② 习近平. 完善和发展中国特色社会主义制度推进国家治理体系和治理能力现代化［N］. 人民日报，2014-02-18（1）.

③ 习近平. 在纪念孔子诞辰 2565 周年国际学术研讨会暨国际儒学联合会第五届会员大会开幕会上的讲话［N］. 人民日报，2014-09-25（2）.

民族伟大复兴的日益推进，这种地位迫切需要改变。有学者指出："对于中国来讲，中华民族的复兴不仅需要增强物质力量，还需要为世界提供一种价值观，而且是高于美国价值观的价值观。公平、正义、文明是高于平等、民主、自由的普世价值观，中国具备利用传统政治思想'仁、义、礼'来建设这种价值观的文化优势。"① 在"基础"课中用发展的民族文化来教育引导学生，有广阔的探索空间。在具体方法上，可以是给传统文化寻找拓展新的依据或动力，也可以是赋予传统文化新的含义，还可以是借鉴、吸收其他民族文化的有益成分综合生成新的概念、范畴，乃至命题、观点等。比如，对传统文化中勤俭节约的价值观，在古代农耕社会是基于气候的无常、稼穑艰辛，在马克思主义理论中，是基于对劳动群众的劳动及其成果的尊重。在当今时代我们仍然需要秉持勤俭节约的价值观，除上述因素外，还有低碳经济、科学发展的需要。

（本文原载于《思想教育研究》2019 年第 1 期）

---

① 阎学通. 建立令人尊敬的价值观是中国超越美国的基础［J］. 中国与世界观察，2016（1）.

《思想道德修养与法律基础》教材道德教育部分的修订与重难点解析

王易

中国人民大学马克思主义学院

摘　要：道德教育是"思想道德修养与法律基础"课的重要内容之一。本文研究梳理了 2018 版《思想道德修养与法律基础》教材中关于道德教育内容的变与不变，阐释了道德教育部分修订的主要依据，分析了道德教育部分的重难点问题。

思想政治理论课"05 方案"将"98 方案"中的"思想道德修养"课与"法律基础"课两门课整合为"思想道德修养与法律基础"课（以下简称"基础"课），并将"基础"课教材纳入教育部实施马克思主义理论研究与建设工作重点教材。自 2006 年 8 月第一版"基础"课教材诞生以来至今，"基础"课教材一共经历过 8 轮修订，可以说，教材的每次修订工作，都是在党中央有了新精神、党的理论创新有了新成果、高校师生对教材有了新要求的背景下进行的。2018 年第 8 轮修订也是如此。为了全面贯彻落实党的十九大精神，充分反映习近平新时代中国特色社会主义思想的相关内容，充分体现中国特色社会主义新时代对大学生成长成才提出的新要求，充分把握当前青年大学生思想道德素质和法治素养形成发展的新特点，2018 版"基础"课教材从进入新时代和担当民族复兴大任的时代新人对青年大学生的新要求切入，以人生选择—理想信念—中国精神—核心价值观—道德修养—法治素养为基本线索逐次展开担当民族复兴大任对大学生思想道德素质和法治素养要求的分析探讨。具体到道德部分的修订，新教材将原教材涉及道德教育的内容整合为一章，立足明大德、守公德、严私德，通过传承中华传统美德、发扬中国革命道德、弘扬社会主义道德，培养大学生正确的道德认知、自觉的道德养成和积极的道德实践。

一、道德走过了怎样的路——"基础"课教材历年修订中道德部分的变与不变

大学时期是个体道德意识形成和发展的一个重要阶段，在这个时期形成的道德观念对学生一生影响很大。大学生追求高尚道德，成为一个讲道德、尊道德、守道德的人，是党和人民的殷切期望，也是大学生自身全面发展、健康成长的重要条件。"基础"课的一个重要任务就是引导大学生认真学习道德理论，继承和发扬中华优秀传统美德和中国革命道德，吸收和借鉴人类文明优秀道德成果，弘扬和践行社会主义道德，培养正确的道德判断力，增强道德责任感，提高道德实践能力，尤其是自觉践行的能力，努力锤炼良好的道德品质，这是"基础"课对大学生进行思想道德教育的重要内容和目标。作为"基础"课重要教学内容的道德教育部分，在 12 年来的修订中有不少的变化发展。简要回顾道德章节部分的修订情况，既有助于我们全面了解道德观教育一直以来不可或缺的重要内容，也有助于我们了解 2018 版教材在道德观教育方面的新变化。

（一）"基础"课教材关于道德部分修订的简要回顾

作为马克思主义理论研究和建设工程的第一本教材，"基础"课教材于2006 年出版发行第一版（以下简称"06 版"）。06 版教材涉及道德的部分主要体现在第四章、第五章和第六章。其中，第四章以"加强道德修养锤炼道德品质"为题，下设四节："第一节道德及其历史发展""第二节继承和弘扬优良道德传统""第三节弘扬社会主义道德"和"第四节恪守公民基本道德规范"；第五章"尊重社会公德维护公共秩序"和第六章"培育职业精神树立家庭美德"分别讲述了社会公德、职业道德和家庭美德等领域的具体道德规范。可以说，06 版教材确立了对大学生进行道德教育的基本内容和框架，在此后的历次修改中，涉及道德教育的部分，或者是内容上略有增减（例如，2007 版教材增加了"社会主义道德建设与树立社会主义荣辱观"，2008 版教材增加了"努力锤炼个人品德"，2015 版教材增加了"发扬中国革命道德"），或者是章节顺序上进行调整（例如，2013 版教材将 06 版教材的第五章和第六章整体删除，涉及四大领域中的道德和规范整合为一章放到了教材正文的第七章，2015 版教材又整合社会公德、职业道德、家庭美德、个人品德，设置为第五章），基本的内容没有做大的变动。

2018 版教材把涉及大学生道德观教育和道德素质提升的内容集中在第五

章"明大德守公德严私德"。这一章共设四节，分别是："第一节道德及其变化发展"，重点探讨了道德的起源、本质、功能、作用和变化发展；"第二节吸收借鉴优秀道德成果"，重点分析了中华传统美德的基本精神、中华传统美德的创造性转化和创新性发展，中国革命道德的形成发展、主要内容和当代价值，以及如何借鉴人类文明优秀道德成果；"第三节遵守公民道德准则"，重点阐述了为人民服务这一社会主义道德的核心、集体主义这一社会主义道德的原则，并对社会公德、职业道德、家庭美德、个人品德的规范要求等做出了相应的呈现；"第四节向上向善、知行合一"，以大学生良好道德素质的养成为落脚点，强调高尚道德品格的形成重在实践，贵在坚持，大学生投身崇德向善的道德实践，就要向道德模范学习，培养志愿服务精神，大力弘扬时代新风，强化社会责任意识、规则意识、奉献意识。该章重在引导大学生掌握马克思主义关于道德问题的基本理论，自觉讲道德、尊道德、守道德，投身崇德向善的道德实践，加强品德修养，锤炼道德品质，引领道德风尚。

（二）"基础"课教材中不可或缺的道德教育内容

通过简要回顾 06 版到 2018 版"基础"课教材对道德内容的修订，我们可以发现高校思想政治理论课在道德教育方面几个不可或缺的重要内容。

第一，道德的基本原理不可或缺。作为一种特殊的社会意识形态，道德是人类社会发展到一定阶段的必然产物，它是以善恶为评价方式，主要依靠社会舆论、传统习俗和内心信念来发挥作用的行为规范的总和。加强道德教育，必须首先对道德的概念、起源、本质、功能、作用、历史发展等基本原理进行讲解，这是对大学生进行道德观教育的基本前提。在历年各个修订版本的"基础"课教材中，关于道德基本原理的内容基本上都有一节的篇幅。

第二，道德的优秀传统不可或缺。道德不是千古不变的，同其他社会意识形态一样，道德也有自己发生发展的过程。人类道德的发展具有内在的规律性，人们的道德修养也有其客观要求，都是在继承和弘扬优良道德传统的基础上不断发展和进步的。推进社会主义道德建设，必须坚持马克思主义道德观，充分吸收借鉴各种优秀道德成果。中华传统美德是中华文化的精髓，蕴含着丰富的思想道德资源。从 06 版教材开始，继承和弘扬中华民族优良道德传统一直是"基础"课重要的教学内容。中国革命道德是中华传统美德新的升华和质的飞跃，是中华民族极其宝贵的道德财富。2015 版"基础"课教材增加了中国革命道德的内容，并明确指出传承和发扬中国革命道德，是弘扬中华传统美德的应有之义，是加强社会主义道德建设的客观需要，也是激励大学生锤炼优良道德品质的必然要求。2018 版"基础"课教材则在原有基础上补充了吸收借鉴人类文明的有益道德成果的内容，充分体现了不忘本来、吸收外来的思想，既注意在文明交流中坚守自身优秀道德传统，也在文明互鉴中积极吸收其他有益的道德成果。

第三，社会主义道德的核心、原则与规范不可或缺。公民道德建设，对提高人民思想觉悟、道德水准、文明素养，提高全社会文明程度，具有至关重要的作用。弘扬社会主义道德，必须坚持以为人民服务为核心、以集体主义为原则，推进社会公德、职业道德、家庭美德、个人品德建设。在历年来各个修订版本的"基础"课教材中，社会主义道德的核心、原则、规范等问题，不管是独立成章、成节，还是作为目的内容，一直都是道德观教育的重要内容。

第四，崇德向善的道德实践不可或缺。道不可坐论，德不可空谈。高尚道德品格的形成重在实践，贵在坚持。大学生要积极投身道德实践活动，修身律己、崇德向善，讲道德、尊道德、守道德，以高尚的道德品质与境界引领社会道德风尚。可以说，培养正确的道德判断力，增强道德责任感，提高道德实践能力，尤其是自觉践行能力，努力锤炼良好的道德品质，一直是"基础"课教材道德教育部分的落脚点。

（三）2018 版教材在道德教育内容上的新变化

与以往历次基础课教材相比，2018 版新教材在道德教育部分呈现出新的特点与要求。

第一，立足明大德、守公德、严私德的基本理路。习近平于 2014 年在北京大学师生座谈会上的讲话中指出，道德之于个人、之于社会，都具有基础性意义，做人做事第一位的是崇德修身。这就是我们的用人标准为什么是德才兼备、以德为先，因为德是首要、是方向，一个人只有明大德、守公德、严私德，才能用得其所。修德，既要立意高远，又要立足平实。要立志报效祖国、服务人民，这是大德，养大德者方可成大业。同时，还得从做好小事、管好小节开始起步，"见善则迁，有过则改"，踏踏实实修好公德、私德，学会劳动、学会勤俭，学会感恩、学会助人，学会谦让、学会宽容，学会自省、学会自律。① 可以说，明大德、守公德、严私德是新时代对大学生进行道德教育的主要任务，也是大学生加强道德修养、提升道德品格的重要目标。在一定意义上说，所谓大德，就是国家的德、社会的德，国与社会之大德，可以

① 习近平. 青年要自觉践行社会主义核心价值观——在北京大学师生座谈会上的讲话 [N]. 人民日报，2014-05-05.

提升民众的自信心和凝聚力，可以营造风清气正的社会环境，可以为实现中华民族伟大复兴的中国梦提供精神支撑，更可以为每一个个体的成长发展奠定良好根基。新时代的大学生唯有立志报效祖国、服务人民，才可养成大德、成就大业。守公德，是人们维系相互关系的纽带以及安身立命的根基。正如马克思所言，"人的本质不是单个人所固有的抽象物，在其现实性上，它是一切社会关系的总和"①，个人与社会有机联系在一起，二者相互依存、相互制约、共同发展。守好公德，就需要正确认识处理自我与他人、个人与社会、公与私、眼前利益与长远利益的关系，自觉建设既充满活力又和谐有序的社会。严私德，是对个人品德操守及视听言行的严格约束。私德不是小事，它关乎个人形象和事业成败。私德也不是私事，它影响他人行为和社会风气。无论是国家的文明富强，社会的和谐有序，还是个体的人格健全，都有赖于个人品德的不断提升。因此，新时代大学生要坚持从小事、小节上加强修养，从一点一滴中完善自己，不断夯实道德根基。

第二，实现正确的道德认知、自觉的道德养成、积极的道德实践的培养目标。习近平在论及青年思想道德修养时指出，广大青年要自觉树立和践行社会主义核心价值观，带头倡导良好社会风气，始终保持积极的人生态度、良好的道德品质、健康的生活情趣。② 在一定意义上说，思想政治理论课的道德观教育，就是培养和引导青年大学生把正确的道德认知、自觉的道德养成、积极的道德实践紧密结合起来。所谓正确的道德认知，就是对道德的起源、本质、功能、作用、变化发展等基本理论有深入的学习，就是对中华传统美德的基本精神、中国革命道德的主要内容、人类文明的优秀道德成果等丰富的道德思想资源有准确的把握。所谓自觉的道德养成，就是在坚持马克思主义道德观、充分吸收借鉴各种优秀道德成果的基础上，坚持以为人民服务为核心、以集体主义为原则，推进社会公德、职业道德、家庭美德、个人品德建设，逐渐形成善良的道德意愿、道德情感，培育正确的道德判断和道德责任，提高道德实践能力，尤其是自觉践行能力。所谓积极的道德实践，就是向道德模范学习，崇德向善、见贤思齐，弘扬真善美，传播正能量；就是积极参与志愿服务活动，培养奉献、友爱、互助、进步的志愿服务精神；就是大力弘扬时代新风，做社会主义道德的示范者和引领者，促成知荣辱、讲正

---

① 中共中央马克思恩格斯列宁斯大林著作编译局. 马克思恩格斯选集：第 1 卷 [M]. 北京：人民出版社，1995：96.

② 习近平. 在实现中国梦的生动实践中放飞青春梦想在为人民利益的不懈奋斗中书写人生华章 [N]. 人民日报，2013-05-05 (1).

气、做奉献、促和谐的社会风尚。

第三，讲明传统美德、革命道德、社会主义道德的内在联系。作为人类道德发展史上一种崭新类型的道德，社会主义道德不是凭空产生的，而是人类道德合乎规律发展的必然产物。推进社会主义道德建设，必须坚持马克思主义道德观，充分吸收借鉴各种优秀道德成果，不断赋予社会主义道德以厚重的历史积淀和鲜明的时代内涵。中华传统美德内容丰富、博大精深，是人类文明发展的重要精神财富，是社会主义道德建设的源头活水。在长期的历史发展中，中华传统美德已经深入到全民族的思维方式、价值观念、行为方式和风俗习惯之中，具有重要的当代价值，既可以为我们今天的道德建设提供有益启发，为治国理政提供有益启示，也为解决当代人类面临的道德难题提供了重要启迪。中国革命道德，是对中华传统美德的延续和发展。传承和发扬中国革命道德，是弘扬中华传统美德的应有之义，是加强社会主义道德建设的客观需要，也是激励大学生锤炼优良道德品质的必然要求。社会主义道德是对中华传统美德的传承与升华，是对中国革命道德的继承和发展。作为对人类道德传统的批判与继承，社会主义道德也必然会随着社会的进步和实践的发展与时俱进，中华传统美德、中国革命道德和社会主义道德是一脉相承、内在相通的，革命道德和社会主义道德都继承和发展了传统美德的精髓，并结合新实践发展出新的道德要求，三者都统一于中华民族伟大复兴的实践中，对民族发展并走向复兴起到积极的推动作用和精神鼓舞。与此同时，对待中华传统美德和革命道德的原则、态度体现了我们党以马克思主义为指导的文化立场。

二、道德为什么这样改——2018版"基础"课教材道德部分修订的主要依据

新教材的修订总体上看，是立足新时代、贯穿新思想、着眼新要求、面向新对象、运用新话语，同时回应教学体验的。

（一）充分吸收习近平关于道德问题的重要论述，体现党中央站在战略的高度来思考和筹划道德建设问题

作为中国优秀文化的继承者，中国共产党人深刻理解道德建设的重要性。党的十八大以来，党中央站在战略的高度来思考和筹划道德建设问题，习近平多次就道德建设发表重要讲话。在谈到道德的意义时，习近平指出，道德之于个人、之于社会，都具有基础性意义，做人做事第一位的是崇德修身。在谈到弘扬中华传统美德时，习近平指出，要继承和弘扬我国人民在长期实

践中培育和形成的传统美德，坚持马克思主义道德观、坚持社会主义道德观，在去粗取精、去伪存真的基础上，坚持古为今用、推陈出新，引导人们向往和追求讲道德、尊道德、守道德的生活。① 在谈到中国革命道德时，习近平指出："我们党在长期实践中形成的党内政治生活的光荣传统，不论过去、现在还是将来，都是党的宝贵财富。光荣传统不能丢，丢了就丢了魂；红色基因不能变，变了就变了质。"② 在党的十八届六中全会第二次全体会议上的讲话中，习近平在谈到弘扬社会主义道德时指出，高度重视和切实加强道德建设，推进社会公德、职业道德、家庭美德、个人品德教育，倡导爱国、敬业、诚信、友善等基本道德规范，培育知荣辱、讲正气、做奉献、促和谐的良好风尚。道德模范是社会道德建设的重要旗帜，要深入开展学习宣传道德模范活动，弘扬真善美，传播正能量，激励人民群众崇德向善、见贤思齐，鼓励全社会积善成德、明德惟馨，为实现中华民族伟大复兴的中国梦凝聚起强大的精神力量和有力的道德支撑。③ 可以说，习近平关于道德建设的重要讲话精神，是此次教材修订最重要的依据。

（二）充分吸收当前道德建设的最新理论成果与实践成就

党的十八大以来，我国的精神文明建设工作深入贯彻落实习近平总书记系列重要讲话精神和治国理政新理念、新思想、新战略，以培育和践行社会主义核心价值观为根本，引导推动全社会人民树立文明观念、争当文明公民、展示文明形象。主流价值更加坚定、道德旗帜更加高扬、社会风气更加清朗。这些理论和实践层面的建设成就都需要充分反映和体现在教材内容之中。

比如，党的十八大以来，从文明城市、文明村镇，到文明单位、文明家庭、文明校园，各种精神文明创建活动取得突出成效，文明创建让人民群众拥有了更多获得感。各地各有关部门着力把志愿服务与学雷锋有机融合，带动社会各界积极参与，志愿者队伍持续壮大，志愿服务活动蓬勃开展，志愿服务凝聚了公益友爱的正能量。各地各部门发动基层群众分层推选时代楷模、最美人物、身边好人、向上向善好青年等先进典型人物，发挥了榜样模范和先进文化的引领作用，各地各有关部门开展了一系列文明社会风尚行动，大力普及工作生活、社会交往、人际关系、公共场所等方面的文明礼仪规范，

---

① 习近平在中共中央政治局第十二次集体学习时强调建设社会主义文化强国着力提高国家文化软实力 [N]. 人民日报, 2014-01-01.

② 在党的十八届六中全会第二次全体会议上的讲话（节选）[J]. 求是, 2017（1）.

③ 习近平在会见第四届全国道德模范及提名奖获得者时强调深入开展学习宣传道德模范活动为实现中国梦凝聚有力道德支撑 [N]. 人民日报, 2013-09-27.

引导人们自觉遵守公共秩序和规则，建立和谐清新的人际关系，抵制不良庸俗习气。特别是各地各部门强化问题导向，加强对群众反映强烈问题的整治力度，深入开展治理行动和专项教育，扶正祛邪、激浊扬清。2017 年 4 月，中央文明委《关于深化群众性精神文明创建活动的指导意见》公布。这是根据党中央的新部署、形势发展的新要求、人民群众的新期待，对今后一个时期的群众性精神文明创建活动作出的宏观规划和战略部署，为全面提高国民素质和社会文明程度增添新动力、注入新活力。比如，诚信建设制度化深入推进。《社会信用体系建设规划纲要（2014—2020 年）》成为我国首部国家级社会信用体系建设专项规划。《关于推进诚信建设制度化的意见》就着力推进诚信建设制度化、规范化、长效化进行明确规定。在旅游行业：2013 年，"遵守旅游文明行为规范"被写入《中华人民共和国旅游法》；2014 年，中央文明委下发《关于进一步加强文明旅游工作的意见》；2015 年，《游客不文明行为记录管理暂行办法》施行。在互联网行业，《互联网用户账号名称管理规定》等相关规定引导人们提升网络文明素养，让网络空间清朗起来。这些理论和实践层面的建设成就是 2018 版教材修订的直接依据。

（三）充分吸收广大师生在教材使用过程中的意见与建议

"基础"课教材自出版后使用了十多年，广大师生给予了高度评价，也提出了不少意见和建议，这对于增强教材的系统性和针对性十分有益。在此次教材修订过程中，针对基本理论分析不够透彻的意见，新教材增加了对基本理论的分析。比如，对道德的起源和本质的分析，对为人民服务和集体主义原则的分析，等等；针对只讲中国的传统美德，没讲国外优秀道德成果的意见，新教材补充了在文明互鉴中积极吸收其他有益的道德成果，注重既不忘本来，又吸收外来；针对与中学思想政治课相关内容有较多交叉重复的意见，新教材大幅度压缩了四德，尤其是社会公德、职业道德、家庭美德的内容；针对道德理论与实践相关内容散见于不同章节的意见，新教材将道德相关的内容整合在一章中，以明大德、守公德、严私德为逻辑顺序进行整合，使道德的内容更加完整紧凑。

三、道德应该怎么讲——2018 版"基础"课教材道德部分的几个重要理论问题

新教材的道德部分，需要讲好几个重要的理论难点问题：如何传承中华传统美德？如何发扬中国革命道德？如何弘扬社会主义道德？

（一）中华传统美德的创造性转化与创新性发展

党的十九大报告指出，深入挖掘中华优秀传统文化蕴含的思想观念、人文精神、道德规范，结合时代要求继承创新，让中华文化展现出永久魅力和时代风采。一般来说，中国古代优良道德主要是指以儒家伦理传统为主要内容的道德思想精华，同时，它也吸收和融合了道家、墨家、法家、佛教等道德思想的优秀成果，有着极为丰富的内容。中华传统美德的基本精神主要表现为五个方面：重视整体利益，强调责任奉献；推崇"仁爱"原则，注重以和为贵；提倡人伦价值，重视道德义务；追求精神境界，向往理想人格；强调道德修养，注重道德践履。中华优秀传统文化是中华民族的突出优势，是我们最深厚的文化软实力。但是突出优势与文化软实力的发展并不是一个自然而然的过程，而是需要创造性转化与创新性发展的。作为中华文化的精髓，中华传统美德也需要处理好继承和发展的关系，只有充分挖掘其中蕴含的丰富的思想道德资源，批判继承、去粗取精、综合创新、古为今用，才能真正转化为中华民族的突出优势和最深厚的文化软实力。具体来说，就是要做好以下五个方面的工作。

第一，以马克思主义为指导，正确把握中国传统美德在当前道德建设与文化建设中的应有地位，正确看待马克思主义与儒学的"主导意识与支援意识关系"①。第二，与现代结合，在传统与现代的转化中适应当代中国社会的发展需要。中华传统美德唯有对社会现实做出积极回应，不断引入问题意识，不断拓宽研究视野，才能获得持续发展的源头活水。第三，与大众贴近，在继承与创新中发挥传统美德人伦日用的化育功能。既要重视传统美德人伦日用的原则，使传统美德与日常生活水乳交融，让传统美德中蕴含的伦理精神点点滴滴地渗透人们的生活，生根发酵，产生化育的功能，同时，还要在形式上尽可能采取人民群众喜闻乐见和通俗易懂的方式，综合运用各种有效手段，包括运用现代科技与传播手段，开发利用中华传统美德的丰厚资源，对人民群众进行启迪，加强中华传统美德的教育。第四，与世界接轨，在全球文化激荡中实现传统美德的自主发展和更新。加强与世界文化的交流，汲取世界各民族文化的长处，取长补短以实现自我更新，并在这个过程中，保持自身的独特性，增强中华传统美德的国际影响力。第五，与未来对话，在启迪人类未来发展中为世界文明进步做出新贡献。中国传统文化具有面向未来、与未来对话的能力和资格，这就要求中华传统美德的创造性发展要回应当代

---

① 方克立. 关于马克思主义与儒学关系的三点看法［J］. 红旗文稿，2009（1）.

人类共同面临的诸多全球性问题、关心人类社会的可持续发展问题、关注人类社会的整体性发展问题等。

（二）发扬中国革命道德的当代价值

党的十九大报告指出，中国特色社会主义文化，源自中华民族五千多年文明历史所孕育的中华优秀传统文化，熔铸于党领导人民在革命、建设、改革中创造的革命文化和社会主义先进文化，植根于中国特色社会主义伟大实践。社会存在决定社会意识，革命道德是革命文化的重要组成部分，发扬中国革命道德的当代价值，要做好以下工作。

第一，从历史发展与精神品质中，提升总结中国革命道德的主要内容。革命精神是非常丰富的，例如，红船精神、延安精神、西柏坡精神、长征精神、抗战精神、沂蒙精神等，从精神的把握和历史事实的再现中，提取革命道德的内涵。中国革命道德，是中国共产党人、人民军队、一切先进分子和人民群众在中国革命、建设与改革中所形成的优秀道德，是马克思主义与中国革命、建设和改革的伟大实践相结合的产物，是中华民族极其宝贵的道德财富。中国革命道德萌芽于五四运动前后，发端于中国共产党成立以后蓬勃发展的伟大工人运动和农民运动，经过土地革命战争、抗日战争、解放战争以及社会主义革命、建设与改革的长期发展，逐渐形成并不断发扬光大。中国革命道德主要包括为实现社会主义和共产主义理想而奋斗，全心全意为人民服务，始终把革命利益放在首位，树立社会新风，建立新型人际关系，修身自律，保持节操。

第二，从中国革命道德中，把握中国共产党人的初心与使命，掌握全心全意为人民服务的真谛。习近平在作十九大报告时说，中国共产党人的初心和使命，就是为中国人民谋幸福，为中华民族谋复兴。习近平在学习贯彻党的十九大精神研讨班开班式上发表重要讲话强调，时代是出卷人，我们是答卷人，人民是阅卷人。我们要以时不我待只争朝夕的精神投入工作开创新时代中国特色社会主义事业新局面。走得再远、走到再光辉的未来，也不能忘记走过的过去，不能忘记为什么出发。我们在把握革命道德的具体内涵时，要站在时代与历史的交汇点上，思考中国革命的力量是如何保存下来的，是如何深得人心的。"一切革命工作都是为人民大众谋利益，人民大众的利益问题解决了，革命者个人利益的问题也就在其中解决了。假使参加革命而以解决个人利益为目的，那是绝对错误的。"① 这是革命先驱董必武同志在家书中

---

① 王兵．学习传承老一辈革命家的优良家风——读《董必武家书》[N]．学习时报，2018-01-31.

所写到的。为人民谋利益的宗旨，中国共产党从未改变过。

第三，从革命道德的核心探寻革命道德的当代价值及风险挑战。革命道德的核心就是为人民服务，把握这样的品质有利于加强和巩固社会主义和共产主义的理想信念，有利于培育和践行社会主义核心价值观，有利于引导人们树立正确的道德观，有利于培育良好的社会道德风尚。大学生发扬革命道德、传承红色基因，就要深入了解中国社会和中国革命的历史，了解中国共产党人带领广大人民群众进行革命斗争的艰苦实践，真正体会中国革命道德的本质内涵、历史意义和当代价值，自觉同各种歪曲历史、诋毁英雄的历史虚无主义思潮作斗争。

（三）正确理解社会主义道德的核心与原则

社会主义道德建设是社会主义文化建设的重要内容。中华人民共和国成立以来，特别是改革开放以来，社会主义道德建设不断取得进展，社会主义道德的核心、原则等也逐步确立，在培养全体人民的道德品质、提高全社会的道德素质、提升整个社会的文明水平方面发挥了重要指导作用。掌握社会主义道德的核心和原则，对于大学生践行社会主义道德、锤炼道德品质具有重要意义。

第一，从理论视角解读为人民服务是社会主义道德的核心。道德建设的核心，决定并体现着社会道德建设的根本性质和发展方向，规定并制约着道德领域中的所有道德现象。道德建设核心的问题，实质上是"为什么人服务"的问题。《中共中央关于加强社会主义精神文明建设若干重要问题的决议》明确指出："社会主义道德建设要以为人民服务为核心。"为人民服务是社会主义道德建设的核心，是社会主义道德的集中体现，是社会主义道德区别和优于其他社会形态道德的显著标志。当然，这里必须把握清楚几个问题。其一，"人民"的内涵，人民是一个历史的、政治的范畴。在现阶段，我国人民是指全体社会主义劳动者、社会主义事业的建设者、拥护社会主义的爱国者和拥护祖国统一的爱国者。其二，从历史唯物主义的视角去认识人民的作用，即历史是人民群众创造的，人民是推动历史前进的决定力量，人民是历史的主人。其三，以当前社会发展强化为人民服务是中国共产党人一贯坚持和倡导的根本宗旨。其四，阐明社会主义道德建设要以为人民服务为核心，具有深刻的理论依据和坚实的实践基础。为人民服务是社会主义经济基础和人际关系的客观要求。其五，对于个体而言，要讲清楚为人民服务体现着社会主义道德建设的先进性要求和广泛性要求的统一。

第二，从理论视角解读社会主义道德建设要以集体主义为原则。在社会主义社会，人民当家作主，国家利益、社会整体利益和个人利益根本上的一致性，使集体主义应当而且能够在全社会范围内贯彻实施。长期以来，集体主义已经成为调节国家利益、社会整体利益和个人利益关系的最重要的原则。这里需要把握几个问题。其一，正确理解集体主义中的"集体"。从唯物辩证法的视角来看，集体主义中的"集体"有两个层次的内容。它既可以表现为作为国家、民族、社会等普遍的集体，也可以表现为当前市场经济条件下各种不同的、局部的集体。也可以说，这里的集体，既是一般意义上的集体，又是个别意义上的集体。这种一般和个别、普遍和特殊的关系，正好是复杂的现实生活的反映。集体主义中的"集体"应当体现全体成员的利益和意志。如果一个集体既不能代表整个社会的普遍利益，也不能代表这个集体中的各个成员的利益，那它就是一个"虚幻的集体"。"集体"应该是能真正"代表全体成员利益的"集体。其二，讲明白坚持集体主义是社会主义道德建设的基本要求。随着社会主义市场经济的发展，我国的经济生活和道德生活正在发生着深刻的变化，在道德领域的确出现了许多新问题，我们必须不断补充、丰富和完善集体主义原则以适应变化的现实。但是，这并不存在用个人主义代替集体主义的问题，相反，坚持集体主义，反对个人主义，依然是社会主义道德建设的基本要求。在社会主义市场经济条件下，集体主义仍然并且应当成为社会主义道德的基本原则，这是社会主义社会的本质要求。发展社会主义市场经济，是同社会主义基本制度有机结合的，从这个意义上讲，集体主义不但是社会主义社会的本质要求，还是发展和完善社会主义市场经济的客观要求。其三，集体主义在具体的道德要求上有不同的层次。在社会主义市场经济条件下，根据我国经济生活和人们思想道德情况的实际，可将集体主义的具体道德要求分为三个层次：一是无私奉献、一心为公的层次。这是集体主义的最高层次，是共产党员、先进分子应努力达到的道德目标。二是先公后私、先人后己的层次。这是已经具有较高的社会主义道德觉悟的人们能够做到的要求。三是顾全大局、遵纪守法、热爱祖国、诚实劳动的层次。这是对社会主义社会公民最基本的道德要求。当代大学生应正确认识和处理国家、集体、个人之间的利益关系。

（本文原载于《思想教育研究》2018 年第 8 期）

着力引导大学生不断提升法治素养

—— 《思想道德与法治（2021 年版）》第六章重点难点解析

陈大文　栗孟杰

同济大学马克思主义学院

摘　要：《思想道德与法治（2021 年版）》教材已在全国高校投入使用，其中，第六章承载着在课堂主渠道传播习近平法治思想，引导大学生提升法治素养的任务。讲好第六章，需要我们在弄清教材修订思路的基础上，进一步突出重点难点，在如何讲清社会主义法律及其作用、如何讲清习近平法治思想的科学内涵和指导意义、如何讲清加强宪法实施与监督的措施和如何讲清提升法治素养的路径等问题上下功夫，以切实提高大学生法治教育质量。

为了完成习近平法治思想进教材的任务，结合近年来一线教师的意见，我们对本章修订思路和框架做适当调整。从讲"社会主义法律的特征和运行"（第一节）开始，帮助学生从法律的历史发展进程中，正确认识社会主义法律的本质特征，在社会主义法律运行中，理解社会主义法律的主要作用。接着讲"坚持全面依法治国"（第二节），帮助学生深刻理解习近平法治思想的科学内涵和指导意义，围绕习近平法治思想的核心要义展开，却不简单重复习近平法治思想的具体内容，避免与其他相关教材重复。进而讲"维护宪法权威"（第三节），帮助学生通过了解我国宪法的产生、发展、地位、基本原则和宪法实施与监督，提高依法治国首先是依宪治国的认识，增强维护宪法权威的自觉性。最后讲"尊法学法守法用法"（第四节）；帮助学生培养社会主义法治思维，依法行使权利与履行义务，努力提升法治素养。可见，寻找本章重点难点的基本线索是：法律——法治——宪法——守法。教师要在理解教材修订意图的基础上，着力讲清重点难点问题，帮助和引导大学生不断提升法治素养。

一、如何讲清社会主义法律及其作用

认识法律的含义及其发展历史，是学习法治理论、增强法治观念的基础。但是，讲法律的概念不必从法的词源和词义讲起，这些在中学就讲过了。教材讲了法律的三个基本特征，即由国家创制和实施的行为规范、由一定的社会物质生活条件所决定、是统治阶级意志的体现。接着给出一个定义：法律是由国家制定或认可并以国家强制力保证实施的、反映由特定社会物质生活条件所决定的统治阶级意志的规范体系。这种表达方式，从2006年教材第一版开始就是这样。基于马克思主义理论研究和建设工程教材的权威性，有的中学教师上大学时听教师这么讲，当了教师以后也这样给中学生讲，这些中学生上了大学，自然不希望教师还是这么讲。

如何讲出新意？建议从引用习近平的讲话开始："法律是什么？最形象的说法就是准绳。用法律的准绳去衡量、规范、引导社会生活，这就是法治。"① 这句话言简意赅，既讲清了法律和法治两个概念，又阐明了法律和法治的关系，同时突出了法律的作用。这里，需要提醒一下，讲法的概念最好不要从古体"灋"字讲起，因为中学教师，甚至小学教师早就讲过了。如果要渗透中华优秀传统文化，可以先讲"准绳"的词源和引申义：测定物体平直的器具。② 准，水平，亦指水准器。绳，量直度的墨线。同时引用《管子·乘马》："因天材，就地利，故城郭不必中规矩，道路不必中准绳。"③《新语·道基》："故圣人防乱以经艺，工正曲以准绳。"④《史记·夏本纪》："左准绳，右规矩，载四时，以开九州，通九道，陂九泽，度九山。"⑤ 说明法律是判断是非曲直、评价行为性质的标准，接着讲法律的指引、评价、预测、教育和制裁等规范作用就顺理成章了。再从静态的法律讲到动态的法治，归纳法的社会作用就有了厚实的法理基础。

如何讲社会主义法律的社会作用呢？教材在讲社会主义法的本质时强调：

---

① 习近平. 在中共十八届四中全会第二次全体会议上的讲话 [N]. 人民日报, 2014-10-24.
② 夏征农, 陈至立. 辞海：第6版彩图本 [M]. 上海：上海辞书出版社, 2009：3046.
③ 管子 [M]. 房玄龄, 注. 刘绩, 补注. 刘晓艺, 校点. 上海：上海古籍出版社, 2015：22.
④ 王利器. 新语校注 [M]. 北京：中华书局, 2012：34.
⑤ 司马迁. 史记 [M]. 北京：中华书局, 2006：7.

"我国社会主义法律是中国特色社会主义建设的重要保障"①，高度概括了社会主义法律对经济建设、政治建设、文化建设、社会建设和生态文明建设的保障作用。我们可以根据习近平的重要论述，强调在全面建设社会主义现代化国家的新征程上，坚定不移走中国特色社会主义法治道路，更好发挥法治固根本、稳预期、利长远的保障作用。这是在新时代条件下对社会主义法律作用和法治功能作出的重大论断。我们可以围绕"固根本、稳预期、利长远"九个字、三方面讲法治为何有这样的作用，如何发挥其作用来展开，这样就有新意了。当然，为了更好地联系社会和生活实际，我们可以在学习习近平系列重要讲话的基础上，讲法治建设如何积极回应人民群众新要求、新期待，坚持问题导向、目标导向，树立辩证思维和全局观念，系统研究谋划和解决法治领域人民群众反映强烈的突出问题，增强人民群众的获得感、幸福感、安全感，用法治保障人民安居乐业。

二、如何讲清习近平法治思想的科学内涵和指导意义

2020 年 11 月，中央全面依法治国工作会议正式提出了"习近平法治思想"，并将习近平法治思想确立为全面依法治国的指导思想和根本遵循。让习近平法治思想进教材，是这次教材修订工作的主要任务。在明确习近平法治思想与实现中华民族伟大复兴的时代要求、马克思主义法治理论中国化、习近平新时代中国特色社会主义思想的关系的基础上，着重讲清习近平法治思想的基本内涵和指导意义。

习近平法治思想的主要内容或基本内涵，集中概括为"十一个坚持"。但是，讲习近平法治思想的科学内涵不能简单罗列"十一个坚持"，要根据党和国家领导人的重要讲话和学界权威观点，对习近平法治思想的基本内涵做必要的学理阐释。限于篇幅，教材只是就这几个方面做了高度概括，我们在讲课的时候，可以将"十一个坚持"分别置于这个框架内做适当展开。可以参考全国人大常委会副委员长、中国法学会会长王晨的文章②，从理论逻辑上将其归纳为全面依法治国的政治方向、战略地位、工作布局、重点任务、重大关系、重要保障等六个方面。讲"政治方向"，要着重讲清全面依法治国由谁

---

① 《思想道德与法治（2021 年版）》编写组. 思想道德与法治（2021 年版）[M]. 北京：高等教育出版社，2021：186.

② 王晨. 习近平法治思想是马克思主义法治理论中国化的新发展新飞跃 [J]. 中国法学，2021（2）.

领导、为了谁、依靠谁、走什么路等根本性问题，尤其要针对学生的思想实际，讲清楚为什么要从中国国情和实际出发，走适合自己的法治道路，决不能照搬别国模式和做法，决不能走西方所谓"宪政""三权分立""司法独立"的路子。讲"重要地位"，要着重讲清全面依法治国的战略定位，如何更加有效地运用法治应对重大挑战、抵御重大风险、克服重大阻力、解决重大矛盾。讲"工作布局"，要着重讲清全面依法治国如何谋篇布局问题，讲清全面依法治国总目标和总抓手。讲"重点任务"，要着重讲清如何继续推进法治领域改革，解决好立法、执法、司法、守法等领域的突出矛盾和问题，以及如何统筹推进国内法治和涉外法治，坚决维护国家主权、尊严和核心利益。讲"重大关系"，要着重讲清认识与处理政治和法治、民主和专政、改革和法治、发展和安全、依法治国和以德治国、依法治国和依规治党等的关系，厘清这些对问题的模糊认识和问题中错误观点。讲"重要保障"，要着重讲清法治工作队伍建设的重要性，以及如何抓住领导干部这个"关键少数"，发挥他们的关键作用。

关于习近平法治思想的指导意义，用一句话概括：习近平法治思想是全面依法治国的根本遵循和行动指南。教材第六章第二节第三目先讲"建设中国特色社会主义法治体系"这个总抓手，再讲"共同推进"和"一体建设"，接着讲"坚持全面推进依宪执政、严格执法、公正司法、全民守法"。这样，从目标到方法再到措施，力图勾勒法治中国的蓝图和施工图。我们要基于教材着重讲清习近平法治思想在全面依法治国的政治方向、战略地位和战略目标等方面的指导意义。同时，结合《法治中国建设规划（2020—2025年）》提出的"奋力建设良法善治的法治中国"目标，讲习近平指出的：建设法治中国，必须"坚持依法治国、依法执政、依法行政共同推进，坚持法治国家、法治政府、法治社会一体建设"① 的科学方法。

三、如何讲清加强宪法实施与监督的措施

第六章第三节由原第二节"完善以宪法为核心的中国特色社会主义法律体系"修改而成，删除了实体法律部门和诉讼及非诉讼程序法部分内容，以"维护宪法权威"为题，集中加强宪法教育，体现"宪法教育不断线"和大中小学思想政治理论课一体化要求。本节设有三目，第一、二目"我国宪法的形成和发展""我国宪法的地位和基本原则"由原教材内容扩充改写而成，

---

① 习近平. 论坚持全面依法治国［M］. 北京：中央文献出版社，2020：4.

第三目"加强宪法实施与监督"是新增的内容，是本节的重难点。这一节的重要性，可以用习近平重要讲话来说明："法治权威能不能树立起来，首先要看宪法有没有权威。必须把宣传和树立宪法权威作为全面推进依法治国的重大事项抓紧抓好，切实在宪法实施和监督上下功夫。"① 从引言中把握本节的教学目的与要求，着力帮助学生深入了解我国宪法的形成与发展，正确理解宪法的地位和基本原则，充分认识加强宪法实施与监督的重大意义，不断增强宪法意识，忠实履行维护宪法尊严、保证宪法实施的职责。

讲宪法的实施与监督，首先要讲清楚为什么。建议引用习近平的讲话："宪法的生命在于实施，宪法的权威也在于实施。"② 强调宪法是全面依法治国的根本依据，全面实施宪法是全面依法治国的首要任务。接着用我国宪法发展的历程说明，切实尊重和有效实施宪法与党和国家事业顺利发展命运攸关，我们要采取更加有力的措施，加强宪法实施与监督。

讲如何加强宪法实施，首先引用宪法第五条，并解读该条款的核心要义就是宪法至上，一切组织和个人都在宪法之下，不是宪法之外，更不是宪法之上。加强宪法实施，我们党首先要坚持依法执政，国家权力机关要加强和改进立法工作，国家行政机关、监察机关和司法机关要严格执行法律，维护宪法法律尊严。教材讲了"三个坚持"：坚持依宪执政、坚持依法立法、坚持严格执法。需要说明的是，这里的"严格执法"不同于新十六字方针里的"严格执法"，这是广义的执法，包括行政机关、监察机关和司法机关在宪法规定的职责范围内执行宪法和法律的活动。一般来说，行政执法是狭义的执法，学生比较熟悉。国家监察机关是根据 2018 年宪法修正案新设立的一个国家机构，它在党的领导下，以宪法为根本准则，履行对行使公权力的公职人员监察全覆盖的法定职责。我们要适当解释一下它和纪委、检察院的关系，拓展一下《中华人民共和国监察法》和《全国人民代表大会常务委员会关于国家监察委员会制定监察法规的决定》的有关内容，适当讲讲司法机关如何保证依法独立公正行使审判权、检察权，确保司法权公正高效权威，不断提高司法公信力。

讲如何完善宪法监督，首先解读宪法的力量不仅因其地位崇高，更源于其有效的监督，接着根据教材"健全四个机制"讲如何完善宪法监督问题。

① 习近平. 关于《中共中央关于全面推进依法治国若干重大问题的决定》的说明 [J]. 求是，2014 (21).
② 中共中央文献研究室. 十八大以来重要文献选编：上 [M]. 北京：中央文献出版社，2014：88.

要深入学习习近平在中央人大工作会议上关于"全国人大及其常委会要完善宪法相关法律制度，保证宪法确立的制度、原则、规则得到全面实施，要加强对宪法法律实施情况的监督检查"① 的讲话精神，结合学生关注点，重点讲全国人大及其常委会如何加强对宪法法律实施情况的监督检查；全国人大常委会如何依照宪法精神对宪法规定的内容、含义和界限做出解释，积极回应涉及宪法有关问题的关切；如何建立健全党委、人大、政府、军队间备案审查衔接联动机制，加强备案审查制度和能力建设；如何对拟出台的法规规章、重要政策和重大举措进行合宪性审查。

此外，还可以讲设立国家宪法日、建立宪法宣誓制度和国家功勋荣誉表彰制度等与宪法实施有关的制度设计和有关活动，如何体现全社会对树立宪法权威，加强宪法实施的高度共识与自信，如何更好地发挥宪法的价值引领作用，共同构建基于宪法的社会共识，通过宪法不断回应人民对美好生活的向往。最后，可以联系人大代表换届选举讲如何大力弘扬宪法精神，依法行使人民当家作主的权利，在宪法的阳光照耀下追求国家富强和人民幸福。

四、如何讲清提升法治素养的路径

这个问题实际上涵盖了第六章第四节的全部内容。提升法治素养，思想上要培养社会主义法治思维，落实到行动上就是要依法行使权利与履行义务，最后提出的具体路径就是尊法、学法、守法、用法。因此，要讲清这个重点难点问题，需要弄清第一目和第二目的内容要点。

首先，要讲清什么是社会主义法治思维。教材先给出定义，接着讲法治思维包含的正当性思维、规范性思维、逻辑思维和科学思维四点含义，最后归纳了法律至上、权力制约、公平正义、权利保障、正当程序五点内容。这是教材原有的内容，这次把"正当程序"改为"程序正当"，在语法上与前四个保持一致。需要特别提醒的是，原教材从依据、方式、价值、标准四个方面讲法治思维与人治思维的区别，这次在最后定稿阶段按权威专家意见，替换成习近平的论述，强调法治思维与人治思维是对立的思想方法，是基于对法律的尊崇和对法治的信念判断是非、权衡利弊、解决问题的思维方式，其关键是守规则、重程序、谋平等、护人权、受监督。保留了原有的几句话：对公民而言，法治思维就是当自己的理想目标、思想感情、行为方式、权利

① 习近平在中央人大工作会议上发表重要讲话强调坚持和完善人民代表大会制度不断发展全过程人民民主 [N]. 人民日报，2021-10-15.

诉求和利益关系等与法律的价值、规则或要求发生冲突时，能够服从法律，做出符合法律的选择，按照法律的指引实施自己的行为。这几句话的核心要义就是在思想冲突时，要依法做出行为抉择，使自己的行为符合法律要求。这是我们讲法治思维，培育法治思维的终极目的，也是衡量公民法治素养的最高标准。换言之，法治思维的价值不能停留在意识形态，关键是要体现在行动上。

其次，要讲清如何依法行使权利与履行义务。教材讲了三个要点：什么是法定权利与义务，我国公民有哪些法定权利和义务，如何对待权利和义务。实际上权利和义务的概念，公民的基本权利和义务在中学阶段就讲过，小学、初中和高中都讲，为了保持教材内容的完整性和体系化，这次还保留了"我国宪法法律规定的权利"这部分内容，但重点应该是在帮助学生正确认识权利和义务的关系，懂得如何依法行使权利与履行义务，因为这是合格公民的基本标准。教材关于公民如何依法行使权利，讲了目的、限度、方式和程序四个要点。但是公民如何依法履行法定义务，教材只是主要讲了宪法规定的五大义务，需要我们思考如何履行义务的原则与方法。

再次，要着重讲清如何提升法治素养。教材的这部分文字主要是原第五节第二目"尊重和维护法律权威"修改而来。教材从尊法、学法、守法、用法四方面，提炼了尊重法律权威、学习法律知识、养成守法习惯和提高用法能力四个提升法治素养的路径。我们首先要阐明这四者的关系，讲清楚为什么要把尊法放在第一位。建议引用习近平的讲话，"高级干部做尊法学法守法用法的模范，是实现全面推进依法治国目标和任务的关键所在。之前，我们通常提的是学法尊法守法用法，在准备这次讲话时，我反复考虑，觉得应该把尊法放在第一位，因为领导干部增强法治意识、提高法治素养，首先要解决好尊法问题。只有内心尊崇法治，才能行为遵守法律。只有铭刻在人们心中的法治，才是真正牢不可破的法治。"① 据此，我们可以把尊法、学法、守法、用法的关系概括为：尊法是守法的前提，学法是用法的基础，守法是尊法的要求，用法是学法的目的，学法、守法、用法都是尊法的表现，尊法、学法、守法、用法是有机联系的整体，也是提升法治素养的基本路径。讲尊法，可以在教材的基础上着重讲为什么要信仰法律。可以联系第四章关于信仰的含义，从信仰讲到法律信仰。再联系实际，解读习近平的重要论述，"法

---

① 习近平. 在省部级主要领导干部学习贯彻党的十八届四中全会精神全面推进依法治国专题研讨班上的讲话［N］. 人民日报，2015-02-03.

律要发挥作用，需要全社会信仰法律。卢梭说，一切法律中最重要的法律，既不是刻在大理石上，也不是刻在铜表上，而是铭刻在公民的内心里。我国是个人情社会，人们的社会联系广泛，上下级、亲戚朋友、老战友、老同事、老同学关系比较融洽，逢事喜欢讲个熟门熟道，但如果人情介入了法律和权力领域，就会带来问题，甚至带来严重问题。"① 进一步基于法学原理，阐明法律虽然由国家强制力保证实施，但国家强制力不是法律实施的唯一力量，法律只有被信仰时，才能真正发挥其应有的作用。法律的生命在于实施，而法律的实施不仅靠公民守法，而且需要公民对法律的价值认同。只有公民内心对法律信仰、对法律心悦诚服，才能真正敬畏法律、尊重法律，用法律来指导自己的行为。正如美国学者伯尔曼所言："法律必须被信仰，否则它将形同虚设。"② 讲学法，重点不在讲为什么要守法，因为这个道理学生从小听到大，在全面依法治国大背景下，学生对学法的意义都有一定的认识。我们可以侧重讲一些学法的方法，介绍一些适合通识教育的学习资源，引导他们利用课余时间组织学法小组活动，让他们在学习实践中增强获得感。讲守法，首先要给学生一个科学的守法概念，强调守法不仅是依法履行义务，而且首先是依法行使权利，是依法行使权利与履行义务的有机统一。然后联系学生的思想和行为实际，讲守法给我们带来的安全感和幸福感。讲用法，不能泛泛而论，要着重围绕学生受教育权、贷款借款、宿舍使用和校外兼职、交通物流以及消费者权利等方面涉及法律法规的运用问题讲方法论。需要提醒的是，对于没有法学专业背景的思想政治理论课教师来说，既不要讲得很空洞，又无法讲得太具体，最好多讲一些先进的法治生活理念。

最后，需要说明的是，高校思想政治理论课专题教学是主管部门推动的一项重大的教学改革举措，是实现教材体系向教学体系转化的一种方式，旨在进一步突出教学重点难点。2019 年和 2021 年的全国高校思想政治理论课教学展示活动都要求以专题教学指南为教学内容选择的依据。专题教学意味着改变传统的按教材章节系统讲授的方式，而是依据统编教材及其教学基本要求，结合党的创新理论发展和社会现实，针对学生的思想实际，按照课程内容的内在逻辑关系对教材内容进行重组拓展，设计既相对独立又相互联系的

---

① 中共中央文献研究室. 十八大以来重要文献选编：上［M］. 北京：中央文献出版社，2014：72.

② 伯尔曼. 法律与宗教［M］. 梁治平，译. 北京：中国政法大学出版社，2012：3.

系列专题，并围绕专题组织实施教学活动。① 但是，实施专题教学绝不能抛开教材另搞一套所谓的教学体系，必须以马克思主义理论研究和建设工程重点教材《思想道德与法治（2021 年版）》为专题设计和教学内容的基本遵循。"思想道德与法治"课的法治部分专题设计，旨在帮助学生正确认识社会主义法律的本质特征和运行规则，整体把握习近平法治思想的科学内涵和指导意义，正确理解宪法的地位、基本原则和实施路径，不断提升自己的法治素养，积极参与社会主义法治国家建设。基于此，可以设计四个专题，即我国社会主义法律的本质和作用、坚持全面依法治国、自觉维护宪法权威、努力提升法治素养，分别对应教材第六章的四节内容。无论是写教案还是课堂教学，都要体现教材的编写思路，注意专题间的逻辑关系，既要突出重点难点，又要保持教学内容的整体性。

（本文原载于《思想教育研究》2021 年第 11 期 ）

---

① 陈大文，程娟. 论高校思想政治理论课专题教学的难点问题 [J]. 思想理论教育导刊，2019（12）.

国际共运史视野下深化
"中国近现代史纲要"课教学的探索

张牧云　沈珊珊

清华大学马克思主义学院

摘　要： 中国近现代史与国际共运史紧密联系在一起。中国共产党领导中国人民进行的革命、建设、改革事业是国际共产主义运动的重要组成部分，并深刻影响着国际共产主义运动的发展进程。通过研读国际共运史经典文献、运用国际共运史史料汇编及最新研究成果、设计案例教学和课堂研讨，思想政治理论课教师可以探索将国际共运史融入"中国近现代史纲要"课教学的方法路径。引入国际共运史视野，有助于学生在更加宽广的国际视野和纵深的历史视野中阐释近现代中国社会发展的重大问题，从而帮助学生树牢唯物史观，把握人类社会的历史规律和发展大势。

习近平在学校思想政治理论课教师座谈会上指出："思政课教学涉及马克思主义哲学、政治经济学、科学社会主义，涉及经济、政治、文化、社会、生态文明和党的建设，涉及改革发展稳定、内政外交国防、治党治国治军，涉及党史、新中国史、改革开放史、社会主义发展史，涉及世界史、国际共运史，涉及世情、国情、党情、民情，等等。这样的特殊性对教师综合素质要求很高。"① 他进一步强调，"思政课教师要有知识视野"，不仅要有"国际视野"，还要有"历史视野"②。这一重要讲话精神对于调动思想政治理论课（以下简称"思政课"）教师的积极性、主动性、创造性具有重要的指导意

---

① 习近平. 思政课是落实立德树人根本任务的关键课程 [J]. 求是, 2020 (17).
② 习近平. 思政课是落实立德树人根本任务的关键课程 [J]. 求是, 2020 (17).

义。本文以"中国近现代史纲要"课（以下简称"纲要"课）为例，初步探讨国际共运史视野下深化思政课教学的方法路径。

一、深化"纲要"课教学需要国际共运史视野

国际共产主义运动兴起的标志是1847年共产主义者同盟的建立和1848年《共产党宣言》的发表。国际共运史主要研究全世界无产阶级及广大人民群众在马克思主义指引下，在无产阶级政党领导下，反对资本主义和一切剥削制度，进行无产阶级革命、民族民主革命和社会主义建设，争取无产阶级解放和全人类的解放，为最终实现共产主义而奋斗的历史及其基本经验和规律。① 中国近现代史与国际共产主义运动史紧密联系在一起，将"纲要"课的教学内容置于国际共运史视野下，可以帮助思政课教师更加深入地剖析有关近现代中国社会发展的重大问题，实现教学目标。

（一）引导学生在更加开阔的国际共运史视野中理解中国近现代史

鸦片战争以后，中国逐渐沦为半殖民地半封建社会。辛亥革命虽然没有完成实现民族独立、人民解放的历史任务，但是开创了完全意义上的近代民族民主革命。中国的革命问题引起了列宁的密切关注。列宁发表了《亚洲的觉醒》《中国各党派的斗争》《落后的欧洲和先进的亚洲》等一系列文章，他高度评价了中国及亚洲各国民族民主运动兴起的意义。共产主义运动是国际性的事业，中国共产党领导的革命、建设、改革事业是国际共产主义运动的重要组成部分，并深刻影响着国际共产主义运动的发展进程。十月革命的胜利推动了马克思主义在世界的广泛传播，国际共产主义运动由欧美扩展至全世界。共产国际自成立后帮助各国无产阶级建立共产党组织。中国共产党自创立起就把实现共产主义作为党的最高理想和最终目标，并肩负起实现中华民族伟大复兴的历史使命。共产国际根据列宁的民族和殖民地问题理论，制定了相关战略策略，在中国共产党探索适合中国国情的革命纲领方面，发挥了重要指导作用。中国共产党对于中国革命性质、领导权以及前途的认识，很重要的一点就是基于对国际共产主义运动的整体把握。毛泽东在《如何研究中共党史》一文中指出："谈到中国的反帝斗争，就要讲到外国资本主义、帝国主义如何凶恶地侵略中国。讲到中国无产阶级，就要讲到世界无产阶级，讲到中国无产阶级政党——共产党的斗争，就要讲到马、恩、列、斯他们怎

---

① 《国际共产主义运动史》编写组. 国际共产主义运动史 [M]. 北京：人民出版社，2020：1.

样领导国际无产阶级同资本主义和帝国主义作斗争。"① 中国共产党在百年奋斗中坚定地捍卫马克思主义，展示了马克思主义的强大生命力。中国特色社会主义的不断成功彰显了社会主义的优越性，在很大程度上扭转了冷战结束后社会主义与资本主义竞争中被动的局面。当代中国是振兴国际共产主义运动的中流砥柱。"纲要"课教师可以从内外联系、中外对比中揭示近现代中国的历史进程及其内在规律，在更加开阔的国际共运史视野下凸显历史和人民是怎样选择了马克思主义，选择了中国共产党，选择了社会主义道路，选择了改革开放。

（二）通过总结国际共产主义运动史的经验与教训，帮助学生树牢唯物史观

2021 年版《中国近现代史纲要》教材修订了学习目的和要求，其中，第五点内容是："通过学习中国近现代史，树牢唯物史观，提高运用科学的历史观方法论分析问题和解决问题的能力，明确中国近现代历史的主题主线、主流本质，警惕和反对历史虚无主义。"② 一方面，唯物史观是在国际共产主义运动历史进程中形成的，了解国际共产主义运动的发展线索是理解掌握唯物史观的基础。另一方面，国际共产主义运动经历过高潮与低潮，既为人类社会做出过重大贡献，又积累了深刻的历史经验与教训。在 1956 年召开的苏共二十大上，赫鲁晓夫尖锐地批判了斯大林在领导苏联社会主义建设中所犯的重大错误。对此，毛泽东认为，"共产党人对于共产主义运动中所发生的错误，必须采取分析的态度"。③ 他强调："我们应当用历史的观点看斯大林，对于他的正确的地方和错误的地方作出全面的和适当的分析，从而吸取有益的教训。"④ 20 世纪 80 年代末至 20 世纪 90 年代初苏联解体、东欧剧变是国际共产主义运动史上的重大挫折，各国共产党遭受严重冲击。习近平曾指出苏联共产党的"前车之鉴"："苏联为什么解体？苏共为什么垮台？一个重要原因就是意识形态领域的斗争十分激烈，全面否定苏联历史、苏共历史，否定列宁，否定斯大林，搞历史虚无主义，思想搞乱了，各级党组织几乎没任何作用了，军队都不在党的领导之下了。"⑤ 因此，"纲要"课教学引入国际

---

① 中共中央文献研究室. 毛泽东文集：第 2 卷［M］. 北京：人民出版社，1993：406.

② 《中国近代史纲要（2021 年版）》编写组. 中国近代史纲要（2021 年版）［M］. 北京：高等教育出版社，2021：10.

③ 中共中央文献研究室. 毛泽东文集：第 7 卷［M］. 北京：人民出版社，1999：20.

④ 中共中央文献研究室. 毛泽东文集：第 7 卷［M］. 北京：人民出版社，1999：20.

⑤ 习近平. 关于坚持和发展中国特色社会主义的几个问题［J］. 求是，2019（7）.

共运史视野，有助于总结和分析国际共产主义运动的经验与教训，引导学生在更开阔的历史视野中分清中国近现代史的主题主线、主流与本质。

二、国际共运史融入"纲要"课教学的路径与方法分析

针对思政课教学的特殊性，习近平指出，要善于利用国内外的事实、案例、素材，在比较中回答学生的疑惑。[①] 为此，思政课教师可以通过以下几种路径与方法扩充学生关于国际共运史的知识，将国际共运史融入"纲要"课教学。

（一）共同阅读国际共运史经典文献，培养学生理论分析的能力

只有做到史论结合，才能更加全面、科学地把握近现代中国社会的发展规律。教师可以结合讲授内容，通过介绍国际共运史文献的写作背景、主要观点、理论意义和实践价值等方面的内容，带领学生在课堂上一起阅读国际共运史经典文献。一方面，阅读马克思、恩格斯、列宁、斯大林等经典作家的文献。例如，《中国近现代史纲要》教材在"第一章进入近代后中华民族的磨难与抗争"的"延伸阅读文献"部分推荐阅读马克思的《中国革命和欧洲革命》、列宁的《对华战争》;[②] 在"第三章辛亥革命与君主专制制度的终结"的"延伸阅读文献"部分推荐阅读列宁的《中国的民主主义与民粹主义》。[③] 教师可以利用经典著作选编、著作单行本、专题选编本等作为基础性材料。另一方面，师生共同阅读马克思主义中国化经典文献，尤其是中国共产党领导人的重要理论文章。例如，毛泽东在《中国革命和中国共产党》一文中对近代中国半殖民地半封建的社会性质做出了准确、科学的定义。新中国成立后，毛泽东在《把我国建设成为社会主义的现代化强国》一文中分析了近代中国反侵略战争失败的主要原因。这两篇文献为教材第一章的"必读文献"[④]。再如，教材在"第四章中国共产党成立和中国革命新局面"的"必读文献"部分列有《我的马克思主义观》《中国共产党第一个纲领》以及《在

---

① 习近平. 思政课是落实立德树人根本任务的关键课程［J］. 求是，2020（17）.

② 《中国近代史纲要（2021 年版）》编写组. 中国近代史纲要（2021 年版）［M］. 北京：高等教育出版社，2021：46.

③ 《中国近代史纲要（2021 年版）》编写组. 中国近代史纲要（2021 年版）［M］. 北京：高等教育出版社，2021：89.

④ 《中国近代史纲要（2021 年版）》编写组. 中国近代史纲要（2021 年版）［M］. 北京：高等教育出版社，2021：45.

庆祝中国共产党成立 100 周年大会上的讲话》。① 师生通过共同研读经典文献，在国际共运史的整体视域下开展课堂互动讨论，引导学生更加深刻地理解马克思主义及其中国化创新理论。

（二）借助国际共运史史料汇编与最新研究成果，提高学生历史思维能力

通过学情调查可知，学生对于应当如何全面理解和科学分析长时段的历史进程，如何正确把握历史发展的客观规律，对于重大历史事件的演进脉络、重要历史人物及社会群体间的复杂关联还缺乏深刻的认识，学生希望在课堂上掌握运用一手文献进行历史分析的基本方法。苏联解体后，俄罗斯公布了大量苏联时期的档案材料，推动了国际共产主义运动史文献的发掘与整理。"共产国际、联共（布）与中国革命档案资料丛书"（21 卷）自 1997 年起陆续出版，展现了联共（布）和共产国际对华政策的历史嬗变，是关于"共产国际与中国革命关系"教学与研究的重要文献。目前《国际共产主义运动历史文献》已出齐 64 卷本，收录了 5 个国际组织即共产主义者同盟、第一国际、第二国际、第三国际、共产党和工人党情报局的文献。此外，体现国际共产主义运动活动家关于社会主义的基本观点与思想要旨的文献汇编也可以作为重要参考。结合"纲要"课的教学，思政课教师还可以重点关注学界关于国际共产主义运动史上重要人物及其思想研究、国际共产主义运动史上重要国际组织建立与发展研究、十月革命与马克思主义在中国传播研究、共产国际与中国革命关系研究、社会主义国家进行社会主义建设和改革历史研究、总结东欧剧变和苏联解体的原因和教训研究、关于国际共产主义运动的前景与趋势研究等。教师可以通过翻转课堂的形式，组织学生以读书小组为单位对国际共运史史料汇编与最新研究成果进行课后阅读和讨论。

（三）通过案例教学和课堂研讨，引导学生进行中外比较分析

一方面，中国共产党领导的革命、建设、改革事业具有国际共产主义运动的普遍性，遵循国际共产主义运动发展的一般规律。因此，教师在讲授过程中应当将中国共产党领导中国人民所进行的革命、建设、改革事业置于国际共运史的整体视域；另一方面，不同国家和地区的革命呈现不同特点及特殊性。教师可以将中国与世界其他地区共产主义运动做比较分析，例如，中国共产党开创的中国革命新道路究竟"新"在哪里？中国共产党取得的独创

---

① 《中国近代史纲要（2021 年版）》编写组. 中国近现代史纲要（2021 年版）[M]. 北京：高等教育出版社，2021：115-116.

性理论成果具体体现在哪些方面？从而引导学生进一步思考国际共产主义运动中普遍性与特殊性的辩证关系，深刻体会中国特色社会主义道路是中国共产党在百年奋斗中始终坚持从中国国情出发，探索并形成的符合中国实际的正确道路。

三、国际共运史在"纲要"课教学中的具体运用

以上三种路径有助于思政课教师将国际共运史视野融入"纲要"课教学，从而在有关近现代中国社会发展的重大问题上做出更加有力的分析和解释，下面将分四个历史时期对这一尝试做出举例分析。

新民主主义革命时期的教学设计。"纲要"课教师只有联系国际共运史才能清晰阐述中国先进分子为什么和怎样选择了马克思主义。如教材指出："在当时的国际共产主义运动中，存在着马克思主义与社会民主主义、修正主义的严重对立。中国先进分子对于社会民主主义、修正主义采取了明确的批判态度。"[①] 通过回溯马克思、恩格斯的相关文献，教师可以帮助学生了解科学社会主义的创立、共产主义者同盟的建立、第一国际与巴黎公社革命、第二国际的破产等历史，廓清正是因为中国共产党成立于俄国十月革命取得胜利，第二国际社会民主主义、修正主义破产之后，中国共产党所接受的是在帝国主义和无产阶级革命时代发展了的马克思主义即列宁主义。在分析中国共产党对革命新道路的探索时，教师可以引入共产国际与中国革命关系的相关研究成果，辩证分析共产国际对于中国革命正反两方面的作用。[②] 教师可以结合"共产国际、联共（布）与中国革命档案资料丛书"中的史料，带领学生共同分析为什么毛泽东在《关于共产国际解散问题的报告》中指出共产国际对于北伐战争、土地革命战争和抗日战争给予了很大的帮助。[③] 另外，共产国际指导上的失误，也曾给中国的新民主主义革命造成重大损失。针对土地革命时期共产国际担心"农村斗争超过城市斗争将不利于中国革命"的观点，师生可以一起分析毛泽东在《星星之火，可以燎原》中论述的观点并探讨以毛泽东为代表的中国共产党人是如何反对把共产国际决议和苏联经验神圣化，从而在理论上讲清楚开辟"农村包围城市、武装夺取政权"新道路的必要性

① 《中国近代史纲要（2021 年版）》编写组. 中国近现代史纲要（2021 年版）[M]. 北京：高等教育出版社，2021：98.

② 李颖. 陈独秀与共产国际 [M]. 长沙：湖南人民出版社，2005.

③ 中共中央文献研究室. 毛泽东文集：第 3 卷 [M]. 北京：人民出版社，1996：19.

以及将马克思主义与中国实际相结合的重大意义。教师还可以结合近年来学界新发现的海内外馆藏的第一手史料，与学生共同讨论中国共产党对世界反法西斯战争做出的历史贡献、中国新民主主义革命胜利是国际共产主义运动史上的重大历史事件等问题。

社会主义革命和建设时期的教学设计。中国共产党带领中国人民进行社会主义革命、确立社会主义基本制度、推进社会主义建设是国际共运史上的一大壮举。在"资本主义工商业的改造"教学单元，教师可以结合国际共运历史文献分析马克思、恩格斯提出的对资产阶级实行赎买的设想，阐述十月革命后列宁曾打算在俄国对"文明的资本家"采取这种做法，但俄国资产阶级不接受的原因，并分析为什么和平赎买政策的实现是中国共产党的独创性经验、发展了马克思主义的科学社会主义理论。[1] 中国的社会主义建设离不开苏联和各人民民主国家的支持和援助，尤其是苏联作为人类历史上的第一个社会主义国家，其社会主义建设在理论和实践中取得了重要成就。从倡导"学习苏联"到提出"以苏为鉴"，都反映出中国的社会主义建设十分注重对苏联社会主义建设经验与教训的借鉴与总结，并在此基础上独立探索适合中国国情的社会主义建设道路。早在新中国成立前，毛泽东就明确表示过，苏联"已经建设起来了一个伟大的光辉灿烂的社会主义国家。苏联共产党就是我们的最好的先生，我们必须向他们学习"[2]。毛泽东还多次向全党推介由斯大林审定的《联共（布）党史简明教程》，认为它"是一百年来全世界共产主义运动的最高的综合和总结"[3]。1956 年 2 月召开的苏共二十大会议，凸显了苏联在社会主义建设中存在的缺点和错误。对此，毛泽东认为："不论是他的正确的地方，或者错误的地方，都是国际共产主义运动的一种现象，带有时代的特点。"[4] 在讲授中国社会主义道路的艰苦探索时，教师需要帮助学生梳理新中国从倡导"学习苏联经验"到提出"以苏为鉴"的历史过程，并结合斯大林的《苏联社会主义经济问题》、毛泽东的《论十大关系》等文献，带领学生共同探讨中国的社会主义建设为什么需要独立探索自己的道路。最后，教师在总结时需进一步分析改革开放前后社会主义建设实践探索间的联系，帮助学生科学认识改革开放前后两个历史时期间的辩证关系。

① 《中国近代史纲要（2021 年版）》编写组. 中国近现代史纲要（2021 年版）［M］. 北京：高等教育出版社，2021：207.
② 毛泽东. 毛泽东选集：第 4 卷［M］. 北京：人民出版社，1991：1481.
③ 毛泽东. 毛泽东选集：第 3 卷［M］. 北京：人民出版社，1991：802-803.
④ 毛泽东. 毛泽东文集：第 7 卷［M］. 北京：人民出版社，1999：20.

改革开放和社会主义现代化建设新时期的教学设计。20 世纪 80 年代末至 20 世纪 90 年代初，东欧剧变、苏联解体，国际共产主义运动陷入低潮。在这场"多米诺骨牌式"的变化后，除中国共产党以外的世界各国共产党党员人数骤降，由共产党执政的社会主义国家面临着严峻的政治考验，国际上"中国崩溃论""历史终结论"等舆论甚嚣尘上。以邓小平为代表的中国共产党人深刻总结国际共产主义运动的经验和教训，立足中国实际，进一步思考与探索"什么是社会主义、怎样建设社会主义"这一重大问题，明确提出走自己的路、建设中国特色社会主义。正如邓小平曾指出的："只要中国社会主义不倒，社会主义在世界将始终站得住。"① "纲要"课教师可以引入国际共运史视野，通过分析东欧剧变和苏联解体的过程与原因，阐明苏联、东欧国家亡党亡国的原因不是科学社会主义与社会主义制度的失败，而是苏共等共产党领导人背离了马克思主义、社会主义道路的结果；将中国的改革开放与其他社会主义国家，尤其是同样启动了改革却走向剧变的南斯拉夫、波兰、匈牙利等东欧国家做比较分析，讲述中国的改革开放和社会主义现代化建设所取得的伟大历史性成就；结合苏联改革的历史，深入剖析苏联改革最终走上改旗易帜邪路的原因，帮助学生理解中国的改革开放在国际共运史上的重大意义，深刻体会改革开放是决定当代中国前途命运的关键政策，中国特色社会主义道路是指引中国走向发展和繁荣的正确道路。

中国特色社会主义新时代的教学设计。中国特色社会主义进入新时代，科学社会主义在 21 世纪的中国焕发出强大的生机活力，在世界上高高举起了中国特色社会主义的伟大旗帜。2021 年版《中国近现代史纲要》教材重点增加了中国特色社会主义进入新时代部分的内容，深刻认识全面贯彻习近平新时代中国特色社会主义思想的重大意义是"纲要"课的学习要求之一。思政课教师可以关注多个学术机构的研究报告，追踪其发布的有关国际共产主义运动和世界社会主义发展的最新动态，例如，中国社会科学院世界社会主义研究中心主编的《世界社会主义跟踪研究报告——且听低谷新潮声》黄皮书、上海社会科学院中国马克思主义研究所和国外社会主义研究中心主编的《世界社会主义研究年鉴》、华中师范大学国外马克思主义政党研究中心主编的《国际共产主义运动年鉴》以及中国社会科学院马克思主义研究院主编的《国际共产主义运动发展报告》等。在此基础上，师生可以共同讨论如何深入理解习近平新时代中国特色社会主义思想是当代中国马克思主义、21 世纪马克

① 邓小平. 邓小平文选：第 3 卷 [M]. 北京：人民出版社，1993：346.

思主义；国际共产主义运动在 21 世纪的新格局、新特征与新趋势是什么；社会主义和资本主义两种意识形态、两种社会制度的历史演进及其较量为什么在当代世界范围内发生了有利于社会主义的重大转变。"纲要"课教学只有置于国际共运史的开阔视野中，深入研究当代中国所处的历史方位，观察当代发达国家与发展中国家的共产党和社会主义运动，分析当代资本主义的制度困境以及中国与世界关系的新变化，才能帮助学生深刻体会习近平新时代中国特色社会主义思想的重大世界意义。

中国共产党在百年奋斗中坚持胸怀天下，党始终以世界眼光关注人类前途命运。① 在这场中国与世界的历史对话中，中华民族不仅迎来了从站起来、富起来到强起来的伟大飞跃，也为人类发展进步做出重大贡献。中国共产党领导中国人民成功走出中国式现代化道路，创造了人类文明新形态，为世界贡献了中国智慧、中国方案和中国力量。中国推动 21 世纪的国际共产主义运动走向振兴。因此，"纲要"课教师只有以宽广的国际视野和纵深的历史视野来把握国际共运史，才能在教学中阐释清楚有关近现代中国社会发展的重大问题及历史演进的内在规律，科学分析世界各国社会主义发展的经验教训，把握人类社会的历史规律和发展大势，引导学生坚持马克思主义，牢固树立共产主义远大理想与中国特色社会主义共同理想。

（本文原载于《思想教育研究》2021 年第 12 期 ）

---

① 中共中央关于党的百年奋斗重大成就和历史经验的决议［N］. 人民日报，2021-11-17
(1).

"中国近现代史纲要"课教学要讲清楚三个道理

方圆　吴家庆

湖南师范大学马克思主义学院

　　摘　要："中国近现代史纲要"课教学要讲清楚三个道理：一是结合马克思主义经典著作讲清楚两大历史任务及其关系的道理，强化大学生马克思主义历史观的教育；二是讲清楚两大历史任务与"四个选择"之间关系的道理，强化大学生政治认同的教育；三是讲清楚中国近现代史主题与主线、主要矛盾以及使命关系的道理，强化大学生责任担当意识的教育。只有讲清楚这三个道理，才能使学生懂得实现中华民族伟大复兴的重大意义，从而增强学生的使命担当意识。

　　2020年第17期《求是》杂志发表了习近平《思政课是落实立德树人根本任务的关键课程》重要文章，强调高校思想政治理论课（以下简称"思政课"）在教学中要"把一些道理讲明白、讲清楚"①。高校思政课就是讲道理的课，"中国近现代史纲要"课（以下简称"纲要"课）作为高校的一门思想政治教育必修课也应以此为遵循，在教学中着重讲清楚三个道理。

一、结合马克思主义经典著作讲清楚两大历史任务及其关系的道理

　　结合马克思主义经典著作讲清楚近代以来争取民族独立、人民解放和实现国家富强、人民富裕两大历史任务及其关系，旨在强化大学生马克思主义历史观的教育。这里所说的马克思主义经典著作，包括马克思列宁主义经典著作和中国马克思主义经典著作。"纲要"课教学中讲授两大历史任务及其关

---

　　①　习近平. 思政课是落实立德树人根本任务的关键课程［J］. 求是，2020（17）.

系与马克思主义经典著作的关系是什么，有学者打了一个形象的比方，如果把"史"比作一根常青的"藤"，那么原著就是在"藤"上结的一个又一个的瓜。讲授历史结合原著，就好比"顺藤摸瓜"①。将马克思主义经典著作融入"纲要"课教学，就是落实习近平所强调的，"学习理论最有效的办法是读原著、学原文、悟原理"②。马克思主义经典著作与两大历史任务关系的论述，内容十分丰富。本文主要以马克思、毛泽东和习近平的著作为例。

（一）读马克思关于中国的通讯，讲清楚中国近代以来两大历史任务的提出与西方列强入侵的关系

习近平指出："第二次鸦片战争期间，马克思撰写了十几篇关于中国的通讯，向世界揭露西方列强侵略中国的真相，为中国人民伸张正义。"③ 马克思关于中国的通讯，阐明了中国近代以来两大历史任务的提出与西方列强入侵的关系。

首先，通讯深刻揭示了西方列强的入侵是近代中国民族独立、人民解放这一历史任务产生的根源。西方列强的入侵，使中国不再是一个完全独立的民族国家，帝国主义同中华民族的矛盾成为中国社会最主要的矛盾。如《英人在华的残暴行动》一文中所记载的："广州城的无辜居民和安居乐业的商人惨遭屠杀，他们的住宅被炮火夷为平地，人权横遭侵犯。"④ 又如《中国革命和欧洲革命》一文中的描述："中国的连绵不断的起义已经延续了约十年之久，现在汇合成了一场惊心动魄的革命。""推动这次大爆发的毫无疑问是英国的大炮。"⑤ 西方列强的入侵，使民族矛盾和阶级矛盾不断激化，造成日益频繁的革命运动，民族独立、人民解放的历史任务因此产生。

其次，通讯深刻揭示了西方列强的入侵是近代中国国家富强、人民富裕这一历史任务产生的根源。西方列强对中国的残酷掠夺，给中国社会造成了巨大的经济损失。如《中国革命和欧洲革命》中指出的，"这个帝国的银

---

① 宋进．中国近现代史纲要教学导论［M］．上海：复旦大学出版社，2008：118.

② 中共中央党史和文献研究院，中央"不忘初心、牢记使命"主题教育领导小组办公室．习近平关于"不忘初心、牢记使命"论述摘编［M］．北京：党建读物出版社，中央文献出版社，2019：68.

③ 习近平．在纪念马克思诞辰200周年大会上的讲话（单行本）［M］．北京：人民出版社，2018：12.

④ 中共中央马克思恩格斯列宁斯大林著作编译局．马克思恩格斯文集：第2卷［M］．北京：人民出版社，2009：620.

⑤ 中共中央马克思恩格斯列宁斯大林著作编译局．马克思恩格斯文集：第2卷［M］．北京：人民出版社，2009：607.

币——它的血液——也开始流向英属东印度。"① 《鸦片贸易史》一文进一步揭露了"英国政府在印度的财政，实际上不仅要依靠对中国的鸦片贸易，而且还要依靠这种贸易的不合法性"②。据统计，在近代史上西方列强强逼中国签订的1100多个不平等条约，给中国造成的经济损失多达上万亿美元。西方列强的侵略，致使中国落后挨打。要彻底改变这种局面，就必须提出并实现国家富强、人民富裕的历史任务。

最后，通讯充分肯定了中国人民为争取民族独立、人民解放所作出的伟大斗争。对此，《波斯和中国》一文对中国人民反抗外来侵略和本国封建统治的斗争给予了充分肯定。文章指出："我们不要像道貌岸然的英国报刊那样从道德方面指责中国人的可怕暴行，最好承认这是'保卫社稷和家园的战争'，这是一场维护中华民族生存的人民战争。""而对于起来反抗的民族在人民战争中所采取的手段，不应当根据公认的正规作战规则或者任何别的抽象标准来衡量，而应当根据这个反抗的民族所刚刚达到的文明程度来衡量。"③ 马克思主义经典著作所秉持的正义立场，对中国人民争取民族独立和人民解放的伟大斗争给予了充分肯定和道义上的重要支持。

（二）读毛泽东的系列著作，讲清楚两大历史任务间的关系

伴随着西方列强的入侵，争取民族独立、人民解放和实现国家富强、人民富裕这两大历史任务成为中国近现代史的主题。关于两大历史任务的关系，毛泽东在《论联合政府》等著作中做了精辟的论述。

首先，两大历史任务相互联系。在半殖民地半封建社会，没有革命便没有现代化。毛泽东指出："没有独立、自由、民主和统一，不可能建设真正大规模的工业。没有工业，便没有巩固的国防，便没有人民的福利，便没有国家的富强。"④ 简而言之，民族独立是前提和基础，国家富强是最终的目的和归宿，两者相互联系、密不可分。

其次，两大历史任务相互区别。两大历史任务是不同社会性质、不同历史阶段的不同任务。毛泽东指出："一个不是贫弱的而是富强的中国，是和一

---

① 中共中央马克思恩格斯列宁斯大林著作编译局. 马克思恩格斯文集：第2卷 [M]. 北京：人民出版社，2009：608.
② 中共中央马克思恩格斯列宁斯大林著作编译局. 马克思恩格斯文集：第2卷 [M]. 北京：人民出版社，2009：636.
③ 中共中央马克思恩格斯列宁斯大林著作编译局. 马克思恩格斯文集：第2卷 [M]. 北京：人民出版社，2009：626.
④ 毛泽东. 毛泽东选集：第3卷 [M]. 北京：人民出版社，1991：1080.

个不是殖民地半殖民地的而是独立的，不是半封建的而是自由的、民主的，不是分裂的而是统一的中国，相联结的。"① 两大历史任务相互区别主要体现在：一是时间先后不同。第一大历史任务在先，即从 1840 年鸦片战争爆发到 1949 年中华人民共和国成立前夕；第二大历史任务在后，即中华人民共和国成立，特别是 1956 年"三大改造"完成之后整个社会主义初级阶段。二是所处条件不同。第一大历史任务处在半殖民地半封建社会的条件下；第二大历史任务处在社会主义社会的条件下。三是任务内容不同。第一大历史任务是完成反帝反封建的民主革命，革命是要解放生产力，并为发展生产力创造条件；第二大历史任务是为把我国建设成社会主义现代化强国，建设是要解放、发展生产力，实现现代化。

最后，两大历史任务不能混淆。中国近代百年抗争史上的很多尝试都以失败而告终，原因之一就是混淆了两大历史任务间的关系。洋务派虽然打出了"自强、求富"的口号，但未能阻止西方列强的侵略，这是因为作为地主阶级的洋务派根本不可能否定封建统治，民族独立和人民解放的任务自然无法实现。戊戌维新派也认为他们的变法措施可以促进国家的繁荣富强，但其变法并未从根本上反对西方殖民统治和中国封建统治，这也就必然成为其追求富强的一大障碍。辛亥革命虽然推翻了清王朝，但没有铲除封建的生产关系，没有真正推翻封建主义统治，对西方帝国主义的态度软弱，中华民族的解放就成了一纸空文。正因为如此，毛泽东指出，在一个半殖民地半封建的中国，"要想发展工业，建设国防，福利人民，求得国家的富强，多少年来多少人做过这种梦，但是一概幻灭了。"② 社会主要矛盾决定社会性质，社会性质不同，历史任务也就不同。"中国现在的革命任务是反帝反封建的任务，这个任务没有完成以前，社会主义是谈不到的。"③ 中国革命第一步的任务是争取民族独立和人民解放，国家富强和人民幸福是第二步的任务，如果把不同历史阶段的任务混淆在一起，"毕其功于一役"，将会导致民族独立和国家富强两者都以失败而告终。

（三）读习近平系列重要讲话，讲清楚中华民族伟大复兴一定能够实现的道理

学习习近平系列重要讲话，领会中华民族伟大复兴的深刻意义，我们应

① 毛泽东. 毛泽东选集：第 3 卷 [M]. 北京：人民出版社，1991：1080.
② 毛泽东. 毛泽东选集：第 3 卷 [M]. 北京：人民出版社，1991：1080.
③ 毛泽东. 毛泽东选集：第 2 卷 [M]. 北京：人民出版社，1991：683.

该着重讲清楚两个道理。

首先，对实现中华民族伟大复兴充满信心。党的十九大报告明确了全面建设社会主义现代化国家的"两步走"战略：从 2020 年到 2035 年，基本实现社会主义现代化；从 2035 年到 21 世纪中叶，把我国建设成富强民主文明和谐美丽的社会主义现代化强国。到那时，近代以来的两大历史任务基本完成，中华民族伟大复兴的中国梦也将随之实现。党的十九大报告不仅明确了新时代"两步走"的战略步骤，而且指出"我们比历史上任何时期都更接近、更有信心和能力实现中华民族伟大复兴的目标"①。中国共产党对实现中华民族伟大复兴充满信心，"纲要"课也应该向学生讲清楚这种信心。

其次，实现中华民族伟大复兴需要付出艰巨、艰苦的努力。习近平把实现中华民族伟大复兴形象地比喻成"是一场接力跑"。这场接力跑的起点是 1840 年。中国共产党成立以后逐渐成为这场"接力跑"的领跑者，一代又一代的中国共产党人带领中国人民一棒接一棒，不断跑出了好成绩。但是，实现中华民族伟大复兴的任务仍然艰巨而复杂。新的长征路上，"我们还有许多'雪山'、'草地'需要跨越，还有许多'娄山关'、'腊子口'需要征服。"习近平告诫全党，"任何贪图享受、消极懈怠、回避矛盾的思想和行为都是错误的"②。"纲要"课应该向学生讲清楚实现中华民族伟大复兴离不开一代又一代人的接续奋斗。

最后，结合马克思主义经典著作讲清楚两大历史任务及其关系的道理，引导学生对纷繁的历史现象做出正确的评价和判断，潜移默化地接受马克思主义历史观，对历史任务的理解和把握更完整、更透彻。

二、讲清楚两大历史任务与"四个选择"之间关系的道理

党的十九大报告明确指出，实现中华民族伟大复兴是近代以来中华民族最伟大的梦想。完成两大历史任务、实现中华民族伟大复兴，就必须"深刻领会历史和人民是怎样选择了马克思主义，选择了中国共产党，选择了社会主义道路，选择了改革开放"③，讲清楚这"四个选择"与完成两大历史任

---

① 习近平.决胜全面建成小康社会夺取新时代中国特色社会主义伟大胜利——在中国共产党第十九次全国代表大会上的报告（单行本）［M］.北京：人民出版社，2017：15.

② 习近平.在纪念红军长征胜利 80 周年大会上的讲话（单行本）［M］.北京：人民出版社，2016：11.

③《中国近现代史纲要》编写组.中国近现代史纲要［M］.北京：高校教育出版社，2018：2.

务、实现中华民族伟大复兴关系的道理，旨在强化大学生政治认同教育。

首先，选择马克思主义使完成两大历史任务、实现中华民族伟大复兴有了先进的思想指导。"没有科学的理论，就不会有革命的运动。"① 列宁的论断深刻揭示了科学理论对实践的重大作用。为完成两大历史任务，从鸦片战争开始到五四运动前的 70 多年间，中国曾有不少仁人志士尝试着运用各种思想武器探索国家的出路，然而都逐一败下阵来。俄国十月革命一声炮响给我们送来了马克思列宁主义。无产阶级的宇宙观成为中国先进分子观察国家命运的工具，马克思列宁主义成为中国革命的理论基础和指导思想。这给苦苦寻找救亡图存出路的中国人民指明了前进方向、提供了全新选择，从而改变了中国的命运，实现了中华民族从"东亚病夫"到站起来、富起来再到强起来的伟大飞跃。以习近平同志为核心的党中央始终坚持马克思主义，坚持发展中国特色社会主义，确保中华民族伟大复兴沿着正确的方向前行。习近平站在中华民族伟大复兴的高度指出："历史和人民选择马克思主义是完全正确的。"②

其次，选择中国共产党使完成两大历史任务、实现中华民族伟大复兴有了坚强的领导核心。领导我们事业的核心力量是中国共产党。中国共产党是无产阶级政党，是全心全意为人民谋利益的党。实现中华民族伟大复兴，是中华民族和中国人民最根本的利益体现。旧民主主义革命之所以无法实现中华民族的伟大复兴，其中一个重要原因就是没有先进的无产阶级政党的领导。中国共产党一成立，就成为为中华民族和中国人民谋求民族独立、人民解放和国家富强、人民富裕的主心骨。中国共产党带领中国人民经过 28 年艰苦卓绝的奋斗完成了民族独立、人民解放的历史任务，成立了中华人民共和国。经过"三大改造"，确立了社会主义制度。中华人民共和国成立 70 多年来取得的举世瞩目成就再次证明，在"前进征程上，我们要坚持中国共产党领导"③。改革开放 40 多年绘就的波澜壮阔、气势恢宏的历史画卷，更进一步表明我们党"始终是中国人民和中华民族的主心骨"④。习近平站在民族复兴的

---

① 中共中央马克思恩格斯列宁斯大林著作编译局. 列宁全集：第 6 卷［M］. 北京：人民出版社，1986：23.

② 习近平. 在纪念马克思诞辰 200 周年大会上的讲话（单行本）［M］. 北京：人民出版社，2018：14.

③ 习近平. 在庆祝中华人民共和国成立 70 周年大会上的讲话［N］. 人民日报，2019-10-02（2）.

④ 习近平. 在庆祝改革开放 40 周年大会上的讲话（2018 年 12 月 18 日）（单行本）［M］. 北京：人民出版社，2018：17.

高度强调："没有中国共产党的领导，民族复兴必然是空想。"① 事实告诉我们，"历史和人民选择中国共产党领导中华民族伟大复兴的事业是正确的。"②

再次，选择社会主义道路是完成第二大历史任务、实现中华民族伟大复兴的必由之路。道路决定命运，实现中华民族伟大复兴是同社会主义道路联系在一起的。中国共产党成立后，领导新民主主义革命取得了胜利，为实现中华民族伟大复兴创造了前提和基础。中华人民共和国成立之初，我们在社会主义建设上照搬过"本本"，在社会主义建设道路上走过弯路。历史表明，实现中华民族伟大复兴，选择适合中国国情的道路至关重要。从改革开放之初的"摸着石头过河"，经过 40 多年的实践探索，到党的十八大以后，习近平明确提出："实现中国梦必须走中国道路。这就是中国特色社会主义道路。"③ 党的十九大报告明确提出新时代中国特色社会主义的总任务是实现社会主义现代化和中华民族伟大复兴，明确中国特色社会主义事业的总体布局和战略布局。找到一条好的道路不容易，走好这条道路更不容易。习近平站在实现中华民族伟大复兴的高度指出："只有社会主义才能救中国，只有中国特色社会主义才能发展中国。"④

最后，选择改革开放是完成第二大历史任务、实现中华民族伟大复兴的关键一招。实现中华民族伟大复兴的历程从中国近代开始到 21 世纪中叶，前后历时 200 多年。将民族复兴与改革开放联系在一起已经 40 多年。实践证明，改革开放是实现"两个一百年"奋斗目标、实现中华民族伟大复兴的关键一招。在实现中华民族伟大复兴的征程中，一般矛盾和深层次矛盾交织叠加、错综复杂，改革开放中的矛盾只能用改革开放的办法来解决。改革开放以来我们国家从以经济体制改革为主到全面深化改革，啃下了不少硬骨头，闯过了不少急流险滩，改革呈现出全面发力、多点突破、蹄疾步稳、纵深推进的局面。改革开放为实现中华民族伟大复兴的历史巨轮注入了势不可挡的强劲动力。

上好"纲要"课，不仅要讲清楚"四个选择"为什么"选"、怎么"选"

---

① 习近平.决胜全面建成小康社会夺取新时代中国特色社会主义伟大胜利——在中国共产党第十九次全国代表大会上的报告（单行本）[M].北京：人民出版社，2017：16.

② 习近平.在庆祝中国共产党成立 95 周年大会上的讲话（2016 年 7 月 1 日）（单行本）[M].北京：人民出版社，2016：5.

③ 习近平.习近平谈治国理政 [M].北京：外文出版社，2014：39.

④ 习近平.在北京大学师生座谈会上的讲话（2018 年 5 月 2 日）（单行本）[M].北京：人民出版社，2018：3.

的道理，还应该讲清楚"四个选择"与完成两大历史任务、实现中华民族伟大复兴关系的道理，增强大学生的政治认同，培养大学生听党话、跟党走、拥护改革开放、走中国特色社会主义道路的政治自觉。

三、讲清楚中国近现代史主题与主线、主要矛盾及使命关系的道理

围绕中国近现代史主题，讲清楚主题与主线、主题与主要矛盾、主题与使命三对关系的道理，旨在强化大学生对责任担当意识的认识、理解和接受。

（一）主题与主线的关系

中国近现代史主题与主线的关系，是"纲要"课教学中加深对主题认识的最为重要的一对关系。讲清楚二者的关系，需要把握以下三点。

首先，把握主题与主线的含义。理解主题与主线的含义，是把握二者关系的前提。所谓主题，就是事物的主要内容。中国近现代史的主要内容，即"实现中华民族伟大复兴是近代以来中华民族最伟大的梦想"①。这就是中国近现代史的主要内容，也是中国近现代史的主题。主题是总目标、总任务，是"纲"，纲举才能目张。所谓主线，是指贯穿事物发展过程的主要线索。"中华民族迎来了从站起来、富起来到强起来的伟大飞跃。"② 习近平用"站起来""富起来"和"强起来"三个关键词，清晰地展示了中华民族伟大复兴历程的主线。

其次，把握主线与主题的一致性。"站起来""富起来"和"强起来"是中国近现代史的主线，这条主线有着明确的导向、指导和引领作用，那就是服务于实现中华民族伟大复兴的历史主题。从"站起来"看，中国共产党人团结带领全国人民经过长期奋斗，"实现了中华民族从东亚病夫到站起来的伟大飞跃。"③ 在"站起来"以后，我们党及时以国家富强为奋斗目标。党的七届二中全会提出的由"落后的农业国"变成"先进的工业国"④ 构想。中华人民共和国成立后，中国共产党又提出在 20 世纪内，把我国建设成为"四个现代化"的社会主义国家。从"富起来"看，改革开放以来，中国共产党人

---

① 习近平. 决胜全面建成小康社会夺取新时代中国特色社会主义伟大胜利——在中国共产党第十九次全国代表大会上的报告（单行本）[M]. 北京：人民出版社，2017：13.

② 习近平. 在北京大学师生座谈会上的讲话（2018 年 5 月 2 日）（单行本）[M]. 北京：人民出版社，2018：2.

③ 习近平. 在纪念马克思诞辰 200 周年大会上的讲话（单行本）[M]. 北京：人民出版社，2018：13.

④ 毛泽东. 毛泽东选集：第 4 卷 [M]. 北京：人民出版社，1991：1433.

带领全国人民逐渐实现了由"站起来"到"富起来"的伟大飞跃,在"富起来"以后,我们党又及时制定出社会主义强国的目标。1979 年,邓小平提出"走出一条中国式的现代化道路"①。党的十二大提出的"两步走",目标就是实现社会主义现代化。从"强起来"看,新时代中国共产党人团结带领全国人民,迎来了中华民族从"富起来"到"强起来"的伟大飞跃。一条主线、三次飞跃,都是以中华民族伟大复兴的历史主题为目标的。

最后,把握主题的不同阶段。实现中华民族伟大复兴是贯穿中国近现代史的主题,但又呈现出三个不同的阶段。"站起来""富起来"和"强起来"既是主题的主线,也是主题的三个阶段。事物的发展是连续性和阶段性的统一。实现中华民族伟大复兴是长期的连续的过程,但由于面对的具体问题和需要解决的主要矛盾不同,又呈现出若干具体阶段。"站起来"阶段:主要解决"挨打"的问题。近代中国,中华民族备受欺凌,处在落后挨打的局面。毛泽东从中国的国情出发,走"农村包围城市"的道路,领导中国人民建立了中华人民共和国。"富起来"阶段:中华民族"挨打"的问题解决以后,如何解决中国人民"挨饿"成了必须面对的新问题。邓小平提出"贫穷不是社会主义、社会主义要消灭贫穷"的著名论断。他从我国社会主义初级阶段基本国情出发,开创了改革开放的伟大局面。中国在经济、科技、教育等各领域迅猛发展,国家综合实力显著提高。"强起来"阶段:习近平在彻底解决"挨打""挨饿"问题的基础上,提出了如何解决"挨骂"的问题。进入中国特色社会主义新时代,中国应该在增强中华民族硬实力的基础上,提升软实力,并在国际上建立中国的话语权威。总之,三个阶段虽然解决的具体问题不同,但突出的是同一个主题——实现中华民族伟大复兴。

(二) 主题与主要矛盾的关系

中国近现代史主题与社会主要矛盾的关系,是"纲要"课教学中加深对主题的认识需要把握的又一对关系。讲清楚二者的关系,主要把握以下两个方面。

第一,历史主题是以社会主要矛盾为依据的。近现代中国社会的主要矛盾,决定了中华民族伟大复兴的主题。实现中华民族伟大复兴的第一步就是完成民族独立、人民解放的历史任务。民族独立,就是推翻帝国主义在中国的统治;人民解放,就是推翻封建主义的统治。近代中国社会"帝国主义和

---

① 邓小平. 邓小平文选:第 2 卷 [M]. 北京:人民出版社,1994:163.

中华民族的矛盾，封建主义和人民大众的矛盾"①，是实现中华民族伟大复兴第一大历史任务的依据。而社会主义初级阶段中国社会的主要矛盾的表述，虽然在党的八大、党的十一届六中全会以及党的十九大上几经修改，但前后三次主要矛盾的表述都是实现中华民族伟大复兴的第二大历史任务即国家富强、人民富裕的依据。

第二，只有完成历史任务才能解决社会主要矛盾。完成两大历史任务，就意味着基本实现了中华民族伟大复兴。中华人民共和国的成立，标志着第一大历史任务的基本完成，也就意味着已经基本解决了帝国主义和中华民族、封建主义和人民大众的矛盾。到 21 世纪中叶，随着第二大历史任务的完成，"人民日益增长的美好生活需要和不平衡不充分的发展之间的矛盾"② 也将得到解决。

（三）主题与使命的关系

中国近现代史主题与中国共产党人使命之间的关系，是"纲要"课教学中加深对主题认识的又一对关系。讲清楚二者的关系，主要把握以下两点。

第一，使命和主题具有一致性。所谓使命，就是重大的历史责任。从意识与存在的关系看，近代以来中华民族伟大复兴是一个客观存在，中国共产党人的使命是这一存在的客观反映。二者是统一的。毛泽东是我们党使命思想的创造者和践行者。他创造性地将中国的革命征程划分为新民主主义革命和社会主义革命两个阶段，强调党在两个革命阶段应有的使命担当。两个阶段的使命都必须由中国共产党来担当，并要求"每个共产党员都应为此而奋斗"③。在社会主义建设进程中，他又及时提出把实现"四个现代化"作为党的历史使命。邓小平在此基础上提出小康社会的发展目标，进而提出振兴中华民族的伟大使命；江泽民在此基础上阐释了中华民族伟大复兴及其民族复兴的标志；胡锦涛着重强调了中国共产党"继续实现推进现代化建设、完成祖国统一、维护世界和平与促进共同发展"④ 的历史使命。习近平强调，中国共产党人的初心和使命就是"为中国人民谋幸福，为中华民族谋复兴"⑤。

---

① 毛泽东. 毛泽东选集：第 2 卷［M］. 北京：人民出版社，1991：631.
② 习近平. 决胜全面建成小康社会夺取新时代中国特色社会主义伟大胜利——在中国共产党第十九次全国代表大会上的报告（单行本）［M］. 北京：人民出版社，2017：11.
③ 毛泽东. 毛泽东选集：第 2 卷［M］. 北京：人民出版社，1991：651.
④ 胡锦涛. 胡锦涛文选：第 2 卷［M］. 北京：人民出版社，2016：659.
⑤ 习近平. 决胜全面建成小康社会夺取新时代中国特色社会主义伟大胜利——在中国共产党第十九次全国代表大会上的报告（单行本）［M］. 北京：人民出版社，2017：1.

总之，中国共产党人的使命与中华民族伟大复兴的中国近现代史主题是统一的、一致的。

第二，"两个一百年"奋斗目标与主题一致。第一个百年奋斗目标是到中国共产党成立 100 周年时，全面建成小康社会。第二个百年奋斗目标是到中华人民共和国成立 100 周年时，把我国建成社会主义现代化强国。全面建成小康社会和建设成社会主义现代化强国与国家富强、人民富裕的中国现代史主题具有内在一致性。全面建成小康社会奠定了国家富强、人民富裕的坚实基础，是建成社会主义现代化强国的"关键一步"。党的十八大以来，党中央高瞻远瞩地作出了总体布局，"使全面建成小康社会得到人民认可、经得起历史检验"①。如果说全面建成小康社会是实现中华民族伟大复兴的第一步，那么，把我国建成社会主义现代化强国，就标志着中华民族伟大复兴中国梦的最终实现。

"纲要"课教学立足于讲道理，就是要让大学生在学习中"求真理、悟道理、明事理"②。教师把以上三个道理讲清楚，就能增强学生的使命担当意识，从而达到"纲要"课教学的目的。

（本文原载于《思想教育研究》2021 年第 1 期）

---

① 习近平.决胜全面建成小康社会夺取新时代中国特色社会主义伟大胜利——在中国共产党第十九次全国代表大会上的报告（单行本）[M].北京：人民出版社，2017：28.
② 习近平.在北京大学师生座谈会上的讲话（2018 年 5 月 2 日）（单行本）[M].北京：人民出版社，2018：13.

关于马克思主义理论学科视域下的"马克思主义基本原理概论"课教学的思考

王让新

电子科技大学马克思主义学院

摘　要：在"马克思主义基本原理概论"教学中，一部分教师仍然没有摆脱从原有学科角度看待教材和实施教学，从而影响到教学目的和功能的实现。真正实现该课程的教学目的和功能，必须解决三个问题：以什么样的学科角度看待该课程教材和教学内容；以什么样的逻辑结构来处理教材和教学内容；以什么样的教学方式方法来实施该课程教学。

"马克思主义基本原理概论"课（以下简称"原理"课）是我国高校思想政治理论课程体系中的骨干课程，承担着马克思主义世界观方法论教育的重要功能，因此如何提升"原理"课教学水平和效果，使大学生真正掌握并学会运用马克思主义立场观点方法认识和处理问题，并真心喜爱，终身受益，就成为该课程建设的关键所在。要真正提升"原理"课教学水平和效果，必须解决以下几个问题。

一、以什么样的学科视角来看待"原理"课教材和教学内容

在"原理"课教学过程中，经常有教师认为教材编得不好，具体原因则是"哲学部分过于简单，没有体现哲学的系统性和体系""政治经济学部分过去是一门课，现在变成了两章，而且都是一些大观点，根本没有时间展开""科学社会主义部分变动太大，内容压缩得太厉害，不容易讲清楚"。这些看法或疑问，有一个共同点，就是分别从原来的哲学、政治经济学、科学社会主义学科的角度看待"原理"课教材和课程。如果这种视角正确，那么现在

的教材则满足不了学科特点的要求，当然也编不出能同时满足三个学科要求的教材。其实这种学科视角是不正确的，在教学中也是有害的。

高校思想政治理论课"05 方案"中的"原理"课程是在马克思主义理论成为一级学科并按照这种学科特点及要求设置的，教材也是按照马克思主义理论一级学科要求编写的。根据《中共中央 国务院关于进一步加强和改进大学生思想政治教育的意见》和《中共中央关于进一步繁荣发展哲学社会科学的意见》精神，国务院学位办在学位〔2005〕64 号文中明确指出，"马克思主义是科学的世界观和方法论，是反映客观世界特别是人类社会的本质和规律的科学真理。它既应该从哲学、政治经济学、科学社会主义等方面进行分门别类的研究，更应该进行整体性研究，完整地把握马克思主义的科学体系。'马克思主义理论'就是一门从整体上研究马克思主义基本原理和科学体系的学科"，作为二级学科的"马克思主义基本原理学科，旨在研究马克思主义主要经典著作和基本原理，从整体上研究和把握马克思主义科学体系。与马克思主义哲学、政治经济学和科学社会主义分门别类的研究不同，它要求把马克思主义的这三个组成部分有机结合起来，揭示它们的内在逻辑联系，从总体上研究和掌握马克思主义，给学生以马克思主义的完整概念，并引导学生运用马克思主义立场、观点和方法来分析现实社会问题、认识问题和科学发展中的问题。要按照科学性、整体性、实践性和创新性原则建设好马克思主义基本原理这门学科"。"原理"课和教材就是按照马克思主义理论一级学科和马克思主义基本原理二级学科对"整体性"和"马克思主义立场观点方法的有机统一性"的要求而设置和编写的。如果按照马克思主义理论学科的视角看问题，"原理"课程及其教材就是一个整体，教材、课程内容不能简单地与哲学、政治经济学、科学社会主义三个学科对号入座，更不能以三个学科的视角和要求实施教学。任课教师必须时刻站在马克思主义理论学科的角度，用马克思主义理论学科的整体性眼光，从世界观方法论的高度讲清楚什么是马克思主义的世界观方法论，马克思主义最基本的立场、观点、方法是什么，如何用马克思主义的立场观点方法分析资本主义社会和社会主义社会并揭示和深化人类社会发展规律的。尽管从事"原理"课教学的教师可能有哲学背景、政治经济学背景、科学社会主义背景，也可能有其他学科背景，但现在承担的是"原理"课教学，就不应固守原来所学、所教学科的思维方式和学科意识，应自觉学会用马克思主义理论学科的视角对待教材和教学，一旦这么做了，对待"原理"课程的教材和课程的态度就会发生积极的变化，心态变了，教学的状态就会变化，教学方式方法就会随之变化，教学效果就一定会好起来。

二、以什么样的逻辑结构来处理"原理"课教材和教学内容

以马克思主义理论学科的视角理解和把握"原理"课教材和教学内容的逻辑结构和体系，应当从以下几方面着手。

（一）马克思主义世界观方法论是"原理"课教材和内容逻辑体系的基础，是"原理"课教材和内容体系完整性的根据和保证

马克思主义世界观在"原理"课教材和课程中主要体现为对于世界，特别是对人类历史的本质、规律的根本看法，马克思主义方法论在教材和课程中主要表现为观察和分析世界，特别是观察和分析人类社会的根本方法，无论是世界观还是方法论，核心都是唯物辩证的观点和方法。马克思主义立场也应当是体现马克思主义理论整体性和"原理"课程教材和内容逻辑体系完整性的重要基础和保证，这个立场就是贯穿始终的追求人类解放和人的自由全面发展的价值目标和取向。理解和把握"原理"课教材和教学内容的逻辑体系，时刻都要从这一角度出发看问题，自觉把每一个教学章节放在这一逻辑体系中去设计和实施教学。

（二）就教材和教学内容的具体章节而言，是在马克思主义世界观方法论基础上由四个部分、两大板块构成的有机整体

教材绪论部分核心是从科学的世界观方法论、鲜明的政治立场、重要的理论品质、崇高的社会理想等四个方面宏观地介绍和讲授马克思主义的整体性和教材、内容的逻辑性，因为马克思主义这四个特征贯穿于教材内容的每个章节，把教材的不同内容紧密地联系起来，构成不可分割的整体。

第一章到第四章，也就是人们常说的哲学部分，关键是关于世界、社会、认识的本质及规律的根本看法及其体现出来的方法论。核心就是马克思主义辩证的世界观方法论，就是如何学会用辩证的世界观方法论理解世界、理解人类社会和人的认识，这是马克思主义理论学科大厦的基石，是马克思主义基本原理中的基本原理，是人类认识和改造世界最根本的思想原则，是"原理"课最基本最重要的教学内容，也是搞好后面内容教学的基本前提和保证，离开了这部分内容，或者这部分教学没有很好地理解和体现马克思主义世界观方法论，后面其他部分的内容及其教学就可能变成一般知识的传授，而不是马克思主义理论学科视野中的"原理"课。

第四章和第五章就是人们常说的政治经济学部分，其实这部分主要是介

绍和讲授如何用马克思主义世界观方法论，特别是唯物史观分析和认识资本主义的产生发展过程及资本主义社会的本质和规律。辩证的世界观方法论是马克思恩格斯研究资本主义并创立资本主义政治经济学的思想武器，同时也经过对资本主义的解剖，验证并丰富发展了马克思主义的辩证世界观方法论，在讲课过程中，这一部分不能简单地从政治经济学学科角度看问题，应当从如何用马克思主义辩证的世界观方法论分析资本主义，又如何用分析的结果丰富发展马克思主义唯物辩证的世界观方法论这一角度进行教学，以体现并让学生理解掌握马克思主义的整体性。

第五章和第六章就是人们常说的科学社会主义部分，其实这部分是主要介绍和讲授如何基于马克思主义的世界观方法论，特别是唯物史观揭示出的人类社会发展的基本规律和资本主义社会矛盾运动的基本规律及趋势，正确理解和把握人类社会发展的未来和理想，从教材和教学内容上就体现为"社会主义社会及其发展"和"共产主义是人类最崇高的社会理想"，我们应该从马克思主义科学的世界观方法论、鲜明的政治立场、重要的理论品质和崇高的社会理想的角度，特别是从唯物史观中合规律性与合目的性相统一的角度去理解。马克思主义关于社会主义、共产主义的具体观点等可能随着社会的发展而不断发展，但贯穿于其中的世界观方法论及立场观点方法不会变，从这个角度就能更能体现出这两部分教学内容的科学性和说服力，否则就会变成老调重弹和说教。

如果从大的逻辑结构理解，前四章就是马克思主义世界观方法论及其立场观点方法的本论部分，核心是介绍和讲授马克思主义世界观方法论及其立场观点方法是什么、为什么、有什么功能、怎样发挥功能等。后四章则是马克思主义世界观方法论及其立场观点方法的分论部分，一个是讲怎样运用马克思主义世界观方法论分析研究资本主义及其得出的结论，一个是讲怎样运用马克思主义世界观方法论分析研究社会主义和共产主义及其得出的基本结论。马克思主义世界观方法论及其立场观点方法这两个板块，再加上绪论，构成一个有机联系的整体，即"一块整钢"，凸显了马克思主义理论学科的特色和优势。

三、以什么样的教学方式方法来实施"原理"课程教学

一般而言，教学内容及其功能很大程度上决定了或制约着教学方式方法的选择和使用。在高校四门思想政治理论课程体系中，"原理"课内容和功能比较特殊，从内容上讲，该课程内容是马克思主义基本原理，原理本身就说

明它是经过长期总结概括出来的抽象的理论观点，而基本原理则是原理体系中具有更大普遍性和适用性也更为抽象的基本理论。从课程教学功能上讲，该课程主要让学生掌握马克思主义科学的世界观方法论，提升大学生理论思维能力，并学会运用马克思主义的立场观点方法分析问题。从这两个方面看，都具有理论性、抽象性的特点，那么对于具有理论性、抽象性的教学内容如何才能更好地实施教学并产生教学吸引力，确实是摆在教师面前的一项艰巨任务。为此，"原理"课教师进行了多方面的教学改革和探索创新，也取得了不同程度的效果，但也能从中发现一些不符合课程特点不利于教学功能目的实现的现象。为了提升教学吸引力，一部分教师更多地把精力放在教学内容的生动化、内容载体的案例化、教学过程的情景化形象化等方面。这种努力和探索，不能一概否定，但也不能一味大力提倡，因为它的过分运用会走向反面，使"原理"课程教学功能不能实现。当代大学生大部分是成长于互联网时代、社会转型时期的独生子女一代，他们的思维方式具有感性化、情绪化的特点，不习惯、不擅长于具有深度高度的理论思维，而我们的大学生需要提升的恰恰是理论思维能力，"原理"课的功能和教学目的也体现在这里。

恩格斯说过，"一个民族要想站在世界的最高峰，就一刻也离不开理论思维"①。而理论思维主要就是指哲学思维，就是唯物辩证的思维。恩格斯强调指出，一旦进入理论研究领域，就"只有理论思维才管用。但是理论思维无非是才能方面的一种生来就有的素质。这种才能需要发展和培养，而为了进行这种培养，除了学习以往的哲学，直到现在还没有别的办法"②。这种思维要通过学习哲学史才能逐步培养起来。这些论述说明，理论思维很重要，但理论思维不能通过过于生动通俗的故事和情景进行培养。教学内容的生动化、内容载体的案例化、教学过程的情景化形象化等教学方式方法也许更适合其他课程，但不完全适合"原理"课程，它不但不能提升大学生的理论思维能力，有效并准确掌握马克思主义世界观方法论，而且还可能使大学生理论思维能力长期处于低水平，甚至矮化，更有甚者是对抽象思维产生反感或抗拒，这很不利于大学生的成长和全面发展。

根据"原理"课的特点和功能，任课教师应当更多地采取逻辑推理的方式、"具体—抽象—具体"的方式、比较的方式、辩论的方式进行教学。采取

①　中共中央马克思恩格斯列宁斯大林著作编译局. 马克思恩格斯文集：第9卷［M］. 北京：人民出版社，2009：437.

②　中共中央马克思恩格斯列宁斯大林著作编译局. 马克思恩格斯文集：第9卷［M］. 北京：人民出版社，2009：435-436.

逻辑推理的方式进行教学，是因为"原理"课的内容具有严密的理论逻辑，可以从关于整个自然、社会、人类思维最一般的原理推出关于人类社会发展的基本原理，再进一步推出关于资本主义社会发展的基本原理，社会主义、共产主义发展的一般原理，有时逻辑的证明力远远大于几个案例或故事的说服力。采取"具体—抽象—具体"的教学方式方法，是因为人的认识过程和理论的产生形成过程都遵循着这样的规律，这一方式方法的核心是如何从一个一个具体中抽象出一般来，又如何建立起思维的具体，马克思在谈到政治经济学研究方法时强调了这种方法，而资本论又成功运用了这一方法。教师们应当从马克思写作《资本论》的过程及其理论展开过程中学习和掌握"具体—抽象—具体"这一思维方式，并积极运用于教学过程中。采取比较的方式，是因为通过不同事物的比较可以抽象概括出不同事物的共性和个性并把握二者的辩证关系。毛泽东指出，"矛盾共性和个性之间的关系是辩证法的精髓"，辩证思维的一个特点就是学会在矛盾共性个性关系中认识事物。采取辩论的方式，是因为真理是在与谬误的辩论和斗争发展的，同时辩论还可以使思维中的矛盾充分展开，也能把不同辩论者的智慧激发出来，有利于培养人们的理论思维能力。总之，"原理"课应当更多地采取有利于培养和提升大学生理论思维能力、掌握和运用马克思主义的世界观方法论分析的意识及能力的教学方式方法。

（本文原载于《思想教育研究》2014 年第 8 期）

习近平总书记"七一"重要讲话精神融入"毛泽东思想和中国特色社会主义理论体系概论"课的几个问题

肖贵清

清华大学马克思主义学院

摘　要：习近平总书记在庆祝中国共产党成立100周年大会上的重要讲话，庄严宣告在中华大地上全面建成了小康社会；阐述了实现中华民族伟大复兴这一贯穿百年党史的主题，中国共产党的伟大建党精神，以史为鉴、开创未来的"九个必须"。"毛泽东思想和中国特色社会主义理论体系概论"课教师要根据教学内容，有机融入和深入讲授习近平总书记"七一"重要讲话精神，讲好中国共产党百年理论创新的经验和故事，使新时代青年学生积极投身于第二个百年的伟大实践，为实现中华民族伟大复兴建功立业。

习近平总书记在庆祝中国共产党成立100周年大会上的重要讲话（以下简称"七一"重要讲话）高屋建瓴、思想深刻、内涵丰富，具有很强的政治性、思想性、理论性，体现了深远的战略思维、强烈的历史担当、真挚的为民情怀，是一篇马克思主义的纲领性文献，是新时代中国共产党人不忘初心、牢记使命的政治宣言，是党团结带领人民以史为鉴、开创未来的行动指南，为全党全国各族人民向第二个百年奋斗目标迈进指明了方向，也为"毛泽东思想和中国特色社会主义理论体系概论"课（以下简称"概论"课）的教学提供了丰厚的精神滋养。"概论"课教师应主动而为，将习近平总书记"七一"重要讲话精神融入"概论"课的教学实践中。

一、深度展现全面建成小康社会的伟大成就和历史意义

"小康"一词源于《诗经·大雅·民劳》中的"民亦劳止，汔可小康"。古人对于理想生活的美好愿景在中国特色社会主义新时代成为现实。习近平总书记在"七一"重要讲话中庄严宣告，我们实现了第一个百年奋斗目标，在中华大地上全面建成了小康社会。这一历史性成就的取得具有伟大的历史意义，"概论"课教师应当联系改革开放的历史进程，把全面建成小康社会作为重点内容进行讲授，重点阐述全面建成小康社会的辉煌成就和伟大意义，激发新时代青年学生的民族自豪感和爱国情怀。

（一）全面建成小康社会彻底改变了中国的面貌

全面建成小康社会，标志着我国进入了一个新的发展阶段，我国经济社会发生了翻天覆地的变化，取得了彪炳史册的辉煌成就。"概论"课教学要深度展现全面建成小康社会取得的辉煌成就。第一，我国经济持续快速增长。1979 年到 2020 年，国内生产总值年均增长 9.2%，同期世界经济增长幅度为 2.7%左右。综合国力显著增强，国内生产总值从 1952 年的 679 亿元至 2020 年超过 100 万亿元大关，人均国内生产总值连续两年超过 1 万美元，已经从低收入国家迈进中高收入国家行列。第二，人民生活水平不断提高。2020 年全国居民人均可支配收入为 32189 元，实现了与经济发展同步增长。中等收入群体不断扩大，人民群众的获得感、幸福感、安全感不断增强。社会保障体系不断完善，截至 2020 年基本医疗保险覆盖 13.6 亿人，基本养老保险覆盖近 10 亿人，人均预期寿命由新中国成立前的 35 岁提升至 2019 年的 77.3 岁。① 第三，经济结构不断优化，基础设施日益完善，创新型国家建设成果丰硕，科技进步对经济增长的贡献率持续攀升，区域城乡协调发展水平不断提升，实现了从农业大国到工业大国的历史性转变。第四，脱贫攻坚取得伟大胜利，现行标准下的农村贫困人口全部脱贫，贫困县全部摘帽，贫困村全部出列，绝对贫困问题已经得到彻底解决。第五，中国特色社会主义制度体系日趋完善，国家治理体系和治理能力现代化水平明显提高，制度优势不断转化为国家治理效能，主要领域基础性制度体系基本形成，经济社会发展的制度基础更加稳固。

（二）全面建成小康社会具有伟大的历史意义

在中华大地上全面建成小康社会，这是前所未有的历史奇迹。要通过深

---

① 2020 年我国卫生健康事业发展统计公报 ［EB/OL］. 中国政府网，2021-07-13.

度阐释全面建成小康社会的伟大历史意义，使学生增强中国特色社会主义"四个自信"、自觉为第二个百年奋斗目标努力奋斗。

第一，全面建成小康社会印证了中国共产党为什么能，中国特色社会主义为什么好，马克思主义为什么行。"概论"课的教学目的是要让学生系统掌握马克思主义中国化的历史进程和理论成果，全面建成小康社会是向学生进行马克思主义中国化理论教育、坚定理论自信的典型案例。"中国共产党为什么能，中国特色社会主义为什么好，归根到底是因为马克思主义行！"① 习近平总书记深刻阐释了曾经历经磨难的中国为什么能够取得全面建成小康社会的历史性成就。百年党史也是一部马克思主义中国化的历史，中国革命、建设、改革成功的根本原因在于中国共产党人运用马克思主义的立场、观点和方法，分析、研究和解决中国革命、建设、改革的实际问题，不断推进马克思主义中国化。全面建成小康社会是马克思主义中国化的光辉典范。中国共产党把为人民谋幸福、为民族谋复兴作为自己的初心使命，砥砺奋斗，不断推进小康生活向小康社会再到全面建成小康社会的跃升。1979 年，邓小平在会见日本首相大平正芳时指出，我们的四个现代化是指"小康之家"②，开启了小康社会建设的历史征程。党的十八大以来，以习近平同志为核心的党中央继续推进全面建成小康社会的历史任务，坚持五大发展理念，协调推进"四个全面"战略布局，不断破除影响小康社会建设的各种体制机制障碍，经济、社会发展不断取得新的成就。全面建成小康社会是中国人民接续奋斗的结果，也是中国共产党人实现马克思主义中国化的成果。

第二，全面建成小康社会充分彰显了中国特色社会主义制度的优势。党的十九届四中全会报告指出："中国特色社会主义制度是当代中国发展进步的根本保证。"③ 随着改革开放的不断发展，中国特色社会主义制度日趋成型，为全面建成小康社会提供了根本制度保障。"概论"课教师要深刻阐明全面建成小康社会所彰显的制度优势。"制度优势是一个国家的最大优势，制度竞争是国家间最根本的竞争。"④ 党的十九届四中全会对中国特色社会主义制度优势进行了系统概括，在"概论"课教学过程中，要结合全面建成小康社会的事实，深度阐述中国特色社会主义制度优势。在全面建成小康社会的过程中，

---

① 习近平. 在庆祝中国共产党成立 100 周年大会上的讲话 [M]. 北京：人民出版社，2021：13.

② 邓小平. 邓小平文选：第 2 卷 [M]. 北京：人民出版社，1994：237.

③ 习近平. 习近平谈治国理政：第 3 卷 [M]. 北京：外文出版社，2020：109.

④ 习近平. 习近平谈治国理政：第 3 卷 [M]. 北京：外文出版社，2020：119.

我们的制度优势一方面表现为坚持党的集中统一领导。党是中国特色社会主义事业的领导核心，是全面建成小康社会的"主心骨"，只有党才能团结全国各族人民一道为实现小康社会努力奋斗。另一方面表现为坚持集中力量办大事。脱贫攻坚是一个典型案例，没有全国人民上下同心，没有各方面的大力支援，没有数量众多的驻村工作队和驻村干部，就难以取得脱贫攻坚的胜利。我们的制度优势还表现为坚持以人民为中心。坚持人民立场，把消除贫困、改善民生、实现共同富裕作为制度建设的根本要求，践行以人民为中心的发展思想，全面建成小康社会才能取得如此辉煌的成就。

第三，全面建成小康社会奠定了中华民族伟大复兴的坚实基础。全面建成小康社会是实现中华民族伟大复兴中国梦的关键一步，中华民族几千年来对小康社会的憧憬成为现实，这在实现中华民族伟大复兴的历史进程中具有重要的里程碑意义。全面建成小康社会、实现第一个百年奋斗目标，"为开启全面建设社会主义现代化国家新征程奠定坚实基础"①。全面建成小康社会是中华民族伟大复兴的一次历史性跨越，是迈向全面建成社会主义现代化强国第二个百年奋斗目标的新起点。中华民族伟大复兴已经进入不可逆转的历史进程，任何势力、任何艰难险阻都难以阻挡这一历史进程。"概论"课教学要通过讲授全面建成小康社会对实现中华民族伟大复兴的重大意义，使学生增强民族自信心和自豪感，自觉投身到实现中华民族复兴的伟大事业之中。

第四，全面建成小康社会为人类社会发展提供了新的方案。"概论"课教学要使学生认识到全面建成小康社会对人类社会发展的重大意义。全面建成小康社会是人类社会发展史上的伟大壮举，创造了人类消灭贫困史上的奇迹，为世界各国人民提供了消除贫困的中国方案。习近平总书记在中国共产党与世界政党领导人峰会上的主旨讲话中指出："中国共产党愿为人类减贫进程贡献更多中国方案和中国力量。"② 改革开放以来，按照现行贫困标准计算，我国7.7亿农村贫困人口摆脱贫困；按照世界银行国际贫困标准，我国减贫人口占同期全球减贫人口70%以上。中国脱贫攻坚成就世所罕见、前所未有，必将载入中华民族发展史册、人类文明发展史册。

---

① 中共中央关于制定国民经济和社会发展第十四个五年规划和二〇三五年远景目标的建议 [N]. 人民日报，2020-11-04 (1).

② 习近平出席中国共产党与世界政党领导人峰会并发表主旨讲话 [N]. 人民日报，2021-07-07 (1).

二、深入解读实现中华民族伟大复兴的历史主题

习近平总书记在"七一"重要讲话中指出:"一百年来,中国共产党团结带领中国人民进行的一切奋斗、一切牺牲、一切创造,归结起来就是一个主题:实现中华民族伟大复兴。"① "概论"课教师要讲好习近平总书记"七一"重要讲话精神,需要深入解读实现中华民族伟大复兴的历史主题,讲清楚实现中华民族伟大复兴既是中国共产党的初心使命,也是贯穿中国共产党百年历史的逻辑主线。

(一) 新民主主义革命为实现中华民族伟大复兴创造了根本社会条件

中国共产党一经成立,就领导中国人民进行新民主主义革命,在这一斗争过程中形成的新民主主义革命理论是毛泽东思想的重要组成部分,也是"概论"课教学的重要内容。讲好实现中华民族伟大复兴的主题,这一部分内容需要重点阐释好新民主主义革命的总路线和纲领。在半殖民地半封建社会的旧中国,只有通过无产阶级领导的社会革命推翻帝国主义和封建主义的统治,才能为民族复兴扫清障碍。新民主主义革命的胜利彻底结束了旧中国半殖民地半封建社会的历史,彻底结束了旧中国一盘散沙的局面,彻底废除了列强强加给中国的不平等条约和帝国主义在中国的一切特权,为实现中华民族伟大复兴创造了根本社会条件。新民主主义革命的胜利,拉开了实现中华民族伟大复兴的序幕。

(二) 社会主义革命为实现中华民族伟大复兴奠定了根本政治前提和制度基础

"中国人民不但善于破坏一个旧世界、也善于建设一个新世界。"② 中华人民共和国的成立,标志着中华民族伟大复兴进入了一个新的历史阶段,中国共产党领导中国人民恢复国民经济,并逐步完成对个体农业、手工业和资本主义工商业的社会主义改造。党坚持把马克思主义基本原理同中国具体实际相结合,形成了具有中国特色的社会主义改造理论。这一部分要讲好实现中华民族伟大复兴的主题,需要重点阐释好社会主义改造的完成及意义,它的实现消灭了在中国延续几千年的封建剥削压迫制度,确立了社会主义基本

---

① 习近平. 在庆祝中国共产党成立 100 周年大会上的讲话 [M]. 北京:人民出版社,2021 (2):3.

② 习近平. 在庆祝中国共产党成立 100 周年大会上的讲话 [M]. 北京:人民出版社,2021 (2):5.

制度，实现了中华民族有史以来最为广泛而深刻的社会变革，为实现中华民族伟大复兴奠定了根本政治前提和制度基础。

（三）社会主义建设为实现中华民族伟大复兴进行了艰辛探索

社会主义制度基本确立以后，中国共产党领导中国人民探索适合中国特点的社会主义建设道路，形成了初步探索社会主义建设道路的理论成果。要讲好实现中华民族伟大复兴的主题，就要阐释好社会主义建设对巩固社会主义制度以及对改革开放后开辟中国特色社会主义道路的重要意义。一方面，社会主义基本制度刚刚确立，还面临着国内外各方面的挑战。党在这一时期提出了调动一切积极因素为社会主义事业服务、正确分析社会主义社会基本矛盾的性质和特点、走中国式工业化道路等思想。另一方面，社会主义建设时期的艰难探索和曲折发展，为中国特色社会主义道路的开辟提供了物质基础、宝贵的经验教训和理论准备。

（四）改革开放和社会主义现代化建设为实现中华民族伟大复兴提供了充满新的活力的体制保证和快速发展的物质条件

党的十一届三中全会实现了中华人民共和国成立以来具有深远意义的伟大转折，实现中华民族伟大复兴进入加速阶段。讲好实现中华民族伟大复兴的主题，就要讲清楚改革开放后中国特色社会主义道路的开辟和改革开放取得的辉煌成就。一方面，改革开放为实现中华民族伟大复兴找到了一条正确的道路。在正确总结国内外发展经验教训的基础上，邓小平提出建设有中国特色的社会主义，形成社会主义初级阶段理论、确立党在社会主义初级阶段的基本路线，在实践中坚定不移推进改革开放，不断战胜来自各方面的风险挑战，坚持、捍卫、发展中国特色社会主义。另一方面，在改革开放和社会主义现代化建设过程中，实现了从高度集中的计划经济体制到充满活力的社会主义市场经济体制、从封闭半封闭到全方位开放的历史性转变，实现了从生产力相对落后的状况到经济总量跃居世界第二的历史性突破，实现了人民生活从温饱不足到总体小康、奔向全面小康的历史性跨越。这些历史性成就为实现中华民族伟大复兴提供了充满新的活力的体制保证和快速发展的物质条件。

（五）新时代中国特色社会主义的伟大成就为实现中华民族伟大复兴提供了更为完善的制度保证、更为坚实的物质基础、更为主动的精神力量

党的十八大以来，中国特色社会主义进入新时代，以习近平同志为核心的党中央团结带领中国人民，统揽伟大斗争、伟大工程、伟大事业、伟大梦想，创造了新时代中国特色社会主义的伟大成就，创立了习近平新时代中国

特色社会主义思想。习近平新时代中国特色社会主义思想具有丰富的理论内涵，在"概论"课教学中占有极为重要的地位。这一部分要讲好实现中华民族伟大复兴的主题，一方面，要讲好党的十八大以来我国取得的伟大成就。党的十八大以来，中国共产党坚持和加强党的全面领导，统筹推进"五位一体"总体布局、协调推进"四个全面"战略布局，坚持和完善中国特色社会主义制度、推进国家治理体系和治理能力现代化，坚持依规治党、形成比较完善的党内法规体系，战胜一系列重大风险挑战，胜利实现第一个百年奋斗目标，党和国家事业取得了历史性成就、发生了历史性变革，为实现中华民族伟大复兴提供了更为完善的制度保证、更为坚实的物质基础、更为主动的精神力量。另一方面，要讲好第二个百年奋斗目标的战略安排，党的十九大明确了实现第二个百年奋斗目标的两个发展阶段的战略安排，擘画了实现中华民族伟大复兴的蓝图，是党带领中国人民朝着实现中华民族伟大复兴继续前进的行动纲领。

三、深情讲述伟大建党精神的内在逻辑

中国共产党人的精神谱系是"概论"课教学的重要内容。习近平总书记在"七一"重要讲话中精辟概括了伟大建党精神，深刻阐明伟大建党精神是中国共产党的精神之源。伟大建党精神体现了中国共产党这一马克思主义政党的先进性和政治品格，是中国共产党精神形成、发展的"基因"。在100年奋斗历程中，伟大建党精神建构起中国共产党人的精神谱系，锤炼出鲜明的政治品格。讲好伟大建党精神，对于引导学生系统理解党的精神谱系具有重要意义。

（一）立足党的百年历史讲述伟大建党精神

在党波澜壮阔的百年征程中，先后涌现了一大批视死如归的革命烈士、一大批顽强奋斗的英雄人物、一大批忘我奉献的先进模范，形成了中国共产党人的伟大精神，构建起中国共产党人的精神谱系，伟大建党精神是党百年辉煌的精神动力。"概论"课教学不仅需要讲述伟大建党精神的内涵，更需要站在党的百年奋斗史、理论创新史的角度，对学生讲清楚伟大建党精神的价值和意义，使学生明白伟大建党精神从何而来、中国共产党人的精神谱系因何而生。

第一，讲清楚伟大建党精神的生成逻辑。伟大的精神产生于伟大的实践，要向学生讲清楚伟大建党精神生成的实践基础。鸦片战争后，中国逐步沦为

半殖民地半封建社会，中华民族面对着"求得民族独立和人民解放""实现国家繁荣富强和人民共同富裕"① 两大历史任务。围绕这两大历史任务，无数仁人志士前赴后继，各种救国方案、各种思潮和主义你方唱罢我登场，但都没能改变近代中国社会的性质。五四运动后，马克思列宁主义在中国的广泛传播、中国工人阶级登上政治舞台，为中国共产党的成立奠定了思想基础和组织基础。伟大建党精神与近代中国的历史命运紧密相连、与实现中华民族伟大复兴的目标紧密相连，成为中国共产党百年奋斗的精神标识。

第二，讲清楚弘扬伟大建党精神的百年历程。"一百年来，中国共产党弘扬伟大建党精神，在长期奋斗中构建起中国共产党人的精神谱系，锤炼出鲜明的政治品格。"② 伟大建党精神既是中国共产党人精神谱系的重要组成部分，又是不同历史时期形成的精神谱系的源头。新民主主义革命时期，在革命实践中形成了井冈山精神、苏区精神、长征精神、延安精神、抗战精神、西柏坡精神等精神形态。社会主义革命和建设时期，以伟大建党精神为源头，抗美援朝精神、大庆精神、"两弹一星"精神、雷锋精神、焦裕禄精神等精神形态也先后涌现。改革开放和社会主义现代化建设新时期，以特区精神、女排精神、抗洪精神、抗震救灾精神为代表的精神形态同样建立在伟大建党精神基础上。在中国特色社会主义新时代的奋斗实践中形成的抗疫精神、脱贫攻坚精神同样也与伟大建党精神有着紧密的联系。伟大建党精神和中国共产党人精神谱系，是教学的重要内容。教学过程中，既要注重理论性又要突出引领性，让学生在理解内涵和内容的过程中受到深刻的教育与鼓舞。

（二）从学理层面系统阐释伟大建党精神的深刻内涵

讲好伟大建党精神的内涵，既是教学的重点也是难点。"一百年前，中国共产党的先驱们创建了中国共产党，形成了坚持真理、坚守理想，践行初心、担当使命，不怕牺牲、英勇斗争，对党忠诚、不负人民的伟大建党精神"③。习近平总书记在"七一"重要讲话中对伟大建党精神的内涵做了四个方面的概括，四个方面的内容相辅相成，构成了中国共产党人精神谱系的核心内容和精髓。面向学生讲好伟大建党精神，首先就要从四个方面入手，从学理层

---

① 中共中央文献研究室. 十五大以来重要文献选编：上卷［M］. 北京：中央文献出版社，2011：2.

② 习近平. 在庆祝中国共产党成立 100 周年大会上的讲话［M］. 北京：人民出版社，2021：8.

③ 习近平. 在庆祝中国共产党成立 100 周年大会上的讲话［M］. 北京：人民出版社，2021：8.

面阐释好伟大建党精神的深刻内涵。

第一，坚持真理、坚守理想是伟大建党精神的灵魂。中国共产党是用马克思主义武装起来的工人阶级政党，实现共产主义是党的最高理想。100年来，党始终坚持马克思主义的指导地位，并在实践中将马克思主义同中国革命、建设、改革的具体实际相结合。在100年的接续奋斗中，党始终没有动摇过对共产主义理想的追求。党的一大通过的《中国共产党第一个纲领》即提出了"承认无产阶级专政，直到阶级斗争结束，即直到消灭社会的阶级区分"①等内容，表达了党对共产主义理想的追求。在此后的革命、建设、改革实践中，虽然党先后提出了包括民主革命时期的"最低纲领"与不同历史时期的具体纲领，但是实现共产主义始终是党的"最高理想"。

第二，践行初心、担当使命是伟大建党精神的本色。"无产阶级的运动是绝大多数人的，为绝大多数人谋利益的独立的运动。"②《共产党宣言》的这句话，在党的百年历程中得到了充分印证。100年前，党诞生在半殖民地半封建的近代中国。"中国共产党一经诞生，就把为中国人民谋幸福、为中华民族谋复兴确立为自己的初心使命。"党既是中国工人阶级的先锋队，又是中国人民和中华民族的先锋队。100年来，党始终站稳人民立场，将全心全意为人民服务作为自己的宗旨，将人民的利益放在最高的位置上。党始终牢记民族复兴使命，为完成近代中国的两大历史任务、实现中华民族的复兴梦想奋斗始终。党的初心和使命"是激励中国共产党人不断前进的根本动力"③，也是伟大建党精神形成和发展的动力来源。

第三，不怕牺牲、英勇斗争是伟大建党精神的基础。"世界上没有哪个党像我们这样，遭遇过如此多的艰难险阻，经历过如此多的生死考验，付出过如此多的惨烈牺牲。"④党的百年征程并不是一帆风顺的坦途，党的百年历史就是一部不懈斗争史，而斗争就一定伴随着牺牲。新民主主义革命时期，广大共产党员勇敢面对内外反动敌人，以斗争求胜利、以斗争求解放。在一次又一次的革命斗争中，无数共产党员用壮烈的牺牲换来了"可爱的中国"。中

① 中共中央文献研究室. 建党以来重要文献选编（1921—1949）：第1卷［M］. 北京：中央文献出版社，2011：1.
② 中共中央马克思恩格斯列宁斯大林著作编译局. 马克思恩格斯选集：第1卷［M］. 北京：人民出版社，2012：411.
③ 中共中央文献研究室. 十九大以来重要文献选编：上卷［M］. 北京：中央文献出版社，2019：1.
④ 习近平. 在党史学习教育动员大会上的讲话［J］. 求是，2021（7）.

华人民共和国成立后，无数党员更是为了捍卫祖国的和平与安宁、为了人民的幸福生活，献出了自己宝贵的生命。这些共产党员用自己的牺牲换来抗美援朝战争的伟大胜利、换来兰考风沙的有效治理、换来"两弹一星"的伟大成就……中国共产党人不怕牺牲、英勇斗争的精神品质，成为构筑伟大建党精神的坚强基石。

第四，对党忠诚、不负人民是伟大建党精神的根脉。作为无产阶级政党，中国共产党具有严密的组织、严明的纪律。其中，对党忠诚是党员的首要政治品格。1927 年 10 月，毛泽东在酃县水口叶家祠主持新党员欧阳健、赖毅、李恒、鄢辉等六人入党宣誓仪式，并带领新党员宣读入党誓词："牺牲个人，阶级斗争，服从组织，严守秘密，永不叛党……"① "永不叛党"成为入党誓词的内容之一。在艰苦的革命斗争中，"永不叛党"是无数共产党员用生命践行的铿锵誓言。"忠诚就是将全部真情率直而老实地向党坦白出来，就是要忠实于党的事业，忠实于人民的事业。"② 党的事业与人民的事业是一致的，忠诚于党就是忠诚于人民。不负人民，彰显的是一份赤子之心也是一份崇高情怀。"对党忠诚、不负人民"既是坚守百年的誓言，也是建党立党的根脉。

四、深刻阐释"九个必须"的核心要义

习近平总书记"七一"重要讲话系统阐述了以史为鉴、开创未来的"九个必须"，对于开启社会主义现代化国家新征程，建设富强民主文明和谐美丽的社会主义现代化国家，实现中华民族伟大复兴具有十分重要的意义。如何将这"九个必须"融入教学中，阐释好"九个必须"的核心要义，同样也是值得我们思考的问题。"从中国共产党的百年奋斗中看清楚过去我们为什么能够成功、弄明白未来我们怎样才能继续成功，从而在新的征程上更加坚定、更加自觉地牢记初心使命、开创美好未来。"③ 习近平总书记"七一"重要讲话提出的"九个必须"，既是对中国共产党领导革命、建设、改革百年历史经验的科学总结，也是新时代中国共产党人不忘初心、牢记使命的政治宣言和行动指南。讲述"九个必须"，要从过去和未来两个层面展开，深刻解读"九

---

① 中共中央文献研究室. 毛泽东年谱（1893—1949）：上册 [M]. 北京：中央文献出版社，2013：222.

② 中共中央文献研究室. 邓小平年谱（1904—1974）：中册 [M]. 北京：中央文献出版社，2009：842.

③ 习近平. 在庆祝中国共产党成立 100 周年大会上的讲话 [M]. 北京：人民出版社，2021（2）：10.

个必须"的历史意义与现实意义。

（一）从总结经验的角度讲好"九个必须"的历史意义

"九个必须"是对党百年历史经验的系统总结，昭示着百年大党的成功密码。要讲好"九个必须"，首先就要从理论层面讲好党领导革命、建设、改革百年奋斗的宝贵经验。

第一，讲深讲透中国共产党领导的历史经验。坚持中国共产党领导是革命、建设、改革百年辉煌的基本经验。党的领导是历史的选择、人民的选择，党的领导是中国特色社会主义最本质的特征，也是中国特色社会主义制度的最大优势。在教学过程中，要把坚持党的领导的历史经验作为教学的重点，在理论上讲清楚坚持党的领导的历史必然性。

第二，讲深讲透党的人民立场。作为从人民中走出来的执政党，"中国共产党始终代表最广大人民根本利益，与人民休戚与共、生死相依，没有任何自己特殊的利益，从来不代表任何利益集团、任何权势团体、任何特权阶层的利益。"① 江山就是人民，人民就是江山——这是中国共产党百年初心的最好诠释。中国共产党之所以能够成功，关键就在于赢得了最广大人民群众的拥护和支持。"概论"课教学要从党的百年为民造福史中，讲清楚党的根本宗旨和根本立场，从党的百年不懈奋斗史中讲述党的为民情怀。

第三，讲深讲透中国共产党百年理论创新的经验。马克思主义是我们立党立国的指导思想，中国共产党人不是机械地、教条地对待马克思主义，而是结合中国实际不断推进理论创新。要讲清楚党是在推动马克思主义与中国革命、建设、改革实际相结合的过程中，开辟了中国式现代化新道路，创造了人类文明新形态，为人类社会发展贡献了中国智慧和中国方案。"概论"课教师既要注重对马克思主义中国化发展进程系统讲授，也要注重对中国化马克思主义基本原理的讲述。讲好马克思主义基本原理同中国实际相结合、同中华优秀传统文化相结合，不断创新发展马克思主义，讲好党的百年理论创新的故事。

第四，讲深讲透党治国理政的经验。在"九个必须"中，关于国防和军队现代化、构建人类命运共同体、加强中华儿女大团结、加强党的建设等内容同样也是党治国理政的经验。这些宝贵的历史经验都应该成为"概论"课的重要内容，从而使学生明白"中国共产党为什么能"。在"概论"课教材

---

① 习近平. 在庆祝中国共产党成立 100 周年大会上的讲话［M］. 北京：人民出版社，2021（2）：11-12.

中，第十二章"全面推进国防和军队现代化"、第十三章"中国特色大国外交"等内容分别与"必须加快国防和军队现代化""必须不断推动构建人类命运共同体"相对应。要结合构建人类命运共同体，讲述习近平总书记"七一"重要讲话提出的弘扬和平、发展、公平、正义、民主、自由的全人类共同价值的意义。

（二）从开创未来的角度讲好"九个必须"的现实意义

对"九个必须"的讲述，不能只停留在"过去式"的经验讲述，而是要立足第二个百年建设社会主义现代化强国的实际，讲好"九个必须"对于未来发展的深刻意义。

具体来看，讲授"必须坚持中国共产党坚强领导""必须不断推进党的建设新的伟大工程"等问题，要结合新的征程上如何加强和改善党的领导这个问题展开，引导学生思考如何更好加强党的集中统一领导、发挥党的领导核心作用。讲述"必须团结带领中国人民不断为美好生活而奋斗"，要结合党的初心使命和新时代社会主要矛盾的转化，引导学生思考新的征程上如何紧紧依靠人民创造历史等问题，讲述"必须继续推进马克思主义中国化""必须坚持和发展中国特色社会主义"，需要结合习近平新时代中国特色社会主义思想这一当代中国马克思主义、21世纪马克思主义的理论逻辑和实践逻辑，讲清楚新时代坚持和发展什么样的中国特色社会主义、怎样坚持和发展中国特色社会主义等问题。

同时，对于"必须加快国防和军队现代化""必须不断推动构建人类命运共同体""必须进行具有许多新的历史特点的伟大斗争""必须加强中华儿女大团结"等内容的讲授，要从世界百年未有之大变局和中华民族伟大复兴战略全局出发，引导学生深刻认识当前国内国际复杂形势，坚定实现中华民族伟大复兴的信心。

（本文原载于《思想教育研究》2021年第8期）

《形势与政策》新形态教材建设的探索与思考

侯良健

高等教育出版社社政出版事业部

摘　要："形势与政策"课是高校思想政治理论课的重要组成部分，是大学生的必修课程。随着教育信息化水平的提升及教育教学改革的不断推进，传统的课堂教学模式及学习方式正在发生变化，以纸质教材为媒介的课堂教学载体已不能适应当前的教学发展需要。针对《形势与政策》教材存在的问题和"形势与政策"课程的特点，设计"纸质教材+数字多媒体资源"的新形态一体化教材，实现同一主题内容的不同媒介表现形式，旨在提高"形势与政策"课教育教学效果。

"形势与政策"课是对大学生进行形势与政策教育的主渠道。该课程设置以来，有关部门已经撰写出版了数本教材，为教育教学以及人才培养做出了很大的贡献。然而，"形势与政策"课教育教学的现状是课程内容涉及面广、变化快，给教师备课带来很大的困难。与其他思想政治理论课相比，在没有统一的教学大纲，缺少专业化教师队伍的情况下，如何通过教材建设及时为教师提供丰富的教学资源内容，提高"形势与政策"课的教学效果，需要长期不断探索。本文所说的新形态教材是指以纸质教材为核心，并将纸质教材与数字多媒体资源进行一体化教学设计研发的教材建设新形态。在充分发挥纸质教材和数字多媒体资源各自优势的基础上，加强数字多媒体资源与纸质教材的融合度和互动性，目的是使教材内容更丰富、更及时、更具吸引力，更符合学生的学习心理和认知规律。

一、"形势与政策"课需要符合课程内容和特点的教材支撑

2004 年，中共中央宣传部、教育部联合下发的《关于进一步加强高等学校学生形势与政策教育的通知》（教社政〔2004〕13 号）中规定了"形势与政策"课的基本教学内容，包括党的基本理论、基本路线、基本纲领和基本经验，我国改革开放和现代化建设的形势、任务和发展成就，党和国家重大方针政策、重大活动和重大改革措施，当前国内外重大形势、重大事件、发展趋势、国际关系及我国的对外政策、原则立场。

首先，"形势与政策"课要求开放性的教材内容设计。目前的"形势与政策"课教材，内容结构在知识的组织和表述上，基本上是按传统学科逻辑顺序编排的，封闭式序列化的线性结构。个别的纸质教材配套了教辅资源（教学光盘、电子课件等）以及各种类型的配套数字化资源（PPT、教学课件、资源库、作业系统、测试系统等），而缺少纸质教材与相关资源的一体化设计。

其次，从纸质教材出版周期看，单一纸质教材不能满足课程时效性的需要。"形势与政策"课程内容是以最新的时事热点问题来解读政策，教材内容就应及时针对热点、难点问题进行解疑释惑。而目前的《形势与政策》教材一般是以学年或学期为单位出版的，因此，经常会出现教材截稿时间在上学期，而教材使用在下学期，显然单一的纸质教材已不能满足教育教学的需要。在重大事件发生变化的情况下，相关内容无法及时反映在纸质教材中，影响教学的正常开展。

最后，从媒体融合角度看，传统教材缺乏吸引力。当前的大学生大都是"90 后"，他们思想比较活跃，对新鲜事物有强烈的兴趣，如网络、手机等新媒体是他们喜欢的形式。如果"形势与政策"课的教学和教材不能适应社会发展需要，不能及时提供形式多样、内容丰富、富有思想、符合时代特色的教学内容，必然使大学生失去兴趣，使教育教学陷入自说自话、自娱自乐的境地，何谈宣传思想、传播知识、教育学生？

目前，高校思想政治理论课教育教学的环境、对象、条件正在发生变化，"形势与政策"教学实践积累了丰厚的经验，也出现了很多的问题。在这样的背景下，以马克思主义形势与政策观为指导，以思想政治理论课教育教学目标为方向，发挥媒介融合数字出版的优势，设计研发符合"形势与政策"课程特点的《形势与政策》新形态一体化教材，无论是对课程规范，还是对人才培养，都具有重要的意义。

二、《形势与政策》教材新形态一体化建设的优势

"形势与政策"课面对的是各个专业领域、不同层次的大学生（含高职高专），因此教学改革势在必行，而改革的核心就在于人才培养模式的创新。人才培养过程中，一个关键的环节就是教材的改革和创新。《形势与政策》教材建设面临转型和升级，即在明确教学目标后，从纸质教材编写理念、内容选择、组织和呈现方式、结构功能等教学设计上实现与数字多媒体资源的关联、补充、拓展、融合的一体化设计研发。

（一）纸质教材内容与资源一体化设计符合"形势与政策"课程建设的需要

教育部社科司每学期颁布的"形势与政策"课教育教学要点是按照国内、国际两部分的主题要点编写的，这些主题要点主要围绕近期党和国家的重大关切、重大战略和重要政策，围绕本学期的重大事件、主题活动及各个领域的新变化新趋势，围绕国内国际的热点问题及中国政府的立场观点等问题来展开的。其中，每一个教学主题都承载着意识形态教育功能。从教材研发的角度来看，教材内容必须教学化，这种教学化实际上是让教材"心理化"，即遵循学生学习的心理特征，使教材具有可教性。

首先，纸质教材内容按专题式编写有利于教师教学的开展。比如，少数民族地区高校侧重民族宗教政策问题的讲解，军队院校更加注重国防军事问题，高职高专院校侧重职业道德技能的培养，专题式教材编写有助于学校根据自己的情况挑选专题授课，教师根据学科背景、知识结构集中备课，弥补教师能力上的差异。

其次，从课程自身的内容定位来看，"'形势与政策'在进行思想政治教育时，与其他四门思想政治理论课不同之处在于其不同于专业性的理论论证课程，以理论来联系实际，而是依附于当前国内外形势中重大的时事热点事件以及党和国家重要的方针、路线、政策等基础性的事实材料，以实际来联系理论。所以'形势与政策'课教学方法的展开总是从事实出发，总结经验、生成规律、阐释道理。"[①]"形势与政策"课要回应学生对当前重大问题的关切，这是教师对学生政策引领的切入点。因此，提炼主要问题，推动教学内容的深度研究与主题式整合，使每一个教学主题都具有鲜明的问题意识和专

---

① 冷雪梅."形势与政策"课教学中"价值观承载"问题探究[J].东北师大学报（哲学社会科学版），2014（5）.

题属性才能更好地服务于"形势与政策"课程教学。

最后，主题式内容组织有利于数字多媒体资源一体化的组合拓展。高等教育出版社根据"形势与政策"课的基本教学内容设计教学大纲，设计了一个整体的内容构架，使学生对课程及各个主题间有一个宏观的把握，并结合学生的热点、难点问题，采用主题式数字多媒体资源一体化设计编写的《形势与政策》教材，关注热点问题回答重大现实问题。比如，确定了中国外交政策与对外关系主题单元后，主题下设中国外交基本原则和对外政策、中国的国际地位、新型大国关系、中国与发展中国家关系、中国的周边关系等专题内容，根据时效性进行专题的组合，2013 年的"中国周边安全"等专题、2014 年的"由钓鱼岛看中日关系现状和未来"等专题、2015 年的"美国的亚太再平衡"等专题，热点问题和内容是变化的而主题是相对稳定的。纸质教材与数字多媒体资源一体化研发的新形态教材可以为主题单元提供不同媒介、不同形式的教学资源。

（二）与传统教材相比，资源一体化教材更符合"形势与政策"课教学的特点

首先，从教材一体化设计上看，新形态教材有助于及时补充更新教材内容，提高时效性。随着互联网技术和数字技术高速发展，出版形态和出版方式已经发生变化，这就为相对固定的教材及时有效补充内容提供了可能。二维码将纸质教材媒介和数字资源媒介紧密结合起来，实现了教材内容和数字资源的融合。例如，2015 年年初，由人民出版社、中国言实出版社出版的《图解政府工作报告（2015）》扫二维码可以观看报告视频，首次推出政府工作报告图解本。全书通过在文本中配插图表、图片以及相关知识链接、注释等内容，对政府工作报告的基本框架、主要内涵和重点、亮点等做了简要清晰的阐释。这样，各种数字资源在纸质教材平台上得到了整合，并且使不同形式的媒介彼此的互换性与互联性得到了加强，呈现出媒介多功能一体化的特征。"在设计教材的纸质内容与数字资源的关联时，应该从学生学习的角度来考虑如何编排科学的内容体系，其中，结合学生学习中的重点和难点，按照教材中的知识/技能点或者知识/技能要点科学合理地配置数字资源是一条比较合理且可行的道路。"① 高等教育出版社从 2014 年年初对"形势与政策"课程与教材进行了整体设计，纸质教材侧重内容相对稳定的基本理论、基本形势与政策部分，发挥文字表达逻辑、概念、知识体系的优势，在每个

---

① 段博原.媒介融合下高校立体化教材的转型升级 [J].现代出版，2015（1）.

专题的功能模块上设计了相关链接、阅读书目、思考题等拓展阅读功能，给学生自主学习提供了背景介绍、解释说明和阅读资料，每本教材关联50~100个二维码。学生只需要用手机扫描纸质教材上的二维码图标，即可通过手机看到讲座、微视频、动画、图表等媒体素材。二维码帮助传统纸质教材轻松实现网络化与立体化转型，搭建了"纸网互动"的通道，使纸质教材更加活泼与生动。① 比如，纸质教材在2016年8月份出版，对于教材中10月份的纪念中国工农红军长征胜利80周年专题，美国大选的专题（大选结果揭晓是在2017年1月）可以及时更新二维码内容。与传统教材相比，数字一体化教材研发具有独特的优势。

其次，数字多媒体融合教材的呈现方式有助于调动学生的积极性。从媒介融合的角度看，教材建设正在逐步摆脱过去纸质教材和数字多媒体资源两张皮的状况，教材出版工作由传统内容单一的纸质化、平面化向多维度、立体化出版的方向发展，通过一体化设计实现媒介组合到媒介融合。即同一个专题根据时效性、重要性及关注对象决定它的专题表现形式。纸质教材、二维码、音像教材、《教学活页》、微信公众平台和APP互为补充、相互融合。

高等教育出版社围绕"听世界声音、讲中国故事、走复兴之路、扬中国精神"的教育理念，使"形势与政策"课形成了既交叉又融合的数字多媒体教材出版形态。同一主题下的专题有不同的表现形式，发挥不同媒介的特点和优势为主题服务。比如，根据"形势与政策"的教学内容主题，纸质教材的专题以学期为单位出版，音像教材以月度为单位出版，《教学活页》不定期出版作为补充，微信公众平台每周推送，APP平台可以集成作业系统、测试系统、交流板块等更多拓展性资源与功能，并以此开发更多的功能模块。音像教材2009年年初推出《2008，我们共同成长》的大学生成长主题，2012年年初推出《回望2011》，大国形象与世界同行主题，2011年年初推出《2010，中国在前行》"我的梦中国梦"主题，这些以新闻汇编资料结合大学生的人物事件制作的音像教材更具"情节故事性"，于是出现了一位在汶川地震中失去16位亲人的大学生毅然参与到奥运会志愿者中去的北京师范大学李菊同学，出现了在《2010，中国在前行》中大学生志愿者参与国家的重大活动后，体会到个人与国家命运紧紧相连，于是思想发生重大转变的大学生。而纸质《形势与政策》教材中讲"中国梦"这个主题的专题是《中国梦：中华民族实现伟大复兴的共同期盼》，按照教材的体例、逻辑体系讲述"中国梦的提出

---

① 徐晶，李婉嘉．二维码教材设计与应用初探 [J]．中国教育技术装备，2015（24）．

及其历史底蕴和当代意义""中国梦的基本内涵和本质属性""中国梦的重要遵循和实现途径""中国梦和当代大学生的历史担当"。也就是说，音像教材给学生学习，纸质教材给教师和学生同时使用，微信公众平台、《教学活页》作为教师的教辅材料，APP 平台作为对学生的调查反馈系统以及作业系统、测试系统、交流板块等。体现"形势与政策"课既是知识的教育，又是情感的教育，避免大学生的世界观、人生观、价值观教育一直停留在原有纸质教材的概念、逻辑、知识体系的灌输上，这样才能实现思想政治理论课教育教学的目标。

三、《形势与政策》教材新形态一体化建设的思考

（一）要处理好专题设计与教学目标的关系

由行业专家参与编写的专题更具专业性，但是不能忽视作为思想政治理论课的教学要求，不要把时事热点新闻本身作为教学目的，而是以热点问题作为契合点，理清专题内容与思想政治理论课教育教学的线索和结合点。高校思想政治理论课是学习知识的过程，更是塑造人格、培育灵魂的过程。因此，教材专题作为"剧本"除了要考虑"悬念"和"故事性""可读性"之外，还要更多地考虑专题的"主题"。同时，在相同主题单元下，如何设计提供不同层次、不同需求的教师和学生的学习资源，更好地发挥新形态一体化数字多媒体资源的特点和优势是我们长期探索的课题。

（二）实现媒体有效融合

目前，以计算机和互联网为平台，传统教材与数字多媒体资源正从共存、互补、整合、优化创新发展到一体化研发，实现纸质内容与数字资源间"1+1>2"的效应。一体化资源建立在纸质教材、数字多媒体资源、教学和设计制作队伍以及平台深度合作等基础上才能实现资源一体化设计。相信随着慕课、微课等数字课程的研发，必然改变"形势与政策"课程与教材的关系。结合新形态教材与数字课程的深度融合及建构主义等学习理论在教学领域的广泛应用，必然要求教学内容形成更加丰富、开放、动态的系统。

（三）提供个性化教育教学服务

随着传统媒体与新媒体逐步融合，很多教育出版社深入教学领域，以教材为基础、课程为核心，以新形态教材和数字课程建设为切入点，对传统教材出版模式的转型升级进行探索，为教育教学提供专业化和个性化的服务。

新媒体环境下基于纸质教材研发的电子教材、数字产品的新形态教材以

及个性化课程定制服务，提供了从资源建设、平台环境、教学活动支持和服务、课程评价到课程出版的整体解决方案，突破了传统的时空界限，形式丰富多样，交互性强，不但丰富了教材的含义与内容，而且为广大师生提供了更加便捷、贴心的服务。从每一个教学主题内容中挖掘有价值的内容资源，从教师和学生的需求出发对这些内容资源进行创新和系统化、专业化深度开发，从而实现资源的增值和综合利用的最大化。因此，依托传统出版具有的内容资源优势，研发和推广基于不同资源类型和读者需求的数字教材及相关产品，实现了"一个理念、多个主题""一个主题、多个专题""一个专题、多种形态""一个内容、多次开发""一次产出、多次增值"。可以说，教材出版实现了从过去单一地提供纸质教材向提供教学资源设计转变，从提供教学内容逐渐向提供教育服务转变。

（本文原载于《思想教育研究》2016 年第 7 期）

新中国成立以来高校"形势与政策"课的历史沿革与建设经验

雷娜　左鹏

北京科技大学马克思主义学院

摘　要： 从新中国成立之初组织"时事学习"到 1961 年开设"形势和任务"课，从改革开放以后恢复"形势教育"到 1987 年开设"形势与政策"课，梳理"形势与政策"课 60 多年的历史沿革可以发现，建设好"形势与政策"课必须有党和国家的高度重视，必须坚持规范化制度化，必须坚持稳定性和变动性相统一，必须坚持课堂内和课堂外相结合。

"形势与政策"课是高校思想政治理论课的重要组成部分，是对学生进行形势与政策教育的主渠道、主阵地，是学生的必修课。梳理并总结新中国成立以来高校"形势与政策"课的历史沿革与建设经验，对于我们今天贯彻落实全国高校思想政治工作会议精神，加强和改进新形势下的形势与政策教育有着重要的现实意义。

一、从组织"时事学习"到开设"形势和任务"课

新中国成立后，根据《共同纲领》规定的"给青年知识分子和旧知识分子以革命的政治教育"的方针，新设置的教育部明确规定："新区学校安顿后的主要工作，是进行政治和思想教育……这种教育首先要反对买办的、封建的、法西斯主义思想，建立为人民服务的思想。"① 据此，各高校在开设"社

---

① 教育部社会科学司.普通高校思想政治理论课文献选编（1949—2006）[M].北京：中国人民大学出版社，2007：4.

会发展史""新民主主义论""政治经济学"三门必修政治课的同时，陆续成立"时事学习委员会"，"在教务长领导下，负责计划、组织时事政策学习，结合社会政治运动，解决学生对时事政策方面的一般思想问题。"① 这是"形势与政策"课的萌芽和前身。

1957 年 12 月，教育部发布指示，全国高校各年级普遍开设"社会主义教育"课程，原应开设的四门政治课一律停开，但"对党的重要方针、政策、任务，毛主席的著作和国内外重大时事，应当占用政治课的正课时间及时进行教学"②。可见，即使在政治课的课程设置和教学内容发生了重大变动的情况下，"时事学习"仍然保持不变并被特别强调。

1961 年 7 月，教育部印发《改进高校共同政治理论课程教学的意见》，提出高校共同政治理论课程包括两部分：一是马克思列宁主义基础理论，二是形势和任务。其中，"形势和任务课为各专业、各年级的必修课程（主要内容是讲解国内外形势、党和国家的任务、方针、政策）"，课堂教学时间"一般平均每周为一至二学时"，教学方法"主要是向学生作报告和组织学生阅读文件，并辅之以座谈和讨论"。③ 这是新中国高等教育历史上第一次明确提出开设"形势和任务"课的要求并作出具体部署，它和"马克思列宁主义基础理论"课一并组成"高校共同政治理论"课，初步奠定了后来"两课"的雏形。

1964 年 10 月，在"左"倾错误背景下，中央宣传部、高教部党组、教育部临时党组要求政治理论课必须"兴无产阶级思想，灭资产阶级思想"，"今后高等学校共同政治理论课，除继续开设'形势与任务'课外，设置'中共党史''哲学''政治经济学'等课"。其中，"形势与任务"课主要负责"阅读和讲解当前重大政策文件、报刊的重要社论和反对现代修正主义的文章。学校党委负责同志应当经常作报告"④。这样的课程设置和安排一直持续到"文化大革命"爆发后的"停课闹革命"。1970 年，部分高校实行"群众推荐、领导批准和学校复审相结合"的办法招生，在业务课和军事体育课

---

① 教育部社会科学司. 普通高校思想政治理论课文献选编（1949—2006）［M］. 北京：中国人民大学出版社，2007：10.

② 教育部社会科学司. 普通高校思想政治理论课文献选编（1949—2006）［M］. 北京：中国人民大学出版社，2007：33.

③ 教育部社会科学司. 普通高校思想政治理论课文献选编（1949—2006）［M］. 北京：中国人民大学出版社，2007：41-42.

④ 教育部社会科学司. 普通高校思想政治理论课文献选编（1949—2006）［M］. 北京：中国人民大学出版社，2007：51.

之外，也只是设置了"以毛主席著作为基本教材的政治课"①。

二、从恢复"形势教育"到开设"形势与政策"课

"文化大革命"结束后，随着高校恢复招生，"文化大革命"前的四门马列主义理论课（"辩证唯物主义与历史唯物主义""政治经济学""中共党史""国际共产主义运动史"）得以恢复。在恢复这些课程的过程中，1978 年 4 月教育部提出"上述马列主义理论课与政治运动、形势教育、劳动教育、政治工作等，从不同角度对学生进行马克思列宁主义思想教育。各有侧重，不宜互相代替"②。可见，尽管在当时还没有恢复"形势和任务"课，但还是提出了"形势教育"的要求，且明确与马列主义理论课"不宜互相代替"。

1980 年 4 月，教育部、共青团中央印发《关于加强高等学校学生思想政治工作的意见》，提出对学生的思想政治教育"要通过马列主义理论课、形势教育课、党团组织生活和其他形式的教育活动，结合学生的思想特点，有计划地进行"。③ 这是"形势教育"恢复后第一次被赋予"课"的概念，实际上意味着形势教育课程化的探索再次启动。

1980 年 7 月，教育部印发《改进和加强高等学校马列主义课的试行办法》，提出"马列主义理论课和形势教育及日常思想政治工作既有联系，又有区别"，"形势教育主要是讲解国内外形势，帮助学生正确理解党的路线、方针和政策，应在党委宣传部门统一安排下进行"④。根据这一要求，许多高校将每周一次的思想政治教育时间"一部分用来进行形势任务和党的路线、方针、政策的教育，一部分用来开设思想品德课，并已创造了一些新的经验"⑤。

基于这些经验，1982 年 10 月，教育部发布《关于在高等学校逐步开设共产主义思想品德课的通知》，要求"形势任务教育和思想品德课可利用每周一

① 教育部社会科学司. 普通高校思想政治理论课文献选编（1949—2006）[M]. 北京：中国人民大学出版社，2007：55.
② 教育部社会科学司. 普通高校思想政治理论课文献选编（1949—2006）[M]. 北京：中国人民大学出版社，2007：71.
③ 教育部社会科学司. 普通高校思想政治理论课文献选编（1949—2006）[M]. 北京：中国人民大学出版社，2007：81.
④ 教育部社会科学司. 普通高校思想政治理论课文献选编（1949—2006）[M]. 北京：中国人民大学出版社，2007：86.
⑤ 教育部社会科学司. 普通高校思想政治理论课文献选编（1949—2006）[M]. 北京：中国人民大学出版社，2007：92.

次的思想政治教育时间，平均每周两学时，具体内容由各校根据情况统筹安排"①。据此，"形势教育"改称"形势任务教育"，并第一次和思想品德课相提并论，且规定了具体学时，在课程化建设方面迈出了重要一步。

1984年9月，教育部在对高校马列主义理论教育作出若干规定之后不久，印发《关于高等学校开设共产主义思想品德课的若干规定》，重申"思想品德课和形势与政策教育，平均每周共两学时，由各校根据情况统筹安排"②。由此，高校马列主义理论课和思想品德课（简称"两课"）的课程体系初步形成。其中，与思想品德课并列的"形势任务教育"被规范化为"形势与政策教育"。

1985年8月，中共中央印发《关于改革学校思想品德和政治理论课教学的通知》，提出在高校的马克思主义理论教育中，"要适时地穿插各种切合学生需要的时事教育、文学艺术教育和课外活动，激发学生为社会主义伟大事业而奋斗的献身精神"③。此后，针对国内外形势的变动反映出来的学生思想状况，要求对高校学生"深入进行形势政策教育"④，"有针对性地进行坚持四项基本原则、反对资产阶级自由化的教育"⑤。

在贯彻落实这些通知要求的过程中，许多高校在思想政治教育课程建设上做出了努力，取得了一定经验，但也有一些教训。"如形势政策教育，虽然普遍规定了课时，但大多数院校缺乏计划，没有专人负责，有的甚至放任自流。"⑥ 基于此，1987年10月，国家教委印发《关于高等学校思想教育课程建设的意见》，规定设置包括"形势与政策"在内的五门思想教育课程。其中，"形势与政策"作为两门必修课之一，"每学期均开设，课时数根据需要由各校自行安排"，其教学目的与要求是"帮助学生理解国内外重大时事，学习党的路线、方针、政策，全面掌握'一个中心、两个基本点'，认清形势和

---

① 教育部社会科学司.普通高校思想政治理论课文献选编（1949—2006）[M].北京：中国人民大学出版社，2007：93.

② 教育部社会科学司.普通高校思想政治理论课文献选编（1949—2006）[M].北京：中国人民大学出版社，2007：101.

③ 教育部社会科学司.普通高校思想政治理论课文献选编（1949—2006）[M].北京：中国人民大学出版社，2007：107.

④ 教育部社会科学司.普通高校思想政治理论课文献选编（1949—2006）[M].北京：中国人民大学出版社，2007：115.

⑤ 教育部社会科学司.普通高校思想政治理论课文献选编（1949—2006）[M].北京：中国人民大学出版社，2007：117.

⑥ 教育部社会科学司.普通高校思想政治理论课文献选编（1949—2006）[M].北京：中国人民大学出版社，2007：132.

任务，激发爱国主义精神，增强民族自信心，珍惜安定团结的局面，为建设有中国特色的社会主义而奋发学习、健康成长"①。这样，作为一门课程的"形势与政策"第一次被明确确定下来，不仅使 1961 年开设但后来中断的"形势和任务"课得以恢复，而且有了明确分工。之后，国家教委又印发了《关于高等学校开设〈形势与政策〉课的实施意见》，对该课程的性质和任务、教学内容、教学原则、教学安排、师资、教材、经费等做出进一步的规定，要求将其"列入教学计划，合理地排入课表"②。

三、作为思想品德课的"形势与政策"课

1989 年 7 月起，国家教委连续发出通知，要求各高校集中一段时间对学生进行广泛深入的政治和法制教育、改革开放的成就与形势以及国际形势变化的教育、坚持四项基本原则和反对资产阶级自由化的教育，这些常规性的课程或讲座就成了当时"形势与政策"课的主要内容和形式。

1992 年，邓小平南方谈话后，中国的改革开放掀起了新的高潮。在建立社会主义市场经济体制的大背景下，1994 年 8 月，中共中央印发《关于进一步加强和改进学校德育工作的若干意见》，提出"学校政治理论课和思想品德课是系统地对学生进行马克思主义理论教育和品德教育的主渠道和基本环节，要重点进行教学内容和方法的改革"③。为贯彻落实这一精神，1995 年 10 月，国家教委印发《关于高校马克思主义理论课和思想品德课教学改革的若干意见》，强调"思想品德教育仍设置思想道德修养课程、法律基础课程和形势与政策教育课程"。其中，"形势与政策课程可以不占教学计划内学时，利用政治学习时间，采取专题或讲座的形式，集中或分散安排教学，平均每周不少于一学时，并要作为必修课列入教学计划。"④ 这个要求在随后颁布的《中国普通高等学校德育大纲》中得到了确认。

针对"形势与政策"课设置以来课程建设和发展还不够均衡、教学管理

---

① 教育部社会科学司.普通高校思想政治理论课文献选编（1949—2006）［M］.北京：中国人民大学出版社，2007：133.
② 教育部社会科学司.普通高校思想政治理论课文献选编（1949—2006）［M］.北京：中国人民大学出版社，2007：137.
③ 教育部社会科学司.普通高校思想政治理论课文献选编（1949—2006）［M］.北京：中国人民大学出版社，2007：152.
④ 教育部社会科学司.普通高校思想政治理论课文献选编（1949—2006）［M］.北京：中国人民大学出版社，2007：159.

还不够规范等问题，1996年10月，国家教委印发《关于进一步加强高等学校〈形势与政策〉课程建设的意见》，重申该课程的性质和重要地位，强调其作用是"其他思想政治教育类课程所不可替代的"，其"作为大学生必修课要列入大学教育全过程……可列入课表，也可利用政治学习时间，采取专题学习、讨论或讲座的形式集中或分散安排教学，保证每周不少于一学时"①。

1998年6月，根据党的十五大精神，中宣部、教育部印发《关于普通高等学校"两课"课程设置的规定及其实施工作的意见》，在分别明确专科、本科和研究生的课程设置之后提出："各层次各科类学生都要开设'形势与政策'课。'形势与政策'课要列入教学计划，平均每周一学时，一般按专题进行；实行学年考核制度，纳入学籍管理。"② 这表明，在新的"两课"体系中，"形势与政策"课的地位依旧，并开始走上了规范化制度化的建设道路。

四、作为思想政治理论课的"形势与政策"课

2004年3月，胡锦涛就"高校公共理论课教学情况"作出重要批示，要求本着与时俱进的精神，从培养师资队伍、加强教材建设、改革教学方法、改进宏观指导等方面下功夫，力争在几年内使公共理论课教学情况明显改善。随即，中共中央、国务院印发《关于进一步加强和改进大学生思想政治教育的意见》，提出要"充分发挥课堂教学在大学生思想政治教育中的主导作用"。其中，"思想政治理论课是大学生思想政治教育的主渠道"，"形势政策教育是思想政治教育的重要内容和途径"③。

2004年11月，中宣部、教育部发布《关于进一步加强高等学校学生形势与政策教育的通知》，提出"要以规范化制度化建设为重点，加强形势与政策课教学管理"，规定"形势与政策课按平均每学期16周，每周1学时计算。本科四年期间的学习，计2个学分；专科期间的学习，计1个学分"，"各高等学校要从编制教学计划、明确教学要求、建立教学组织、开展集体备课、

---

① 教育部社会科学司. 普通高校思想政治理论课文献选编（1949—2006）[M]. 北京：中国人民大学出版社，2007：177.
② 教育部社会科学司. 普通高校思想政治理论课文献选编（1949—2006）[M]. 北京：中国人民大学出版社，2007：184.
③ 教育部社会科学司. 普通高校思想政治理论课文献选编（1949—2006）[M]. 北京：中国人民大学出版社，2007：204.

建立成绩档案、反馈教学信息等方面，全面加强课程建设"①。这是自 1987 年"形势与政策"课设立以来，国家教育主管部门就课程建设提出的最详尽的要求。

2005 年 2 月，中宣部、教育部印发《关于进一步加强和改进高等学校思想政治理论课的意见》（以下简称《意见》），提出四年制本科的课程设置为四门必修课（"马克思主义基本原理"课、"毛泽东思想、邓小平理论和'三个代表'重要思想概论"课、"中国近现代史纲要"课、"思想道德修养与法律基础"课），"同时，开设'形势与政策'课"②。继而印发的《〈意见〉实施方案》提出："本、专科学生都要开设'形势与政策'课，本科 2 学分，专科 1 学分。"③ 这样，在从"两课"到思想政治理论课的课程设置改革中，"形势与政策"课是唯一一门从名称到内容和要求都没有太大变化的课程。

为了确保《意见》精神落实到位，进一步加强对大学生思想政治教育的宏观指导，2011 年 1 月，教育部印发《高等学校思想政治理论课建设标准（暂行）》，在强调按照"05 方案"设置课程的基础上，特别对"形势与政策"课提出要求："要根据教育部下发的教育教学要点来组织教学，选用中宣部和教育部组织制作的《时事报告（大学生版）》和《时事》DVD 作为学生学习辅导资料。"④ 2012 年 2 月，中宣部、教育部制定《全国大学生思想政治教育工作测评体系（试行）》。其中，"党委政府版"把"党委政府领导每年深入高校作形势政策报告≥5 人次"列为测评标准之一，"高校版"把"形势与政策教育"列为一个二级指标并设 4 个测评标准："1. 作为必修课列入教学计划；2. 落实规定的课时和学分；3. 制定并落实'形势与政策'课集体备课制度；4. 有地方党政领导干部、校外专家学者、校级领导为学生作形势政策报告的制度并有效实施。"⑤

正是这一系列规定、标准、体系的制定和贯彻落实，近年来"形势与政

---

① 教育部社会科学司. 普通高校思想政治理论课文献选编（1949—2006）[M]. 北京：中国人民大学出版社，2007：211.

② 教育部社会科学司. 普通高校思想政治理论课文献选编（1949—2006）[M]. 北京：中国人民大学出版社，2007：215.

③ 教育部社会科学司. 普通高校思想政治理论课文献选编（1949—2006）[M]. 北京：中国人民大学出版社，2007：219.

④ 中共中央宣传部教育部关于印发《全国大学生思想政治教育工作测评体系（试行）》的通知 [EB/OL]. 中华人民共和国教育部，2011-01-19.

⑤ 教育部关于印发《高等学校思想政治理论课建设标准（暂行）》的通知 [EB/OL]. 中华人民共和国教育部，2011-01-19.

策"课的规范化制度化建设得到了前所未有的加强。尽管目前还存在教学模式单一、教学内容滞后、师资力量不足、学科支撑不够等问题，但大多数高校都已开课并将其纳入教务管理系统，全国性的教育教学领导体制和工作机制基本形成，专兼结合的教师队伍初步建立，令人瞩目的教学科研成果不断涌现，① "形势与政策"课已经走上了规范化制度化的建设道路。

五、"形势与政策"课建设的基本经验

纵观新中国成立 60 多年来高校"形势与政策"课的发展演变，可以总结出以下基本经验。

第一，党和国家的高度重视是建设好"形势与政策"课的根本保证。"形势与政策"课是形势与政策教育的主渠道、主阵地，而形势与政策教育是帮助学生正确认识国内外形势，正确理解党的路线、方针和政策的基本教育活动。新中国成立之初，毛泽东就提出："不论是知识分子，还是青年学生，都……需要学习马克思主义，学习时事政治。"② 进入改革开放的新时期，邓小平告诫："要加强各级学校的政治教育、形势教育、思想教育。"③ 江泽民强调："各地区各部门的主要领导同志要经常同师生座谈，作形势报告，这要形成制度。"④ 胡锦涛指出，加强和改进大学生思想政治教育要"开展基本国情和形势政策教育"⑤。习近平更是强调，做好高校思想政治工作要教育引导学生正确认识世界和中国发展大势，正确认识中国特色和国际比较。⑥ 正是党和国家的高度重视，才使"形势与政策"课，尽管在不同时期有不同的名称、不同的方式方法，但它始终作为大学生思想政治教育的重要内容，紧随时代发展，砥砺前行、锐意求新，朝着规范化制度化的方向不断前进。

第二，规范化制度化是建设好"形势与政策"课的基本要求。"形势与政策"课是一门思想政治理论课，但又不同于其他思想政治理论课。由于教学内容的易变性，它没有固定的教材；由于教学方式方法的多样性，它时常延

① 王包泉，隋俊宇，刘姝. 高校"形势与政策"课规范化建设及发展趋势 [J]. 思想理论教育导刊，2015 (7).

② 中共中央文献研究室. 毛泽东文集：第 7 卷 [M]. 北京：人民出版社，1999：226.

③ 邓小平. 邓小平文选：第 2 卷 [M]. 北京：人民出版社，1994：369.

④ 江泽民. 江泽民文选：第 1 卷 [M]. 北京：人民出版社，2006：372.

⑤ 中共中央文献研究室. 十六大以来重要文献选编（中） [M]. 北京：中央文献出版社，2006：637.

⑥ 习近平在全国高校思想政治工作会议上强调：把思想政治工作贯穿教育教学全过程开创我国高等教育事业发展新局面 [N]. 人民日报，2016-12-09 (1).

伸到课堂之外；由于教学目的和任务的特殊性，它不是固定在某个学期开设，而是贯穿整个大学学习过程；由于课程沿革的复杂性，它的主管部门既可能是思想政治理论课教学部门，也可能是党委宣传部门、学生工作部门；由于师资队伍的专兼结合，它的授课教师既可能是思想政治理论课教师，也可能是高校党政领导、学生辅导员，甚至可能是地方党政领导、社会知名人士。这就使"形势与政策"课的建设和管理不同于，甚至复杂于其他思想政治理论课。自 1987 年正式设课以来，国家教委先后印发过两个专门文件，提出了具体工作意见。2004 年，中宣部、教育部首次把规范化制度化确定为课程建设的重点，不仅对各高校提出工作要求，而且对各地宣传部门和教育部门也提出工作要求，不仅对学时、学分提出要求，而且对教学管理、教学方法、师资队伍建设、领导体制和工作机制等也提出非常具体的要求，这既是对以往课程建设经验的总结，也是对未来课程建设方向的规划。

第三，稳定性和变动性相统一是建设好"形势与政策"课的重要基础。相对稳定的教学内容是课程建设规范化制度化的基本前提，但就"形势与政策"课而言，既有相对稳定的教学内容，比如，马克思主义形势观、政策观，党的基本理论、基本路线、基本纲领和基本经验，又有针对性、变动性都很强的教学内容，比如，我国社会主义现代化建设的形势、任务和成就，改革开放的重大决策、重要事项，当前国际形势与国际关系的基本状况、发展趋势、重大事件和我国的对外政策、外交立场都属于此范围。这就要求"形势与政策"课教学必须坚持稳定性和变动性相统一。稳定的是一些固有的专题，变动的是这些专题的具体内容；稳定的是当前和今后一个时期国内外形势发展的基本特点、基本趋势，变动的是国内外最新发生的重大事件以及这些事件对形势发展的影响；稳定的是党和国家的基本理论、基本政策，变动的是这些理论的创新发展、这些政策的不断调整。正是在这种稳定性和变动性的统一中，"形势与政策"课及时补充了其他思想政治理论课的教学内容，及时回答了学生最为关心的现实问题，在高校思想政治工作中发挥着不可替代的重要作用。

第四，课堂内和课堂外相结合是建设好"形势与政策"课的关键举措。课堂教学是课程建设的重中之重，无论创设于 1961 年的"形势和任务"课还是创设于 1987 年的"形势与政策"课，都对课堂教学有着明确的规定，但都没把教学完全囿于课堂之内。2004 年，中宣部、教育部更是明确提出："要努力做到系统讲授与形势报告、专题讲座相结合，请进来和走出去相结合，课堂教学与课外讨论、交流相结合，正面教育与学生自我教育相结合。"① 这既是由"形势与政策"课自身的政治性、变动性和广博性所决定的，又是由学生思想成长的特点、规律和环境所决定的。据此，既不能把课堂教学当作"形势与政策"课的唯一教学形式，像其他思想政治理论课一样统一教材、固定教师、中班授课、试卷考核，也不能完全摈弃课堂教学这个主渠道，只是每学期组织几次报告或讲座、订阅几份学习参考资料、平时让学生上网自学、假期让学生社会实践，就算完成"形势与政策"课教学任务了。鉴于课程特点和学生需要，把课堂内和课堂外结合起来，一个充任主渠道，一个担纲主阵地，探索灵活多样的教学方式，这既是几十年来"形势与政策"课建设的基本经验，又是进一步提升"形势与政策"课教学实效的关键举措。

（本文原载于《思想教育研究》2017 年第 2 期 ）

---

① 教育部社会科学司. 普通高校思想政治理论课文献选编（1949—2006）［M］. 北京：中国人民大学出版社，2007：211.

"中国特色社会主义理论与实践研究"课程研究性教学改革的思考

汤志华

广西师范大学马克思主义学院

摘　要：教学内容的层次性、思想育人的实效性、教学过程体现研究生教育的研究性与创新性问题，是决定"中国特色社会主义理论与实践研究"课程教学效果的三个基本问题。为此，需要紧紧抓住"研究""实践"两个关键词，开展"问题+专题+课题"的研究性教学改革。在实施策略上，"问题+专题+课题"的教学模式是一个有机统一体，在开展这一教学改革过程时需处理好教师与学生两个实践主体的辩证关系与"毛泽东思想和中国特色社会主义理论体系概论"课程内容衔接的层次性问题以及建立科学的考核评价机制，进而把理论与实际、课堂与社会、学习与研究紧密联系起来，达到思想育人、实践育人的目标。

决定研究生思想政治理论课"中国特色社会主义理论与实践研究"教学效果好坏主要有三个基本问题：一是教学内容的层次性问题。二是思想育人的实效性问题。三是教学过程中如何体现研究生教育的研究性与创新性问题。笔者认为，紧紧抓住"研究""实践"这两个关键词，通过开展"问题+专题+课题"研究性教学，能够较好地解答上述基本问题，从而实现提升研究生思想政治理论课育人效果的目的。

一、"中国特色社会主义理论与实践研究"课开展"问题+专题+课题"研究性教学的必要性

目前，从本科生到硕士研究生、博士研究生的思想政治理论课已经形成

320

了以中国化马克思主义理论成果为核心内容的相互衔接的课程体系。根据中共中央宣传部、教育部对研究生思想政治理论课课程设置调整的原则，对"中国特色社会主义理论与实践研究"课的定位是，"以当代世界和当代中国为背景，用专题的形式研究和探讨当前中国特色社会主义理论和实践的重大问题，深化和拓展本科阶段的学习内容，进一步掌握中国特色社会主义理论体系，坚定中国特色社会主义信念"①。

本科生"毛泽东思想和中国特色社会主义理论体系概论"课的教学要求主要是讲清楚中国特色社会主义理论体系的内容是什么，而研究生"中国特色社会主义理论与实践研究"课的教学目的则是在研究和探讨当前中国特色社会主义理论和实践中的重大问题基础上，使研究生进一步深化认识和掌握中国特色社会主义理论体系、道路和制度的科学内涵，从而树立道路自信、理论自信和制度自信。中国特色社会主义的理论与实践是研究生思想政治理论课的核心，全面了解中国特色社会主义内涵是学习这门课程的主要目的。因此，结合党的十八大精神以及党的十八届三中、四中、五中全会精神进课堂的要求和学习贯彻习近平总书记系列重要讲话精神，需要给研究生重点讲清楚中国特色社会主义内涵问题。一是讲清楚中国特色社会主义道路是什么、为什么在当代中国坚持中国特色社会主义道路就是真正坚持社会主义等重大理论问题。二是讲清楚中国特色社会主义理论体系是什么、如何认识党的理论创新问题，做到比本科阶段学习中国特色社会主义理论体系的"步步高、步步深"。三是讲清楚中国特色社会主义制度是什么，让学生了解中国改革开放以来取得的巨大成就，进一步认识中国特色社会主义制度的优越性和中国特色社会主义理论体系的科学性。同时，要通过改革开放和现代化建设中存在的突出矛盾与问题研究，认识到深化改革和制度创新的必要性与艰巨性。

另外，研究生和本科生不同，主要任务是学会研究，掌握科学研究的规范方法，培养学术研究的创新意识和精神。创新是一个民族兴旺发达的不竭动力，建设创新型国家需要培养创新型人才，高校研究生思想政治理论课教学在培养创新型人才方面担负着重要责任。思想政治理论课的目的是要引导学生确立正确的世界观、人生观和价值观，而不是要用一种思想去禁锢学生的头脑，束缚学生的个性和创造力。我们必须从研究生阶段以学术研究为主的学习特点出发，开展有效的研究性学习和实践性教学。研究生在思想政治

---

① 中共中央宣传部.教育部关于高等学校研究生思想政治理论课课程设置调整的意见[Z].教社科〔2010〕2号.

理论课教师的指导下，从思想政治理论课教学目的和要求出发，从课程性质出发，通过关注经济社会发展中亟待解决的重大理论问题和研究生关心的深层次思想理论问题，从中选择和确定研究性学习和实践性教学的课题，以类似科学研究的方式进行，以达到研究生树立正确的世界观、人生观、价值观和提高理论联系实际、科学研究与创新能力的目标。

二、"中国特色社会主义理论与实践研究"课"问题+专题+课题"研究性教学改革的实施策略

"问题+专题+课题"研究性教学改革的关键是要做好研究性学习与实践性教学的结合。研究生思想政治理论课教学能否取得实效，关键在于能不能对改革开放和中国特色社会主义现代化建设中出现的重大理论与现实问题进行系统的回答。虽然本科生"毛泽东思想和中国特色社会主义理论体系概论"课教学中也会遇到这些问题，但是大学生对这些问题的认识和理解还不够深刻，因此教学方法基本上是以讲授为主，辅之以课堂讨论和社会实践等方法。而研究生"中国特色社会主义理论与实践研究"课的教学，在课堂讲授的基础上需要对问题做进一步的深入探讨和研究，要让学生在经济建设、政治建设、文化建设、社会建设、生态文明建设和党的建设等专题学习的基础上，对这些领域出现的重大理论与现实问题进行研究和思考。简而言之，"问题+专题+课题"的教学模式是一个有机统一体，三者不能割裂。

一是"问题"。即以问题为导向，突出问题意识。在教师指导下，组成若干学习小组围绕教学大纲的要求与内容，针对经济社会发展中的热点难点问题和研究生最为关心、亟待解决的深层次思想理论问题展开讨论，形成和提出各学习小组所关心的核心问题，并以此作为研究性学习与实践性教学的论文题目或调研报告题目。这是一个学生主动研读教材的过程、关注社会和生活的过程、发现社会发展亟待破解问题的过程，也是师生互动的过程。

二是"专题"。即课堂教学采取专题讲授方式。结合教学大纲，通过课堂专题教学集中回答学生所关心的问题，注重解决研究生迫切需要解答的深层次思想理论问题。同时，还要发挥任课教师术业有专攻的研究优势和特长，深入进行理论回答，释疑解惑。

三是"课题"。即在各学习小组关心的重大问题基础上，选出本小组最感兴趣的选题，通过师生互动、答辩等形式选择一个选题作为课题。各学习小组确定课题后，在教师指导下，进行开题报告撰写，举行开题报告会，形成论文和调研报告，最终在课程结束前一两周，进行研究性学习与实践性教学成果汇报、提问和点评。这一过程是培养学生研究能力、实践能力、创新能力的过程，是培养学生团队精神、敬业精神的过程，是培养学生表达力、概括力、思考力、协作力的过程，同时也是研究性学习与实践性教学有机结合的过程。

具体来讲，"问题+专题+课题"研究性教学的基本实施步骤如下。

第一步，成立研究性学习小组。从目前来看，各高校的研究生思想政治理论课教学通常是采取大班制，课堂人数往往介于 150~200 人。教学班级的规模过大必然影响课堂教学的效果，也不易开展课堂的教学研讨和师生互动交流。通过成立研究性学习小组，组建多个学习团队，能够弥补大班制教学交流互动的不足。因此开学第一周，任课教师要把规模相对较大的教学班级分成 5~8 人的学习小组，每个教学班级的学生分成若干个学习小组，选出组长。

第二步，开展选题活动。第二周至第五周，各学习小组围绕本课程学习研究的内容，在教师指导下，重点围绕经济社会发展中的热点难点问题以及研究生最关心、亟待解决的深层次思想理论问题，选出研究性学习与实践性教学论文题目或调研报告题目。各学习小组确定课题后，在教师指导下，学习小组进行开题报告撰写，进入课题研究阶段。

第三步，开展课题研究，进行社会调研，撰写调研报告。开题之后，各小组利用周末开展社会调查活动，进入社会调研、资料收集和写作阶段。有的学习小组就教学中某一专题展开研究，在教师的指导下可以写出水平较高的课程论文；有的学习小组通过到农村、社区、厂矿进行社会调查，可以撰写有针对性的调研报告；有的小组可以通过对革命遗址进行实地考察，可以撰写有分量的心得体会。在研究性学习过程中，从大纲小目的修改、调研提纲的制定、调查问卷的设置到研究性论文的修改等，教师都要进行全程指导。指导的形式多种多样，或面对面指导，或通过网络指导，或在课堂教学过程中穿插指导。

第四步，进行成果汇报、答辩和点评。在课程结束前的最后一两周，要求每个学习小组将研究性成果制作成课件在课堂上进行成果汇报和点评，同时上交小组合作学习所形成的研究性论文或者调研报告。小组合作形成的研究性成果形式可以多样化。在实践性教学过程中，结合研究性学习的内容，有的学生进行实证调查，精心设计调查问卷，写出文字性调研报告；有的亲自参与公益活动，把活动过程制作成课件，图文并茂，画面精美；有的利用网络、图书馆收集资料，写出实践性论文；有的结合本专业特点，运用漫画形式完成论文；等等。成果形式灵活多样，新颖且富有创意，能够极大地激发学生学习的自主性和创造性。

总之，"问题+专题+课题"的研究性教学改革，既是为了解决"学习的主体性和积极性"问题，更是为了解决研究生研究意识、团队合作精神和研究能力培养的问题。教学过程中突出问题意识，通过指导研究生确定选题、收集资料、社会调查、撰写研究报告等，达到培养研究生研究能力，增强对中国特色社会主义认同的情感价值观教育目标。而课堂教学结合社会调查，开展实践性教学，主要是为了解决"实践体验""实践检验"问题。通过社会调查，进一步增强对中国共产党和中国特色社会主义的认同，树立社会责任感；同时，在社会调查中进一步发现新的问题，启发研究生结合自己所学专业和研究方向，对我国经济社会发展中迫切需要解决的困难和问题做深入而系统的研究。

三、"中国特色社会主义理论与实践研究"课"问题+专题+课题"教学改革应注意的几个问题

一是要正确处理好教学中教师与学生两个实践主体的辩证关系。在研究性学习与实践性教学中，教师是研究活动的组织者和指导者，这种新的教学模式能否获得成功，关键在教师，取决于教师教学观念的转变。同时，研究性学习与实践性教学活动不仅要发挥教师的主导作用，还要发挥学生的主体作用。在研究性学习与实践性教学活动开展过程中，许多研究性学习与实践性教学形式是学生创造的，教师主要是起到总结、完善和推广的作用。学生有了问题意识，有了充分发表自己见解的机会，消除了一言堂、满堂灌等课堂教学方式造成的对思想政治理论课的逆反心理。同时，学生也有了积极参与的机会，极大调动了他们学习理论的主动性和兴趣，较好地训练了学生分析、解决问题的能力和系统、准确表述自己观点的能力。

二是要注意处理好与"毛泽东思想和中国特色社会主义理论体系概论"课程内容衔接的层次性问题。"中国特色社会主义理论与实践研究"课的教学既要避免与"毛泽东思想和中国特色社会主义理论体系概论"课的内容重复，又要为博士生思想政治理论课的学习预留空间，真正实现"步步高""步步深"，就必须采取专题式教学。"毛泽东思想和中国特色社会主义理论体系概论"课的教学内容基本上按照教材体系进行教学，主要是讲清楚"是什么"的问题，注重的是理论教学内容的全面性、系统性，而"中国特色社会主义理论与实践研究"课不是强调教学内容的系统性、完整性，而是根据研究生

阶段的学习特点和培养目标，对理论和实践中的重大问题进行深入研究和探讨，从理论上讲清楚"为什么"的问题。从国家组织编写"中国特色社会主义理论与实践研究"课的教学大纲来看，也反映了实现教学"步步高""步步深"的设想。国家仅提供这门课程的教学大纲而不是统编的教材，留给任课教师课堂教学很大的发挥空间。此外，大纲编写也是按照当代中国的基本国情，依照中国特色社会主义经济建设、政治建设、文化建设、社会建设等八个专题的方式来进行。在实际教学中需要任课教师根据各自的研究领域和专长做进一步的细化，凸显问题导向，以启发学生对相关问题的关注和思考。在此基础上，对经过教师指导上升为学术研究的课题进行科学研究，从而达到培养研究生的问题意识、创新意识和科学研究能力的目的。

三是建立科学的考核评价机制是确保"中国特色社会主义理论与实践研究"课实施"问题+专题+课题"的研究性教学改革实效性的制度保障。思想政治理论课的教学评价不同于一般课程教学评价，具有一定特殊性。有学者提出思想政治理论课教学评价的特殊性体现在知识评价与价值评价、内在评价与外在评价、现实评价与潜在评价、个体评价与社会评价、精确评价与模糊评价的统一。① 这是非常正确的，充分反映了思想政治理论课考核评价机制的全面性要求。思想政治理论课作为高校思想政治教育的主渠道，德育首先是教学的首要目的，同时又有传授马克思主义基础理论知识和培养学生运用马克思主义的基本立场、观点和方法分析与解决问题能力的教学目的。同高校大学生思想政治理论课教学实效性考核一样，研究生思想政治理论课教学效果的考核主要表现在三个方面，即知识传授的实际效果、能力培养的实际效果和价值观教育的实际效果。而根据研究生教育的人才培养目标与要求，应该更多侧重于世界观、人生观、价值观教育以及学术创新意识和创新性研究能力的培养方面。因此，对于研究生思想政治理论课考核评价体系的建构，需要体现研究性与实践性特征。研究生思想政治理论课的教学效果评价机制需要建构起包括课堂教学评价与课后自主研修评价的统一、情感价值观教育评价与知识能力培养评价的统一、教师自我评价与学生网络评价相统一的整体评价观和整体的教学评价机制。

总之，"中国特色社会主义理论与实践研究"课实施"问题+专题+课题"的研究性教学改革目的是要努力把课题专题教学、研究性学习与实践性教学三者有机结合起来，坚持理论教育与社会实践相结合、坚持教师主导与学生

---

① 骆郁廷. 试论高校思想政治理论课教学评价的特殊性 [J]. 教学与研究，2007 (4).

主体相结合、坚持课堂学习与课外研修相结合，通过开展开放式、问题式、探究式的学习研究活动和社会实践活动，突出学生学习主体作用的发挥，变"要我学"为"我要学"，变"要我思考"为"我要思考"，变"要我研究"为"我要研究"，变"要我实践"为"我要实践"，使学生在课堂专题讲授、研究性学习和实践性教学活动中深刻领会中国特色社会主义理论体系的精神实质，提高认识世界、改造世界的能力，把思想政治理论课真正建设成一门广大学生"真心喜爱，终身受益、毕生难忘"的优秀课程。

（本文原载于《思想教育研究》2016 年第 6 期）